Fabeln und Parabeln
der Weltliteratur

Fabeln und Parabeln
Theodor Etzel
der Weltliteratur

mit 101 Originalillustrationen

Die Illustrationen in diesem Band wurden von den folgenden Künstlern angefertigt:

Thomas Bech
Heinz-Holger Erb
Robert Miltenburger
Ursula Stauffer
Stefanie Stegbauer

© Komet Verlag GmbH, Köln
www.komet-verlag.de
Gesamtherstellung: Komet Verlag GmbH, Köln
Alle Rechte vorbehalten
ISBN 3-89836-388-0

I. Die orientalische Fabel

Nach den jüngsten Forschungen der vergleichenden Literaturwissenschaft scheint der Fabel und Parabel der alten Inder vor ihrer griechischen Schwester, der Äsopischen Fabel, entschieden das Erstgeburtsrecht zuzustehen. Das erst gegen Ende des vorigen Jahrhunderts von dem dänischen Forscher Fausböll aus einem uralten, auf 806 Palmblättern aufgezeichneten Pali-Manuskript abgeschriebene und herausgegebene Jâtaka-Buch hat die überraschende Tatsache an den Tag gebracht, daß es die Urquelle ist für die meisten Fabeln und Parabeln, Legenden, Märchen und Anekdoten, die sich in den Literaturen aller Völker des Orients und des Okzidents finden. Das Jâtaka-Buch ist eine Sammlung der buddhistischen Legenden von den Vorgeburten Buddhas. Dieser benutzte stets die Erzählungen aus einer seiner vielen Wiedergeburten, um seine Zuhörer in ihrer moralischen Vervollkommnung zu fördern; am Schlusse einer jeden Erzählung identifizierte sich Buddha selbst mit demjenigen menschlichen oder tierischen Wesen, das richtig und moralisch gehandelt hatte. Diese Erzählungen sollen seine Schüler auswendig gelernt und unmittelbar nach dem Tode des Lehrers gesammelt haben. Die Sammlung wurde »Buch der 550 Jâtakas oder Wiedergeburten« genannt. Der Überlieferung nach ist es etwa im Jahre 250 vor Chr. verfaßt worden. Es ist jedoch anzunehmen, daß das Jâtaka-Buch als solches im 3. oder 4. Jahrhundert vor Chr. dadurch entstanden ist, daß die indischen Buddhisten jener Zeit alle Fabeln, Märchen und Legenden mit Buddha in solcher Weise in Verbindung zu bringen suchten, daß sie immer den besten Charakter, der gerade in der betreffenden Erzählung vorkam, mit Buddha (in einer seiner früheren Geburten) identifizierten und die Erzählung an sich für besonders heilig erklärten. Es kann getrost behauptet werden, daß das Jâtaka-Buch die älteste, vollständigste und wichtigste Sammlung von Volksliteratur ist, die wir überhaupt besitzen.

Aus dem Jâtaka-Buch haben auch alle jene Fabeln und Märchen, die in dem altindischen Pantschatantra enthalten sind, ihren Ausgang genommen. Dieses Werk war zuerst wahrscheinlich in der Palisprache abgefaßt, aus der eine uns überlieferte altsyrische Übersetzung stammt; diese trägt im großen und ganzen den Charakter eines »Fürstenspiegels«, d.h. eines Lehrbuches der Regierungskunst und begreift vorzugsweise die Lehre über diejenigen Gegenstände, welche für Regierende – Könige und auch Minister – von Bedeutung sind.

Auf dem Pantschatantra beruht ein anderes indisches Fabelwerk, der Hitopadesa (d.h. freundlicher Rat), der sich in seinen Hauptteilen an das Grundwerk anschließt, jedoch auch zahlreiche neue Erzählungen enthält. Der charakteristische Unterschied dieser beiden Werke kann so festgestellt werden, daß im Pantschatantra mehr das erzählende, im Hitopadesa mehr das sententiöse Element vorwaltet, so daß die Fabeln des letzteren vor denen des Pantschatantra mehr inneren Kern und einen tieferen geistigen Gehalt voraus haben.

Wenn nun auch feststeht, daß die Fabel und Parabel des alten Indiens dort selbständig aufgewachsen ist, bevor die äsopische Fabel in Griechenland als besondere Kunstgattung in Betracht kam, so darf man doch annehmen, daß zur Zeit der Zusammenstellung des Pantschatantra-Werkes bereits eine ziemlich umfassende Bekanntschaft mit der griechischen Fabel bestand, und daß die indische Tierfabel von dieser im Laufe der Zeit manches angenommen hat. Sie unterschied sich von der äsopischen dadurch, daß, während diese die Tiere ihrer speziellen Natur gemäß, durch ihren Instinkt bestimmt, handeln ließ, die indische Fabel sie gewissermaßen wie in Tiergestalt verhüllte Menschen behandelte; das hatte seinen Grund nicht nur in der im Indischen rein didaktischen Natur der Tierfabel, sondern hauptsächlich in dem buddhistischen Glauben an die Seelenwanderung, der eine vollständige Identifikation der Tier- und Menschenseelen voraussetzt und die Tiere also ganz als selbst bestimmende vernunftbegabte Geschöpfe auffaßt. Als die indischen Fabeln infolge ihrer zahlreichen Bearbeitungen und Übersetzungen immer mehr aus ihrem legendären oder religiösen Verbande losgelöst und als selbständige Kunstgebilde betrachtet wurden, verloren sich jene Mängel zugunsten einer naturgemäßen Auffassung der Tiere und einer größeren inneren Wahrscheinlichkeit ihrer Handlungen. Ohne Zweifel hat zu dieser Umgestaltung der wachsende Einfluß der einfachen und natürlichen äsopischen Fabel die Veranlassung gegeben. Eine Vergleichung der Tierfabeln des jüngeren Hitopadesa mit denjenigen des weit älteren Jâtaka-Buches und des Pantschatantra liefert hierfür den besten Beweis; freilich fällt zugleich auch in die Augen, daß die orientalische Fabel infolge der okzidentalischen Einflüsse ihr sprühend-buntes Gewand eingebüßt hat. Die Fabeln des Arabers Lokmân erinnern schließlich überhaupt nicht mehr an ihr orientalisches Geburtsland, sondern stehen selbst hinter den äsopischen an Schmucklosigkeit zurück, wie auch den noch jüngeren Parabeln des Persers Saadi jegliches schmückende Beiwerk fehlt.

Aus dem buddhistischen Jataka-Buch

Der Kranich, die Fische und der Krebs

Es ereignete sich einmal, daß in einem nicht übergroßen Lotusteiche, worin viele Fische waren, zur Sommerzeit das Wasser knapp wurde. Da kam ein Kranich auf den Gedanken, die Fische zu überlisten und zu fressen. In der Absicht begab er sich zum Rande des Wassers und nahm eine Stellung ein, als ob er in ernstes Nachdenken versunken sei. Als die Fische ihn in dieser Stellung sahen, fragten sie ihn: »Meister! was stehst du da so nachdenklich?« – »Ich mache mir aus Sorge um euch Gedanken.« – »Nun, warum denn, Meister?« – »Weil ich bei mir denke: was werden die armen Fische wohl anfangen, da jetzt in diesem Teiche so wenig Wasser ist und die Sonne so sehr heiß scheint?« – »Was sollen wir denn tun, Meister?« – »Wenn ihr meinem Rate folgen wollt, werde ich euch, einen nach dem andern, in den Schnabel nehmen und nach einem großen Teiche tragen, den Lotusblumen von allen Farben bedecken.« – »Meister, seit Anbeginn der Dinge hat sich noch nie ein Kranich für die Fische besorgt gezeigt; du willst uns, einen nach dem andern, auffressen.« – »Nein, ich werde euch nicht auffressen, wenn ihr mir traut. Glaubt ihr nicht, daß ein solcher Teich da ist, so gebt mir einen von euch mit, um ihn in Augenschein zu nehmen.« Die Fische glaubten ihm und gaben ihm einen halbblinden großen Fisch mit, weil dieser nach ihrem Dafürhalten sich ebensogut im Wasser als auf dem Lande zu helfen wußte. Der Kranich nahm denselben mit sich, setzte ihn ins Wasser, damit er den ganzen Teich kennenlerne, und brachte ihn darauf zu den anderen Fischen zurück. Der alte Fisch schilderte die Beschaffenheit des Teiches als günstig. Da bekamen die anderen nach Anhörung seines Berichtes Lust, dahin zu ziehen, und sie sagten zum Kranich: »Gut, Meister, bringe uns nur fort.« Der Kranich nahm nun zuerst den einäugigen Fisch und brachte ihn an das Ufer des Teiches, ließ sich dann aber auf einem Crataevabaume nieder, der am Wasserrande stand. Er legte ihn auf einen Zweig, durchbohrte ihn mit seinem Schnabel und tötete ihn, worauf er das Fleisch fraß und die Gräte am Fuße des Baumes niederwarf. Sofort kehrte er zu den Fischen zurück und sagte: »Jenen Fisch habe ich ins Wasser gesetzt, nun mag sich ein anderer melden!« Auf diese listige Weise nahm er die Fische einen nach dem andern fort und fraß sie auf, bis auch kein einziger mehr vorhanden war. Es war nur ein Krebs übriggeblieben. Da der Kranich auch diesen zu fressen wünschte, sagte er zu ihm: »Ich habe alle Fische nach einem großen Teiche gebracht und dort ins Wasser gesetzt; komm, ich will dich auch hinüberbringen.« – »Wie willst du mich denn festhalten?« – »Ich werde dich mit dem Schnabel festhalten.« – »Dann wirst du mich fallen lassen; nein, ich gehe nicht mit dir.« – »Sei nicht bange, ich werde dich ordentlich festhalten.« Der Krebs dachte: Es ist kein wahres Wort daran, daß er die Fische nach dem Teiche gebracht haben will; aber es würde doch wohl gut sein, wenn er mich dort ins Wasser setzte. Sollte er etwas Schlimmes im Schilde führen, dann werde ich ihm den Hals durchkneifen und ihn so umbringen. Er sagte darauf zum Kranich: »Mein lieber Kranich, du wirst mich kaum ordentlich festhalten können, aber ich kann dich fest umklammern. Wenn du mir erlaubst, mich mit meiner Schere an deinem Halse festzuhalten, will ich mit dir gehen.« Der Kranich willigte ein, ohne zu merken, daß der andere ihn überlisten wollte. Der Krebs umklammerte fest den Hals des Kranichs wie mit einer Schmiedezange und sagte: »Nun vorwärts!« Der Kranich brachte ihn zunächst dahin, von wo er den Teich sehen konnte, und schlug dann die Richtung nach dem Crataevabaum ein. Der Krebs sagte: »Onkel, der See liegt dort, aber du steuerst ja hierhin!« Der Kranich sagte: »Du bist mir ein lieber Neffe, der viel von seinem Onkel hält! Es kommt mir vor, als ob du mir befehlen wolltest, weil ich dich über mich gesetzt habe, so daß du mich für deinen untertänigsten Diener ansiehst. Sieh mal da unter dem Baume den Haufen Gräten! Gerade wie ich alle die Fische aufgefressen habe, so werde ich dich auch verspeisen.« Der Krebs erwiderte: »Die Fische sind infolge ihrer Torheit von dir gefressen worden; aber ich werde mir das nicht gefallen lassen. Im Gegenteil, ich werde dich umbringen, wenn ich doch sterben soll, dann sollen wir beide sterben.« Mit diesen Worten zwickte er den Hals des Kranichs, der mit tränenden Augen in Todesangst rief: »Gebieter, ich werde dich nicht verzehren; schenke mir das Leben!« Der Krebs sagte: »Das werde ich tun, wenn du mich in den Teich setzest.« Der Kranich kehrte nun nach dem Rande des Wassers zurück und setzte den Krebs im Schlamme am Ufer nieder. Aber ehe der Krebs sich ins Wasser begab, kniff er des Kranichs Hals durch, wie man einen Lotusstengel mit einer Schere durchschneidet.

Es genießt nicht der Arglist'ge
Die frohe Ernte seiner List,
Denn es ergeht dem Arglist'gen,
Wie es dem Kranich mit dem Krebs ergangen ist.

AUS DEM ALTINDISCHEN PANTSCHATANTRA

Der blaue Schakal

In einer gewissen Waldgegend lebte ein Schakal namens Tschandárava. Dieser begab sich einmal, vom Hunger und von der Gier seiner Zunge getrieben, mitten in eine Stadt hinein. Als ihn aber die Hunde gewahrten, umzingelten sie ihn bellend von allen Seiten und fingen an, ihn mit ihren scharfen Zähnen zu beißen. Da lief er, für sein Leben fürchtend, in das nahe Haus eines Färbers. Dort stand ein großes Faß voll Indigolösung, und in dieses fiel er, von den Hunden verfolgt, hinein. Als er wieder herauskroch, war er blau gefärbt. Die Hunde hielten ihn nun nicht mehr für einen Schakal, und jeder lief weg, wohin ihm beliebte. Auch Tschandárava begab sich nach einer entfernten Gegend und machte sich auf nach einem Walde. Die blaue Farbe aber wich nie von seiner natürlichen. Sagt man doch:

Was Mörtel, Weiber, Indigo, ein Krebs und ein Betrunkner fassen,
Desgleichen Fische und ein Tor, davon sie nimmer wieder lassen.

Als nun dieses bisher nie gesehene Geschöpf, das wie ein dem Geist am Halse Sivas vergleichbarer Tamálabaum aussah, die Tiere des Waldes, die Löwen, Tiger, Leoparden, Wölfe und die übrigen sahen, da liefen sie außer sich vor Furcht fliehend nach allen Seiten hin und sagten: »Man kennt sein Wesen und seine Tapferkeit nicht. So laßt uns denn eilig davonlaufen. Es heißt ja:

Ein Kluger ist, wenn Wohlergehn er wünscht, vor dem auf seiner Hut,
Den er nach seinem Treiben noch nicht kennt, auch nicht nach Stamm und
Mut.«

Als Tschandárava sah, daß sie vor Furcht außer sich waren, sprach er zu ihnen: »He, he, ihr Tiere, warum lauft ihr denn bei meinem Anblick erschrocken davon? Habt keine Furcht. Ich bin von Brahma selbst heute erschaffen worden, und er hat zu mir gesagt: ›Weil die Tiere jetzt keinen König haben, so setze ich dich heute feierlich zum Herrscher über sie alle ein. Darum geh und beschütze sie alle.‹ So bin ich denn hierhergekommen, und deshalb sollen alle Tiere im Schatten meines Sonnenschirmes wohnen. Ich, Kakuddruma mit Namen, bin der König der Dreiwelt geworden.« Nach diesen Worten umringten ihn alle Tiere, Löwe und Tiger an ihrer Spitze, und sprachen: »Herr, Gebieter, befiehl uns!« Er übertrug nun dem Löwen das Ministeramt; der Tiger wurde Hüter seines Ruhelagers;

der Leopard mußte ihm den Betel darreichen, der Wolf sein Tor bewachen. Mit den Schakalen aber, zu deren Geschlecht er gehörte, redete er auch nicht einmal, sondern sie wurden alle aus seiner Nähe gewiesen. Während er in dieser Weise die Herrschaft führte, wurde von dem Löwen und von anderem Wild getötet und vor ihn gelegt, und er verteilte es nach Herrscherrecht unter sie alle und gab ihnen ihren Anteil. So verging die Zeit. Einst geschah es nun, daß er in der Ferne Schakale heulen hörte. Darüber freute er sich so, daß ihm am Leibe die Härchen starrten und seine Augen sich mit Tränen füllten, und er fing an, laut mitzuheulen. Als aber der Löwe und die andern Tiere diesen lauten Ton hörten, dachten sie: »Das ist ein Schakal,« blickten einen Augenblick vor Scham zu Boden und sprachen: »O, wir haben uns von ihm anführen lassen! Ein erbärmlicher Schakal ist er. Darum muß er sterben!« Er wollte fliehen, als er dies vernahm; aber er wurde gleich an Ort und Stelle von dem Löwen und andern Tieren in Stücke gerissen und starb.

Wer von den Seinen sich entfernt und Fremde zu den Seinen macht, –
Gleichwie Kakuddruma voreinst, der König, wird er umgebracht.

Die allzu klugen Fische

In einem Gewässer wohnten zwei Fische, namens Hundertklug und Tausendklug. Ein Freund von beiden war ein Frosch, mit Namen Einfachklug. Diese drei genossen nun am Ufer des Gewässers eine Zeitlang zu passender Stunde die Freuden einer schönen Unterhaltung und kehrten dann ins Wasser zurück. Als sie auch einmal miteinander plauderten, kamen zur Zeit des Sonnenuntergangs Fischer nach diesem Gewässer, die in den Händen Netze und auf dem Kopfe viele getötete Fische trugen. Beim Anblick dieses Gewässers sprachen sie untereinander: »Das ist ja ein fischreicher, flacher Teich. Morgen früh wollen wir uns darum hierher begeben.« Nach diesen Worten gingen sie nach Hause. Mit bekümmertem Antlitz hielten nun die Fische Rat. Da sprach der Frosch: »Nun, Hundertklug, habt ihr beide wohl gehört, was die Fischer sagten? Was ist jetzt angemessen zu tun, zu fliehen oder zu bleiben? Das teilt uns jetzt mit.« Tausendklug lachte und sagte: »Fürchte nichts, Sohn: Infolge der bloßen Erinnerung an Worte muß man sich nicht fürchten. Heißt es doch:

Daß Schlangen, Bösewichtern, Räubern von fremdem Gut das nicht gelingt,
Worauf sie sinnen, das ist's einzige, was Fortbestand der Welt bedingt.

So werden sie also einstweilen gar nicht kommen; kommen sie aber doch, nun, dann werde ich dich und mich retten durch die Macht meiner Klugheit. Verstehe ich doch viele Arten, sich im Wasser zu bewegen.« Hundertklug sagte, als er dies gehört hatte: »Du redest ganz recht; du bist in der Tat tausendfach klug. Mit Recht sagt man ja:

Es gibt ja nichts in dieser Welt, dergleichen
Verstand Verständiger nicht kann erreichen.
Tschanakya schlug die Randas durch Verstand,
Ob sie auch Schwerter trugen in der Hand.

Stets dringt der Klugen Klugheit rasch auch dort hinein,
Wohin nicht Zugang haben Wind und Sonnenschein.

Man darf ja auch, bloß weil man Worte anhörte, den von der Reihe der Väter überkommenen Geburtsort nicht verlassen. Sagt man doch:

Mag immerhin der Himmel herrlich sein,
Verkehr mit schönen Dingen uns verleihn –
Wir fühlen doch in ihm nicht solche Lust wie dort,
Wo wir geboren sind, ist's auch ein dürft'ger Ort.

Deshalb dürfen wir nimmer weggehen. Ich werde dich durch die Macht meines scharfen Verstandes beschützen.« Der Frosch sagte darauf: »Ihr Lieben, ich habe nur einen einfachen Verstand, der mir die Flucht anrät. Drum werde ich mit der Gattin noch heut nach einem andern Teich gehen.« Und so tat er in der Nacht. Früh am andern Morgen kamen die Fischer und fingen die unbedeutenden, die mittleren und die wertvollen Wassertiere, Fische, Schildkröten, Frösche, Krebse und andere; auch Hundertklug und Tausendklug, die eine lange Zeit entrannen und, weil sie verschiedene Arten von Bewegungen verstanden, sich schützten, fielen endlich samt ihren Gattinnen in das Netz und wurden getötet. Am Nachmittag brachen die Fischer erfreut nach Hause auf. Wegen seiner Schwere hatte ihrer einer den Hundertklug auf die Schulter gehoben, Tausendklug wurde, am Stricke hängend, mitgenommen. Der Frosch, welcher auf den Rand des Teiches gestiegen war, sah, wie sie beide mitgenommen wurden, und sprach zu seiner Gattin: »Sieh doch, Liebe, sieh doch:

Am Stricke hängt der von tausendklugem Sinn,
Freund Hundertklug hoch auf der Schulter ruht;
Ich aber, der ich einfach klug nur bin,
Ich spiele, Liebe, in der klaren Flut.«

Die Affen und der Vogel Sutschîmukha

Es lebte einmal in einer gewissen Berggegend eine Herde Affen. Diese wurden einst zur Winterszeit von den nördlichen Winden getroffen, so daß ihre Leiber zitterten, dazu auch von den niederströmenden Regengüssen, und auf keine Weise konnten sie sich Behagen verschaffen. Einige nun von den Affen lasen Gundschâfrüchte zusammen, welche wie Feuerfunken aussehen, und blasend und pustend stellten sie sich rings um diese, um Feuer anzufachen. Ein Vogel, namens Sutschîmukha, sah ihre vergebliche Anstrengung und sprach: »Ach, wie seid ihr alle doch gar so töricht! das sind ja keine Feuerfunken, sondern Gundschâfrüchte, die wie Feuerfunken aussehen. Was müht ihr euch also umsonst ab! Dadurch könnt ihr euch nicht vor der Kälte schützen. Darum sucht eine windstille Waldgegend oder eine Höhle oder eine Berggrotte. Man sieht immer noch strotzende Regenwolken.« Da antwortete ein alter Affe aus ihrer Mitte: »He, was geht dich dieses Geschäft an? Geh deiner Wege!« Heißt es doch:

> Wer öfter ward beim Werk gestört, und wer im Spiel ist unterlegen,
> Mit solchen soll ein Kluger nicht, der Heil wünscht, Unterhaltung pflegen.

Und auch:

> Demüt'gung leidet, wer den Jäger anredet, der umsonst gejagt.
> Und einen Toren, der gerade das treibt, was ihm zumeist behagt.

Der Vogel aber nahm keine Rücksicht auf diesen Affen, sondern ließ nicht ab, noch einmal zu ihnen zu reden: »Ach, warum müht ihr euch vergeblich ab!« Da er aber gar kein Ende machte mit seinem Schwatzen, ergriff ihn einer der Affen, der infolge der fruchtlosen Arbeit zornig geworden war, bei den Flügeln und schleuderte ihn gegen einen Felsen, so daß er starb.

> Man läßt mit sprödem Holz sich nicht auf Biegen ein,
> Man schneidet mit dem Messer nicht in Stein;
> Sutschîmukha, erkenn' es wohl: Wir sollen
> Nicht die belehren, die nicht lernen wollen.

Der zerbrochene Topf

In einer gewissen Stadt wohnte ein Brahmane, namens Svabhavakripana. Dessen Topf war angefüllt mit der nach dem Essen übriggebliebenen erbettelten Grütze.

Er hängte ihn an einen Pflock in der Wand, stellte die Bettstelle unterhalb desselben und blickte ihn immer unverwandt an. Als er einst bei Nacht auf dem Bette lag, dachte er: »Ist doch mein Topf mit Grütze gefüllt! Wenn Hungersnot eintritt, bekomme ich für diese Grütze hundert Rupakas. Dafür werde ich mir zwei Ziegen kaufen, die mir alle sechs Monate Junge geben, so daß es eine Herde wird. Für die Ziegen werde ich viele Kühe erhandeln, für diese Büffelkühe und für diese Stuten. Diese werden mir viele Pferde werfen, und durch den Verkauf dieser Pferde werde ich viel Geld gewinnen. Für dieses Geld lasse ich mir ein stattliches Haus mit einem Hof in der Mitte und Zimmern auf allen vier Seiten desselben bauen. Dann wird ein Brahmane zu mir ins Haus kommen und mir seine schöne Tochter nebst Mitgift geben. Diese wird mir einen Sohn schenken, und ich werde ihn Somasarman nennen. Wenn nun dieser in dem Alter sein wird, daß man ihn auf den Knien schaukeln kann, dann werde ich mit einem Buche hinten im Pferdestall sitzen und lesen. Dann wird mich Somasarman sehen und vom Schoße der Mutter fort zu mir kommen, voll Verlangen, sich schaukeln zu lassen; dabei aber wird er sich den Hufen der Pferde nähern. Dann werde ich zornig zu der Brahmanin sagen: ›Nimm doch das Kind!‹ Sie aber, mit häuslicher Arbeit beschäftigt, wird auf mein Wort nicht hören, und ich werde aufstehen und ihr einen Fußstoß versetzen.« So in Gedanken vertieft, führte er den Fußstoß aus, so daß er seinen Topf zerbrach und von der Grütze weiß gefärbt wurde.

Ergeht's doch jedem, welcher Pläne spinnt
Für künft'ge Zeit, die unausführbar sind,
Wie Somasarmans Vater, seht ihn an,
Wie liegt er da, der weißgefärbte Mann!

Der rettende Krebs

An einem gewissen Orte wohnte ein Brahmane, namens Brahmadatta. Als dieser einst eines Geschäfts wegen nach einem Dorfe gehen wollte, sprach seine Mutter zu ihm: »Lieber Sohn, wie kannst du allein gehen? Suche dir irgend einen zweiten Gefährten.« Er entgegnete: »Mutter, befürchte nichts. Dieser Weg bietet keine Gefahren. Um ein Geschäft zu besorgen, werde ich allein gehen.« Als die Mutter diesen Entschluß vernahm, holte sie aus dem nahen Teiche einen Krebs und sprach: »Lieber Sohn, wenn du durchaus dorthin gehen mußt, so soll dieser Krebs dein Gefährte sein. So nimm ihn und geh.« Um des Wortes der Mutter willen nahm er ihn mit beiden Händen, legte ihn in ein zusammengerolltes, Kampfer enthaltendes Blatt und dieses in sein Reisebündel, und dann machte er sich schnell auf den Weg. Wie er nun dahinging, wurde er von der glühenden Sonne geplagt und legte sich, als er zu einem Baume am Wege gelangte, hin und schlief. Mittlerweile kam aus einer Höhlung des Baumes eine Schlange heraus und begab sich nahe heran zu ihm. Aus angeborener Freude an dem Wohlgeruch des Kampfers ließ sie den Brahmanen selbst beiseite, zerbiß das Zeug und verzehrte die im Innern befindliche Blattrolle mit dem Kampfer aus übergroßer Gier. Der Krebs aber, der sich auch in der Rolle befand, nahm der Schlange das Leben. Als nun der Brahmane erwachte und um sich schaute, siehe, da lag in der Nähe an seiner Seite über der Kampferrolle die schwarze Schlange. Bei diesem Anblick dachte er: »Sie ist vom Krebs getötet,« und fröhlich fuhr er fort: »Ach, wie hat doch meine Mutter wahr gesprochen, daß man irgendeinen zum Gefährten wählen und nicht allein reisen muß. Mit gläubigem Sinn nahm ich dieses Wort auf und befolgte es. So bin ich denn durch diesen Krebs vor dem Tode seitens der Schlange bewahrt worden.«

Wie groß der Glaube ist an einen Wallfahrtsort,
An Priester, Lehrer, an ein Zauberwort,
An einen Gott, Weissager, Arzenein:
So groß wird immer der Erfolg auch sein.

Aus dem altindischen Hitopadesa

Vom leichtsinnigen Affen

In Magadha lebte ein Kayastha, namens Subhadatta, nahe am Dharmawalde. Der hatte angefangen, einen Tempel zu errichten, und ein Zimmermann hatte einen Keil zwischen zwei Holzstücke eines Stammes gesteckt, den er erst mit einer Säge durchschnitten und etwas voneinander gezogen hatte. Abends kam eine Herde von Affen, die sich im Walde aufhielten, dorthin und spielten. Einer von ihnen ergriff, wie vom bösen Schicksal getrieben, den Keil mit den Händen und setzte sich, so daß der untere Teil seines Körpers zwischen den Spalt der beiden Holzstücke herabhing. Bald darauf hatte er, leichtsinnig von Natur wie er war, den Keil mit großer Anstrengung herausgezogen, und indem dies geschah, wurde sein Unterkörper von den beiden Stücken zermalmt, so daß er sterben mußte.

Ein Mann, der gern das tut, was ihn nichts angeht, der stürzt zu Boden, wie der Affe, der den Keil herauszog.

Vom Löwen, der Maus und der Katze

Auf dem Berge Arbudasikhara lebte ein Löwe, Mahavikrama genannt. Täglich nun fraß eine Maus an dessen Mähne, wenn er vor ihrem Loche im Berge lag und schlief. Als der Löwe seine Mähne zerfressen sah und die Maus in ihrem Loche nicht packen konnte, so dachte er erzürnt: »Was soll man da machen? Was ein kleiner Feind ist, der wird mit Stärke nicht gefangen; man muß ihm einen gleichen Gegner stellen, um ihn zu töten.«

So ging der Löwe in das Dorf, lockte sich eine Katze namens Dadhikarna, herbei, indem er ihr Fleisch und andere Leckerbissen gab, und trug sie in seine Höhle. Darauf kam die Maus aus Furcht vor ihr nicht heraus, und der Löwe schlief vergnügt, ohne daß man ihm seine Mähne zernagte. Solange er nun noch den Ton der Maus hörte, ernährte er die Katze und gab ihr Fleisch zu fressen. Einstmals aber kam die Maus, von Hunger getrieben, hervor, ward von der Katze gepackt und umgebracht. Als darauf der Löwe nie mehr einen Ton von der Maus hörte, dachte er nicht mehr daran, der Katze zu fressen zu geben, da er sie nicht mehr brauchte, und die Katze ward ganz hinfällig, da sie keinerlei Nahrung mehr fand.

Der Diener darf den Herren nicht sorglos machen; macht er den Herrn sorglos, so geht es ihm wie dem Dadhikarna.

Vom Ungeheuer mit der Glocke

Inmitten des Sriparvatagebietes liegt eine Stadt, namens Brahmapura. In der Nähe derselben, sagten die Leute, hauste ein Ungeheuer, mit Namen Ghantakarna. Es war nämlich einst ein Dieb, der eine Glocke gestohlen hatte, geflohen und war von einem Tiger umgebracht und gefressen worden. Die Glocke, die seiner Hand entfiel, ward von den Affen aufgenommen, und sie ließen sie alle Augenblicke ertönen. Als nun die Leute aus der Stadt sahen, daß der Mensch gefressen war, und das Läuten der Glocke hörten, so flohen sie alle aus der Stadt und sagten: »Ghantakarna ist erzürnt und hat diesen Menschen gefressen.« Darauf wandte sich eine Frau, die viel nachgeforscht und gefunden hatte, daß ein Affe diese Glocke erschallen ließ, an den König und sagte: »Wenn ich viel Geld bekomme, so will ich den Ghantakarna töten.« Der König gab ihr Geld und entließ sie. Nachdem man ihr sodann große Ehre erwiesen hatte, nahm sie Früchte, welche die Affen gern essen, ging in den Wald und streute sie aus. Als die Affen darauf die Glocke liegen ließen und sich nur mit den Früchten beschäftigten, nahm die Frau die Glocke, kehrte nach Hause zurück und ward von aller Welt verehrt.

Vor einem bloßen Tone soll man sich nicht fürchten, wenn man die Ursache desselben nicht kennt. Eine Frau, die den Grund des Tones erkannte, erhielt dadurch großes Ansehen.

Vom Löwen und dem Hasen

Auf dem Berge Mandara hauste ein Löwe, namens Durganta. Da dieser unaufhörlich viele Tiere mordete, so vereinigten diese sich und stellten es dem Löwen vor, indem sie sagten: »Herr, warum rottest du denn alle Tiere aus? Wir wollen dir lieber selbst täglich eins zu deiner Nahrung bringen.« Der Löwe willigte ein, und sie führten furchtsam ein Tier herbei. Da kam einst die Wahl auf einen alten Hasen. Dieser dachte:

»Für sein Leben muß man klug sein, wenn man hoffen will, es zu erhalten. Warum soll ich artig gegen den Löwen sein, wenn ich zu Tode geführt werde?

Ganz langsam will ich mich nähern,« dachte er und ging herzu. Als der Löwe, der vom Hunger gepeinigt wurde, ihn sah, sagte er zornig: »Warum kommst du so schleppend hergegangen?« – »Es ist das nicht meine Schuld,« sagte der Hase. »Auf dem Wege wurde ich von einem anderen Löwen kräftig gepackt, und nachdem ich ihm geschworen, wiederzukommen, bin ich hergegangen, um dich davon zu benachrichtigen.« – »Komm schnell,« sagte der Löwe zornig, »und zeig mir, wo der Schändliche ist.« Der Hase nahm den Stolzen mit sich fort und ging an einen tiefen Brunnen. Als er dahin gelangt war, zeigte er dem Löwen sein eigenes Spiegelbild in dem Brunnen und sagte: »Sieh, Herr, da ist er.« Aufgeblasen von Stolz warf sich der Löwe zornig in den Brunnen und fand den Tod.

Wer Verstand hat, der ist stark; wie soll ein Unverständiger Kraft haben? Siehe, ein wütender Löwe wurde von einem Hasen getötet.

Aus dem arabischen Kalilah und Dimna

Die Fabeln Bidpais

Die Schildkröte und die zwei Enten

Wer nicht hört auf die Stimme des Ermahners, dem wird es ergehen, wie es der Schildkröte ergangen ist, als sie nicht hörte auf die Stimme der beiden Enten.

Es war ein Teich und daneben eine grüne Wiese. Auf derselben waren zwei Enten, und in dem Teich eine Schildkröte, die miteinander in Liebe und Freundschaft verbunden waren. Es traf sich nun, daß das Wasser des Teiches austrocknete. Da gingen die Enten zu der Schildkröte, um von ihr Abschied zu nehmen und ihr ein Lebewohl zu sagen, indem sie sprachen:

»Wir müssen diesen Platz verlassen, weil kein Wasser mehr da ist.«

Die Schildkröte entgegnete:

»Das Verschwinden des Wassers trifft meinesgleichen noch viel empfindlicher, da ich wie ein Schiff, immer im Wasser sein muß, um leben zu können, währenddem ihr euer Leben fristen könnt, wo ihr auch seid. Drum nehmet mich mit euch!«

Die Enten erwiderten:

»Nun gut!«

»Aber wie könnt ihr mich weiterschaffen?« fragte die Schildkröte.

Die Enten versetzten:

»Wir nehmen einen Stock an seinen beiden Enden, du hängst dich mitten daran mit dem Maule fest, und so fliegen wir mit dir durch die Luft. Aber hüte dich ja, wenn du die Leute unter uns sprechen hörst, ihnen Antwort zu geben!«

Darauf nahmen sie die Schildkröte und flogen mit ihr durch die Luft. Die Leute aber, die dies sahen, riefen:

»Welch Wunder! Eine Schildkröte in der Mitte von zwei Enten, die sie tragen.

Da sagte die Schildkröte, als sie solches hörte:

»Gott möge euch verblenden, ihr Menschen.«

Allein alsbald, nachdem sie ihren Mund zum Sprechen geöffnet, fiel sie auf die Erde herab und gab ihr Leben auf.

Die Schlange und der Froschkönig

Wer sich einer Unannehmlichkeit unterzieht, von der er Nutzen hofft, und Scham und Selbstgefühl auf eine Zeitlang in sich unterdrückt und Ungemach erduldet, dessen Einsicht wird am Ende gelobt werden.

Eine große Schlange war alt geworden und ihr Gesicht schwach, und ihre Kräfte waren geschwunden, so daß sie nichts mehr erjagen konnte und außerstande war, sich Speise zu verschaffen. Dieselbe schlich sich so hin und suchte etwas zu essen zu bekommen. Da kam sie an einen Froschteich, den sie ehedem manchmal besucht hatte. Hier warf sie sich in der Nähe eines Frosches hin in anscheinender Betrübnis und Traurigkeit. Alsbald redete sie der Frosch also an:

»Ich sehe, daß du, o Schlange, betrübt und traurig bist!«

Die Schlange versetzte:

»Wer könnte mehr Betrübnis haben als ich! Mein Lebensunterhalt bestand größtenteils aus den Fröschen, die ich fing. Da hat mich ein Unglück getroffen, infolgedessen mir kein Frosch mehr gewährt ist, und wenn mir auch einer in den Weg kommt, so kann ich ihn nicht mehr fangen.« Da ging der Frosch zu dem Froschkönig hin und erfreute denselben mit der Nachricht des von der Schlange Vernommenen. Darauf ging der Froschkönig selbst zur Schlange und fragte sie:

»Was für ein Unglück hast du gehabt?« Die Schlange erwiderte:

»Seit vielen Tagen suchte ich mit Mühe einen Frosch und zwar bei Abend. Ich trieb denselben endlich in das Haus eines Mönchs und ging ihm in dasselbe nach, und es war ganz dunkel. In dem Hause war ein Knabe, der Sohn des Mönchs. Da geriet ich an den Finger des Knaben und biß in denselben, weil ich ihn für den Frosch hielt. Der Knabe starb an dem Biß. Ich floh aus dem Haus, aber der Mönch folgte meiner Spur nach und verwünschte und verfluchte mich, indem er sagte:

›Da du meinen Sohn, den unschuldigen, ums Leben gebracht hast, frecher- und feindseligerweise, so sollst du verflucht sein zu der Erniedrigung, den Froschkönig auf dir reiten lassen zu müssen. Du sollst nicht mehr imstand sein, einen Frosch zu fangen, und sollst nichts von ihnen zu essen bekommen, als was dir ihr König aus Gnaden zukommen läßt.‹

Ich bin nun zu dir gekommen, um dir dies Geständnis zu machen, was ich gern tat, und um dich auf mir reiten zu lassen.«

Der Froschkönig bekam alsbald Verlangen, auf der Schlange zu reiten, denn er glaubte, daß ihm das zum Ruhm und zur Ehre gereichen würde. Er bestieg also die Schlange und das Reiten behagte ihm. Da sagte sie zu ihm:

»Du weißt, o König, welche Verwünschung mich getroffen, darum laß mir Nahrung zukommen, um mein Leben zu fristen.«

Der Froschkönig erwiderte:

»Bei meinem Leben! Du sollst Nahrung erhalten, da du mein Reittier bist.«

Er ließ ihr dann alle Tage zwei Frösche fangen zu ihrer Speise. Auf diese Weise fristete sich die Schlange das Leben, und es schadete ihr nicht nur nichts, daß sie sich vor einem so unansehnlichen Feinde demütigte, sondern sie zog im Gegenteil Nutzen daraus und erwarb sich dadurch ihren Lebensunterhalt.

Die beiden Tauben

Zwei Tauben, ein Männchen und ein Weibchen, füllten ihr Nest mit Weizen und mit Gerste. Das Männchen sagte aber zu dem Weibchen:

»Solang wir auf dem Felde zu essen finden, wollen wir von dem, was wir hier im Neste haben, nichts essen, und wenn der Winter kommt und auf dem Felde nichts mehr ist, dann erst machen wir uns an das, was wir in unserm Nest haben und essen es.«

Das Weibchen war hiermit zufrieden und sagte:

»Es ist gut, was du meinst.«

Es waren aber diese Körner noch grün, als sie dieselben in ihr Nest brachten. Das Männchen entfernte sich darauf und blieb längere Zeit aus. Wie der Sommer kam, trockneten die Körner ein und wurden ganz klein. Als nun das Männchen zurückkam, bemerkte es, daß der Körnerhaufen kleiner geworden und sprach deshalb zu seinem Weibchen:

»Sind wir nicht darin übereingekommen, daß wir von diesen Körnern nichts essen wollen, warum denn hast du davon gegessen?«

Das Weibchen beschwor es, daß sie durchaus nichts davon gegessen, und entschuldigte sich vor ihm. Allein er schenkte ihr nicht Glauben und pickte sie so lange, bis sie starb. Als aber Regen fiel und der Winter kam, da wurden die Körner wieder frisch, und das Nest wurde wieder ganz voll, wie es vorher gewesen war. Wie dies das Männchen bemerkte, reute es seine Tat, und es legte sich an die Seite seines Weibchen und sprach:

»Was sollen mir die Körner und das Leben helfen nach deinem Verlust, wenn ich dich suche und dich nicht finden kann, und wenn ich an deine Sache denke und mir sagen muß, daß ich dir unrecht getan habe!«

Da genoß er weder Speise noch Trank mehr, bis daß er starb an ihrer Seite.

Wer klug ist, der eilt nicht mit der Bestrafung und Züchtigung, und besonders wer sich vor einer Reue fürchtet, wie die des Taubenmännchens war.

Der Rabe, der einen andern Gang lernen wollte

Ein Rabe, erzählt man, sah ein Rebhuhn gravitätisch einhersteigen und fand solchen Gang so schön, daß er denselben auch zu lernen verlangte. Er gab sich viele Mühe, konnte es aber doch nicht dahinbringen, und als er daran verzweifelte, wollte er wieder seinen gewohnten Gang annehmen; Da ward er aber ganz wirr in seinem Gang und spreizte die Beine auseinander und bekam so den häßlichsten Gang von allen Vögeln.

Für einen Toren ist zu halten: wer sich mit Sachen abmüht, die ihm nicht anstehen und die nicht zu seinem Geschäft gehören und wozu ihn seine Väter und Vorfahren vorher nicht gebildet haben.

Aus dem Buch der Beispiele der alten Weisen

Die Taube, der Fuchs und der Sperling

Es hatte eine Taube ihr Nest auf einem hohen Baum, und es wurde ihr sehr sauer, die Speise so hoch zu ihren Jungen emporzutragen. Und wenn sie nun ihre Jungen mit großer Mühe ausgebrütet hatte, so kam immer ein Fuchs unter den Baum und drohte ihr, daß er sie und ihre Jungen fressen werde, und brachte sie durch Drohworte dahin, daß sie ihm die Jungen herabwarf, damit er sie selbst am Leben lasse. Nach einiger Zeit saß die Taube wieder und brütete. Da kam ein Sperling, der nicht fern von ihr bei dem Wasser seine Wohnung hatte, auf einen benachbarten Ast geflogen, und da er die Taube so traurig sah, sprach er: »Nachbarin, was macht dich so traurig, da du doch bald schon Junge haben wirst?« Da antwortete die Taube: »Was habe ich von meinen Jungen? Denn wisse, sobald ich sie ausgebrütet habe, kommt der Fuchs und droht mir und ängstigt mich so sehr, daß ich ihm meine Jungen gebe, um nicht selbst von ihm gefressen zu werden.« Der Sperling sprach: »Kennst du nicht den Betrüger, den Fuchs? Folge meinem Rat, und der Fuchs wird dir fürderhin nicht mehr Schaden tun« Die Taube sprach: »Sprich! Ich folge dir« Da antwortete der Sperling: »Wenn der Fuchs wiederkommt und dich schrecken will, so sprich: Tu' was du willst, mich kümmert es nicht. Und wenn du wirklich lernen würdest, diesen Baum zu ersteigen, so würde ich schnell meine Jungen auf einen andern Baum tragen. Ich werde dir gar nichts geben.« Bald darauf kam der Fuchs, da ihm deuchte, daß die Taube ihre Jungen ausgebrütet hätte; und er drohte wie früher. Die Taube gab Antwort wie sie der Sperling gelehrt hatte. Da sprach der Fuchs: »Sag mir, wer dich diese Antwort gelehrt hat, so will ich dich und deine Jungen verschonen.« Da antwortete die Taube: »Das hat der Sperling getan, der dort bei dem Wasser seine Wohnung hat.« Da verließ der Fuchs die Taube und näherte sich dem Sperling, und da er ihn bei dem Wasser fand, grüßte er ihn ehrerbietig und sprach: »Lieber Nachbar, wie schützest du dich vor dem Wind und Regen?« Der Sperling antwortete: »Wenn mich der Wind auf der rechten Seite anweht, so kehre ich mein Haupt auf die linke Seite, und wenn er mich auf der linken Seite anficht, so kehre ich mein Haupt auf die rechte Seite und bin sicher.« Da sprach der Fuchs: »Kommt aber ein Wetter, das von allen Seiten Wind bringt?« Da antwortete der Sperling: »So tue ich mein Haupt und meinen Hals unter meine Fittiche.« Da sprach der Fuchs: »Ich meine, daß solches nicht möglich sei.« Der Sperling sprach: »Gewiß ist das möglich.« Da antwortete der Fuchs: »Selig seid ihr Vögel, die Gott vor allen Geschöpfen begabt hat! Ihr fliegt zwischen Himmel und Erde in einer so kurzen Zeit, wie Menschen oder Tiere nicht laufen könnten, und kommt dahin, wo sonst keine Kreatur hinkommen kann. Und dazu solltet ihr noch mit dem Vorteil begnadet sein, in Wind, Regen und Schnee, wenn es not tut, euer Haupt unter eure eigenen Fittiche bergen zu können, damit euch kein Ungewitter schaden kann? O wie selig seid ihr! Zeige mir doch, wie das möglich ist!« Der Sperling wollte seine Kunst vor dem Fuchs zeigen und versteckte sein Haupt unter seine Fittiche. Da packte ihn der Fuchs in seine Klauen und sprach: »Du bist einer, der sich selbst feind ist. Du konntest der Taube gut raten, ihre Jungen vor mir zu behalten, und konntest dir selbst nicht raten.« Und er fraß ihn auf der Stelle.

LOKMAN

war ein arabischer Weiser, der als solcher auch im Koran erwähnt wird. Er soll zur Zeit Davids in der Gegend von Elah und Midian gelebt haben. Sein Grab wurde auf der östlichen Küste des Sees Tiberias gezeigt, aber auch in Yemen und an anderen Orten. Die ihm zugeschriebenen Fabeln lehnen sich ganz an Äsop an, scheinen jedoch erst im 13. Jahrhundert unter Lokmâns Namen gesammelt worden zu sein. Sie waren im Orient sehr verbreitet, da sie als arabisches Schulbuch verwendet wurden. – Die folgenden Proben sind nach der Übersetzung des Adam Olearius in seiner »Muskowitischen und Persianischen Reisebeschreibung« (1654) bearbeitet.

Die Hasen bitten die Füchse um Hilfe wider die Adler

Es hatte sich einmal ein Krieg und Streit erhoben zwischen den Adlern und Hasen. Die Hasen kamen zu den Füchsen gelaufen und baten um Beistand wider die Adler. Die Füchse aber sagten: »Wir täten es gern und stritten mit euch wider eure Feinde, wenn wir nicht wüßten, mit welchen Feinden ihr Krieg führt und wenn wir auch euch nicht kennen würden. Wir wissen aber, daß jene zu mächtig sind und ihr selbst zum Streit gar nichts taugt.« – Das ist: Ein Mensch soll wider einen andern, der mächtiger ist als er, sich nicht empören und wider ihn streiten, er wird sonst den kürzeren ziehen. Auch soll man sich nicht unterstehen, mit den Schwachen am gleichen Strang zu ziehen.

Ein Mohr reibt sich mit Schnee

Ein Mohr zog seine Kleider aus, nahm Schnee und begann seinen schwarzen Leib emsig damit zu reiben. Er wurde gefragt, warum er den Leib so fleißig mit

Schnee riebe. Da antwortete er: »Vielleicht möchte ich davon weiß werden.« Ein weiser Mann aber, der dazu kam, sprach: »Ei, Lieber, plage dich nur nicht selbst! Es ist eher möglich, daß deine schwarze Haut den Schnee schwarz machen wird, als daß von deiner Schwärze etwas abgehen wird.« – Damit wird angedeutet, daß zwar ein böser Mann wohl einen Frommen verführen und verderben kann, aber einen bösen und nichtsnutzigen Menschen wird niemand leicht ändern können.

Sonne und Wind streiten wegen ihrer Stärke

Die Sonne und der Wind sahen einstmals einen Wandersmann und fingen darauf an zu streiten, wer von ihnen beiden den Wanderer am ehesten veranlassen könnte, seinen Rock abzulegen. Der Wind wollte seine Stärke sehen lassen, blähte sich gewaltig auf und blies mit Ungestüm auf den Menschen los. Der Mensch aber, der die Kälte unangenehm empfand, hüllte sich fest in seinen Rock. Als es der Wind eine Weile so getrieben, ohne sein Vorhaben ausführen zu können, kam die Sonne und schien so lieblich und warm, daß der Mensch, nachdem sich die Hitze vermehrt hatte, den Rock auszog und über die Schulter hing. – Hiermit wird gelehrt, daß einer mit Sanftmut und Freundlichkeit die Leute viel eher als mit Ungestüm gewinnen kann.

Eine Spinne will gern Honig machen

Es kommt einmal eine Spinne zu einer honigtragenden Biene und spricht: »Wenn du mich wolltest mit dir in deinen Stock nehmen, so wollte ich ebenso wie du, ja wohl noch besser, Honig machen.« Die Biene will es mit der Spinne versuchen und führt sie mit sich in den Bienenkorb; da aber die Spinne nichts dergleichen machen kann, verdrießt es die Biene; sie setzt ihren Stachel auf die Spinne und sticht sie, daß sie davon stirbt. Als die Spinne sah, was sie mit ihrer Verwegenheit angerichtet hatte, sagte sie zu sich selbst: Ich habe dieses Unglück und diese Strafe wohl verdient, denn da ich doch nicht einmal Wachs zu machen verstehe, warum unterstand ich mich dann, Honig machen zu wollen?« – Hiermit wird zu verstehen gegeben, daß es viele Leute gibt, die sich in anderer Geschäfte mischen und meinen, sie verständen es gar wohl; wenn es aber auf die Probe ankommt, so ist nichts hinter ihnen, und es ist billig, daß sie dafür ihren verdienten Lohn empfangen.

Ein Knabe, der bald ertrunken wäre

Ein Knabe wollte in einem Strome baden, doch da er sich ins Wasser begab, konnte er nicht schwimmen und begann zu sinken, und es hätte nicht viel gefehlt, daß er ertrunken wäre. Als er aber einen Mann, der zufällig vorüberging, erblickte, rief er ihn um Hilfe an. Der Mann ging hinzu und fing an zu schelten, warum er so unvorsichtig wäre und sich in den Strom begeben hätte. Der Knabe aber sagte: »Ei, Lieber, hilf mir erst und errette mich vom Tode, hernach frage und schelte mich.« – Dieses lehrt: Wenn dein Freund in Unglück und Gefahr gerät, so sollst du ihm nicht deshalb Vorwürfe machen, sondern ihn zuerst erretten helfen und dann erst schelten und strafen, so es nötig ist.

Eine durstige Taube fliegt nach Wasser

Eine Taube, die Durst hatte, flog neben einer Wand herum und suchte Wasser. Als sie an der Wand eine Schale voll Wasser abgemalt stehen sah, war sie begierig, daselbst ihren Durst zu löschen, flog eilend gegen das Gemälde an und stieß sich so hart, daß ihr der Kropf zersprang. Da jammerte sie: »Wehe mir, daß ich allzu eilig nach dem Wasser trachtete und mich dabei also beschädigt habe!« – Dieses bedeutet, daß in vielen Dingen Vorsicht und Bedächtigkeit oft besser und zuträglicher sind als Eile und Hast.

SAADI,
gewöhnlich Scheich Muslih-eddin genannt, der größte didaktische Dichter und volkstümlichste Schriftsteller Persiens, wurde 1184 in Schiras geboren. Er studierte auf der Hochschule in Bagdad, wo er sich etwa 30 Jahre aufhielt, von 1196 bis 1224. Über sein Leben sagt sein Biograph Dauletschah Ghasi von Samarkand: »Dreißig Jahre beschäftigte er sich mit der Erwerbung von Kenntnissen, dreißig Jahre war er auf Reisen und durchwanderte das ganze bewohnte Erdviertel, und dreißig andere Jahre setzte er sich auf den Teppich der Andacht und wandelte auf dem Pfade der Ordensmänner.« Seine Wanderzeit begann 1224, in welchem Jahre er nach Indien reiste. Nachdem er 1256 wieder nach Schiras zurückgekehrt war, lebte er in der Nähe dieser Stadt als Einsiedler und begann die reichen Erfahrungen seines Lebens niederzuschreiben. Überliefert sind von ihm ein Diwân, d.h. eine Gedichtsammlung, ferner der Gulistân, d.i. Rosengarten, ein moralisches Werk in Prosa, mit zahlreichen Versen vermischt, auf das hauptsächlich sein Ruhm sich gründet, und der Bostân, d.i. Duftort = Blumengarten, das dem »Ro-

sengarten« ähnlich, aber ganz in Versen geschrieben ist. Saadi starb im Jahre 1291 oder 92, erreichte also ein selten hohes Alter. Sein Grab befindet sich nahe bei Schiras in kahlen öden Bergen. – Die folgenden Stücke sind dem »Rosengarten« entnommen, nach der Übersetzung von Karl Heinrich Graf.

Ein unschuldig zum Tode Verdammter wird errettet

Man erzählt, daß, als einst ein König den Befehl zur Hinrichtung eines Gefangenen gegeben, dieser Unglückliche in seiner verzweifelten Lage anfing, in seiner Muttersprache Schmähreden und Lästerungen gegen ihn auszustoßen; denn das Sprichwort sagt: Wer keine Hoffnung mehr für sein Leben hegt, der sagt alles, was er auf dem Herzen trägt:

> Wenn er verzweifelt, wird des Menschen Zunge länger;
> So stürzt geängstigt sich die Katze auf den Hund.
> Bleibt aus Bedrängnis kein Entrinnen mehr,
> Ergreift die Hand des scharfen Schwertes Wehr.

Der König fragte, was er sage. Ein edelgesinnter unter seinen Wesiren antwortete: O Herr, er sagt: »Das Paradies gehört denen zu, die ihren Zorn unterdrücken und den Menschen verzeihen, denn Gott liebt die Gütigen.« Der König hatte Mitleid mit ihm und schenkte ihm das Leben. Ein anderer Wesir aber, der das Gegenteil von jenem war, sagte: »Für Leute unseres Standes ziemt es nicht, vor dem Könige etwas anderes als die Wahrheit zu reden; jener Mensch hat den König geschmäht und Unziemendes gesprochen.« Der König runzelte die Stirn über diese Rede und sprach: »Mir hat die Lüge, die er gesagt hat, besser gefallen, als diese Wahrheit, die du gesagt; denn jene beabsichtigte etwas Gutes, diese ist aus Bosheit hervorgegangen, und die Weisen haben gesagt: Eine Lüge, welche Gutes bezweckt, ist besser, als eine Wahrheit, welche Unheil versteckt.«

> Wenn der König handelt, wie du sprichst,
> Unrecht ist's, so du nichts Gutes sprichst.

Nuschirwan will, daß seinen Untertanen auch das Salz bezahlt werden soll

Als man einst, so wird erzählt, Nuschirwan dem Gerechten auf der Jagd ein Stück Wildbret briet, fehlte es an Salz, und man schickte deshalb einen Burschen in ein

Dorf, um welches zu holen. Nuschirwan sagte ihm: »Bezahle das Salz, damit nicht ein Gesetz daraus entstehe und das Dorf zugrunde gehe.« Als man ihn fragte, welches Unheil denn aus dieser Kleinigkeit entstehen könne, antwortete er: »Die Grundlage der Ungerechtigkeit in der Welt ist gering gewesen, aber jeder später Gekommene hat etwas dazugetan, bis sie zu diesem Übermaß angewachsen ist. Ißt aus des Rajahs Garten der Sultan einen Apfel, gleich reißen seine Leute den ganzen Baum heraus. Erlaubt er sich, fünf Eier mit Unrecht zu erpressen, sie tragen tausend Hühner am Spieße gleich hinaus.«

Wird auch der Tyrann vergehn,
Bleibt sein Fluch doch ewig stehn.

Von einem klugen Ringer

Ein Ringer hatte es in seiner Kunst bis zur höchsten Vollkommenheit gebracht; er verstand dreihundertundsechzig vortreffliche Kunstgriffe und konnte jeden Tag einen andern anwenden. Zufällig fühlte er in einem Winkel seines Herzens eine Neigung zu der Schönheit eines seiner Schüler; er lehrte ihn dreihundertneunundfünfzig Kunstgriffe, nur einen einzigen wollte er ihn nicht lehren, indem er ihn als etwas Unbedeutendes wegließ. Der Jüngling brachte es in der Kunst und der Körperkraft zur höchsten Vollkommenheit, und niemand war imstande, es mit ihm aufzunehmen, so daß er endlich in Gegenwart des Sultans äußerte: »Den Vorzug, welchen mein Meister vor mir hat, verdankt er seinem Alter und seinem Unterrichte, sonst stehe ich an Kraft nicht unter ihm und in der Kunst komme ich ihm gleich.« Dem König mißfiel diese ungeziemende Rede; er befahl, sie sollten miteinander ringen. Ein geräumiger Platz wurde dazu bestimmt, die Mächtigen des Reichs und die Großen des Hofes waren als Zuschauer zugegen. Der Jüngling trat gleich einem trunknen Elefanten mit einer Heftigkeit auf, daß er einen ehernen Berg hätte von seiner Stelle reißen können. Der Meister aber, welcher wußte, daß der Jüngling ihm an Kraft überlegen war, faßte ihn mit jenem besonderen Kunstgriff, den er vor ihm verborgen gehalten hatte und den der Jüngling nicht abzuwehren verstand; er hob ihn mit beiden Händen von der Erde auf, hielt ihn über seinem Kopfe in der Schwebe und warf ihn dann auf die Erde. Die Zuschauer erhoben ein Geschrei; der König ließ dem Meister Geld und Ehrenkleid geben, dem Jüngling dagegen gab er einen derben Verweis, daß er vorgegeben, er könne es mit seinem eigenen Meister aufnehmen, das aber nicht durch die Tat bewährt hatte. »O Herr«, erwiderte der Jüngling, »der Meister hat mich nicht durch Kraft und Gewalt besiegt, sondern eine Kleinigkeit war noch in der Ringkunst übriggeblieben, die er mir vorenthalten, und durch diese Kleinigkeit hat er heute gesiegt.« Der Meister aber sagte: »Eben für einen solchen Tag hatte ich sie aufgespart, denn die Weisen haben gesagt: Gib dem Freunde nicht so viel Kraft, daß, wenn er ein Feind wird, er es mit dir aufnehmen könne. Hast du nicht gehört, was jener sagte, der von seinem Schüler schmachvoll behandelt wurde?

Ist nicht ganz die Treue aus der Welt entschwunden,
Ach! so üben sie in dieser Zeit nicht viele.
Wenn ich einen mit den Pfeilen schießen lehrte,
Macht er mich zuletzt zu seines Schusses Ziele.«

Von irdischen Schätzen

Ein König hatte ein wichtiges Geschäft vor; er gelobte, wenn der Erfolg seinem Wunsche entspräche, so und so viel Geldstücke den heiligen Männern zu geben. Als sein Wunsch in Erfüllung gegangen war, mußte er die Verpflichtung, die er durch das Gelübde auf sich genommen hatte, lösen; er gab daher einem seiner vertrauten Sklaven einen Beutel voll Direms, die er unter die heiligen Männer austeilen sollte. Der Jüngling, so wird erzählt, der klug und verständig war, trieb sich den ganzen Tag herum und kam abends wieder, küßte das Geld und legte es vor den König und sprach: »Ich habe keine heiligen Männer gefunden.« – »Was ist das für ein Märchen?« sagte der König: »soviel ich weiß, sind vierhundert heilige Männer in dieser Stadt.« – »O Herr der Welt,« entgegnete jener, »wer ein heiliger Mann ist, nimmt nichts, und wer etwas nimmt, ist kein heiliger Mann.« Der König lachte und sprach zu seinen Vertrauten. »So viel ich für diese Klasse der Gottesmänner Wohlwollen und Zuneigung habe, so viel hat dieser Laffe Feindschaft und Abneigung und noch dazu hat er recht.«

Sucht ein Frommer Silber oder Gold,
O, so sei du einem Frommern hold.

Von einem reichen Geizhals

Ein reicher Geizhals hatte einen kranken Sohn. Wohlgesinnte Freunde sagten zu ihm: »Es wäre zweckmäßig, um seinetwillen einen Koran zu lesen oder eine Opfergabe auszuteilen, vielleicht würde ihm Gott Genesung schenken.« Nachdem er ein wenig nachgedacht, erwiderte er: »Besser ist es, den Koran, den wir haben, zu lesen, denn die Herde ist fern von hier. Ein Einsichtsvoller, welcher dieses hörte, sprach; »Er hat darum das Koranlesen vorgezogen, weil der Koran auf seiner Zungenspitze ist, das Gold aber mitten in seiner Seele sitzt.«

Schwer würde mit gebeugtem Hals der Mensch Gott anflehn,
Müßt' er zum Gehen auch mit offnen Händen dastehn.
Um einen Groschen steckt im Kot er fest wie Langohr;
Verlangst du ein Gebet, er sagt dir hundert gleich vor.

II. Die Äsopische Fabel

Zwischen der ältesten orientalischen und okzidentalischen Volksliteratur hat schon in frühester Zeit ein reger Austausch stattgefunden. Das berechtigt jedoch keineswegs zu der Annahme, die an Alter zurückstehende griechische Fabel sei aus der altindischen Urfabel, der buddhistischen Jâtaka-Erzählung heraus geboren worden; sie ist vielmehr ebenso selbständig entstanden wie die indische, und hat auf deren spätere Entwicklung ebenso stark eingewirkt wie die orientalische Fabel auf die Ausgestaltung der griechischen.

Während die indische Fabel, so weit man ihren Quellen nachforschen kann, von Anfang an rein moralische, religiöse Tendenzen verfolgte, war die griechische in ihrem ersten Stadium nichts weiter als ein poetisches oder rhetorisches Mittel. Sie stand ausschließlich im Dienste des Dichters und des Redners, wie sie uns z.B. auch bei den Juden und bei den Römern entgegentritt. Selbst Demosthenes, der berühmteste aller griechischen Redner, bediente sich der Fabel gern als eines überzeugenden Beweismittels, als welches sie auch Aristoteles (384-322 v. Chr.) hinstellt, ohne sie als eine selbständige Dichtungsart anzuerkennen.

Tatsächlich waren, wie schon Quintilian hervorhebt, die einfacheren Verhältnisse der Fabelwelt und der Reiz des Wunderbaren besonders geeignet, Menschen auf einer niedrigen Stufe geistiger Entwicklung zu Überzeugungen hinzureißen. Um eine solche Wirkung zu erzielen, mußte die Fabel, abgesehen von der wunderbarsten Personifizierung der Tiere und Pflanzen, in ihrer Handlung freilich durchaus folgerichtig und möglich erscheinen, ein Moment, auf das in der indischen Fabel, wie bei deren Charakterisierung bereits erklärt ist, kein Wert gelegt wurde.

Zur anschaulicheren Erläuterung konkreter vorliegender Verhältnisse erfunden und benutzt, knüpfte sich die alte griechische Fabel also stets an bestimmte aktuelle Ereignisse an. Mochte sie nun in öffentlicher Rede oder als integrierender Bestandteil eines größeren Gedichtes oder im Verkehr des gemeinen Lebens für das Bedürfnis des Augenblicks geschaffen und verbraucht werden, immer trug sie ihren Zweck und Schwerpunkt nicht in sich selbst, sondern in dem zu erläuternden Verhältnis. Bei vielen Fabeln, die ausdrücklich auf Äsop zurückgeführt werden, hat die Sage zugleich das äußere Ereignis und die Gelegenheit festgehalten, für welche sie ursprünglich erfunden worden sind. Im gemeinen Leben tritt die Fabel in solcher Weise häufig auf. Äsop, den man als den Dichter des alten griechischen Fabelschatzes gelten läßt, war zweifelsohne ein witziger Kopf, der in allen Lagen und Anfechtungen des Lebens eine von jenen treffenden Redewendungen bei der Hand hatte und vorteilhaft an den Mann zu bringen wußte. Er mag diesen Volkswitz besonders oft und gern geübt haben, und man bezeichnet daher fortan mit dem Namen der Äsopischen Fabel viel mehr die Gattung als den Urheber. Unzweifelhaft stammen auch viele griechische Fabeln aus dem Ausland; zumeist brachten fremdländische Sklaven solche Erzählungen aus ihrer Heimat mit.

Die Sammlung der unter dem Namen des Äsop vereinigten Fabeln fällt in das 6. Jahrhundert vor Chr. Sie sind noch ganz naiv und schlicht erzählend, ihre Lehre tritt niemals aufdringlich hervor. Das Leben des Äsop, der selbst weder Fabeln aufgeschrieben hat noch als »Dichter« jemals erwähnt wird, ist fast völlig in Dunkel gehüllt, was manche veranlaßt hat, seine Existenz überhaupt in Abrede zu stellen. Im Mittelalter hatte man zwar einen vollständigen Roman über Äsop, der fälschlich dem Maximus Planudes zugeschrieben wurde, tatsächlich aber ist von wirklich zuverlässigen alten Geschichtsschreibern kaum etwas über Äsop berichtet worden. Herodot gibt an, daß er um die Mitte des 6. Jahrh. gelebt habe. Er soll in Phrygien geboren und sehr mißgestaltet gewesen sein. Als Sklave diente er verschiedenen Gebietern, zuletzt dem Philosophen Jadmon, der ihm in Anerkennung seiner hervorragenden Fähigkeiten die Freiheit schenkte. Als Freigelassener machte er dann große Reisen, die ihn schließlich auch nach Sardes an den Hof des König Krösus von Lydien führten, wo er mit dem weisen Solon zusammentraf. Seine letzte Reise war eine im Auftrag des Krösus unternommene Fahrt zum delphischen Orakel. Wie Plutarch erzählt, geriet er dort mit der Bürgerschaft des alten Wallfahrtsortes infolge einer Strafpredigt und Vorenthaltung der für sie bestimmten Geschenke des lydischen Königs in Streit und wurde von einem Felsen herab zu Tode gestürzt. – Zuerst soll Sokrates, während er im Gefängnis saß, mehrere der zuvor nur mündlich kursierenden Fabeln aufgezeichnet und in Verse zu bringen versucht haben. Nach dessen Beispiel veranstaltete später Demetrios von Phaleron eine Sammlung Äsopischer Fabeln, welcher die Sammlungen lybischer Fabeln von Kybissos, kilikischer von Konnis, sybaritischer von Thuros folgten.

Von allen diesen Sammlungen ist keine im Urtext erhalten geblieben. Dagegen besitzen wir eine vortreffliche Bearbeitung Äsopischer Fabeln in Versform (in Choliamben) von dem vermutlich im 2. Jahrhundert vor Chr. lebenden Dichter Babrios, den Herder den einzigen mustergültigen Fabeldichter des Altertums nennt. Babrios war bis gegen Ende des 18. Jahrhunderts gänzlich verschollen; erst 1844 wurde ein Teil seiner Fabelsammlung, die 10 Bücher umfaßt haben soll, aufgedeckt. Durch ihn wurde die Fabel zu einer selbständigen Dichtungsart erhoben. Seine Dichtungen sind allgemeine Satiren in erzählender Form, worin die handelnden Personen durch entsprechende Tiercharaktere vertreten sind. Sie zeichnen sich durch frische Lebendigkeit und ungekünstelte Einfachheit des Ausdrucks aus, wie kein Nachahmer dies jemals erreicht hat. Über das Leben des Babrios sind keine verbürgten Nachrichten vorhanden.

Bei den Römern hat die einheimische Fabel ursprünglich den gleichen Zweck verfolgt und die gleiche Bedeutung gehabt wie bei den Griechen. Nachdem die Äsopische Fabel auch in Rom bekannt geworden war, unternahm es zuerst Phädrus, ihr in der Dichtkunst seine eigene Stellung zu verschaffen. Doch ist in seinen Fabeln, im Gegensatz zu den Babrioschen, die Erzählung nur eine gefällige Schale, die Lehre dagegen der Kern der Sache.

Der bei der griechischen Fabel vorwaltende Zug naiver Schlichtheit ging bei der römischen zugunsten des absichtlich Lehrhaften verloren.

Phädrus wurde am Pierischen Berg in Mazedonien, der im Altertum als der Sitz der Musen galt, geboren und lebte im 1. Jahrhundert nach Chr. Da die Schriftsteller der alten Zeit nichts über ihn berichten, so wissen wir über sein Leben nur das wenige, was er in den Vor- und Nachworten zu seinen fünf Büchern Fabeln selbst erzählt. Seine Abstammung ist uns unbekannt. Er scheint schon in früher Jugend nach Rom gekommen zu sein, wo er als Sklave diente, bis er vom Kaiser Augustus die Freiheit erhielt. Unter dessen grausamem Nachfolger Tiberius hatte er harte Verfolgungen zu ertragen. Sejanus, der damals allmächtige Günstling des Tiberius, glaubte in einigen Phädrusschen Fabeln Anspielungen auf seine eigene Person zu erkennen, weswegen Phädrus vermutlich in die Verbannung geschickt wurde, aus der er wahrscheinlich erst nach des Tiberius Tode zurückkehren durfte. Er lebte und dichtete dann unter den Kaisern Caligula und Claudius und erreichte ein hohes Alter.

Etwa 300 Jahre später soll der römische Fabeldichter Avianus gelebt haben, von dem 42 Äsopische Fabeln in elegischem Versmaß bekannt sind. Seine Dichtungen behandeln durchweg Stoffe, die sich bei Phädrus nicht vorfinden, dagegen lehnen sich die lateinischen Fabeln des weit jüngeren Romulus sehr an jenen ersten und größten römischen Fabeldichter an. Wir haben von Romulus eine Sammlung in vier Büchern mit über 80 Fabeln. Über das Leben des Avianus wie auch des Romulus sind ebenso wenig glaubwürdige und ebenso viel unsichere Berichte vorhanden wie über Äsop, Babrios und Phädrus. Die Fabeln der beiden stehen an dichterischem Wert weit hinter den älteren zurück, was auch von den anderen, im Mittelalter aufgetauchten griechischen und lateinischen Fabelsammlungen gilt.

ÄSOP

Der Greis und der Tod

Ein alter Mann fällte einst auf einem Berge Holz und lud es auf seine Schultern. Nachdem er bereits eine weite Strecke mit seiner Last fortgewandert war, legte er das Holz ab und rief den Tod herbei. Wie nun aber der Tod augenblicklich erschien und ihn um die Ursache seines Rufens befragte, da antwortete der Greis: »Darum, daß du die Last aufhebest und sie mir wieder aufladest.«

Die Fabel lehrt, daß jeder Mensch das Leben lieb hat und, wenn er auch inmitten von tausend Gefahren sich anscheinend nach dem Tode sehnt, dennoch das Leben dem Sterben vorzieht.

Der Vogelsteller und die Schlange

Ein Vogelsteller nahm Leim und Rohre und ging hinaus auf den Fang. Als er auf einem hohen Baume eine Drossel sitzen sah, befestigte er die Rohre der Länge nach aneinander und blickte, in der Absicht, sie zu fangen, in die Höhe. Da trat er unvermerkt auf eine unter seinen Füßen liegende Schlange. Diese wurde zornig und biß ihn; er aber sagte noch im Verscheiden: »O, ich Elender, während ich einen andern fangen wollte, bin ich selber von einem andern in den Tod gejagt worden.«

Die Fabel lehrt, daß die, so ihren Nebenmenschen nachstellen, oft unversehens von andern das gleiche erfahren.

Der Hirt und der Wolf

Ein Hirte, der einen erst kurz geworfenen jungen Wolf gefunden hatte, nahm ihn mit sich und zog ihn mit seinen Hunden auf. Als derselbe herangewachsen war, verfolgte er, so oft ein Wolf ein Schaf raubte, diesen auch zugleich mit den Hunden. Da aber die Hunde den Wolf zuweilen nicht einholen konnten und deshalb wieder umkehrten, so verfolgte ihn jener allein und nahm, wenn er ihn erreicht hatte, als Wolf ebenfalls teil an der Beute; hierauf kehrte er zurück. Wenn jedoch kein fremder Wolf ein Schaf raubte, so brachte er selbst heimlich eines um und verzehrte es gemeinschaftlich mit den Hunden, bis der Hirte, nach langem Hin- und Herraten das Geschehene inne ward, ihn an einen Baum aufhängte und tötete.

Die Fabel lehrt, daß die schlimme Natur keine gute Gemütsart aufkommen läßt.

Die Krähe und die Vögel

Jupiter wollte den Vögeln einen König geben und setzte einen Tag fest, an welchem sie zusammenkommen sollten. Die Krähe sammelte im Bewußtsein ihrer Häßlichkeit die Federn, welche den andern Vögeln ausgefallen waren, und bekleidete sich mit denselben. Als nun der bestimmte Tag kam, ging sie in ihrem bunten Schmucke in die Versammlung. Doch da sie Jupiter wegen ihrer Schönheit zum Könige erwählen wollte, rissen ihr die erzürnten Vögel die Federn aus, indem ein jeder diejenige herauszupfte, welche ihm gehörte. So war die Krähe bald wieder nichts anderes, als was sie ursprünglich gewesen war, nämlich eine häßliche Krähe.

Auch jene Menschen, die sich durch fremde Macht erhoben haben und sich nun ihres Reichtums brüsten, gewähren, wenn jeder zurückfordert, was ihm gebührt, einen kläglichen Anblick und sind dann nichts mehr, als was sie früher waren.

Der Hund und das Schaf

Man sagt, daß zur Zeit, als die Tiere noch sprechen konnten, das Schaf zu seinem Herrn geredet habe: »Du tust sonderbar daran, daß du uns, die wir Wolle, Käse und Lämmer schenken, nichts gibst, als was wir uns auf der Erde selbst suchen, dem Hunde aber, der dir nichts dergleichen gewährt, von jeder Speise mitteilst, die du selbst hast.« Als der Hund dies hörte, soll er gesagt haben: »Beim Jupiter, ich bin es ja, der dich und deine Gefährten bewacht, damit ihr nicht von Dieben gestohlen oder vom Wolfe zerrissen werdet. Denn ihr würdet, wenn ich euch nicht bewachte, nicht einmal in Ruhe weiden können.« Hierauf soll es das Schaf recht und billig gefunden haben, daß der Hund ihm vorgezogen werde.

Der Fuchs und der Holzhacker

Ein vor Jägern fliehender Fuchs fand, nachdem er lange in der Wildnis herumgelaufen war, endlich einen Holzhacker und bat denselben inständig, ihn doch bei sich zu verbergen. Dieser zeigte ihm seine Hütte, worauf der Fuchs hineinging und sich in einem Winkel versteckte. Als die Jäger kamen und sich bei dem Manne erkundigten, so versicherte dieser zwar durch Worte, er wisse nichts, deutete aber mit der Hand nach dem Orte hin, wo der Fuchs versteckt war. Allein die Jäger hatten nicht darauf geachtet und entfernten sich sogleich wieder. Wie nun der Fuchs sie fortgehen sah, ging er wieder hinaus, ohne etwas zu sagen; und als der Holzhacker ihm Vorwürfe machte, daß er ihm, durch den er doch gerettet worden sei, keinen Dank bezeuge, drehte sich der Fuchs nochmals um und sprach: »Ich wüßte dir gerne Dank, wenn die Werke deiner Hand und deine Gesinnung mit deinen Reden im Einklange ständen.«

Die Fabel geht diejenigen an, die zwar die Rechtschaffenheit im Munde führen, durch ihre Handlungen aber das Gegenteil an den Tag legen.

Die Schlange und der Landmann

Eine Schlange, welche ihren Verschlupf im Vorhofe eines Landmannes hatte, tötete dessen kleines Kind, worüber die Eltern in tiefe Trauer gerieten. In seiner Betrübnis ergriff der Vater ein Beil und wollte die Schlange, sobald sie hervorkäme, totschlagen. Wie sie nun den Kopf ein wenig herausstreckte, wollte er schnell auf sie loshauen, allein er verfehlte sie und traf nur die Öffnung ihres Schlupfwinkels. Nachdem sich die Schlange wieder in ihr Loch zurückgezogen hatte, glaubte der Landmann, sie denke nicht mehr an die Beleidigung, nahm Brot und Salz und setzte es vor die Höhle. Die Schlange aber zischte ganz fein und sprach: »Nun und nimmer kann Zutrauen und Freundschaft zwischen uns bestehen, solange ich den Stein sehe und du das Grab deines Kindes.«

Die Fabel lehrt, daß niemand Haß und Rache vergißt, solange er ein Denkmal dessen, was ihn in Betrübnis versetzte, vor Augen hat.

Das Schilfrohr und der Ölbaum

Über Stärke, Festigkeit und Ruhe stritten sich ein Schilfrohr und ein Ölbaum. Das Rohr, welches von dem Ölbaume darob getadelt ward, daß es aller Stärke entbehre und leicht von allen Winden hin und her bewegt werde, schwieg und sagte kein Wort. Nach einer kleinen Weile erhob sich ein heftiger Sturm; das hin und her geschüttelte Rohr hatte den Windstößen nachgegeben und blieb unbeschädigt, der Ölbaum dagegen, welcher sich den Winden entgegengestemmt hatte, wurde durch deren Gewalt gebrochen.

Die Fabel lehrt, daß die, welche sich den Zeitumständen und den Stärkeren nicht widersetzen, besser daran sind als die, welche mit Mächtigeren streiten.

Die beiden Hähne

Von zwei Hähnen, welche um Hennen miteinander kämpften, behielt der eine die Oberhand über den anderen. Der Überwundene zog sich zurück und verbarg sich an einem dunklen Orte; der Sieger aber flog aufwärts, stellte sich auf eine hohe Wand und krähte mit lauter Stimme. Da schoß jählings ein Adler herab und nahm ihn mit sich fort. Nunmehr kam der Versteckte ungehindert wieder aus seinem Verschlupf hervor und gesellte sich zu den Hennen.

Die Hoffart ist zu meiden.

Die Maus und der Frosch

Eine Maus schloß zu ihrem Verderben mit einem Frosche Freundschaft und lud ihn zum Mahle ein. Der Frosch band den Fuß der Maus an seinen eigenen an, und so gingen sie zuerst zu einem Orte, wo viele Speisen vorhanden waren. Der Frosch stillte seinen Hunger und beschloß, die Maus, da er ihr gutes Leben beneidete, zu verderben. Als sie bald darauf an den Rand eines Sees kamen, zog er sie in das tiefe Wasser. Die unglückliche Maus kam im Wasser um und schwamm in demselben, an den Fuß des Frosches angebunden, umher; doch ein Taubenfalke erblickte die Maus und faßte sie mit seinen Krallen. Da sich der Frosch nicht losmachen konnte, entführte er ihn gleichfalls in die Luft, wo er zuerst die Maus und dann jenen selbst verspeiste.

Auch ein Toter ist imstande, das an ihm begangene Unrecht zu rächen, denn die Gottheit, die alles erblickt, teilt jedem sein gerechtes Schicksal zu.

Die Stiere und der Löwe

Drei Stiere weideten miteinander. Ein Löwe wünschte sich dieselben zur Beute, trug aber wegen ihres Beisammenseins doch Bedenken; nachdem er sie jedoch durch Schmeichelreden an verschiedene Plätze gelockt hatte, fiel er die vereinzelten Stück für Stück an und verzehrte sie ohne Gnade.

Jupiter und die Schlange

Als Jupiter seine Vermählung feierte, brachten ihm alle Tiere Geschenke dar. Auch die Schlange kroch in den Himmel und trug eine Rose im Munde; doch als Jupiter sie erblickte, sprach er: »Gern und freudig nehme ich die Geschenke der übrigen an, aber von dir will ich nichts haben.«

Die Geschenke der Schlechten sind unwillkommen.

Der Ochsentreiber und Herkules

Ein Ochsentreiber fuhr mit einem Wagen, welcher mit Holz schwer beladen war, nach Hause. Als der Wagen im Moraste stecken blieb, flehte sein Lenker, ohne sich selbst auch nur im geringsten zu bemühen, alle Götter und Göttinnen um Hilfe an. Vor allem bat er den wegen seiner Stärke allgemein verehrten Herkules, ihm beizustehen.

Da soll ihm dieser erschienen sein und ihm seine Lässigkeit also vorgeworfen haben: »Lege die Hände an die Räder und treibe mit der Peitsche dein Gespann an, zu den Göttern flehe jedoch erst dann, wenn du selbst etwas getan hast; sonst wirst du sie vergeblich anrufen.«

Zeus und das Kamel

Ein Kamel, das einen Stier erblickte, welcher auf seine Hörner stolz war, beneidete diesen und wünschte sich denselben Schmuck; deshalb trat es vor Zeus und bat ihn gleichfalls um Hörner. Der Gott, welcher dem Tier einen großen Körper und Stärke des Leibes, die ihm nötig waren, verliehen hatte, zürnte über die Unbescheidenheit desselben und versagte ihm nicht bloß die Hörner, sondern nahm ihm auch etwas von der Länge der Ohren hinweg.

Viele verlieren, indem sie mehr zu gewinnen streben, dasjenige, was sie in Sicherheit genießen könnten.

Die Löwin und die Füchsin

Eine Füchsin, die auf ihre Fruchtbarkeit stolz war, schalt eine Löwin, daß sie nur ein einziges Junges zur Welt brächte. Die Löwin antwortete ihr darauf: »Fürwahr ich bringe nur eines zur Welt, aber dieses einzige ist ein Löwe.«

Der Löwe und der Esel

Der Löwe und der Esel schlossen ein Bündnis und gingen miteinander auf die Jagd. Zufällig kamen sie zu einer Hütte, in welcher wilde Ziegen waren. Der Löwe blieb beim Ausgange derselben stehen und bemächtigte sich der herauskommenden, während der Esel in die Höhle trat und ein solches Geschrei machte, daß die erschreckten Tiere herausflohen. Nachdem der Löwe die meisten ergriffen hatte, trat der Esel ins Freie und fragte seinen Gefährten, ob er nicht tapfer gekämpft habe. Der Löwe antwortete ihm: »Ich selbst hätte mich gefürchtet, wenn ich nicht gewußt hätte, daß du ein Esel bist.«

Diejenigen, welche sich Kundigen gegenüber rühmen, setzen sich mit Recht dem Gelächter aus.

BABRIOS

Der Bogenschütze und der Löwe

Es ging ein Mann vorzeiten ins Gebirg' jagen,
Des Bogenschießens kundig; alle Tierscharen
Erbebten und entliefen eilig voll Schreckens.
Ein Löwe nur hielt mutig stand und rief jenen
Zum Kampfe heraus und brüllte: »Halt, mein Freund, bleibe!«
Der Mann erwidert: »Denke nicht, du wirst siegen.
Du sollst, wenn dich mein Bote nur erst trifft, spüren,
Was Arbeit dir noch werden wird.« Darauf schießt er
Aus kleinem Abstand, und es dringt der Pfeil tief ein,
Tief in des Löwen weich Gedärm. Erschreckt sprang nun
Der Leu davon, zu fliehen in des Tals Öde.
Als ihm der Fuchs, der in der Nähe stand, zurief,
Er sollte doch hübsch bleiben nun und standhalten,
Sprach er: »Du sollst nicht irren mich noch anführen,
Denn da er solchen Schreckensboten absendet,
So merk' ich wohl, wie grimmig erst er selbst sein mag.«

Der Hirt und die Ziege

Einst wollt' ein Hirt die Ziegen ins Gehöft treiben
Auf ein Zeichen. Da ein'ge kamen, andre nicht kamen
Und eine widerspenstig an dem Bergabhang
Des süßen Geißblatts und Lavendels Haar abschor,
Traf er von fern mit dem Stein sie, daß ihr Horn abbrach.
Da bat er sie: »Mein Dienstkumpan, mein süß Zicklein,
Beim Pan, dem Herrscher in den tiefen Waldschluchten,
Verrat mich nicht, mein Zicklein, unserm Gutsherren!
Es geschah nicht gern, daß ich dich mußte so treffen!«
Doch sie: »Wie kann ich doch die offne Tat leugnen?
Das Horn wird schreien, wenn ich selbst auch stillschweige.«

Der Stier und die Mücke

Es saß einst eine Mück' auf eines Stiers Horne,
Nach kurzer Weile sprach sie, ihm ins Ohr summend:
»Wenn ich dich drück' und deinem Hals zur Last falle,
So nehm' ich gleich zum Sitze jene Flußpappel.«
Der Stier sprach: »Du magst bleiben oder weggehen,
Mich kümmert's nicht, auch merkt' ich nicht dein Herkommen.«
(Zu lachen ist es, wenn ein Lump, der nichts nutz ist,
Vor Bessern prahlt, als ob er wunders wer wäre.)

Das verwandelte Wiesel

Ein Wiesel, welches einen schönen Mann liebte,
Erhielt von Kypris, ihr, der Liebeslust Mutter,
Der hehren Göttin, daß es die Gestalt tauschte
Mit einer schönen Frau, die, wer sie sah, liebte.
Auch jener sah sie und fing ebenfalls Flammen
Und freit' um sie; doch als das Mahl man anrichtet,
Läuft eine Maus vorüber, und die Braut, hastig
Vom weichen Polster springend, muß ihr nachsetzen.
Aus war die Hochzeit mit dem Mahl; und laut lachend
Floh Eros fort; er mußte der Natur weichen.

Der Wolf und der Reiher

Dem Wolf blieb ein Knochen einst im Schlund sitzen,
Und er verhieß, er wolle guten Lohn zahlen
Dem Reiher, wenn er seinen Hals hinabsenkte
Und, heraus den Knochen ziehend, ihm den Schmerz heilte.
Der zog ihn aus; doch als er nun den Lohn fordert,
Sagt jener, ihn mit Zähnefletschen angrinsend:
»Genug des Lohnes empfingst du für die Heilkünste,
Daß ganz dein Kopf herauskam aus dem Wolfsrachen!«
(Wer den Schlechten hilft, der wird nicht guten Lohn ernten;
Es ist genug, wenn's ihm dafür nicht schlecht gehet.)

Der Landmann und der Fuchs

Den Fuchs, den Feind der Gärten und der Weinberge,
Wollt' einer einst durch neuerfundne Schmach strafen.
Den Schweif mit Flachs umwickelnd und ihn anzündend,
Läßt er ihn laufen, doch der Gott, der Allwalter,
Lenkt auf die Fluren dessen ihn als Brandstifter,
Der ihn entsendet. Um die Garbenzeit war es,
Und hoffnungsvoll der Ernte holde Fruchtkinder.
Es folgt der Mann ihm, um den sauren Schweiß weinend;
Nicht schaute gnädig seine Tenne Demeter.
(Sanft mußt du sein und nimmer ohne Maß wüten;
Die Nemesis folgt dem Zorne, und dem Zornmütigen
Bringt selbst sie Schaden; möcht ich sie doch stets meiden.)

Der Löwe und der Fuchs

Ein Löwe, der zum Jagen nicht mehr Kraft hatte,
Da ihn das hohe Greisenalter matt machte,
Lag scheinbar krank in seiner tiefen Berghöhle,
Wiewohl nicht wirklich, doch aus Hinterlist röchelnd
Und seine barsche Stimme fein und dünn stellend.
Der Botschaft Ruf drang in der Tiere Schlupfwinkel,
Und alle schmerzt' es, daß der Löwe krank wäre,
Und gingen einzeln, daß sie ihm Besuch machten,
Da faßt er, jeden nach der Reih', und ganz mühlos
Verzehrt er sie, daß er im Alter satt hatte.
Der schlaue Fuchs verspürt es und, sich fernhaltend, –
Fragt er ihn schmeichelnd: »Sagt, wie geht es Euch, König?«
»Willkommen, liebstes aller Tiere,« sprach jener;
»Warum nicht näher? Warum so von fern stehen?
Herein, mein Trautster, daß mit muntern Einfällen
Du mich erheiterst und beim nahen Tod tröstest.« –
»Leb wohl, und sei nicht böse, wenn ich fortgehe,«
Sprach jener; »mich vertreiben all die Tierfährten,
Von denen keine, wie du siehst, herausführen.«
(Glückselig der, der selber nicht zuerst strauchelt,
Und dem zur Lehre fremdes Ungemach dienet.)

Die alte und die junge Liebhaberin

Ein Mann, der schon des Lebens Mitt' erreicht hatte
(Man konnt' ihn jung nicht, aber auch nicht alt nennen),
Der hatte weiß und schwarz gemischte Haupthaare
Und weilte noch gern bei Lieb' und Wein und Festschmäusen.
Da eine Alt' und Jung' er nun zugleich liebte,
So wollte stets die junge ihren Liebhaber

Auch jung, die alte aber alt wie sich sehen.
So rupften beid' aus seinem Haar: das Jungfräulein
Jedwedes aus, das, wie sie fand, schon weiß glänzte,
Die Alte aber rupfte, die noch schwarz waren,
Bis ihn die Jung' und Alte denn zum Kahlkopfe
Am Ende machten, da jede von dem Haar ausriß,
Und er, abwechselnd immer gerupft, zuletzt kahl ward.
(Die Fabel sagt euch allen insgesamt, Menschen:
Unglücklich, die den Weibern in die Hand fallen,
Da männiglich sie quälen und zuletzt ausziehn.)

Die Stäbe

Vor grauen Zeiten lebt' ein Mann, der sehr alt war.
Der hatte viele Kinder. Da er nun merkte
Sein Ende nahn und er an sie noch Aufträge
Erteilte, hieß ein Bündel er herbeischaffen
Von dünnen Stäben, die auch einer gleich brachte.
»Versucht nun, Kinder,« sprach er, »alle Kraft sammelnd,
Ob die verbundnen Stäb' ihr wohl entzweibrechet.«
Sie konnten's nicht. Da sprach er: »Jetzt versucht's einzeln.«
Da nun so einzeln sie gar leicht entzweibrachen,
So sagt er: »Kinder, also, wenn ihr einträchtig
Zusammen alle haltet, kann kein Mensch jemals
Euch schrecken, wenn er noch so große Macht hätte;
Dagegen, wenn ihr jeder andern Sinn heget,
So wird es jedem wie dem einen Stab gehen.
Für Brüder ist ein großes Glück und Gut Eintracht,
Die Niedre schon zu hohem Stand hinaufbrachte.«

Der Fischer

Ein Fischer, der den Meeresstrand entlangstreifte,
Das süße Leben mit der Angelschnur fristend,
Fing einst ein kleines Fischlein an dem Roßhaare,
Wie's grade groß und schmackhaft ist zur Bratpfanne.
Das aber bat ihn also, an der Schnur zappelnd:
»Was hast du doch von mir? Was kann ich einbringen?

Ich bin ja noch nicht ausgewachsen; vorgestern
Gebar am Fels mich erst die Mutter Steinbutte.
Drum laß mich gehn; wirst mich doch nicht umsonst töten?
Doch wenn ich ausgefüttert mich mit Seegrase
Und, groß geworden, für der Reichen Tisch passe,
Dann kannst du wiederkommen und mich einfangen.«
So bat der Fisch ihn, kläglich schnappend und zappelnd.
Doch konnt' er nicht den schlauen Alten anführen.
Der sprach, mit scharfer Bins' ihn durch den Leib stechend:
»Wer nicht auf Kleines, wenn es sicher ist, acht hat,
Der wird zum Narren, Ungewissem nachjagend.«

Der Löwe und der wilde Esel

Der Löwe ging einst jagen mit dem Waldesel.
Der Leu war stärker, doch der Esel schnellfüß'ger.
Darauf, als reiche Beute sie gemacht hatten,
So teilt der Leu den ganzen Raub in drei Teile
Und spricht: »Hier diesen werd ich' mir zuerst nehmen,
Denn ich bin König; den werd' ich dazunehmen,
Da wir zu gleichen Teilen gehn; den Tod bringen
Wird dir der dritte, wenn du dich nicht sogleich fortmachst.«
(Miß deine Kraft, daß nie du ein Geschäft eingehst
Mit Stärkern, noch mit ihnen den Gewinn teilest.)

Der Löwe und die Maus

Ein Leu fing eine Maus; die wollt' er aufspeisen.
Frau Bröseldieb, vor Augen schon den Tod sehend,
Fleht so mit Worten zu dem Raubtier inständig:
»Dir ziemt es Hirsch' und Stiere, stolze Hornträger,
Zu jagen; solches Fleisch muß deinen Leib mästen.
Die bloßen Lippen sollte dir nicht anrühren
Der schmale Bissen einer Maus; drum, Herr, schone!
Leicht könnt' ich dir, wie klein ich bin, den Dienst lohnen.«
Das Raubtier lacht' und ließ die fleh'nde Maus leben.
Doch bald geriet es unter junge Waidmänner,
Fiel in das Netz und ward verstrickt mit Fangseilen;

Und wollte schon des Lebens Rettung aufgeben.
Da sprang die Maus gar heimlich aus dem Schlupfwinkel,
Nagt mit den kurzen Zähnchen an der Hanfschlinge,
Befreit den Leun, daß er des Tages Licht schaute,
Und lohnt ihm würdig wieder, ihn vom Tod rettend.
(Klar ist der Sinn der Fabel für den Wohlwoll'nden:
Den Armen hilf! Du darfst auf sie in Not hoffen,
Da auch die Maus den Löwen aus der Haft löste.)

Der Fuchs und die Trauben

Weintrauben hingen noch an einem Bergabhang
Von dunklem Rebstock. Da erblickt ein schlau Füchslein
Die üppig vollen, und gar oft heranspringend
Will mit den Pfoten es die Purpurfrucht haschen,
Die reif schon war und für den Kelterbaum zeitig.
Vergebne Müh'! Er konnte nicht hinaufreichen.
Da ging er weiter, also seinen Schmerz stillend:
»Die Traub' ist sauer, wie ich seh', und noch unreif.«

PHÄDRUS

Der Wolf und das Lamm

Zum selben Bache waren Wolf und Lamm gekommen,
Von Durst getrieben. Weiter oben stand der Wolf,
Das Lämmchen mehr nach unten. Lechzend nach der Beute
Begann sogleich der freche Räuber einen Streit.
»Warum,« so red'te er es an, »hast du das Wasser
Getrübet, das ich trinke?« Zitternd sprach das Wolltier;
»Bitt um Vergebung, Wolf, wie wäre dieses möglich?
Von dir kommt ja der Strom zu meinem Trunk herunter.«
Beschämet und erzürnt ob dieser Worte Wahrheit,
Rief er: »Du schmähtest mich vor einem halben Jahre.«
Es sprach das Lamm: »Da war ich ja noch nicht geboren.«
»Beim Herkules!« fuhr jener auf, »so tat's dein Vater« –
Ergreift das Lamm – zerreißt's in ungerechtem Morde.

Geschrieben wurden diese Wort' für jene Menschen,
Die wegen falscher Gründe gute Menschen plagen.

Der Fuchs und der Storch

O, keinem darf man schaden. Aber wenn uns einer
Verletzt, kommt ihm dasselbe zu. Dies lehrt die Fabel.
Es soll der Fuchs zuerst den Storch zum Mahl geladen

Und ihm in einer flachen Schüssel flüss'ge Brühe
Gereichet haben, so daß selbst bei größter Mühe
Der Storch von jener Speise nichts erlangen konnte.
Als er nun wiederum den Fuchs zu Gaste lud,
Da setzte er ein halsiges Gefäß ihm vor,
Zerriebne Speis' enthaltend. Mittels seines Schnabels
Genoß er selbst die Speise, doch der Gast litt Hunger.
Als nun umsonst der Fuchs den Hals der Schüssel leckte,
Da soll der Wandervogel froh gerufen haben:
»Wozu man selbst das Beispiel gibt, muß man ertragen.«

Der Hirsch an der Quelle.

Daß das, was man verachtet, manchmal besser ist,
Als was man lobt, soll diese Fabel uns beweisen.
An einer Quelle blieb ein Hirsch, der dort getrunken,
Und sah sein Bildnis in dem klaren Wasserspiegel.
Doch während er das ästige Geweihe lobt,
Erregten sein Mißfalln die gar zu dünnen Füße. –
Von lauten Jägerrufen plötzlich aufgeschreckt,
Beginnt er durch das Feld zu eilen, und die Hunde
Täuscht er durch schnellen Lauf, und in den dichten Wald
Eilt er; doch hier verwickelt sich sein Geweih,
Und so gehemmt, erliegt er bald den Hundebissen.
Im Sterben soll' er noch die Wort' gerufen haben:
»Ich armer, armer Tor, der ich erst jetzt erkenne,
Wie nützlich mir das war, was ich verachtet habe,
Und wie so schweres Leid mir brachte, was ich lobte.«

Die Bäume unter dem Schutz der Götter

Einst wählten sich die Götter Bäume, welche sie
In ihrem Schutze haben wollten. Jupiter
Gefiel die Eich', die Myrt' der Venus, dem Apoll
Der Lorbeerbaum, die Fichte der Kybele, aber
Dem starken Herkules die majestät'sche Pappel.
Minerva staunte, daß sie Bäume ohne Früchte
Gewählt, und fragte nach dem Grunde. Jupiter

Gab ihr die Antwort: »Daß es nicht den Schein gewinne,
Als ob wir um der Früchte nur die Bäume schützten.« –
»Fürwahr, es soll mir einer sagen, was er will,
Mir sind Oliven wegen ihrer Früchte lieber.«
Drauf antwort'te der Götter und der Menschen Vater:
»O Kind, du wirst mit Recht bei allen weise heißen,

Denn wenn es keinen Nutzen bringt, was wir verrichten,
So ist es nichts als eitler Ruhm und Prahlerei.«
Die Fabel lehret, nichts zu tun, was uns nicht nützt.

Der Adler, die Katze und das Wildschwein

Ein Adler hatte auf dem Gipfel einer Eiche
Ein Nest, die Katze wohnte in der Mitt' derselben,
Und an dem Fuß des Baumes lagerte die Wildsau.
Die schlaue Katze störte diese Nachbarschaft,
Und beut'te sie durch Lug zu ihrem Vorteil aus.
Sie kletterte zum Nest des Vogels hin und sagte:
»Verderben drohet dir und auch vielleicht mir Armen.
Siehst du das wilde Schwein wohl täglich Erd' aufwühlen
Um unsern Baum? Was soll's? Sie will die Eich' entwurzeln,
Damit auf ebner Erd' sie unsre Jungen töte.«
Nachdem sie so dem Vogel große Angst gemacht,
Begab sie sich bebend zur Lagerstatt des Schweines
Und sprach: »O, deine Jungen sind gar sehr bedroht,
Denn wenn du mit der Brut dein Lager wirst verlassen,
Wird dir der schnelle Adler deine Ferkel rauben.«
Nachdem sie auch das Schwein mit Schrecken hatt' erfüllt,
Zog sie sich stillvergnügt in ihre Höhl' zurück.
In tiefer Nacht schlich sie sich leise fort und holte
Für ihre Jungen und sich selbst die nöt'ge Speise.
Des Tags sah sie zum Loch hinaus, sich bange stellend.
Den Sturz des Baums befürchtend, saß im Nest der Adler,
Und um dem Raub zu steuern, ging das Schwein nicht fort.
Doch kurz, mit ihrer Brut erlagen sie dem Hunger
Und dieneten der Katz' als hochwillkommne Speise.

Der Kampf der Mäuse und Wiesel

Als die vom Heer der Wiesel überwundnen Mäuse –
In jeder Schenk' wird es in Bildern dargestellt –
Entflohn und um die engen Löcher trippelnd liefen,
Entgingen sie dem Tode mit genauer Not.
Die Führer aber, welche Hörner an den Häuptern

Befestigt hatten, daß sie in dem heißen Kampfe
Ein Zeichen hätten, dem die Krieger folgen könnten,
Die wurden, hängen bleibend an dem Tore, gefangen.
Der Sieger würgt' mit scharfem Zahn die Opfertiere
Und senkt' sie in die Hölle seines Bauchs hinab.
Bedrückt ein schlimmer Ausgang irgend welches Volk,
So sind für stets des Staates Häupter nur bedroht.
Das niedre Volk verkriecht sich furchtsam in die Winkel.

Der Kürbis, die Eichel und der Bauer

Ein Bauer staunte einst, daß auf der Erd' der Kürbis
Mit seinem angefüllten Bauche lag. Er sprach:
»Fürwahr, dies ist doch schlecht gemacht, so wahr ich lebe,
Denn schöner würden sie an jener Eiche prangen,
Und solche Früchte ziemen wahrlich solchem Baume.
Es schlief wohl der, der alles soll erschaffen haben,
Als er dies angeordnet. Warum schleicht die Eichel
Nicht an dem Boden fort, statt dieses großen Kürbis?
Ja, ja, fürwahr, wenn ich zu Rat gezogen wäre,
Dies hätt' ich anders und viel besser eingerichtet.«
Indem er so das Hirn zerwühlt' und trotz der Mühe
Vergebens diesen Knoten zu entwirren suchte,
Rief er: »Die Menschen, welchen scharfe Geistesgaben
Gegeben sind, vermögen kaum sich auszuruhen,«
Er legte sich hin, und bald ist er in Schlaf versunken.
Und sieh, vom selben Eichenbaum fällt eine Eichel
Zum Schlafenden hinab, ihn an der Nas' verwundend.
Der Bau'r erwacht und greifet mit der Hand zur Nase:
»O weh, die Wunde ist nicht klein, es fließet Blut!
Wenn schon die kleine Eichel solches Unheil macht,
Um wievielmehr der Kürbis, wenn er wär' gefallen.
Es mußte nicht geändert werden. Ich seh's ein;
Der Schöpfer setzte alles an den rechten Ort.«
Es möge jeder sich dem Bauern ähnlich wähnen,
Der Gottes weise Vorsicht frevelnd schilt und höhnt.

Die Frösche, die einen König verlangen

Als unter gleichem Recht Athen erblühte,
Schuf Freiheitsschwindel Unruhn unterm Volk,
Und Übermut zerriß den alten Zügel.
Drauf, als sie in Partein gespalten, wirft sich
Pisistratus als Burgherr und Tyrann auf.
Wie nun das Volk der Knechtschaft Druck bejammert
Und klagen will, nicht weil ein Wütrich jener,
Doch Ungewohnten jede Last ein Berg deucht,
Da gab Äsop zum besten dies Geschichtchen:
Die Frösche, frei in ihren Sümpfen schweifend,
Schrien lauten Gequaks zu Zeus um einen König,
Der ihre lockern Sitten zügeln sollte.
Der Göttervater lacht und sendet ihnen
Ein Klötzchen Holz, das plötzlich niederstürzend
Mit hohlem Geplump das zage Völklein schreckte.

Als eine Zeit im Pfuhl versenkt es dortlag,
Geschieht's, daß einer leis den Kopf hervorstreckt,
Den König rekognosziert und alles beiruft.
Jetzt frei von Furcht, schwimmt jeder um die Wette
Herzu und springt mutwillig auf das Holzstück.
Nachdem sie's so mit aller Schmach besudelt,
Wird Zeus beschickt um einen andern König:
Den er gegeben, könnten sie nicht brauchen.
Die Hyder sandt' er da mit grimm'gem Zahn,
Die nach der Reih' sie faßte. Ratlos fliehen
Vergeblich sie den Tod: Furcht schließt den Mund.
Heimlich drum wird Merkur an Zeus beauftragt,
Daß ihre Not er wende; doch der spricht:
»Habt euer Gutes ihr nicht tragen mögen,
So tragt das Schlimme.«
Ihr auch, Bürger, schloß er,
Seid jetzt zufrieden, sonst kommt größres Unheil.

Der Hund, der ein Stück Fleisch durch den Fluß trägt

Am Eignen büßt's mit Recht, wer Fremdem nachstrebt.
Ein Hund, der schwimmend Fleisch durch einen Fluß trug,
Erblickt sein eignes Bild im klaren Spiegel.
Im Wahn, ein andrer Hund trag' andre Beute,
Will er's ihm rauben: doch – getäuschte Habgier! –
Den Fraß, den er im Maul hielt, ließ er fahren,
Noch wen'ger faßt er das, wonach er schnappte.

Der Esel und die Galluspriester

Ein Unglückskind bringt nicht allein das Leben
Trübselig hin, selbst nach dem Tode noch
Verfolgt ihn des harten Schicksals Elend.
Die Galluspriester der Kybele pflegten
Ein Eselein, das ihnen Bürden trug,
Auf ihrem Bettelumgang mitzuführen.
Als dies verendet war vor Müh' und Schlägen,
Verwandten zu Handpauken sie sein Fell.

Von jemand drauf gefragt, was mit dem Liebling
Sie denn gemacht, erwiderten sie also:
»Der glaubte nach dem Tode sich gesichert,
Und sieh, aufs neue paukt man auf den Toten.«

Der Fuchs und Der Rabe

Wer sich am Lob des list'gen Schmeichlers letzt,
Wird durch die Schmach zu später Reu' bestraft.
Vom Fenster stahl der Rab' sich einen Käse
Und wollt' ihn hoch auf einem Baum verschmausen.
Das sah der Fuchs und hub so an zu reden:
Rab', wie prächtig glänzt doch dein Gefieder!
Wie prangt der Leib von Anmut, wie das Antlitz!
Sängst du auch noch, du wärst der Vögel erster.«
Wie nun der Narr auch Stimme zeigen will,
Entfällt der Käs' dem Schnabel, und bebend
Fängt ihn mit gier'gem Maul mein Füchslein auf.
Zu spät erseufzte die betrogne Dummheit.

Der alte Löwe, der Eber, der Stier und der Esel

Wer seine frühre Würde einbüßt,
Des tiefer Fall dient Feigen selbst zum Spotte.
Von Jahren schwach und seiner Kraft beraubt
Lag dort der Löwe in den letzten Zügen.
Da kam der Eber mit der Hauer Blitz
Und rächt mit ihrem Hiebe alte Unbill.
Sein feindlich Horn bohrt in den Leib des Gegners
Der Stier. Kaum sah der Esel straflos martern
Den Wilden, schlug er ihm den Huf ins Antlitz.
Doch der verendend: »Daß mich Tapfre höhnten,
Trug ich voll Ingrimm; dich, der Schöpfung Schandfleck,
Ertragen müssen, dünkt mich zwiefach sterben!«

Der zerplatzte Frosch und der Ochs

Des Schwachen Tod ist's, will er's Mächt'gen nachtun.
Ein Frosch sah auf der Wiese einen Stier,
Und neidisch auf so mächt'ge Größe, bläst er
Sein runzlig Fell auf; dann fragt er die Jungen,
Ob er dicker als jener. Doch die leugnen's.
Auf's neu spannt er mit mehr Gewalt die Haut aus
Und fragt noch einmal, wer der größere sei.
»Der Stier«, entgegnen sie. Zuletzt voll Ingrimm
Sucht er noch heftiger sich aufzublähn.
Er tut's und liegt zerborsten, eine Leiche.

AVIANUS

Der Reiter

Ein kahlköpfiger Reiter, der rückwärts knüpfte die Locken
Und sich mit falschem Haar oben bedeckte das Haupt,
Trat im Marsfeld auf, mit blinkender Rüstung gewappnet,
Und das gehorsame Roß tummelt er mächtig umher.
Aber ihm wehten entgegen des Nordwinds sausende Lüfte,
Während das Volk umher schaute sein lächerlich Haupt.
Denn bald flog die Perücke davon; nackt zeigt sich die Stirne,
Die mit dem Haar zuvor anders gestaltet erschien.
Kläglich wendet er nun, da er tausendstimmiges Lachen
Hört, durch folgende List wieder den Spott von sich ab:
»Wie zu verwundern wär's,« so sprach er, »wenn Haar mir von andern
Fortfliegt, da mir vordem eigenes selber nicht blieb?«
Wirst du von jemand verlacht, so such' aus dem Spott dich zu ziehen,
Daß du der Wahrheit Ernst setzest entgegen dem Scherz.

Die Äffin und Jupiter

Welches von allen Geschöpfen der Erde die trefflichsten Kinder
Brächte zur Welt, das wünscht' Zeus zu erfahren einmal.
Um die Wette nun eilten zum König des Wildes Geschlechter.
Und auch zahmeres Vieh geht mit dem Menschen vereint.

Aber es fehlten auch nicht die schuppigen Fische beim Wettstreit.
Selbst nicht die Vögel, die hoch nähret die reinere Luft.
Mitten im Aufzug gehen die Mütter, die Kinder erhebend
Stellend sie vor das Gericht eines so mächtigen Gotts.
Als ein Äfflein hier auch sein häßliches Kindlein herbeischleppt,
Bracht' es zum Lachen sogar selbst den gewaltigen Zeus.
Aber das häßliche Tier brach aus in folgende Worte,
Während es seines Geschlechts Schande zu tilgen gedenkt:
»Das weiß Jupiter nicht. Wenn ein andrer auch siegt in dem Wettkampf,
Sieget nach meinem Spruch über sie alle mein Kind.«
Das ist Sitte der Menschen; sobald sie eigen es nennen,
Wenn es auch wertlos ist, wird es von ihnen gelobt.
Drum so lobe das deinige nie, das bitt' ich, bevor es
Erst durch anderer Mund wurde gebilligt zuvor.

Die Affenmutter und ihre Jungen

Einstens gebar, wie die Fabel erzählt, zwei Junge die Äffin:
Aber sie teilt ungleich unter die Kinder die Gunst.
Während die Mutter das eine besorgt mit zärtlicher Liebe,
Schwoll sie von grausamem Haß gegen das andere an.
Als einst starkes Geräusch anfing die Mutter zu schrecken,
Schleppte sie beide mit sich, aber auf zweierlei Art.
Denn in den Armen an freundlicher Brust hing ihr das geliebte,
Und das verachtete ward nur auf den Rücken gesetzt.
Aber es trugen sie bald nicht mehr die ermüdeten Beine,
Und die vordere Last muß sie verlieren im Fliehn.
Siehe, das andere schlingt um den struppigen Nacken die Arme,
Hält sich, und gegen den Wunsch flieht's mit der Mutter davon.
Bald auch ward es gesetzt in die Gunst des geliebteren Bruders,
Alternden Ahnen nunmehr einzig zum Erben bewahrt.
So nützt vielen Verachtung, und wenn sich verändert der Glückslauf,
Kehrt des Niedrigen Los wieder zum Besseren um.

Der Wolf und der Bock

Einst verlachte den Wolf ein Bock, der im Laufen den Vorsprung
Hatte, dieweil er zunächst lief nach dem Haus an dem Feld.

Da er gerad' auf dem Weg in die Mauern den eiligen Lauf nimmt,
Sucht er im sicheren Stall wolliger Herden sich Schutz.
Bis in die Mitte der Stadt verfolgt ihn hitzig der Räuber,
Und mit berechneter List sucht er das Böcklein zu fahn.
»Siehst du nicht,« so sprach er, »wie jeglichem Tempel als Opfer
Schuldlos sterbend das Vieh färbet den Boden mit Blut?
Eilest du nicht, dich zu retten hinaus ins sichre Gefilde,
Wehe, so wirst auch du fallen, die Stirne bekränzt.«
Jener darauf: »Entsage der Furcht und aller Besorgnis,
Und o hebe dich weg, Frevler, mit deinem Geschwätz!
Denn es ist besser, den Göttern geweiht sein Blut zu vergießen,
Als dem gefräßigen Wolf tränken den Rachen damit.«
Wenn auf jedes Geschick man traurigem Lose sich preisgibt,
Frommt's am meisten, man wählt selber den edelsten Tod.

ROMULUS

Der Esel, der seinem Herrn schmeichelt

Der Esel sah, wie täglich seinen Herrn der Hund
Liebkosen darf, an seinem Tisch sich sättiget,
Und wie er Brocken reichlich vom Gesind' erhält.
Da sprach er: »Wenn den garst'gen und unreinen Hund
In solchem Grade liebet Herr und Dienerschaft,
Was wird erst mir dann werden, tu' ich gleichen Dienst
Ihm, der ich ja viel edler bin als dieser Hund
Und brauchbar zu so vielem Werk und lobenswert?
Mir stillt den Durst des heil'gen Wassers reiner Quell,
Und von unflät'ger Speise nähr' ich niemals mich.
Ja, eines bessern Lebens bin ich würdiger
Als dieser Hund und hoher Ehre bin ich wert.«
So sprach bei sich der Esel, als er sah den Herrn
Zum Stalle treten. Plötzlich rennt er mit Geschrei
Herbei und legt die beiden Füße seinem Herrn
Auf dessen Schultern, lecket ihm das Angesicht,
Schlitzt mit den garst'gen Hufen ihm sein Kleid und quält
Denselben, töricht kosend, mit der schweren Last.
Den Hilferuf des Herrn hört die Dienerschaft,
Die Steine, Prügel, alles, was im Wege liegt,

Ergreifend, bleut den Schreier, welcher schwach und wund
Mit abgeschlagnen Rippen vor den Herrn sank,
Bis er halbtot zur Krippe fortgestoßen wird.
Die Fabel lehrt: Man dränge sich nicht töricht auf
Und maße sich des Bessern Amt und Dienst nicht an.

Der Kranich, die Krähe und der Landmann

Es schlossen Kräh' und Kranich eidlich einen Bund.
Der Kranich schwur der Krähe vor den Vögeln Schutz;
Die Krähe will zu seinem Schutz die Zukunft ihm
Enthüllen. Lange flogen auf ein Bauerngut

Sie so zusammen und zerrupften dort die Saat
Von Grund aus. Als des Ackers Herr es zürnend sah,
»Den Stein her, Knabe,« rief er, »daß ich werfen kann!«
Das hört die Krähe; plötzlich mahnt den Kranich sie.
Der brauchte Vorsicht. Dann an einem andern Tag,
Da hört die Krähe wieder rufen: »Einen Stein mir her!«
Gleich mahnt sie, daß er sorgsam meide die Gefahr.
Der Bauer, der den Vogel selbst für göttlich hielt,
Daß er sein Wort verstünde, sprach zu seinem Knecht:
»Wenn ich ein Brot verlange, gib mir einen Stein.«
Der Kranich kommt, und jener sprach zum Knecht: »Gib Brot!«
Der reicht den Stein, mit welchem er zerschmetterte
Des Kranichs Schenkel. Dieser sprach verwundert nun:
»O Göttervogel, Krähe, wo ist deine Kunst?
Warum ermahntest du nicht eilig deinen Freund
Gemäß dem Eid, daß solches Unglück mich nicht traf?«
»Nicht meine Kunst,« sprach jene, »solltest schelten du,
Es ist der Doppelzüngler trügerische List,
Die anderes im Munde führen, als sie tun.«
Wer Unerfahrne täuschet durch Versprechungen,
Dem fehlt, sie zu betrügen, bald ein Scheingrund nicht.

Die Schafe und die Wölfe

Als Schaf' und Wölf' in offner Feldschlacht einst gekämpft,
Da siegten jene, sicher durch der Hunde Schutz.
Gesandte von den Wölfen bei dem Friedensschluß
Bedungen sich die Hunde zur Auslieferung,
Und junge Wölf' als Geißeln gaben sie dafür.
Die Schafe stimmten gerne diesem Antrag bei
Und hofften, Freundschaft sei für immer festgestellt.
Die Jungen fingen aber bald zu heulen an.
Die Wölf', als würden ihre Jungen umgebracht,
Beschuldigten des Friedensbruchs die Schaf' und gehn
Von allen Seiten auf die Schutzberaubten los,
Die allzuspät den törichten Entschluß bereun,
Daß sie ein solch Vertrauen ihrem Feind geschenkt.
Wer einen Schutz, mit welchem er beraten war,
Dahingibt, sehnet später ihn umsonst zurück.

III. Die deutsche Fabel

a) 13. bis 16. Jahrhundert

Unsere Vorfahren kannten bis ins späte Mittelalter hinein keine anderen Fabelsammlungen als die zahlreichen Bearbeitungen des Äsop. Die ersten Versuche zu einer Umdichtung der alten Fabelstoffe ins Mittelhochdeutsche finden sich in der »Bescheidenheit«, dem um 1229 entstandenen bedeutendsten Lehrgedicht jener Zeit, dessen Verfasser sich Freidank (d. i. Freidenker) nennt, sowie in der fast zur selben Zeit geschriebenen Sammlung »Die Welt« des Stricker, eines fahrenden Sängers aus Österreich. Wie dieser, so benutzte auch Hugo von Trimberg, der von 1260 bis 1309 Rektor am Kollegiatstift zu Theuerstadt, einer Vorstadt von Bamberg, war, die kurzen Fabeln nur als Einleitung für seine lose daran angeknüpften lehrhaften Ausführungen und langen Klagen über den Sittenverfall der Zeit.

In der ersten Hälfte des 14. Jahrhunderts verfaßte der Berner Mönch Ulrich Boner seine berühmte Fabelsammlung »Der Edelstein«, durch welche die Fabel zum erstenmal mit großem Erfolg als selbständige Dichtung in die deutsche Literatur eingeführt wurde. Die Stoffe sind hauptsächlich dem Avianus und einer späteren lateinischen Sammlung, dem sog. Anonymus Neveleti entlehnt. Auch bei Boner ist die Moral die Hauptsache, und er geht darin oft so weit über den Inhalt der Fabel hinaus, daß der Zusammenhang gänzlich verloren geht. Seine Nutzanwendungen binden sich nicht an Ereignisse oder Zustände seiner Zeit, sondern sind stets allgemein gehalten. Der »Edelstein« war in vielen Handschriften verbreitet, bevor er 1461 gedruckt wurde. Etwa zwanzig Jahre später fand ein anderes umfangreiches Fabelwerk durch den Druck große Verbreitung: der »Esopus« des Ulmer Arztes Heinrich Steinhöwel. Es war dies eine lateinische Sammlung der dem Äsop zugeschriebenen Werke, die von einer mittelhochdeutschen Prosaübersetzung begleitet war. Hieraus, ebenso wie aus dem »Edelstein«, haben viele späteren Dichter ihre Stoffe für Fabeln und Schwänke geschöpft. Auch in mittelhochdeutscher Sprache erschienen im 15. Jahrhundert zwei große Äsopische Fabelwerke, von denen eins von dem Dekan Gerhard von Minden verfaßt sein soll. Einzelne Fabeln erzählt ferner der Straßburger Sebastian Brant in seinem »Narrenschiff« (1494), und kurz danach (1498) kam eine niederdeutsche Bearbeitung der alten Tiersage von »Reinecke Fuchs« heraus, die ein neuer Ansporn und eine neue Quelle für Tierfabeln wurde, ebenso wie die zu jener Zeit unter dem Titel »Buch der Beispiele der alten Weisen« erschienene Übersetzung des großen altindischen Fabelwerkes. (S. 22.)

In der ersten Hälfte des 16. Jahrhunderts, nachdem Bruder Johannes Pauli in seinem Buche »Schimpf und Ernst« eine ganze Reihe von Parabeln und einige Fabeln veröffentlicht hatte, schrieb Burkard Waldis seinen gereimten »Esopus«, der mit Recht ungeheures Aufsehen erregte. Als Mönch und späterhin als Handwerker und reisender Kaufmann hatte Waldis das Weltgetriebe gründlich kennen gelernt und legte in seinen 400 Fabeln seine umfassenden Erfahrungen nieder. Gern nimmt er die Gelegenheit wahr, eigene Erlebnisse einzuflechten, so daß man aus seinem Werke viele Nachrichten über seine Lebensumstände erhält. Als Quellen benutzte er wohl sämtliche damals bekannten lateinischen und deutschen Fabelwerke, doch er hat auch einige Stoffe selbst erfunden. Wenngleich sich bei ihm das Lehrhafte oft zu sehr in den Vordergrund drängt, so weicht er doch niemals von seiner einfachen und natürlichen, echt volkstümlichen Ausdrucksweise ab. Bisweilen aber ist die Moral weitläufig ausgesponnen, daß sie beinahe den erzählenden Teil erdrückt, und nicht selten führt er in der Moral einen ganz unerwarteten Gedanken aus, der dem Inhalt der Fabel keineswegs entspricht; manchmal teilt er auch statt der Moral eine zweite oder gar eine dritte Erzählung mit oder schiebt eine solche in die Moral ein. Da Waldis in seinen politischen Ansichten durchaus freisinnig und begeisterter Anhänger der Reformation war, so ist es begreiflich, daß er auch in seinen Fabeln manche scharfen Ausfälle gegen die politischen und religiösen Mißstände seiner Zeit unternimmt.

Auch die Fabeln des Erasmus Alberus, der gleich Waldis gern persönliche Erlebnisse einfügt, tragen vielfach einen scharfen satirischen Charakter, und manche schließen sich so eng an bestimmte Ereignisse der stürmischen Reformationszeit an, daß sie nur dem gründlichen Kenner jener Zeit ganz verständlich werden.

Die Fabeln Luthers zeichnen sich durch eine knappe, anschauliche Darstellungsweise und gute Lehren, meist in der Form von treffenden Sprichwörtern, aus. »Außer der Heiligen Schrift,« sagt Luther in der Vorrede zu seinem geplanten Äsop, »wüßte ich nicht viel Bücher, die diesem überlegen seyn sollten, so man Nutz, Kunst und Weisheit, und nicht hochbedechtig Geschrey, wollt ansehen, denn man darinn unter schlechten (schlichten) Worten und einfältigen Fabeln die allerfeinste Lehre, Warnung und Unterricht findet, wie man sich im Haushalten, in und gegen die Obrigkeit und Unterthanen schicken soll, auf daß man klüglich und friedlich unter den bösen Leuten in der falschen argen Welt leben möge… Nach Luthers Beispiel vermehrte sein Schüler Mathesius und später Nathan Chyträus seine kleine Sammlung. Zur selben Zeit dichtete auch Hans Sachs in seiner eigenen volkstümlichen Art eine Anzahl von Fabeln. Diesen folgten 1571 die Fabeln des Augsburgers Daniel Holzmann, die August Gottlieb Meißner 1782 in neuer Bearbeitung herausgegeben hat.

Nachdem gegen Ende des 16. Jahrhunderts noch Johann Fischart in der »Flöhhatz« und Georg Rollenhagen im »Froschmeuseler«, einer Bearbeitung der angeblichen homerischen »Batrachomyomachie« (Froschmäusekrieg), einige Fabeln, ohne aufdringliche Hervorhebung einer Moral, erzählt hatten, schlief die Fabeldichtung in Deutschland ein, bis sie im 18. Jahrhundert zu neuem Leben erweckt wurde.

b) Mitte 18. bis Mitte 19. Jahrhundert

Der neue Ansporn zur Fabeldichtung in Deutschland kam von Frankreich her. Dort hatte Lafontaine († 1695) seine allbekannten Fabeln veröffentlicht, die sich durch einen launigen und anmutigen Erzählerton über alle älteren Fabeln der europäischen Kulturvölker weit erhoben; ihm war dann bald ein anderer Franzose, de la Motte (»Fables nouvelles,« 1719) gefolgt, der zwar den frischen scherzhaften Plauderton Lafontaines nicht erreichte, dafür aber seinen großen Vorgänger durch kunstvollere Behandlung von Vers und Reim übertraf. Das gute dieser beiden französischen Fabulisten suchten sich die deutschen anzueignen, und in dem Wettstreit der Dichter, ein deutscher Lafontaine oder ein deutscher de la Motte zu werden, entstand um die Mitte des 18. Jahrhunderts eine wahre Hochflut von Fabeln, die damals die volkstümlichsten Dichtungen waren.

Stoppe, Triller und Meyer von Knonau waren die ersten bemerkenswerten Nachahmer der Franzosen (um 1740). Ihre Fabeln waren jedoch im allgemeinen mehr originell als dichterisch wertvoll und wurden daher bald von den stimmungsvollen und feinpointierten Dichtungen des Hamburgers Friedrich von Hagedorn zurückgedrängt. Gleichzeitig mit diesem trat der volkstümlichste deutsche Fabeldichter Christian Fürchtegott Gellert auf den Plan; der behaglich breiten und anmutig heiteren Art seiner Schilderung in Verbindung mit der nicht nüchtern lehrhaft sondern gemütvoll vorgetragenen und allgemein verständlichen Moral seiner Fabeln gelang es, diese Dichtungsgattung wieder zu der beliebtesten jener Zeit zu machen. Ebenfalls aus den vierziger Jahren stammen noch die Fabeln des Magnus Gottfried Lichtwer, der sich besonders auch durch die Originalität seiner Stoffe große Geltung zu verschaffen wußte.

Von anderer Seite zeigte sich im folgenden Jahrzehnt zunächst Joh. Wilh. Ludw. Gleim als Meister: seine Fabeln zeichnen sich durch einen leichten fließenden Ton und wirkungsvolle Kürze aus. Bevor er seine beiden ersten Fabelbücher veröffentlichte, hatte sich auch Gotthold Ephraim Lessing schon auf diesem Gebiet versucht. Wie alle seine Vorgänger hatte auch er sich zuerst die Franzosen zum Muster genommen und eine Anzahl Fabeln in gebundener Form geschrieben, bald jedoch wendete er sich ganz von der alten Manier ab und veröffentlichte 1759 zugleich mit seinen neuartigen Proben seine »Abhandlungen über die Fabel«. Es war früher schon, u.a. von Triller, Stoppe, Gottsched, Bodmer, viel über das Wesen und die Form der Fabel geschrieben worden, Lessing aber verwarf nun alle bisherigen Ansichten und stellte wesentlich neue Grundsätze auf. Er hält jegliche poetische Ausschmückung, jedes künstlerische Mittel für unangebracht und störend, erklärt die epigrammatische Kürze für die Seele der Fabel, die er den »Grenzrain zwischen Poesie und Moral« nennt, und findet deren Abfassung in Prosa für allein richtig. Er lehnt sich also wieder an die älteste Äsopische Fabel an und glaubt, wie er selbst sagt, seine Erdichtungen nicht kurz, nicht trocken genug aufschreiben zu können. Seine Theorie fand heftige Gegner, namentlich in den angesehenen schweizerischen Kritikern Bodmer und Breitinger, später auch in Jakob Grimm, der im Gegensatz zu Lessing behauptet, daß die Kürze der Tod der Fabel sei. Über dessen eigene Versuche fällt Grimm folgendes scharfe Urteil: »Zur alten Tierfabel können die Apologe, die er selbst gedichtet, sich nicht anders verhalten als ein Epigramm in scharfzielender Gedrungenheit zu der milden und sinnlichen, von dem Geiste des Ganzen eingegebenen Dichtung des Altertums. Das naive Element geht den Lessingschen Fabeln ab bis auf die leiseste Ahnung. Zwar behaupten seine Tiere den natürlichen Charakter, aber was sie tun, interessiert nicht mehr an sich, sondern durch die Spannung auf die erwartete Moral.« Wenn Grimm hierin auch vollkommen recht hat, so wird man den geistvollen Lessingschen Fabeln ihren hervorragenden Wert doch nicht absprechen dürfen.

Als Anhänger der Lessingschen Lehre zeigte sich bald der freimütige kurhessische Geheimrat Frhr. von Moser und der junge Thorner Gymnasialprofessor Willamov. Ersterer schrieb, gleich Lessing, seine Fabeln in Prosa, letzterer wählte eine ganz neue Form, die des reinen Dialogs, den er zwar in Reimen vorbrachte, meist jedoch in so prägnanter Kürze, daß auch er wenigstens hierin den Forderungen des großen Kritikers gerecht wurde.

Einige Jahre später (1769 u. 71) erschienen zwei Fabelbücher, deren ungenannte Verfasser sich wieder ganz der behaglich breiten Art Lafontaines zuwendeten und selbst diese noch durch eine oft allzusehr ausgesponnene Detailschilderung übertrafen, so daß sie sich eher an den alten Burkard Waldis als an Gellert anreihten. Während der Autor des ersten Buches, der Pastor Johann Adolf Schlegel in Hannover, die weitschweifige Art des zu jener Zeit ganz vergessenen Waldis nur unbewußt nachahmte, nahm sich der zweite Dichter, der Hallenser Literaturprofessor Just. Friedr. Wilh. Zachariä, den von ihm wieder ins Licht gezogenen alten »Esopus«-Dichter in seinen »Fabeln und Erzählungen in Burkard Waldis' Manier« nicht nur zum Vorbild, sondern arbeitete auch eine ganze Reihe von dessen Fabelstoffen neu auf. Außer dem Waldis gibt er noch den Äsop, Lokmân, Lafontaine und seinen eigenen Kopf als Quellen an, Schlegel dagegen entlehnte nach seiner eigenen Angabe seine Stoffe hauptsächlich von Äsop, Phädrus und den Franzosen. Beide Dichter gaben ihre Bücher zunächst darum anonym heraus, weil sie ihre Namen dem oft ganz unerhörten Mutwillen gewisser damaliger Kritiker nicht preisgeben wollten, die jeden schmähen und lächerlich zu machen suchten, der sich den von ihnen vertretenen Ansichten über die einzig richtige Form der Fabel nicht bedingungslos anschloß. So hatten auch früher schon Meyer von Knonau, Lichtwer u.a. sich erst dann als Verfasser ihrer Fabeln genannt, nachdem diese sich in Kritikerkreisen einige Freunde erworben hatten, die ihnen Beistand und Geleit durch die feindlichen Strömungen der Literatur zusicherten.

Joh. Benj. Michaelis, der jugendliche, früh verstorbene Freund und Halberstädter Hausgenosse des guten alten Gleim, verfaßte als erster einige prächtige Kinderfabeln, während gleichzeitig der unstete Schwabe Christian Schubart die Fabel seiner bissigen Satire dienstbar machte. 1775 veröffentlichte dann Joh. Friedr. Aug. Kazner seine erste Sammlung von Prosafabeln, der 1786 eine zweite folgte. Von weit größerer Bedeutung als alle anderen Fabulisten seit Lessing ist jedoch der Elsässer Gottlieb Konrad Pfeffel, in dessen geistvollen Fabeln (ersch. 1783) eine anmutig frische Erzählungsweise, eine bewundernswerte Originalität der Erfindungen und echt dichterischer Schwung vereint sind. Umso auffallender ist es, daß dieser sonst so gelehrte Dichter sich mit den natürlichen Lebensgewohnheiten seiner Fabeltiere bisweilen so schlecht vertraut zeigt, wie er dies z.B. dadurch bekundet, daß er Spinnen Menschenblut saufen und Nattern im Sumpf wohnen läßt, daß er den Maikäfer zu einem Kirschenfresser und die Schnecke gar zu einem Honigräuber macht; indes wird man bei der Fülle seiner sonstigen, fast durchweg vortrefflichen Dichtungen über solche vereinzelten Verstöße gegen das Glaubhafte leicht hinweg sehen können. Vor allem zeichnen sich die Fabeln Pfeffels durch eine vielseitige und feine Moral aus. »Der allgemein Satz, den sie anschauend zur Erkenntnis bringen wollen, gehört nicht bloß mehr den Katechismuslehren der Moral an: auch feinere Züge – wie die Würde der Freundschaft, das Glück der Freiheit und Unschuld, die Freuden eines stillen und unbemerkten Lebens, der Wert der Kunst sich in sein Schicksal zu finden – werden uns eingeschärft. Ja, nicht bloß auf die allgemeinen Schwächen der Menschheit, sondern auch auf besondere Verkehrtheiten der Zeit, auf die Verirrungen der französischen Revolution und der Kantischen Philosophie zum Beispiel, wird Rücksicht genommen. Ein Lieblingsthema Pfeffels ist, gegen den Unterdrückungsgeist der Großen und die Sklaverei der Kleinen anzukämpfen.« So nimmt Pfeffel neben Gellert und Lessing den hervorragendsten Platz unter den deutschen Fabeldichtern ein. Nur einer, sein Landsmann Ludw. Heinr. Frhr. von Nicolay, vereinigte in sich die gleichen Vorzüge; die Bedeutung Pfeffels konnte er jedoch schon deshalb nicht erlangen, weil er verhältnismäßig nur eine geringe Anzahl von Fabeln verfaßt hat.

Schon zu Lessings Zeiten begann – nicht zum mindesten als Folge der an eine vollkommene Fabel gestellten strengen Anforderungen – das Ansehen dieser

Dichtungsgattung, in deren Dienst sich bisher fast alle bedeutenden Dichter betätigt hatten, ziemlich schnell zu sinken. Ihre Bedeutung als eine Hauptgattung der Dichtung verlor sie in dem selben Maße, indem nun das Epos und das Drama einen glänzenden Aufschwung nahmen. Gänzlich beiseite geschoben wurde sie aber von den auf Lessing folgenden Größen der »Klassischen Periode« keineswegs. Herder befaßte sich wieder theoretisch mit der Fabel und schrieb wertvolle Erläuterungen und Ergänzungen zu Lessings Abhandlungen, dichtete auch eine ansehnliche Reihe prächtiger Fabeln und feinsinniger Parabeln. Als willkommenes Ausdrucksmittel für lehrhafte Wahrheiten und Weisheiten benutzten auch Bürger und selbst der große Goethe gelegentlich gern die alte Form. Es bedarf kaum besonderer Erwähnung, daß die wenigen Fabeln und Parabeln dieser drei erhabenen Dichter mehr kostbares in sich bergen, als ganze Fabelbücher kleinerer Zeitgenossen. Von solchen verdienen hier nur noch Aug. Gottl. Meißner und Joh. Ferd. Schlez Erwähnung. Ersterer schrieb in Prosa, gab 1782 ein Buch »Fabeln nach Daniel Holzmann« und neun Jahre später eine Sammlung für die Jugend heraus; Schlez veröffentlichte 1787 ein Band gereimter Fabeln, die ohne höheren literarischen Wert sind, später auch noch ein Buch Parabeln.

Zu Beginn des 19. Jahrhunderts fanden die eigenartigen, von hohem sittlichem Ernst und christlichem Geist durchdrungenen Parabeln des westfälischen Theologen Friedrich Adolf Krummacher viele Freunde. Als seine gelehrige Schülerin trat um 1830 die Schlesierin Agnes Franz hervor, während Friedrich Rückert hauptsächlich alte orientalische Parabelstoffe bearbeitete. Der bedeutendste Fabeldichter jener Zeit war Abraham Emanuel Fröhlich, dessen anspruchslose stimmungvolle Dichtungen besonders auf das jugendliche Gemüt wirken. Den Kindern entstand in Wilhelm Hey der liebenswürdigste Erzähler, dessen wundervoll naive Fabeln in ihrem schlichten Gewand für die Lesefibeln der Kleinen so prächtig geeignet sind, daß sie bereits 1841 ins Französische, bald darauf auch ins Englische und Holländische übersetzt wurden. Als Verfasser schöner Kinderfabeln verdient neben Hey auch Robert Reinick Anerkennung. Mit Heinrich Heine, der eine kleine Anzahl auserlesener, meist satirischer Fabeln hinterlassen hat, schließt der Reigen der besten Fabulisten aus der von Mitte des 18. bis Mitte des 19. Jahrhunderts reichenden Blüte- und Glanzzeit der Fabeldichtung ab.

c) Die moderne Fabel

Ihre einstige volkstümliche Bedeutung als eine ernste, lehrhafte Dichtung hat die Fabel in der modernen Literatur verloren. In unserer Zeit der alle Volksschichten durchdringenden Aufklärung wird niemand mehr seinen Hausbedarf an Lebensweisheit aus wunderbaren Geschichtchen beziehen wollen. Nur für die Jugend hat die Fabel ihre volle Geltung behalten, und so ist es eine durchaus folgerichtige Erscheinung, daß sie fast ganz in das Gebiet der Kinderliteratur zurückgedrängt worden ist, und daß unsere Jugendschriftsteller meist zugleich auch Fabeldichter sind. Eine rein gedankliche Erweiterung der Fabeldichtung ist aber auch hier nur noch in sehr beschränktem Maße möglich, da die alten Fabulisten alle erdenklichen allgemeinen Erfahrungssätze und Klugheitsregeln bereits erschöpft haben. Ein Kenner der umfangreichen Fabelliteratur wird bei der Lektüre neuer Fabeln immer wieder auf, bewußt oder unbewußt bearbeitete, uralte Stoffe stoßen. Und auch eine sympathische Eigenart in der äußeren Form hat keiner von allen denen zu erreichen vermocht, die nach dem Vorbild der alten Fabel dichten; eine höhere Formvollendung über Dichter wie Gellert, Lichtwer, Lessing, Willamov, Herder, Krummacher, Fröhlich und Hey hinaus, die, jeder in seiner Art, Mustergültiges geschaffen haben, wird, abgesehen von geringfügigen Vorzügen unseres modernen Sprachausdrucks, kaum noch zu erwarten sein.

Unter solchen Umständen lag die Gefahr nahe, daß der Fabeldichtung – mit Ausnahme der Kinderfabel – nur noch historischer Wert zuerkannt, und daß sie aus der modernen Literatur hinausgedrängt werden würde. Die epigonalen Fabelschreiber der neuen Zeit konnten diesen Untergang nur beschleunigen. Wenn man trotzdem auf ein kräftiges Wiederaufleben der Fabel hoffen darf, so ist dies nur dem Umstand zuzuschreiben, daß die jüngsten Dichter den Endzweck der modernen Fabel nicht mehr in der Aufstellung und Veranschaulichung eines moralischen Lehrsatzes, sondern vielmehr in ihrer Benutzung zu satirischen Kundgebungen erblicken. Zur Satire aber liegt jederzeit soviel Veranlassung und Stoff vor, daß die Fabel auf diesem Felde niemals abzusterben braucht. Sie wird umso größeren künstlerischen Wert besitzen, je weniger derb und aufdringlich die satirische Tendenz hervortritt. Die besten Fabeln in modernem Geiste sind diejenigen, in denen die Satire in eine feine, überlegen lächelnde Ironie eingehüllt und die Erzählung an sich humor- und witzvoll vorgetragen wird. Als erster Fabeldichter, der diese Forderungen erkannte und zu erfüllen suchte, ist Leixner zu erwähnen, der freilich, ebenso wie Fulda, Ernst und Bierbaum, die Fabelform nur in beschränktem Maße benutzte, während in allerjüngster Zeit Etzel, Ewers und Oestéren mit selbständigen Fabelbüchern für die Neubelebung der Fabel im angedeuteten Sinne erfolgreich eingetreten sind.

DER STRICKER,
ein mittelhochdeutscher Dichter, von dem man nur weiß, daß er aus Österreich stammte und in der ersten Hälfte des 13. Jahrhunderts gelebt hat. Er schrieb eine Sammlung Äsopischer Fabeln unter dem Titel »Die Welt«.

Von einem Mann und den Bäumen

Einem Mann zerbrach sein Axtstiel;
Da bat er alle Bäume viel
Um einen Stiel, der wär' recht fest.
Sie gaben ihm eines Ölbaums Ast,
Worauf der Mann in aller Hast
Den ganzen Wald umhieb und brach.
Die Eiche da zur Esche sprach:
»Mit Recht sind wir verraten,
Weil unserm Feinde wir wohltaten;
Wer seinem Gegner aufhilft wieder:
Zu Boden drückt er selbst sich nieder.«

ULRICH BONER,
wahrscheinlich gegen Ende des 13. Jahrhunderts in Bern geboren, wo er später als Predigermönch wirkte; über sein Leben ist nichts näheres bekannt. Sein Werk »Der Edelstein«, benannt nach der ersten Fabel (siehe »Von einem Hahn und einem Edelstein«), enthält 100 Fabeln und wurde um 1330 verfaßt; es wurde bald nach der Erfindung der Buchdruckerkunst als erstes Buch in deutscher Sprache gedruckt (1461), ein Beweis dafür, daß es eines der beliebtesten und volkstümlichsten deutschen Schriftwerke jener Zeit war. 1757 kam die Sammlung unter dem Titel »Fabeln aus den Zeiten der Minnesänger« neu heraus, aber Lessing führte den »Edelstein« wieder unter seinem richtigen Namen in die Literatur ein. Sprachlich erneuert sind die Fabeln von Karl Pannier, dessen Bearbeitung die folgenden Proben entstammen.

Von einem Hahn und einem Edelstein

Von ungefähr hat sich's getan
Eines Tages, daß ein Hahn
Flog auf seines Herren Mist,

Wie das schon oft geschehen ist.
Er suchte sich dort Speise
Nach des Klugen Weise
Und fand – nicht konnt's ihm nütze sein –
Dort einen großen Edelstein
Unwürdig liegen in dem Kot.
Da sprach er so: »Allmächt'ger Gott,
Umsonst hab' ich den Fund getan!
Ein Gerstenkorn mehr mir nützen kann
Als du. Nichts bist du nütze mir,
Was soll ich, unnütz Ding, mit dir?
Vernimm's, mir kann nicht nütze sein
Die Herrlichkeit und Schönheit dein.
Wenn Meister Hippokras dich fänd',
Der besser dich gebrauchen könnt'
Als ich, da ich nicht kenne dich.«
So warf der Hahn den Stein von sich,
Da er gar wertlos ihm erschien;
Ein Haferkorn bedünkte ihn
Viel mehr.

Dies Beispiel sei erzählt
Dem Toren, der den Kolben wählt,
Der mehr ihm als ein Königreich.
Dem Toren sind die alle gleich,
Die Weisheit, Kunst und Ehr' und Gut
Verschmähn in ihrem Torenmut;
Für die frommt nichts der edle Stein.
Dem Hund ist mehr ein Knochenbein
Als ein Pfund Gold, das glaube mir.
Also drängt hin der Toren Gier
In Sitten und Gebärde
Auf Üppigkeit der Erde.

Sie merken nicht des Steines Wert
Und sehn nicht, was dies Beispiel lehrt,
Und wie darin verborgen ist
Viel guter Sinn und weise List,
Die unbekannt den Narren sind.
Die Narren! Sehend sind sie blind.

Der Tor soll ruhig weiter gehn
Und hier dies Beispiel lassen stehn,
Denn keine Frücht' er daraus zieht,
Recht wie dem Hahnen ihm geschieht.

Von einer Fliege und einem Kahlkopf

Gar ungestüm eine Fliege flog
Und einen Kahlkopf oft betrog,
Denn oft saß sie ihm im Gesicht.
Der kahle Mann vergaß sich nicht
Und schlug nach ihr mit flinker Hand:
Da war sie schnell und floh gewandt.
Da fing zu spotten an die Fliege,
Daß sich der Kahlkopf selber schlüge,
Und flog zur alten Stelle wieder.
Kaum setzte sich die Fliege nieder,
So sprach der Mann: »Hör', was ich sage!
Wenn ich auch deinen Spott vertrage
Und selbst mir manchen Schlag auch gebe,
So steht es fest doch, daß ich lebe,
Denn du kannst niemals töten mich.
Ist's aber, daß ich treffe dich
Ein einzig Mal, so ist's dein Tod.«
Wer selbst sich bringen kann in Not
Um kleinen Schaden, den er schafft,
Der tut wahrhaftig torenhaft.
Manch Tor die Dinge selbst beginnt,
Davon er Schaden nur gewinnt,
Wie diese Fliege hat getan,
Als sie sich setzt' auf diesen Mann:
Ihm brachte sie geringe Not,
Sich selber bracht' sie nah den Tod.
Niemand dem andern schaden soll,
Er soll sich erst bedenken wohl,
Wie er sich vor dem Schaden schütze.
Tut er danach, so ist's ihm nütze.
Die Fliege ließ ihr Spotten nie:
Kaum war dem Schlag entgangen sie,

Mit neuem Spotte sie begann,
Und tragen mußt's der kahle Mann.
Der Toren Spott ist selten gut,
Sie spotten stets, was man auch tut:
Drum müssen sie verderben
Und nichts als Spott erwerben!
Zum Spotte wird gar leicht der Mann,
Der ständig nichts als spotten kann.
Wer alle Menschen äffen will,
Der wird zu leicht der Affen Spiel.

Von einer Maus und ihren Kindern

Es schuf die gütige Natur,
Daß meistens alle Kreatur
Den Kindern ist in Lieb' ergeben,
Die sie gebar zu Licht und Leben –

Die eine mehr, die andre minder.
Sie schmerzt der Schaden ihrer Kinder.

Mit Fleiß zog eine Maus heran
Ihre Kinder, wie's nicht besser kann
Die Mutter. Einstmals mußt' die Maus
Auf ihre Nahrung ziehn hinaus.
Da sprach sie: »Liebe Kinder mein,
Wer Freund, wer Feind euch könnte sein,
Das könnet ihr nicht wissen wohl.
Das Land ist aller Fährnis voll;
Drum folget nur dem Rate mein
Und lasset euer Laufen sein
Und bleibet ruhig hier im Haus.«
Damit ging weg die alte Maus.
Die Jungen regten sich alsbald,
Es gab bei ihnen keinen Halt,
Sie liefen ein, sie liefen aus.
Da kam hinein ein Hahn ins Haus
Geflogen mit den Hennen sein.
Gar stolz war ihm des Kammes Schein,
Die Sporen standen nett und fein.
Ihn staunten an die Mäuselein,
Was für ein großer Herr das wär'.
Die glaubten sich in Fährnis schwer
Und flohen hin und her im Raum.
Der Hahn beachtete sie kaum.
Und als vorbei der Mäuse Rennen,
Da zog hinaus mit seinen Hennen
Der Hahn, um sich nach seiner Weise
Im Hof zu suchen seine Speise.
Die Mäuse liefen schnell herfür,
Als er kaum wieder vor der Tür;
Sie wollten nicht in Furcht mehr schweben,
Da sie der Hahn ja ließ am Leben;
Dazu trieb sie ihr Torenmut.
Da lag eine Katze bei der Glut,
Sänftiglich anzuschaun, und schlief.
Der Mäuse Schar sie schnell umlief
Und sahen sich die Katze an:

Da schien gar geistlich angetan
Ihr Wesen und ihr äußrer Schein.
Sie dachten da: »Das mag wohl sein
Ein sanftes Tier, gar klug und zart.«
So liefen denn in einer Fahrt
Die jungen Mäuse ein und aus.
Indem kam auch die alte Maus
Gelaufen aus dem Walde.
Die Jungen flohen balde
Zurück zu ihrem Platz im Haus,
Wo sie verließ die alte Maus.
Die Alte sprach: »Habt mein Gebot
Behalten ihr?« – »Jawohl, bei Gott!«
So sprachen schnell die Jungen all.
»Her kam mit großem Lärm und Schall
Und Sporen ein gekrönter Herr;
Vor seinem Zorne bangt's uns sehr,
Drum flohn wir schnell in unser Haus.« –
»O nein!« hub an die alte Maus,
»Der tut euch nichts, der läßt euch gehn,
Vor ihm könnt ihr sehr wohl bestehn.«
Die Jungen sprachen weiter so
(Des ward die Alte wenig froh):
»Wir sahen bei des Feuers Glut
Ein Tierlein, das war lieb und gut;
Es schien gar geistlich uns zu sein:
Das hatte auf die Füße sein
Den Kopf hinabgeneigt und schlief.
Wenn unser eine zu ihm lief,
So rührt's in keiner Weise sich.«
Die Alte sprach: »O weh, daß ich
Geboren ward! Ihr arm' Geschlecht,
Erkennt ihr nicht die Katze recht?
Der größte Feind, den je wir sehn,
Das ist die Katze. Laßt sie stehn
Und flieht, wenn lieb euch ist eu'r Leben!
Ihr sanftes Bild kann euch noch geben
Dereinst der Galle Bitterkeit.
Wenn ihr nicht flieht, so wird's euch Leid.«

Dies Beispiel geht die alle an –
Sie heißen Weib, sie heißen Mann –
Die so ihr Leben richten ein,
Daß ihres Wesens äußrer Schein
Und ihre Werke ungleich sind.
Wer ist's, der Schutz vor ihnen find't?
Böse Werke, gute Gebärden
Noch viele Menschen täuschen werden.
Im Schafskleid schleichen allerwärts
Viel' Leute mit des Wolfes Herz,
Die nicht an ihren Worten man,
An den Werken nur erkennen kann.
Manch Mensch erscheint ein Engelsbild,
Der doch von Teufelssinn erfüllt.
Der ist wie ein beschneiter Mist,
Der innen faul und stinkend ist;
Der ist ein Grabmal, wohl bemalt,
Drin Würmer wimmeln mannigfalt.
Aufrichtig leben nur ist gut.
Wer sich vor Sünden hält in Hut,
In Werken gleich bleibt und Gebärden,
Der kann ein Gotteskind wohl werden.

Von einem Löwen und einem Hirten

Der Hunger einen Löwen zwang,
Daß er ausging auf der Tiere Fang
Und seiner Nahrung eilte nach:
Da kam er in groß Ungemach:
Er trat sich einen Dorn ins Bein,
Der Fuß schwoll an, und er litt Pein
Und Schmerzen und ward arg gequält
Vom Dorn im Fleisch, wie man erzählt.
In seinem Fuß saß fest der Dorn
Und tat ihm weh; das war sein Zorn.
Nicht konnt' er selber aus der Not
Sich ziehn. Der eine Fuß war tot,
Die andern mußten stille stehn.
Er lief nicht, kaum daß er konnt' gehn.

Des Löwen Schmerzen waren groß,
Der Dorn im Bein ihn arg verdroß;
Nicht wußt' er, was er sollte tun,
Noch minder als ein taubes Huhn.
Wer nie ward siech, nie Siechtum hat,
Der braucht auch keines Arztes Rat.
Jedoch der Leu in klugem Mut
Bei sich bedachte, was ihm gut
Wohl könnt' in seiner Krankheit sein,
Daß er könnt' an dem Fuß gedeihn. –
Solang man krank ist, lernt man wohl.
Geringe Wunde niemand soll
Verachten – das ist guter Rat –
Da sie oft böses Ende hat. –
Natur gab es dem Löwen ein,
Und auch der Wunde Schmerz und Pein,
Daß er nach einem Arzt begehrte;
Ein Zufall schnell ihm den gewährte:
Alsbald er einen Hirten fand,
Der auch den Löwen bald erkannt.
Der Hirte wähnt', ihm ging's ans Leben,
Er wollt' ihm seine Schafe geben,
Daß ihn der Leu nicht sollte töten.
Und als der Hirt in solchen Nöten,
Der Löwe fein und sanft gebarte;
Voll Freuden das der Hirt gewahrte.
Dem Hirten zeigt' er ohne Weilen
Den Fuß; er dacht' er könnt' ihn heilen
Und lindern seiner Schmerzen Pein.
Nicht lange konnt' im Zweifel sein
Der Hirte, daß der Löwe wund
Und siech; das ward gar bald ihm kund;
Den Dorn im Fuß er bald ersah,
Davon dem Löwen Schmerz geschah.
Den Dorn zog er mit seiner Hand
Ihm aus, der Löwe Heilung fand
Und als ihm so der Schmerz gestillt,
Da ward der Leu von Freud' erfüllt,
Den Arzt betrachtete er mild
Und schloß sich in das Herz sein Bild

Und still bedachte im Gemüte,
Wie zu vergelten dessen Güte,
Der also wohl an ihm getan.
Das gilt noch heut': der Biedermann
Vergesse niemals, wer ihm gut,
Und niemals, wer ihm übel tut!
Gar fröhlich zog der Leu hindann,
Bei seinen Schafen blieb der Mann. –
Danach nicht lange Zeit verging,
Bis man den stolzen Löwen fing:
Man sagt, daß Römer ihn gefangen.
Sie brachten ihn mit großem Prangen
Nach einem Hause weit und groß,
Darin man ihn ganz sicher schloß
Zu andern wilden Tieren ein.
Jedwedem ward die Speise sein
An jedem Tag nach seiner Art.
Was man den Tieren gab, das ward
Von ihnen aufgezehrt im Nu. –
Nach langen Jahren trug sich's zu,
Daß man gefangen nahm den Mann,
Von welchem Heilung einst gewann
Der Löwe, denn derselbe Mann
Hatt' Frevel mancherlei getan:
Darum sprach man ihm ab das Leben.
Zum Fraß den Tieren ward er gegeben,
Daß sie ihn sollten fressen.
Der Leu hatt' nicht vergessen
Der Wohltat, die ihm war geschehn.
Den Mann begann er anzusehn;
Er sah, daß es der Mann gewesen,
Der ihm verhalf, daß er genesen.
In großer Furcht stand da der Mann;
Der Löwe kam zu ihm heran
Gar sanft gebarend, und zur Stund'
Küßt' er den Hirten auf den Mund,
Sich mit dem Haupte ihm verneigte
Und seinen Dank ihm so erzeigte.
Mit seinem Schweif er von ihm trieb
Die andern Tiere, daß er blieb

Am Leben. Dieses sah mit an
Der Römer Schar, so Weib wie Mann!
Sie fragten staunend, wie das käme,
Daß er ihm nicht das Leben nähme.
Der Hirt erzählte da zur Stunde,
Wie einst der Leu bekam die Wunde
Und wie er ihm den Dorn auszog;
Des dächte heut' der Löwe noch.
Des Löwen Treu' half aus der Not
Dem Hirten, der dort sonst den Tod
Nach Recht und Urteil mußt' erleiden.
Die Römer schenkten ihnen beiden
Das Leben, als sie das Wunder sahn,
Und ließen beide ziehn hindann.
Gar froh der Hirte wieder ward,
Der Leu zog wieder auf die Fahrt.

Alte Treue bleibet gut,
Sie tröstet manches Menschen Mut.
Was ferne von der Augen Schein,
Soll nicht dem Herzen ferne sein.
An Dienste stets man denken soll,
Dienst tut getreuen Herzen wohl.
Der alte Freund ist immer gut,
Der alte Feind oft Schaden tut.
Wer Dienste ganz vergessen will,
Dem recht geschieht, wenn man nicht viel
Ihm dient, denn nicht der halbe – nein!
Der ganze Dienst muß nutzlos sein.
Undankbarkeit ist nimmer gut,
Sie trägt am Haupt den Lasterhut.
Dankbar ist der Leu gewesen,
Sonst wäre nie der Hirt genesen;
Doch wär' er undankbar gewesen,
So wär' sein Retter nie genesen.

Von dem Magen, den Händen und Füßen

Einstmals hob eine große Klage
Sich unter Freunden, wie ich euch sage.
Die Füße klagten Kummer groß,
Die Hände Arbeit sehr verdroß;
Sie alle klagten übern Bauch,
Er wäre, hieß es, ein rechter Schlauch,
Der auch ein Müßiggänger wär';
Und dennoch würd' er selten leer,
Stets wollt' er sein der Speisen voll,
Und müßig leben tät' ihm wohl;
Was nur der Fuß sich könnt' erlaufen,
Was nur die Hand sich könnt' erkaufen –
Es müßte denn ganz unwert sein –
Das käm' zugute nur ihm allein.
Sie sagten ihm: »Das darf nicht sein!
Du mußt mit uns auch leiden Pein,
Mußt Arbeit haben so wie wir,
Willst du mit uns verbleiben hier.«
Was soll ich euch nun weiter sagen?
Den Bauch erfüllten Schmerz und Zagen;
Ihm wollten keine Speise geben,
Daß er erhalten blieb' am Leben,
Die Füß' und auch die Hände nicht.
Gar bitter schien ihm der Verzicht.
Wie viel und fleißig er auch bat,
Daß sie mit Speis' ihn machten satt,
Nichts ihm gewährten Fuß und Hand.
Siechtum dem Magen bald erstand,
Der seine Hitz' und Art verlor.
Den Händen kam das bitter vor
Und auch den Füßen – das war wohl!
Der Körper wurde Siechtums voll,
Von Krankheit sich der Mund verschloß,
Der Hände Kraft in nichts zerfloß,
Der Füße Macht war bald zergangen.
Keine Nahrung konnt' er mehr erlangen;
So schufen Hand und Fuß den Tod
Sich selber durch des Magens Not.

Geblieben wären sie am Leben,
Wenn seine Speise sie ihm gegeben.

Ein Freund bedarf des Freundes wohl;
Den Freund man niemals hassen soll.
Der Neid dem Herzeleid erregt
Allein, der ihn im Herzen trägt.
Wer nichts dem andern will vertragen,
Weil ihm es nützt, wem will der klagen,
Wenn er dadurch gerät in Not
Und liegt mit seinen Freunden tot,
Wie hier den Händen ist geschehen?
So ist es recht, ich muß gestehn.

JOHANNES PAULI,

geb. um 1455, war Jude und hieß Paul Pfledersheimer, lebte in Straßburg, trat nach seinem Übertritt zum Christentum in den Orden des hl. Franziskus und starb um 1530 zu Tann i. Els. Als Bibliothekar in den Klöstern zu Villingen und zu Tann sammelte er aus alten Büchern eine große Anzahl von lehrhaften »Exempeln« und gab sie in seinem aus dem Jahre 1519 datierten und 1522 gedruckt erschienenen Buche »Schimpf und Ernst« heraus. Dieses Volksbuch war im 16. Jahrhundert überaus beliebt und erlebte schon damals zahlreiche Auflagen. Unsere Proben sind der Ausgabe von H. A. Junghans entnommen.

Vom Aberglauben

Es fuhr einer mit einem Karren in den Wald; der Knecht saß auf dem Pferde, und der Meister saß hinten im Wagen. Der Knecht sprach: »Meister sehet, da läuft uns ein Hase über den Weg!« Der Meister sah ihn auch und sprach: »Kehr wieder um! Es ist gar mißlich, wenn ein Hase über den Weg läuft! Wir wollen heute etwas anderes tun!« Der Knecht fuhr also wieder heim. Des andern Morgens fuhren sie wieder hinaus, und da sie zum Walde kamen, sprach der Knecht: »Meister, es ist ein Wolf vor uns vorübergelaufen!« Der Meister sprach, er hätte ihn wohl gesehen, es wäre eitel Glück. Sie fuhren in den Wald, spannten das Pferd aus, damit es weide, gingen eine Strecke und schlugen Holz. Und da sie das Holz gefällt, ging der Knecht und wollte das Pferd und den Karren holen, damit sie das Holz auflüden und heimführen. Da sah der Knecht, wie der Wolf das Pferd niedergerissen hatte und es fraß. Er rief den Meister und sprach: »Meister, das Glück

steckt in dem Pferde!« Der Meister sprach: »Was sagst du?« Der Knecht sagte: »Das Glück steckt in dem Pferde!« Der Meister verstand das nicht, aber als er dazu kam, sah er, daß der Wolf in dem Pferde steckte und es fraß!

Dem geschah nach seinem bösen Glauben! Der Hase hätte ihm das Pferd nicht gefressen.

Von einem Wolf

Zu einem Wolf kam einst ein feister Hund. Der Wolf sprach zu ihm: »Guter Gesell, wie lebst du, daß du also feiste bist, wogegen ich so mager bin?« Der Hund antwortete: »Ich diene einem Menschen, der gibt mir genug zu essen.« Der Wolf sprach: »So will ich mit dir gehn und will auch dienen.« Als sie dann miteinander gingen, sah der Wolf des Hundes Hals an und sprach zu ihm: »Wie kommt es, daß dein Hals so beschabt und kein Haar daran ist?« Jener sprach: »Bei Tage legt man mich gefangen und bindet mir ein Halsband um den Hals, das macht mich also blutig, aber wenn es Nacht ist, so bin ich ledig und frei!« Da sprach der Wolf: »Ade, ade, lieber Gesell! Ich will lieber mager und frei als feist und gefangen sein!«

Von der väterlichen Lehre

Es war ein reicher Bürger zu Venedig, der hatte einen Sohn, der ein großer Säufer war. Nun kam der Vater einst zu einem Haus, da lag ein trunkener Mann bloß und unzüchtig, und jedermann spottete sein. Der fromme Vater dachte: Sähe mein Sohn diesen trunkenen Mann so schändlich und spöttlich daliegen, so würde er sich bessern und sich davor hüten, daß ihm selbst solches widerführe. Er schickte also einen Knecht zu seinem Sohne, und da dieser nun kam, da predigte ihm der Vater und warnte ihn, wie er sich sollte hüten vor dem Saufen. Nachdem er ihm lange gepredigt hatte und schon glaubte, der Sohn nähme es sich zu Herzen, da fing diesen an zu dürsten, und er sprach zu denen, die da standen: »Wo ist der trunken worden? Wo schenkt man den guten Wein, daß ich auch dazu käme?«

Merk: Es ist besser kurz schlagen, als lange predigen.

BURKARD WALDIS,
geb. zwischen 1480 und 1490, wahrscheinlich zu Allendorf in Hessen, war Mönch in Riga, verließ nach seinem Übertritt zum Protestantismus den geistlichen Stand, wurde Zinngießer und machte große Reisen. 1542 kam er wieder nach Hessen und war von 1544 bis 1557 Pfarrer von Abterode. Sein Todesjahr ist unbekannt. – Sein »Esopus, gantz new gemacht, und in Reimen gefaßt« (1548), ist das umfangreichste und bedeutendste Fabelwerk aus älterer Zeit und erlebte viele Auflagen.

Von der Ameise

In Sommers hitz bey warmer Sonnen
Ein Ameyß kam zum külen Brunnen,
Der lag dort under einer äschen,
Irn uber grossen durst zu leschen.
Wie sichs bucket, fiels nach der schwer
In Brunnen da; on als gefehr
Saß auff demselben Baum ein Taub,
Die nestet doben in dem Laub.
Mit jren Füssen sie da faßt
Und bricht vom selben Baum ein Ast;
Der fiel hinab in Brunnen bald,
Darauff die Ameyß sucht enthalt,
Sie kroch herauß, behielt das leben.
In dem sichs weiter thet begeben,
Ein Vogler kam, stellt nach der Tauben,
Das er im Waldt möcht Vögel rauben.
Mit fleiß trachtet der Tauben nach
Mit stricken an dem Baume hoch.
Die Ameyß ward desselben gwar,
In schuch kroch sie dem Vogler dar,
Biß jn, das er den schuch außzohe,
In dem die Taub von dannen flohe.

Es lert uns diese Ameyß klein,
Das wir all sollen danckbar sein
Denen, die uns han guts gethan,
Das gut nicht unvergolten lahn,
Und wers nicht thun kan mit der that,
Ist gnug, das er den willen hat.

Von einem Bauern

Es wolt ein Bawr uber einen Bach
Wandern, daselb sich weit umbsach,
Ob er nicht finden möcht ein steg:
Den het das Wasser gführt hinweg.
Eilend thet er sein Schuh aufflosen,
Und thet abziehen seine Hosen,
Wolt waten durch denselben fluß,
Und sprach: »fürwar ich nüber muß!
An diesem end einsetzen will,
Da ist das Wasser frumb und still.«
Er setzt ein, da es nicht fast lieff,
Befandt, das es war sehre tieff.
Da versucht ers am andern endt,
Da rauscht das Wasser schnell behendt,
Und war nit tieffer den zum knie.
Da sprach der Bawr: »nun merck ich je,
Sichrer ists, sich zu begeben
In rauschend wasser, die feindtlich leben,
Denn in den stillen, tieffen pfülen,
Da man nit baldt den grundt kan fülen.«
Die feindtlich toben, trotzen, wüten,
Für den hat man sich wol zu hüten;
Die Schmeychler, so sich freundtlich stellen,
(Hüt dich) das sein die rechten gsellen;
Die Kühe, die so gar feindtlich bölcken,
Von den thut man dest mehr nit melcken.
Die grossen bocher schlagen nicht,
Bellende Hundt beissen auch nicht.
Schedlicher sindt stillbeissig Hunde:
Still wasser haben tieffe grunde.

Von der Ente

Ein Enten hat ein armer Meyer,
Die pflag zu legen gülden Eyer,
Und das zur wochen nur ein mal.
Der Bawr gedacht: vorwar ich soll

Die Endten tödten, das ich mag
Den schatz erlangen auff einen tag.
Bald er denselben Vogel schlacht,
Und meint, er het es gut gemacht;
Da war der Vogel innen lehr:
Darob erschrak der Bawr gar sehr.
Groß leydt, sprach er, ist mir geschehen:
Ich hab mich ubel für gesehen.
All woch hat ich ein gülden Ey,
Da het ich kein begnügen bey.
Jetzt ist mein hoffnung, Trost und gwinn
Umb sunst, verlorn und gar dahin.

Wer seine Augen nit kan füllen,
Sein geitz settigen oder stillen,
Und all zuviele thut begehren,
Der mag bey dieser Enten leren,
Vom Apffelbaum und von dem Hundt,
Wie oben gnugsam ist verkundt;
Schaw, das er mög das mittel treffen,
Und lasse sich den geitz nicht effen,
Hab sein begier in guter hut:
Maß ist zu allen Dingen gut.

Martin Luther,

geb. am 10. Nov. 1483 zu Eisleben als Sohn eines Bergmanns, bezog 1501 die Hochschule in Erfurt, trat 1505 ins Kloster ein und wurde 1508 Lehrer an der Hochschule Wittenberg, wo er das Reformationswerk begann; am 9. Okt. 1524 legte er öffentlich die Mönchskutte ab und starb am 18. Feb. 1546. – L. übertrug mehrere Äsopische Fabeln in seine Muttersprache. Die folgenden Proben sind nach dem Urtext des L.schen Manuskriptes bearbeitet.

Vom Hunde und Schaf

Der Hund sprach ein Schaf vor Gericht an um Brot, das er ihm geliehen hätte. Da aber das Schaf leugnete, berief sich der Hund auf Zeugen; die mußte man zulassen. Der erste Zeuge war der Wolf, der sprach: »Ich weiß, daß der Hund dem Schaf Brot geliehen hat.« Der Weih sprach: »Ich bin dabei gewesen.« Der Geier sprach zum Schaf: »Wie darfst du so unverschämt leugnen?« Also verlor das Schaf seine Sache und mußte mit Schaden zur unrechten Zeit seine Wolle angreifen, damit es das Brot bezahlte, das es nicht schuldig war.

Lehre: Hüte dich vor bösen Nachbarn oder füge dich mit Geduld, willst du unter den Leuten wohnen. Denn es gönnet niemand dem andern etwas Gutes, das ist der Welt Lauf.

Von dem Löwen, Fuchs und Esel

Ein Löwe, Fuchs und Esel jagten miteinander und fingen einen Hirsch. Da hieß der Löwe das Wildbret teilen. Der Esel machte drei Teile. Darüber ward der Löwe zornig und riß dem Esel die Haut über den Kopf, daß er blutrünstig dastand, und hieß darnach den Fuchs das Wildbret teilen. Der Fuchs stieß die drei Teile zusammen und gab sie dem Löwen. Da sprach der Löwe: »Wer hat dich so gelehret teilen?« Der Fuchs zeigte auf den Esel und sprach: »Der Doktor da im roten Barett.«

Diese Fabel lehrt zwei Stücke; zuerst: Herren wollen Vorteil haben, und dann: man soll mit Herren nicht Kirschen essen, sie werfen mit den Stielen.

Von der Stadtmaus und der Feldmaus

Eine Stadtmaus ging spazieren und kam zu einer Feldmaus. Die tat ihr gütlich mit Eicheln, Gersten, Nüssen und womit sie konnte. Aber die Stadtmaus sprach: »Was willst du hier in Armut leben! Komm mit mir in die Stadt, dort will ich dir und mir genug schaffen von allerlei köstlicher Speise.«

Die Feldmaus zog mit ihr hin in ein herrlich schönes Haus, darin die Stadtmaus wohnte, und sie gingen in die Kammern, die voll waren von Fleisch, Speck, Würsten, Brot, Käse und allem. Da sprach die Stadtmaus: »Nun iß und sei guter Dinge. Solcher Speise habe ich täglich in Überfluß.«

Da kam der Koch und rappelte mit den Schlüsseln an der Türe. Die Mäuse erschraken und liefen davon. Die Stadtmaus fand bald ihr Loch, aber die Feldmaus wußte nirgends hin und gab schon ihr Leben verloren. Da der Koch wieder hinaus war, sprach die Stadtmaus: »Es hat nun keine Not, laß uns guter Dinge sein.«

Die Feldmaus antwortete: »Du hast gut reden, du wußtest dein Loch fein zu treffen, derweilen bin ich schier vor Angst gestorben. Ich will dir sagen, was meine Meinung ist: bleib du eine Stadtmaus und friß Würste und Speck, ich will ein armes Feldmäuslein bleiben und meine Eicheln essen. Du bist keinen Augenblick sicher vor dem Koch, vor den Katzen, vor so vielen Mäusefallen, und das ganze

Haus ist dir feind. Von alledem bin ich frei und bin sicher in meinem armen Feldlöchlein.«

Wer reich ist, hat viel Sorge.

HANS SACHS,
geb. am 4. Nov. 1494 zu Nürnberg als Sohn eines Schneiders, erhielt Unterricht auf einer gelehrten Schule und kam dann zu einem Schuhmacher in die Lehre. 1511 begab er sich auf die Wanderschaft, die ihn durch einen großen Teil Deutschlands führte, ging 1516 nach Nürnberg zurück und ließ sich dort als Schuhmachermeister nieder. 1523 trat er zum lutherischen Glauben über und lebte, als Bürger und Dichter hochgeachtet, bis zu seinem am 20. Januar 1576 erfolgten Tode in seiner Vaterstadt.

Unter seinen zahlreichen Dichtungen befinden sich auch manche Fabeln. Die folgende ist von Karl Pannier (»Hans Sachs' ausgewählte poetische Werke«) sprachlich erneuert.

Der faule Bauer mit seinen Hunden

Doktor Sebastianus Brant
Schrieb eine Fabel mit Verstand,
Wie daß auf einem Dorfe saß
Ein fauler Bauer und Vielfraß,
Welchem sein Vater war gestorben,
Von dem er seinen Hof erworben.
Auf diesem viel Getreid' er hatt',
Das er zum Markt bracht' in die Stadt
Und schnell verkaufte an dem Tag.
Mit dem Gelde in der Stadt er lag
Stets in dem Wirtshaus bei dem Weine,
Hatt' keine Achtung auf das Seine
Und sagte oft: »Was soll ich sorgen!
Ich hab' genug, sterb' ich heut' oder morgen,
Denn ich weiß ganz gewiß fürwahr,
Daß wenn ich lebte hundert Jahr,
Ich hundert Jahre hätt' zu essen.
Solch Reden trieb er unvermessen,
Stets fauler und heilloser ward,
Macht' nach dem Acker keine Fahrt

Den ganzen Herbst und sät' auch nit.
Und als nun kam die Zeit zum Schnitt,
Allda im Dorf die Nachbarn sein
Getreide schnitten und führten ein
Und sammelten die Kasten voll,
Zu zehren ordentlich und wohl.
Jedoch der faule Bauersmann,
Der hatt' im Sommer nichts getan,
Als nur vergeudet Gut und Geld
Und hatte nicht gebaut sein Feld.
Als darnach kam des Winters Not,
Hatt' er kein Korn, zu backen Brot.
Als nun der Hunger ihn packt' an,
Da faßt' er einen losen Plan,
Stach nieder all das Weidvieh' sein,
Schaf und Bock, Rind, Geiß und Schwein,
Eins nach dem andern solchermaß,
Briet und sott sie, darnach sie fraß.
Nachdem er auch darnieder schlug
Die Ochsen, die zuvor den Pflug
Ihm zogen, salzte sie dann ein,
Fraß nacheinander sie hinein.
Als das vermerkten seine Hund',
Hielten sie ein Gespräch gar rund:
»Seht, unser fauler Bauersmann,
Nachdem sein Erbteil er vertan,
Hat er sein Weidvieh abgestochen
Und läßt es sieden, braten, kochen;
Hat die gefressen aus dem Salz,
Die ihm gebracht Milch, Käse, Schmalz,
Die ihm viel Nutzen sonst getragen:
Hat alles in den Wind geschlagen.
Dann er die Ochsen niederschlug,
Die ihm gezogen seinen Pflug,
Damit er bauen konnte Korn;
Ihr treuer Dienst, er ist verlorn,
Er frißt sie auch in seinen Hals;
Wenn er gefressen sie nachmals,
So hat er nichts mehr in dem Haus
Zu fressen, dann wird er voraus

Auch uns zwei arme Hunde fressen,
Wo wir nicht fliehen unterdessen
Und suchen einen andern Herrn.
Drum woll'n wir laufen in die Fern',
Daß wir vom faulen Bauern vermessen
Nicht werden gemetzelt und gefressen.«
So liefen beide Hund' hindann,
Verließen den faulen Bauersmann.

Der Beschluß
Aus dieser Fabel lernen kann
Noch heutzutag ein junger Mann,
Dem auch ein Erbe zustehn tut,
Das Unterhalt ihm bietet gut,
Ehrlich zu leben spat und fruh,
Jedoch daß er auch dazu tu'
Sein' Arbeit oder seinen Handel
Und führe ehrbarlichen Wandel
Als Biedermann nach seinem Stand;
Wenn er sich aber zugewandt
Der Faulheit, lästerlichem Leben,
Darin er sich tut ganz ergeben
Dem Huren, Völlerei und Spiel,
Hält darin weder Maß und Ziel,
Wart't seines Handels nicht dabei,
Dem schwindet aus den Händen frei
Sein Gütlein und tut von ihm wandern,
Denn er verkauft eins nach dem andern.
Dann kommt erst Armut in sein Haus,
Gleich wie ein Mann, stark überaus;
Dann bald am Hungertuch er nagt,
Und ihn verlassen Knecht und Magd,
Weil Mangel ist an Speis' und Brot;
Im Haus ist nichts als Angst und Not.
Das hat der junge faule Mann
Sich selbst mutwillig angetan,
Das Übermaß des Ungemachs
Stets bei ihm weilet, spricht Hans Sachs.

ERASMUS ALBERUS,
geb. um 1500 zu Engelrod in der Wetterau, Anhänger und Schüler Luthers, starb am 5. Mai 1553 als Generalsuperintendent in Neu-Brandenburg. – A. schrieb »das Buch von der Tugent und Weißheit, nemlich Neun und vierzig Fabeln, der mehrer theil auß Esopo gezogen und mit guten Rheimen verkleret, Allen Stenden nützlich zu lesen«, gedruckt 1557.

Von einem Jagdhund

Es hatt' ein Herr einen guten Hund,
Der altershalber nicht mehr kunnt
Auf Hasen jagen. Wenn sein Herr
Ihn mahnt', konnt' er nicht laufen mehr,
Und ob er gleich ein Wild erlief,
Wenn ihm sein Herr so hart zurief,
Und er sich eilt' und nicht war faul,
So hatt' er doch keine Zähn' im Maul,
Den Hasen konnte er nicht packen.
»Ich will dich gleich zum Teufel jagen,«
Sprach da sein Herr, ein zorniger Mann.
Hatt' auch der Hund sein Bests getan,
Schalt er ihn doch und schlug ihn sehr.
Da sprach der Hund: »Ach lieber Herr,
Ich bin nun alt, was strafst du mich?
Ich hab's doch nicht verdient um dich,
Da war ich jung, tat ich das Best'
Und konnt' die Hasen halten fest.
Ich ließ mich keine Müh' verdrießen
Und hofft', ich sollt's hernach genießen,
Wenn ich würd' alt und nicht mehr könnt',
Daß ich dann Gnade bei euch fänd'.
Nun seh' ich hier das Widerspiel
Und merk' es wohl, was werden will:
Für den will man nicht Gnade han,
Den man nicht mehr gebrauchen kann.
Da ich noch jung und gut im Dienst
Und Nutzen brachte und Gewinnst,
Stand ich in großer Gunst bei dir,
Jetzt bin ich alt – nun wehe mir!
Wärst du ein dankbar edler Mann,

So würdest du gedenken dran,
Wie ich in meinen jungen Tagen
Dir konnt' gar oft ein Wild erjagen
Und lieb dir war; jetzt wär's wohl recht,
Daß du belohntest deinen Knecht.
Doch da ich dir kein werter Gast,
So häng mich doch an einen Ast,
So hast du mir genug getan
Und giltst doch als ein edler Mann
In dieser bösen, schnöden Welt,
Kein Christ jedoch von dir was hält.«

Moral:
Was hältst du aber von dem Hund,
Beklagte er sich wohl mit Grund?
Gab er nicht richtigen Bescheid
Dem Herrn für die Undankbarkeit?
So geht es zu in dieser Welt,
Daß selten einer Treue hält.
So klingt's wohl schändlich, daß man's sagt,
Doch liegt es allzuklar am Tag:
Solang bist du ein lieber Mann,
Solang man dich benutzen kann,
Und wenn's dir dann an Kraft gebricht,
So denkt man deiner Wohltat nicht.
Ja, wenn es wohl mit dir bestellt,
Gar mancher Freund sich zu dir hält,
Doch so es dir wird übel gehn,
So werden wenig bei dir stehn.

Von der Nachtigall und dem Pfau

Es heißt ein Vöglein Nachtigall,
Das übertrifft die Vögel all
Mit seinem fröhlichen Gesang.
Davon wird uns die Zeit nicht lang,
Drum ich das Vöglein loben will.
Es treibt ein so schön Saitenspiel,
Als wär's der beste Organist,

Desgleichen nicht auf Erden ist.
Es kann den Hals so meisterlich
Verdrehen, daß es wundert mich,
Wie doch das kleine Vöglein das
Zuwege bringt ohn' Unterlaß.
Es muß wohl sehr begnadet sein,
Daß es singt Tag und Nacht so fein,
Was wahrlich mich sehr wundernimmt.
Gott hat ihm seine Zeit bestimmt:
Zu Ostern hebt's zu stimmen an,
Daß gleich mitsinget jedermann
»Christ ist erstanden« freudiglich,
Und alle Menschen freuen sich,
Daß unser lieber Jesus Christ
Von Toten auferstanden ist.
Das Vöglein übt den schönen Schlag
Bis um den Sankt Johannistag.

Damit gibt Gott uns zu verstehn,
Daß jedermann soll fleißig gehn
In seinem Amt, dazu ihn Gott
Mit seinem Wort berufen hat.
Nicht tu zuwenig noch zu viel,
Ein jeder bleib bei seinem Ziel.

Auch sieht man Gottes Gütigkeit
In dieses Vögleins Nichtigkeit,
Daß er sich (wie Maria spricht)
Nicht nach des Menschen Hoffart richt't:
Das kleine Vöglein ist nicht schön
Und gibt doch solch ein süß Getön,
Und darum hat auch (wie man sagt)
Ein Pfau vor Gott sich drob beklagt,
Daß ein solch schlichtes Vögelein
Könn' singen also süß und fein,
Daß jedem müss' das Herze lachen,
Doch er könn' niemand fröhlich machen
Mit seiner armen heisern Stimm'.

Darauf sprach Gott der Herr zu ihm:

»Du klagst über dein bös' Geschrei.
Die Gaben mein sind mancherlei:
Die Nachtigall wohl herrlich singt,
Der Hirsch gar schnell von dannen springt,
Das Wildschwein hat gar scharfe Wehr,
Der Hase läuft, und noch so mehr.
Und also ich im Anfang habe
Auch dir verliehen eine Gabe:
Daß du geziert mit Federn bist
So herrlich, als kein Vogel ist,
Und machst damit ein schönes Rad;
Die Gnad' dir Gott gegeben hat.
Du füllst das Aug' – die Nachtigall
Erfüllt das Ohr mit ihrem Schall.
Ich teilte so nicht meine Gaben,
Daß einer sie sollt' alle haben.«

Moral:
Aus dieser Fabel lernt man fein,
Daß jeder soll zufrieden sein
Mit der Gab', die ihm Gott der Herr
Gegeben hat, und nimmermehr
Derselben überdrüssig sei,
Sondern er danke Gott dabei.
Der weiß wohl, wie er's machen soll.
Die Menschen aber sind so toll,
Daß sie vor Weisheit übergehn
Und sich zu meistern unterstehn
Gott unsern Herrn in seiner Kraft,
Wie er am besten alles schafft.
Und also hört man manchen Wicht,
Der wider Gott gar feindlich spricht:
»Wenn ich Gott wär', so wollt' ich das
Und dies und jen's und weiß nicht was
Viel besser machen, als es ist,
Macht' Äpfel aus dem Pferdemist.«

Von einer Wildsau und einer Wölfin

Ein Schwein hatt' Ferkel in dem Wald,
Die waren drei, vier Tage alt,
Und eine Wölfin wohnt' nicht weit
Mit ihrer Brut. »Es ist nun Zeit,«
So dacht' sie, »daß ich such' mit Fleiß
Für mich und meine Jungen Speiß'.«
Da ging sie hin zu jener Sau
Und sprach: »Gott grüß' euch, liebe Frau!
Ich danke Gott, der euch mit Gnaden
Entbunden hat ohn' allen Schaden.
Drum bin ich froh im Herzen mein
Für Euch und Eure Ferkelein.
Doch daß ich heute hab' vernommen,
Ihr könntet keine Magd bekommen,
Das hat mein Herz bekümmert sehr;
Ich möcht' euch gern erzeigen Ehr',
Und Euch zu dienen und den Kinden,
Will willig ich bereit mich finden,
Will tun, was einer frommen Magd
Zusteht, das sei Euch zugesagt.«

Die Sau sprach: »Liebe Wölfin mein,
Wenn du mir willst zu willen sein,
So geh, denn ich bedarf dein nicht,
Du hast ein Mördcrangesicht.
Siehst du auch dort den Eber kommen?«

Kaum hat die Wölfin dies vernommen,
Trollt schnell sie sich zu ihren Jungen.
Die List war ihr nicht wohl gelungen.

Moral:
Es gibt wohl Leut', die stellen sich,
Als liebten sie von Herzen dich,
Doch sind sie in des Herzens Grund
Nicht, wie sie reden mit dem Mund.
Sie suchen Eigennutz daneben,
Sollst ihnen keinen Glauben geben.

Drum sei gewarnt und sieh dich vor,
Leih solchen Wölfen nicht dein Ohr.

JOHANN FISCHART,
geb. zwischen 1545 und 1551 in Straßburg als Sohn des Gewürzkrämers Joh. Fischer, erhielt eine gute Erziehung, erlangte 1574 von der Universität in Basel das juristische Doktordiplom, wurde 1581 Reichskammeradvokat in Speyer und um 1583 Amtmann in Forbach (bei Saarbrücken), wo er 1590 oder anfangs 1591 starb. – F. hat in sein humoristisches Gedicht »Flöhhatz«, das zuerst 1573, dann in erweiterter Fassung 1577 erschien, einige Fabeln eingeflochten. Die folgende Probe ist der neuen Bearbeitung von Karl Pannier entnommen.

Von der Stadtmaus und der Feldmaus

Hast nicht gehört von der Stadtmaus,
Wie sie spaziert' ins Feld hinaus,
Da sie zu Gast die Feldmaus lud,
Zu nehmen mit dem Feld für gut?

Die rüstet' sich, bracht' alles dar,
Was in dem äußersten Winkel war,
Was sie im Winter hatt' gespart,
So daß fast leer die Kammer ward,
Damit sie nur der zarten Zucht
Genüge tät' mit schöner Frucht.
Jedoch, was man vorsetzte immer
Dem Stadtjunker vom Frauenzimmer,
Er rümpfte drob nur Stirn' und Nas'
Und sagte, Bauernwerk wär' das;
Er aber hätt' drin in der Stadt
Viel andre Luft, wie sie nicht hat
Der Feldmauskönig und all sein Hauf;
Bei ihm sei leckre Kost vollauf,
Die sei gesotten und gebraten;
Hab' Fleisch und Brot und Käs' zum Fladen.
Daß sie auch sähe, was erzählt,
Hat sie die Feldmaus so gequält,
Daß die mitkäm' nach der Stadtmaus Haus,
Zu leben dort in Saus und Braus.
Die Stadtmaus die schwer Meng' auftrug,
Stets fragend: »Hast du nun genug?«
Doch während sie sich da vergessen
Und miteinander tapfer essen,
So hören sie den Schlüssel drehen
Im Schloß und jemand näher gehen.
Die Stadtmaus auf und flieht mit Eilen,
Die Feldmaus wollt' nicht länger weilen
Und konnt' doch schwer aus der Gefahr,
Weil fremd ihr Ort und Sache war.
Als nun der Hausknecht war hinweg,
Die Stadtmaus wieder ans Geschleck
Und ruft die Feldmaus auch zu Tische,
Sie wollten gehen nun aufs frische.
Doch diese traute nicht der Sach'
Und gab dann doch den Bitten nach.
Als nun die Stadtmaus sie zechen hieß
Und selbst trank, daß sie Angst verließ,
Da fragt' die Feldmaus ob sie oft
Käm' in Gefahr so unverhofft.

Sie sprach, das sei ihr stetes Brot,
Nicht achten müßt' man steter Not.
Die Feldmaus drauf: »Steht so das Ding,
Dann schätz'st dein Leben du gering.
Wer sich mutwillig steckt in Not,
Der ist selbst Schuld an seinem Tod.
Bringt's nichts als Schrecken, weg mit Schlecken!
Nie machte feister noch der Schrecken;
Dein Mahl mit Zucker ist besprengt,
Doch mit Gefahr auch sehr vermengt.
Was daran süß durch Honig war,
Das wird verbittert durch Gefahr.
Mir will die Speise nicht gefallen,
Wenn auch verhonigt ist die Gallen.
Ich liebe mehr meine Dürftigkeit
Und Sparsamkeit mit Sicherheit
Als deinen Überfluß, dein Schlecken
Mit solcher Angst, Flucht, Sorg' und Schrecken.«

Daniel Wilhelm Triller,

geb. 10. Feb. 1695 in Erlangen, verlor frühzeitig, an einem Tage, Vater und Mutter, wurde dann von Verwandten erzogen und studierte, nach Vorbildung auf dem Zeitzer Gymnasium, 1713 in Leipzig Philosophie, Geschichte und Naturlehre, vom nächsten Jahre ab Medizin. Nach Beendigung seines Studiums hielt er in Leipzig Vorlesungen über Geschichte und Heilkunst, wurde 1720 als Landphysikus nach Merseburg berufen, und trat nach dem Tode seines Schwiegervaters, eines Apothekers, in dessen Stelle ein. Von 1730 bis 1732 begleitete er den Erbprinzen von Nassau-Saarbrücken auf Reisen, siedelte 1744 nach Frankfurt a. Main über, wo er vom Reichshofratskollegium zum Leibarzt und ordentlichen Rat erwählt wurde, zog aber schon 1745 als Hofrat und Leibarzt nach Weißenfels, erhielt später die erste medizinische Professur in Wittenberg und den Charakter als Hofrat und Leibarzt des Königs von Polen. Er starb am 22. Mai 1782. – Triller gab 1740 eine Sammlung von 150 Fabeln heraus: »Neue Äsopische Fabeln, worinnen in gebundener Rede allerhand erbauliche Sittenlehren und nützliche Lebensregeln vorgetragen werden.«

Der Tauber und seine Taube

Ein Tauber, der mit seiner Tauben
In keuscher Glut und Treu entbrannt,
Zog von ihr in ein ander Land.
»Will,« rief sie, »Dich das Schicksal rauben?
Unmöglich kann ich mich ergeben,
So lange ohne dich zu leben.«

Er aber sprach: »Gib dich zufrieden,
Laß, was geschehen muß, geschehn;
Wir werden bald uns wiedersehn.
Sind unsre Leiber gleich geschieden,
Wird unsre Seelen doch nichts trennen,
Noch ihre Neigung hemmen können.
Zwar die Entfernung geht sehr sauer
Bei zwei verliebten Herzen ein,
Jedoch so eine kleine Pein
Befördert nur der Liebe Dauer.
Die Sehnsucht wird mehr angefeuert
Und die verglommne Glut erneuert,
Das Liebste, wenn wir es vermissen,

Reizt desto heftiger zum Küssen;
Drum laß uns jetzt vonander ziehn,
Daß einst die Herzen stärker glühn.«

Wie wir aus dieser Fabel lernen,
Steckt selbst was Gutes im Entfernen.
Das Schönste, was man täglich sieht,
Bewegt viel minder ein Gemüt,
Als wenn das Schicksal es verhindert,
Daß man erlangt, was man begehrt;
Kurz, die Entfernung mehrt den Wert,
Den oft die Gegenwart vermindert.

Der Fuchs ein verwerflicher Kinderlehrer

»Ihr Kinder, nehmet euch in acht,
Und hütet euch vor Mord und Rauben,
Erhaltet allzeit Treu und Glauben
Und seid auf Recht und Pflicht bedacht!«
So sprach der Fuchs zu seinen Söhnen,
Sie zu der Tugend zu gewöhnen.

Allein ein anders war das Tun,
Ein anders wiederum das Sagen;
Er selbst bracht' eine Gans getragen,
Die er vom Felde weggeraubt.
Der junge Fuchs stahl drauf ein Huhn,
Das er an einem Zaune fand.
»Du machst mir,« schrie der Vater, »Schand';
Wer hat dir, Bösewicht, erlaubt,
Daß du das arme Huhn gestohlen?
Weißt du nicht mehr, was ich befohlen?«

»Erzürnt Euch, Vater, nicht so sehr,
Ich bin Euch eifrig nachgekommen,
Denn Ihr habt eine Gans genommen
Und ich ein Huhn, was ist es mehr?
Wollt Ihr das Stehlen mir verbieten,
So müßt Ihr Euch erst selber hüten;

Ihr geht mir vor, ich folg' Euch nach.«
Dies war es, was der junge sprach.

Die Eltern sollen nicht allein
Den Kindern gute Lehren geben;
Sie müssen auch mit ihrem Leben
Denselben ein Exempel sein.
Wo Wort und Tat sich widersprechen,
Gerät die Kinderzucht nicht gut.
Wer straft mit Recht des Kinds Verbrechen,
Wenn es der Vater selber tut?

DANIEL STOPPE,
geb. 1697 in Hirschberg in Schl. als Sohn eines Schleierwebers, besuchte das Gymnasium seiner Vaterstadt, studierte 1719-1722 Philosophie und schöne Wissenschaften in Leipzig, schlug sich als Kandidat mühsam durchs Leben, bis er 1742 eine Anstellung als Konrektor am Gymnasium in Hirschberg fand, die er bis zu seinem am 12. Juli 1747 erfolgten Tode inne hatte. – St. gab 1738 und 1740 je hundert »Neue Fabeln oder moralische Gedichte« heraus.

Das Echo und der Knabe

Ein Knabe hütete die Kühe,
Und zwar das allererste Mal.
Er kletterte mit seinem Viehe
Auf einen hohen Berg; gleich über lag ein Tal,
Das stieß an einen Wald, der voller Fichten stand.
Man konnte weit und breit kein schöner Echo haben,
Als das, was hier die Bäume von sich gaben.
Dem Kühmonarchen war die Sache nicht bekannt.
Er suchte seine Untertanen
Durch die Schalmei zum Fressen zu vermahnen;
Er pfiff sein Hirtenlied, das Echo pfiff ihm nach.
Er sah sich um und konnte niemand sehen;
Drum wußt' er nicht, wie ihm geschehen,
Indem er sich allein zu sein versprach.
»Wer pfeift dort?« fing er an zu fragen.
»Wer pfeift dort?« hört' er jemand sagen
Und wußte doch nicht, wer es wär'.
»Ich bin's,« schrie dieser hin; »ich bin's,« schrie jener her.
»Wie heißt du?« fuhr er fort. »Wie heißt du?« schallt es wider.
Die Stimme schien ihm ganz bekannt zu sein,
Er fing schon an, sich drüber zu erfreun,
Als spräch' er hier mit einem seiner Brüder.
»Komm zu mir!« rief er ihm. »Komm zu mir!« klang's zurücke.
»Ich kann nicht,« hieß es hier. »Ich kann nicht,« hieß es dort.
Das ging nun so in einem Stücke
Fast eine Viertelstunde fort.
Nunmehro schien es unserm Knaben,
Der unbekannte Freund woll' ihn zum Narren haben.
Sie schimpften sich zu beiden Teilen sehr,
Die Schurken flogen hin und her.
Der Wald sprach alle Worte nach,
Die der erzürnte Knabe sprach,
So daß die Esel selbst, nebst andern schönen Namen,
Vernehmlich wiederholt und stets zurücke kamen.
Ein Mann, der Kräuter las, kam ungefähr dazu;
Er hatte dem Geschrei schon lange zugehöret.
»Mein Sohn,« hub dieser an, »weswegen schreiest du?
Es ist ja niemand hier, der deine Ruhe störet.«

»Ach,« sprach er, »sagt mir doch! kennt Ihr den Jungen nicht,
　Der dort im Walde steht und schimpflich von mir spricht?
　Er hat mich recht zum Narren und blökt mich immer an.
　Ich hab' ihm gar nichts Leids getan,
　Und dennoch schimpft er mich; ich kann's nicht mehr vertragen;
　Bei meiner Seel'! ich leid' es ihm nicht mehr.
　O hätt' ich ihn nur hier, wenn er gleich größer wär',
　Ich wollt' ihm mit der Hand die Gosche schon zerschlagen.«
»Nicht so, mein Sohn,« sprach unser Kräutermann,
»Ich hab' es wohl gehört, du fingst die Händel an.
　Wer andre Leute schimpft, der muß sich nicht beklagen,
　Wenn sie ihm eben das zu seiner Kränkung sagen.«

Die Saiten auf der Geige

Ein sogenanntes E, die Quinte wollt' ich sagen,
　Fing immer an sich zu beklagen,
　Als widerführ' ihm nicht gnug Ehre.
　Das A, sein Nachbar, hielt ihm ein:
»Wenn ich an deiner Stelle wäre,
　Ich würde gern zufrieden sein.
　Was geht dir denn noch ab? Du stehst ja obenan;
　Du hast ja unter uns den Vorzug zu genießen.«
»Ach,« sprach das E, »schon gut! Soll mich das nicht verdrießen?
　Ich steh am meisten aus und muß fast immer dran;
　Ich sing auch unter euch den trefflichsten Diskant;
　Und gleichwohl hat man nicht so viel auf mich gewandt,
　Als auf das grobe G; ich soll es sehn und leiden?
　Ein solcher schlechter Kerl läßt sich in Silber kleiden?
　Verdient er's denn? O nein! Ich wüßte wohl nicht, wie.
　Man sollte mich mit Silber überspinnen;
　Mit mir verlohnte sich's der Müh'.«
»Du würdest,« sprach das D, »dabei nicht viel gewinnen.
　Die Sach' erfordert vielen Zwang;
　Du bist zu schwach, du magst es ja nicht wagen;
　Du bringst dich sonst um deinen Klang.«
»Ihr Narren,« rief das E, »das müßt ihr Kindern sagen;
　Ich glaub es nicht, drum schweigt nur still.
　Der Silberdraht hilft ja dem G den Klang vermehren:

Warum denn nicht auch mir? Ich lasse mir's nicht wehren,
Es mag auch gehen, wie es will.«
Die Quinte bat nach diesem ihren Herrn,
Als er die Geige nahm und wieder spielen wollte,
Daß er sie überspinnen sollte.
»Ihr dürft Euch,« sagte sie, »dawider gar nicht sperrn,
Es wird Euch keinen Schaden bringen,
Ich werde desto schärfer klingen.«
Der Schüler maß der Quinte Glauben bei,
Und ohne lange nachzusinnen,
Ob auch die Sache tunlich sei,
Erfüllt' er ihren Wunsch und ließ sie überspinnen.
Er nahm sie nun und zog sie wieder auf,
Die schöne Quinte, die! Sie sollte heller singen,
Und gleichwohl hört' er sie sechs Töne gröber klingen:
»Was,« sprach er »heißt den das? Du mußt mir wohl hinauf!«
Er meint', es läg' an ihm, weil er beständig noch
Auf ihr getan Versprechen fußte;
Drum dreht' er immer zu und spannte sie so hoch,
So daß sie gar zerspringen mußte.

Manch Narr will vornehm tun und hat doch kein Geschicke,
Wer klug ist, fürchtet sich vor übergroßem Glücke,
Weil Ansehn, Ehre, Stand und Pracht
Viel eher zwanzig grob, als einen höflich macht.

Die Gelegenheit

Vordem kam die Gelegenheit,
So Ehr' als Reichtum zu erlangen,
Zu einem Mann aufs Land gegangen.
»Hans!« rief sie, »komm, geh mit!« Hans sprach: »Um welche Zeit?« –
»Gleich, gleich den Augenblick!« – »So hurtig, und wohin?« –
»Komm fort, du wirst schon sehn.« – »Je nun! so wartet doch
Zum wenigsten so lange noch
Mit der mir zugedachten Gabe,
Bis ich mir, weil ich barfuß bin,
Die Stiefel angezogen habe.«
Der Bauer dachte nicht, daß die Gelegenheit

In einer oft noch kürzern Zeit
Sich einem aus den Händen schwinge
Und so gar schnell verloren ginge.
Er zog die Stiefel an und rief nach seinem Weibe,
Die noch im Bette lag. »Hör,« sprach er, »lieber Schatz!
Räum alle Kasten aus und mach indessen Platz,
Damit ich, wenn ich ja bis mittags außen bleibe,
Bei meiner Wiederkunft als ein beglückter Mann
Das mitgebrachte Geld darein versperren kann.«
Er lief und öffnete sein Haus nun mit Verlangen;
Doch als er vor die Türe kam,
War die Gelegenheit, zu seinem großen Gram,
Schon weg und wieder fortgegangen.
Er rief, jedoch umsonst; sein Weib kam auch herbei
Und unterstützte sein Geschrei.
Sie liefen hinters Haus, durchsuchten Stall und Scheune,
Besahen auch sogar die Herberge der Schweine,
Ob die Gelegenheit sich etwan hier versteckt;
Jedoch mit aller Müh ward endlich nichts entdeckt.
Der Bauer setzte sich vor seiner Türe nieder
Und schwur, inskünftige schon hurtiger zu sein.
Allein was half ihm dies? Sein Hoffen trat nicht ein,
Denn die Gelegenheit kam nach der Zeit nicht wieder.

JOH. LUDWIG MEYER VON KNONAU,
geb. am 5. Juli 1705 zu Zürich, lebte daselbst als Dichter und Maler und starb am 31. Okt. 1785. »Ein halbes Hundert neuer Fabeln« erschien 1744.

Der ruhmsüchtige Bär

Ein auf die Ehr erpichter Bär
Saß in dem Schnee bei einem Strauch
Und dacht': »Ei, wüßt's die Nachwelt auch,
Wie groß mein Leib gewesen wär',
Ich würde selbst nach meinem Sterben
Noch Dank und Ruhm bei ihr erwerben.«

Er redet drauf mit seinen Jungen

Und sagt: »Ich sehe mich gezwungen,
Daß ich den großen Körper messe,
Damit ich dessen seltne Größe
Der Nachwelt so vor Augen lege,
Daß sie es deutlich fassen möge.«

Bald fielen ihm die Jungen bei
Und schwuren: »Ja, bei unsrer Treu,
Wir sahen auch schon viele Bären;
Jedoch es wird noch lange währen,
Eh' daß in unserm Königreiche
Sich einer Dir an Größe gleiche;
O Alter, sei darauf beflissen,
Daß es die späten Enkel wissen.«

Der Alte dacht' jetzt allgemach
Dem edeln Unternehmen nach
Und rief, als er's zuletzt erfunden,
Indem die Kinder um ihn stunden:
»Fürwahr, es haben Kunst und Witz
In meinem Körper ihren Sitz!«
Stracks legt er sich in frischen Schnee,
Er streckt die Pfoten in die Höh
Und heißt die Kleinen auf ihn treten.
Dann sagt er: »Jetzo will ich wetten,
So sieht man Haut, so sieht man Haar,
Zusamt der Größe sonnenklar.
Kein Fürst hat noch in seinem Schild
Von einem Bär ein schöners Bild.«

Ein jeder von den Jungen preist
Des alten Bären seinen Geist,
Da sie des Abdrucks Kunst betrachten
Und ihn des Urbilds würdig achten.
Ein jeder spricht: »Es ist geraten;
Fürwahr, der Alte hat's erraten.«

Sie dachten alle nicht so weit,
Daß dieses Werk trotz seiner Würde,
Trotz aller seiner Ähnlichkeit
Im nächsten Schnee vergehen würde,
Der wirklich noch denselben Tag
Schon auf des Bären Kunststück lag.

Der Sperber und der Krebs

Der Sperber sprach zum Krebs: »Wer sollte glauben,
Daß du ein Raubtier bist? Dein Gang ist träge,
Und schläfrig ist dein Tun. Nur dann bist du geschwinde,
Wenn du zurücke gehst, doch nicht den Rücken kehrst.
Du holest so den Raub, und mir entgeht er oft,
Wenn ich mit voller Kraft der Flügel auf ihn stoße.«

Der Krebs antwortete: »Du kennst die Krebse nicht;
Kein Raubtier ist gewisser seiner Beute,
Als die von unsrer Art. Grad' unser träger Gang
Macht, daß man sich vor uns nicht hütet.
Wer um sich her nicht stößt, noch beißt, noch schnappt,
Dem traut man leicht. Du magst die Vögel stoßen,
Mein ganzer Witz beruht auf meinen offnen Scheren;
Wer in dieselben fällt, der bleibt darin behangen.
Ich sorge schon, daß er nicht mehr nach Hause kommt,
Den Seinigen mich warnend zu verraten.«

FRIEDRICH VON HAGEDORN,
geb. 23. April 1708 zu Hamburg, studierte von 1726-29 in Jena die Rechte, kehrte dann nach Hamburg zurück und ging als Privatsekretär des dänischen Gesandten nach London. Nachdem er sich 1731 wiederum in seiner Vaterstadt niedergelassen hatte, wurde er dortselbst 1733 Sekretär einer englischen Handelsgesellschaft und starb am 28. Okt. 1754. Seine poetischen Werke enthalten gegen hundert Fabeln.

Der Wolf und das Pferd

Ein matter Wolf voll Nahrungssorgen
Betrat an einem Frühlingsmorgen
Der fetten Anger feuchtes Grün.
Da sah er mit erwünschten Freuden
Ein wohlbefleischtes Füllen weiden,
Das seinem Hunger reizend schien.

Er hatte große Lust zur Beute;
Nur daß er jeden Gegner scheute,
Der stärker war als Lamm und Schaf.
Drum sollt' es ihm durch List gelingen,
Den jungen Streiter zu bezwingen,
Der an Gewalt ihn übertraf.

Er nähert sich dem stolzen Pferde.
Er schwört, daß auf der ganzen Erde
Kein Wurzelmann ihm ähnlich sei.

»Erhabner Houyhnhnm,« spricht er weiter;
»Ich kenne Stauden, Pflanzen, Kräuter
Von hier bis in die Tatarei.

Ich kann den Kranken Hilf' erteilen,
Spatt, Kropf, Geschwulst und alles heilen,
Dem andrer Helfer Rat gebricht.
Mir müssen Krampf und Würmer weichen;
Den Koller weiß ich wegzuscheuchen –
Und was versteh ich sonsten nicht!

Jetzt bin ich darum hier erschienen,
Mit meiner Wissenschaft zu dienen,
Wenn Ihnen diese raten kann.
Sie gehn zu frei, zu rasch im Felde;
Dies zeigt, daß ich die Wahrheit melde,
Uns Ärzten nicht viel Gutes an.

Dürft' ich, weil Sie zu sehr sich regen,
Ein Band um Ihre Schenkel legen,
Gewiß, Sie sollten Wunder sehn.
Ich fordre nichts für Kur und Mühe,

Weil ich den Geiz vor allem fliehe;
Die Heilung soll umsonst geschehn.«

Das Füllen dankt ihm und versetzet:
»Ich habe mich am Huf verletzet
Und spüre dort die schwerste Pein.
Herr Doktor! kommt, beseht den Schaden,
Könnt Ihr der Schmerzen mich entladen?«
»Nichts,« spricht der Wolf, »wird leichter sein.«

Er will auch keine Zeit verlieren
Und stellt, den Anschlag auszuführen,
Sich unverzüglich hinters Pferd.
Das will, aus gleichgeschwinden Pflichten,
Ihm zum voraus den Lohn entrichten;
Ein Arzt ist seines Lohnes wert.

Der Houyhnhnm sucht ihn klug zu machen,
Schlägt aus, zerquetscht des Wolfes Rachen
Und wiehert ihm die Worte zu:
»Nichts gibt ein größeres Vergnügen,
Als den Betrüger zu betrügen;
Freund! das beweisen ich und du.«

Der Fuchs ohne Schwanz

Reinike verwirrte sich
In die ihm gelegten Stricke,
Und, wiewohl er selbst entwich,
Ließ er doch den Schwanz zurücke.
Um nicht lächerlich zu sein,
Predigt' er den Füchsen ein,
Auch den ihren abzulegen.
Seine Hörer zu bewegen,
Sprach er als ein Cicero:
»Erstlich will's der Wohlstand so,
Um sich zierlicher zu regen;
Denn man trabt damit zu schwer
Und zu unbequem einher.
Zweitens macht ein Schweif zu kenntlich.
Drittens hält er in dem Lauf
Oft den schnellsten Brandfuchs auf.
Viertens riecht er vielen schändlich.«

»Stumpfer Redner, schweige du!«
Rief ein alter Fuchs ihm zu;
»Was du lehrest, wird verlachet.
Nur der Neid ist, was dich quält,
Der den Vorzug, der dir fehlt,
Andern gern zuwider machet.«

Die Bärenhaut

Zwei Helden, die der Douze-Strand
Von Jugend auf in frühen Wechselchören,
Nach tapfern Flüchen singen hören,
Verließen, um die Zahl der Reisenden zu mehren,
Ihr liederreiches Vaterland.

Mehr Lust als Fähigkeit zu ungemeinen Werken,
Die Not und etwas Eigensinn
Trieb sie zuletzt nach Polen hin,
Die Mißvergnügten zu verstärken.

Gesang und Gold und Mut nahm bald und merklich ab,
Als diesen sonst galanten Leuten
Ein Kürschner Tisch und Stube gab;
Vielleicht aus Hoffnung bessrer Zeiten.

Zu diesem sagten sie: »Ein großer Wüterich,
Ein ungeheurer Bär läßt sich im Walde sehen;
Euch soll, an Zahlungs Statt, die Haut zu Dienste stehen.
Herr Wirt! das Fell ist schön, der Anschlag ritterlich.
Wir sähen auch nicht gern, um unsers Landes Ehre,
Daß ein Gascogner schuldig wäre.
Die Bestie wird Euch und uns erfreun.
Beim Element! wir wollen uns ergötzen;
Den Bären soll gewiß kein Teufel besser hetzen.«
Der Kürschner lächelt zwar, doch geht er alles ein;
Sie aber säumen nicht, den Streich ins Werk zu setzen.
Der Kühnheit Ungeduld verdoppelt ihren Lauf;
Der Wald wird schnell erreicht; ihr Gegner zeigt sich wieder.
Sogleich trifft Furcht und Frost der beiden Jäger Glieder.
Der eine springt verzagt den nächsten Baum hinauf;
Den andern wirft Gefahr und Angst und Klugheit nieder.
Er streckt sich starrend aus, hält seinen Atem an
Und stellt sich mausetot, so gut er immer kann;
Denn, was er sonst gehört, ist ihm noch unvergessen,
Daß Bären selten Tote fressen.

Das Tier betrachtet ihn, beriecht ihn, kehrt ihn um,
Und läßt sich durch den Schein betrügen.
»Pfui!« brummt es, »welch ein Aas! Wir Bären sind nicht dumm;
Uns muß was Frischeres vergnügen.«
Er geht hierauf zurück. Der Held verläßt den Baum,
Und eilt dem Freunde zu. »Ich sehe dich am Leben,«
Ruft er bewundernd aus, »und dennoch glaub' ich's kaum;
Kein kleiner Heiliger hat dir jetzt Schutz gegeben.
Allein, wie hält es nun mit unsers Feindes Haut?
Er war, wie ich mit Schrecken sahe,
Hier deinen Ohren ziemlich nahe;
Was hat er dir doch anvertraut?«
»Nicht viel,« versetzt sein Freund; »doch glaub' ich diesem Skythen;
Er gab mir insgeheim den Rat,

Die Haut nicht eher feil zu bieten,
Als bis man schon den Bären hat.«

Jupiter, die Tiere und der Mensch

Als Jupiter der unbewohnten Erde
Die Menschen und die Tiere schuf,
Bestimmt er jeglichem den künftigen Beruf,
Des Lebens Art und Zeit und Arbeit und Beschwerde.

Zum Esel sagte Zeus: »Dein Schicksal legt dir Last
Und harte Knechtschaft auf; nur Disteln, keine Mast.
Das ist dein Los. Wohlan! so dien und lebe
So viele Jahr', als ich dem Monat Tage gebe.«
Der Esel Erstling schreit: »Zuviel legst du mir bei.
Wie, dreißig Jahre? Zeus! ach, nimm mir zwanzig Jahre.
Sonst quäl ich mich zu lang; es graun mir schon die Haare.«
Der große Zeus erhört sein flehendes Geschrei.

Zum Hunde spricht er: »Wache fleißig!
Hüt eifrig Trift und Haus! Du überkamst von mir
Mut, Treue, Fertigkeit, und du erreichst dafür
An edlen Jahren fünfunddreißig.« –
»Das Wächteramt ist schwer; ich bitte, Herr, von dir,
Die Dauer meiner Pflicht aus Mitleid einzuschränken
Und fünfundzwanzig mir zu schenken.«
Die Gunst gewähret ihm der Gott.

Zum Affen sagt er drauf: »Du Halbmensch, deine Mienen,
Dein ganzes Wesen kann zu nichts als Kurzweil dienen.
Sei nackt, gefesselt, arm, der Kinder Lust und Spott
Und der Bedienten Spiel auf sechs Olympiaden.« –
»Sechs!« spricht der Aff', »o gib mir doch aus Gnaden
Nur vier. Die sind genug. Nur lächerlich zu sein,
Bedarf ich wenig Zeit.« Zeus räumt die Zeit ihm ein.
Es nähert sich der Mensch. Zeus spricht: »Du, meine Freude,
Du zierst mein neues Weltgebäude.
Du bist mein Meisterstück. Es sei die Erde dein!
Für dich sei sie so schön, so fruchtbar, so voll Schätze.

Versäume nicht, dich zu erfreun,
Weil ich zum Leben dir nur dreißig Sommer setze.«
Fast wie beim ersten Blitz, beim ersten Donnerschlag
Erschrak der Mensch und sagt: »O Zeus, dein Schöpfungstag
Bereichert mich mit deinen besten Gaben;
Doch soll mein Dasein nur so wenig Jahre haben?
Das ist bejammernswert! Dafern ich wählen mag,
So wähl ich mir zu meinem längern Leben,
Was Esel, Hund und Aff' an ihrem aufgegeben.« –
»Es sei!« spricht Jupiter; »doch dies bleibt festgestellt:
Dein längres Alter soll, nach jenen dreißig Jahren,
Auch jedes Tieres Stand erfahren,
Dem ich die Zeit erließ, die jetzt der Mensch erhält.«

Ganz unveränderlich ist dieser Götterschluß.
Nur unsre Jugend ist der Sitz der Fröhlichkeiten.
Wir spielen dreißig Jahr', ohn' Ernst und Überdruß,
Wir kennen nicht den Zwang der strengern Folgezeiten,
Und unser Leben ist Genuß.
Uns wollte Jupiter nur dieses Alter geben.
Ach, hätte doch dies Flehen nichts erreicht,
Und uns kein Wahn verführt, nach fernerm Ziel zu streben!
Kaum daß der Menschen Lenz, die Zeit der Lust, verstreicht,
So überladen uns mit ungewohnten Bürden
Der Haus- und Ehestand, Geschäfte, Pflichten, Würden,
Bis daß der Tiere Herr dem trägsten Lasttier gleicht.
Der Fünfzigjährige besitzt nur seine Güter,
Vermeidet den Gebrauch, entbehrt, was er hat,
Häuft, rechnet, zählt, verschließt, scheut Diebstahl und Verrat,
Ist schlaflos wie sein Hund, auch ein so scharfer Hüter.
Der ganz verlähmte Greis, der kümmerlich sich regt,
Sitzt, wie der Halbmensch an der Kette.
Noch glücklich, wenn er nicht auch dessen Schicksal hätte,
Daß Kind und Knecht und Magd ihn zu belachen pflegt.

Die Ameise und die Grille

Es sang die heischre Grille
Die ganze Sommerzeit,

Da sich in aller Stille
Die Ameis' auch erfreut.
Sie häuft der Zellen Fülle
Mit kluger Emsigkeit.

Die Grille singt voll Freude
Um Feld und Busch und Hain
Und sammelt kein Getreide
Zum nächsten Winter ein.
Als endlich sich die Sonne
Umwölkt dem Schützen naht,
Die Erde keine Wonne,
Und alles Mangel hat,
Da fühlt sie das Geschicke
Der darbenden Natur
Und hoffet Trost und Glücke
Von ihrer Freundin nur.
Sie sagt: »O leiht mir Weizen,
Geliebte Nachbarin.
Ihr werdet ja nicht geizen,
Ihr wißt, wie arm ich bin.«

Die fragt: »Zur Zeit der Rosen,
Was hast du da gemacht?
Die hat den Virtuosen
Vielleicht nichts eingebracht.«

»Ich sang, zwar ungedungen;
Allein, was sollt' ich tun?«

»Du hast damals gesungen?
Wohlan, so tanze nun!«

Der Hahn und der Fuchs

Ein alter Haushahn hielt auf einer Scheune Wache;
Da kommt ein Fuchs mit schnellem Schritt
Und ruft: »O krähe, Freund, nun ich dich fröhlich mache;
Ich bringe gute Zeitung mit.
Der Tiere Krieg hört auf: man ist der Zwietracht müde.
In unserm Reich ist Ruh' und Friede.
Ich selber trag' ihn dir von allen Füchsen an.
O Freund, komm bald herab, daß ich dich herzen kann.
Wie guckst du so herum?« – »Greif, Halt und Bellard kommen,
Die Hunde, die du kennst,« versetzt der alte Hahn;
Und als der Fuchs entläuft: »Was,« fragt er, »sieht dich an?« –
»Nichts, Bruder,« spricht der Fuchs; »der Streit ist abgetan;
Allein ich zweifle noch, ob die es schon vernommen.«

Der Zeisig

Ein Zeisig, der sein Nest nur eben angelegt,
Versang an einem heitern Morgen
Den Schlaf, die Bau- und Nahrungssorgen.
Ihm wuchs sein kleines Herz, durch West und Lust erregt.
Sein Waldgesang verehrte Licht und Sonne,
Denn ihn begeisterte des schönen Himmels Wonne;
Und wie ein Fröhlicher oft gern zu schwatzen pflegt,
So wollt' auch er sich recht beredt erweisen,
Der Lerche diesen Tag vor allen anzupreisen.
Der Mittag kommt umwölkt. Die grauen Möwen fliehn
Mit bangem Flug und schrein und nähern sich dem Lande;
Allein und unglücksvoll spaziert im trocknen Sande
Die dunkle Kräh' und scharrt; Gewitter, die verziehn,
Ruft sie mit Krächzen her. Tief um das Schilfgras streichen
Die Erdschwalb' und der Spatz; der Häher sucht die Eichen,
Der Reiher hohe Luft, sein Bette Hirsch und Tier;
Mit aufgewecktem Hals schnauft der benomme Stier;
Die Pferde treiben sich, die Ställe zu erreichen.
Schnell überwältiget ein Wirbelwind den West,
Der Hain erbebt und heult: auf Ficht' und Tanne schossen
Verwüstend der Orkan, der Regen und die Schloßen;

Und so verlor der Zeisig auch sein Nest.
Der müde Sturm hört auf zu toben.
Der nasse Sänger hüpft zu seiner Lerche hin,
Die ihm recht zugehört, der guten Nachbarin.
Zum Glück war er bei ihr ganz sicher aufgehoben.
»Wißt,« sprach er, »daß ich schon durch Schaden klüger bin:
Man muß den schönsten Tag nicht vor dem Abend loben.«

Die Gans und der Wolf

»Wir Gänse retteten das Kapitolium!«
Sprach eine Gans und schwimmt; »bloß dieses kann bezeugen,
Die Unerschrockenheit sei auch den Gänsen eigen.«
Am Ufer prahlt' ein Wolf: »Den großen Romulum
Säugt' einer Wölfin Brust. Nichts gleicht, zu allen Zeiten,
Der guten Wölfe Zärtlichkeiten.« –
»Ja!« schnattert jene drauf; »wenn doch die Menschheit nur
Einst unsre Tugenden erriete!
Ja! die beseelende Natur
Gab Gänsen Mut und Wölfen Güte.«
Ein Habicht zeigt sich ihr, der Feind voll schneller List:
Gleich schreit die Taucherin, und Hals und Fuß wird rege.
Der Wolf entdeckt ein armes Kind am Wege,
Das er beschleicht und ohn' Erbarmen frißt.

Wieviele rühmen sich der Tugenden und Gaben,
Die sie doch nicht erhalten haben!

Die beiden Wölfe

In einem dicken Wald, wo Wind und Hunger heulten,
War zweier Wölfe Sitz, die sich in mancher Nacht
Nichts im Gebiß als Raubsucht heimgebracht,
Die sie recht brüderlich und ohne Mißgunst teilten.
Allein sie hatten sich verirrt
Und zu der Beute nicht den rechten Weg genommen.
Bald aber sehen sie die schönsten Schafe kommen;
Doch kommen auch zugleich der Hylax und der Hirt.

Wo die Gewalt unbrauchbar ist,
Bedient sich auch ein Wolf der List.

Sie halten Kriegesrat. Lykaons Enkel spricht:
»Ein rechter Angriff hilft hier nicht.
Ich will mich hinter jenen Hecken
Im Graben tief genug verstecken,
Dann mußt du, fern von mir, der Herde Furcht erwecken.
Trab auf sie zu und laß dich sehn;
Der Schäfer wird dich bald entdecken
Und mit dem Hunde dir gewiß entgegen gehn.
Da werd' ich schnell den Raub vollstrecken;
Die Kunst der Flucht mußt du verstehn.«
Der andre Wolf bejaht's, gestand, daß sein Gefährte
Sich als ein alter Wolf erklärte,
Und hieß den Anschlag wunderschön.

Sie trennen sich, und dieser naht hinan.
Man sieht ihn; Hylax bellt. Den Erbfeind zu erwischen,
Sucht ihn der Schäfer oft im Wettlauf anzufrischen.
Ihm setzen beide nach, doch kömmt ihm keiner an,
Und jener schleicht aus den Gebüschen
Und stiehlt das beste Schaf, das man nur stehlen kann.

So wird man oftmals der Gefahr,
Wo sie am größten ist, am wenigsten gewahr.

ALBRECHT VON HALLER,
geb. 16. Okt. 1708 zu Bern, seit 1729 Arzt dortselbst, 1736 Professor für Anatomie, Chirurgie und Botanik in Göttingen, wurde 1751 geadelt, zog sich 1753 nach Bern zurück, wo er, als einer der größten Gelehrten aller Zeiten, am 12. Dez. 1777 starb. – Unter seinen »Gedichten« finden sich einige Fabeln.

Der beste König

Die Tiere wollten einen König wählen. Es warfen sich viele zur Wahl auf, worunter auch der Löwe und der Hirsch war. An diesem pries man das unschädliche Gemüt und die prächtige Gestalt. Am Löwen war die Tapferkeit und die allgemeine Stärke der Vorzug. Ein schlauer Affe riet auf den Elefanten. »Er ist stark,« sagte er, »wie der Löwe und dennoch so gütig als der Hirsch.«

> Ein Fürst ist allzu schwach, der nicht zu zürnen weiß,
> Sein unbeschütztes Volk steht fremder Herrschsucht preis;
> Ein Landbezwinger ist ein allgemeiner Würger,
> Der Nachbarn Straf und Furcht, doch weit mehr seiner Bürger.
> Der ist vollkommen groß, der, recht an Gottes Statt,
> Zum Frieden Huld und Recht und Mut zum Siegen hat.

CHRISTIAN FÜRCHTEGOTT GELLERT,
geb. 4. Juli 1715 zu Hainichen, studierte Theologie, wurde aber nicht Prediger, sondern, nach längerer Tätigkeit als Hauslehrer, 1745 Privatdozent und 1751 Professor der Theorie der schönen Wissenschaften, Poesie, Beredsamkeit und praktischen Moral an der Universität zu Leipzig, wo er am 13. Dez. 1769 starb. – Seine »Fabeln und Erzählungen« erschienen 1746 und 1748.

Der Zeisig

> Ein Zeisig war's und eine Nachtigall,
> Die einst zu gleicher Zeit vor Damons Fenster hingen.
> Die Nachtigall fing an, ihr göttlich Lied zu singen,
> Und Damons kleinem Sohn gefiel der süße Schall.
> »Ach welcher singt von beiden doch so schön?
> Den Vogel möcht' ich wirklich sehn!«
> Der Vater macht ihm diese Freude,
> Er nimmt die Vögel gleich herein.
> »Hier,« spricht er, »sind sie alle beide;
> Doch welcher wird der schöne Sänger sein?
> Getraust du dich, mir das zu sagen?«
> Der Sohn läßt sich nicht zweimal fragen,
> Schnell weist er auf den Zeisig hin;
> »Der,« spricht er, »muß es sein, so wahr ich ehrlich bin.
> Wie schön und gelb ist sein Gefieder!
> Drum singt er auch so schöne Lieder;
> Dem andern sieht man's gleich an seinen Federn an,
> Daß er nichts Kluges singen kann.«
> Sagt, ob man im gemeinen Leben

Nicht oft wie dieser Knabe schließt?
Wem Farb' und Kleid ein Ansehn geben,
Der hat Verstand, so dumm er ist.
Star kömmt, und kaum ist Star erschienen,
So hält man ihn auch schon für klug.
Warum? Seht nur auf seine Mienen,
Wie vorteilhaft ist jeder Zug!
Ein andrer hat zwar viel Geschicke;
Doch weil die Miene nichts verspricht,
so schließt man bei dem ersten Blicke
Aus dem Gesicht, aus der Perücke,
Daß im Verstand und Witz gebricht.

Der Tanzbär

Ein Bär, der lange Zeit sein Brot ertanzen müssen,
Entrann und wählte sich den ersten Aufenthalt.

Die Bären grüßten ihn mit brüderlichen Küssen
Und brummten freudig durch den Wald,
Und wo ein Bär den andern sah,
So hieß es: Petz ist wieder da!
Der Bär erzählte drauf, was er in fremden Landen
Für Abenteuer ausgestanden,
Was er gesehn, gehört, getan!
Und fing, da er vom Tanzen red'te,
Als ging er noch an seiner Kette,
Auf polnisch schön zu tanzen an.
Die Brüder, die ihn tanzen sahn,
Bewunderten die Wendung seiner Glieder,
Und gleich versuchten es die Brüder;
Allein anstatt wie er zu gehn,
So konnten sie kaum aufrecht stehn,
Und mancher fiel die Länge lang darnieder.
Um desto mehr ließ sich der Tänzer sehn;
Doch seine Kunst verdroß den ganzen Haufen.
»Fort,« schrieen alle, »fort mit dir!
Du Narr willst klüger sein, als wir?«
Man zwang den Petz, davonzulaufen.

Sei nicht geschickt, man wird dich wenig hassen,
Weil dir dann jeder ähnlich ist;
Doch je geschickter du vor vielen andern bist,
Je mehr nimm dich in acht, dich prahlend sehn zu lassen.
Wahr ist's, man wird auf kurze Zeit
Von deinen Künsten rühmlich sprechen;
Doch traue nicht, bald folgt der Neid
Und macht aus der Geschicklichkeit
Ein unvergebliches Verbrechen.

Die Geschichte von dem Hute

Das erste Buch
Der erste, der mit kluger Hand
Der Männer Schmuck, den Hut erfand,
Trug seinen Hut unaufgeschlagen,
Die Krempen hingen flach herab;

Und dennoch wußt' er ihn zu tragen,
Daß ihm der Hut ein Ansehn gab.

Er starb und ließ bei seinem Sterben
Den runden Hut dem nächsten Erben.

Der Erbe weiß den runden Hut
nicht recht gemächlich anzugreifen;
Er sinnt und wagt es kurz und gut,
Er wagt's, zwei Krempen aufzusteifen.
Drauf läßt er sich dem Volke sehn;
Das Volk bleibt vor Verwundrung stehn
Und schreit: »Nun ist der Hut erst schön!«

Er starb und ließ bei seinem Sterben
Den aufgesteiften Hut dem Erben.

Der Erbe nimmt den Hut und schmält.
»Ich,« spricht er, »sehe wohl, was fehlt.«
Er setzt darauf mit weisem Mute
Die dritte Krempe zu dem Hute.
»O,« rief das Volk, »der hat Verstand!
Seht, was ein Sterblicher erfand!
Er, er erhöht sein Vaterland!«

Er starb und ließ bei seinem Sterben
Den dreifach spitzen Hut dem Erben.

Der Hut war freilich nicht mehr rein;
Doch sagt, wie konnt' es anders sein?
Er ging schon durch die vierten Hände.
Der Erbe färbt ihn schwarz, damit er was erfände.
»Beglückter Einfall!« rief die Stadt,
»So weit sah keiner noch, als der gesehen hat.
Ein weißer Hut war lächerlich,
Schwarz, Brüder, schwarz! so schickt es sich.«

Er starb und ließ bei seinem Sterben
Den schwarzen Hut dem nächsten Erben.

Der Erbe trägt ihn in sein Haus
Und sieht, er ist sehr abgetragen;
Er sinnt, und sinnt das Kunststück aus,
Ihn über einen Stock zu schlagen.
Durch heiße Bürsten wird er rein;
Er faßt ihn gar mit Schnüren ein.
Nun geht er aus, und alle schreien:
»Was sehn wir? Sind es Zaubereien?
Ein neuer Hut! O glücklich Land,
Wo Wahn und Finsternis verschwinden!
Mehr kann kein Sterblicher erfinden,
als dieser große Geist erfand.«

Er starb und ließ bei seinem Sterben
Den umgewandten Hut dem Erben.

Erfindung macht den Künstler groß
Und bei der Nachwelt unvergessen;
Der Erbe reißt die Schnüre los,
Umzieht den Hut mit goldnen Tressen,
Verherrlicht ihn durch einen Knopf
Und drückt ihn seitwärts auf den Kopf.
Ihn sieht das Volk und taumelt vor Vergnügen.
»Ihm,« schrie es, »ihm allein ist Geist und Witz verliehn!
Nichts sind die andern gegen ihn!«

Er starb und ließ bei seinem Sterben
Den eingefaßten Hut dem Erben,
Und jedesmal ward die erfundne Tracht
Im ganzen Lande nachgemacht.
Ende des ersten Buches.

Was mit dem Hute sich noch ferner zugetragen,
Will ich im zweiten Buche sagen.
Der Erbe ließ ihm nie die vorige Gestalt:
Das Außenwerk ward neu, er selbst, der Hut, blieb alt;
Und, daß ich's kurz zusammen zieh',
Es ging dem Hute fast wie der Philosophie.

Der Kuckuck

Der Kuckuck sprach mit einem Star,
Der aus der Stadt entflohen war.
»Was spricht man,« fing er an zu schreien,
»Was spricht man in der Stadt von unsern Melodeien?
Was spricht man von der Nachtigall?«

»Die ganze Stadt lobt ihre Lieder.« –
»Und von der Lerche?« rief er wieder.
»Die halbe Stadt lobt ihrer Stimme Schall.« –
»Und von der Amsel?« fuhr er fort.
»Auch diese lobt man hier und dort.« –
Ich muß dich doch noch etwas fragen:
»Was,« rief er, »spricht man denn von mir?« –
»Das,« sprach der Star, »das weiß ich nicht zu sagen;
Denn keine Seele red't von dir.« –
»So will ich,« fuhr er fort, »mich an dem Undank rächen
Und ewig von mir selber sprechen.«

Der Blinde und der Lahme

Von ungefähr muß einen Blinden
Ein Lahmer auf der Straße finden,
Und jener hofft schon freudenvoll,
Daß ihn der andre leiten soll.

»Dir,« spricht der Lahme, »beizustehen?
Ich armer Mann kann selbst nicht gehen;
Doch scheint's, daß du zu einer Last
Noch sehr gesunde Schultern hast.

Entschließe dich, mich fortzutragen,
So will ich dir die Stege sagen:
So wird dein starker Fuß mein Bein,
Mein helles Auge deines sein.«

Der Lahme hängt mit seinen Krücken
Sich auf des Blinden breiten Rücken.

Vereint wirkt also dieses Paar,
Was einzeln keinem möglich war.

Du hast das nicht, was andre haben,
Und andern mangeln deine Gaben;
Aus dieser Unvollkommenheit
Entspringet die Geselligkeit.

Wenn jenem nicht die Gabe fehlte,
Die die Natur für mich erwählte,
So würd' er nur für sich allein
Und nicht für mich bekümmert sein.

Beschwer' die Götter nicht mit Klagen!
Der Vorteil, den sie dir versagen
Und jenem schenken, wird gemein,
Wir dürfen nur gesellig sein.

Der Hund

Phylax, der so manche Nacht
Haus und Hof getreu bewacht
Und oft ganzen Diebesbanden
Durch sein Bellen widerstanden,
Phylax, dem Lips Tullian,
Der doch gut zu stehlen wußte,
Selber zweimal weichen mußte –
Diesen fiel ein Fieber an.

Alle Nachbarn gaben Rat.
Krummholzöl und Mithridat
Mußte sich der Hund bequemen
Wider Willen einzunehmen.
Selbst des Nachbars Gastwirts Müh',
Der vordem in fremden Landen
Als ein Doktor ausgestanden,
War vergebens bei dem Vieh.

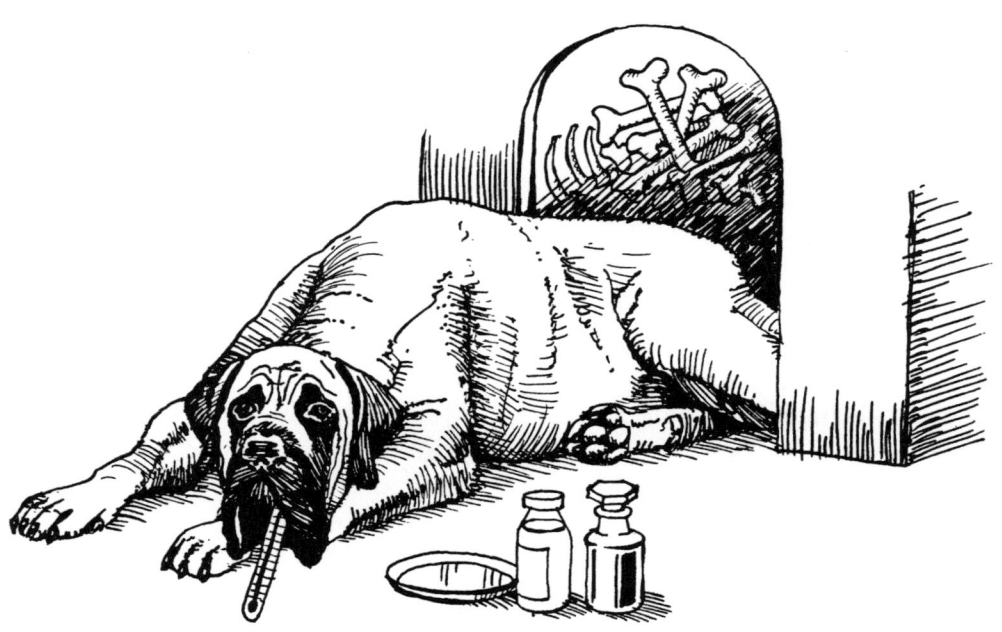

Kaum erscholl die schlimme Post,
Als von ihrer Mittagskost
Alle Brüder und Bekannten
Phylax zu besuchen rannten.
Pantelon, sein bester Freund,
Leckt' ihn an dem heißen Munde.
»O!« erseufzt' er, »bittre Stunde!
O! wer hätte das gemeint?«

»Ach!« rief Phylax, »Pantelon!
Ist's nicht wahr, ich sterbe schon?
Hätt' ich nur nichts eingenommen,
Wär ich wohl davon gekommen.
Sterb ich Ärmster so geschwind,
O! so kannst du sicher schreien,
Daß die vielen Arzeneien
Meines Todes Quelle sind.

Wie zufrieden schlief' ich ein,
Sollt' ich nur so manches Bein,
Das ich mir verscharren müssen,
Vor dem Tode noch genießen!

Dieses macht mich kummervoll,
Daß ich diesen Schatz vergessen,
Nicht vor meinem Ende fressen,
Auch nicht mit mir nehmen soll.

Liebst du mich und bist du treu,
O! so hole sie herbei;
Eines wirst du bei den Linden
An dem Gartentore finden;
Eines, lieber Pantelon,
Hab' ich mir noch gestern morgen
In dem Wintereis verborgen;
Aber friß mir nichts davon.«

Pantelon war fortgerannt,
Brachte treulich, was er fand;
Phylax roch bei schwachem Mute
Noch den Dunst von seinem Gute.
Endlich, da sein Auge bricht,
Spricht er: »Laß mir alles liegen!
Sterb ich, so sollst du es kriegen;
Aber, Bruder, eher nicht.

Sollt' ich nur so glücklich sein
Und das schöne Schinkenbein,
Das ich – doch ich mag's nicht sagen,
Wo ich dieses hingetragen.
Werd' ich wiederum gesund,
Will ich dir, bei meinem Leben,
Auch die beste Hälfte geben;
Ja, du sollst – – « Hier starb der Hund.

Der Geizhals bleibt im Tode karg.
Zwei Blicke wirft er auf den Sarg,
Und tausend wirft er mit Entsetzen
Nach den mit Angst verwahrten Schätzen.
O schwere Last der Eitelkeit!
Um schlecht zu leben, schwer zu sterben,
Sucht man sich Güter zu erwerben.
Verdient ein solches Glück wohl Neid?

Das Pferd und die Bremse

Ein Gaul, der Schmuck von weißen Pferden,
Von Schenkeln leicht, schön von Gestalt
Und wie ein Mensch stolz in Gebärden,
Trug seinen Herrn durch einen Wald,
Als mitten in dem stolzen Gange
Ihm eine Brems' entgegen zog
Und durstig auf die nasse Stange
An seinem blanken Zaume flog.
Sie leckte von dem heißen Schaume,
Der heficht am Gebisse floß.
»Geschmeiße!« sprach das wilde Roß,
»Du scheust dich nicht vor meinem Zaume?
Wo bleibt die Ehrfurcht gegen mich?
Wie? darfst du wohl ein Pferd erbittern?
Ich schüttle nur, so mußt du zittern.«
Es schüttelte; die Bremse wich.

Allein sie suchte sich zu rächen;
Sie flog ihm nach, um ihn zu stechen,
Und stach den Schimmel in das Maul.
Das Pferd erschrak und blieb vor Schrecken
In Wurzeln mit dem Eisen stecken
Und brach ein Bein; hier lag der stolze Gaul.

Auf sich den Haß der Niedern laden,
Dies stürzet oft den größten Mann;
Wer dir als Freund nichts nützen kann,
Kann allemal als Feind dir schaden.

Die Biene und die Henne

»Nun Biene,« sprach die träge Henne,
»Dies muß ich in der Tat gestehn:
So lange Zeit, als ich dich kenne,
So seh' ich dich auch müßig gehn.
Du sinnst auf nichts als dein Vergnügen;
Im Garten auf die Blumen fliegen

Und ihren Blüten Saft entziehn,
Mag eben nicht so sehr bemühn.
Bleib immer auf der Nelke sitzen,
Dann fliege zu dem Rosenstrauch.
Wär' ich wie du, ich tät' es auch.
Was brauchst du andern viel zu nützen?
Genug, daß wir so manchen Morgen
Mit Eiern unser Haus versorgen.«

»O,« rief die Biene, »spotte nicht!
Du denkst, weil ich bei meiner Pflicht
Nicht so, wie du bei deinem Eie,
Aus vollem Halse zehnmal schreie:
So, denkst du, wär' ich ohne Fleiß.
Der Bienenstock sei mein Beweis,
Wer Kunst und Arbeit besser kenne,
Ich oder eine träge Henne.
Denn wenn wir auf den Blumen liegen,
So sind wir nicht auf uns bedacht;
Wir sammeln Saft, der Honig macht,
Um fremde Zungen zu vergnügen.
Macht unser Fleiß kein groß Geräusch,
Und schreien wir bei warmen Tagen,
Wenn wir den Saft in Zellen tragen,
Uns nicht wie du im Neste heisch,
So präge dir es jetzund ein:
Wir hassen allen stolzen Schein,
Und wer uns kennen will, der muß in Rost und Kuchen
Fleiß, Kunst und Ordnung untersuchen.

Auch hat uns die Natur beschenkt
Und einen Stachel eingesenkt,
Mit dem wir die bestrafen sollen,
Die, was sie selber nicht verstehn,
Doch meistern und verachten wollen:
Drum, Henne, rat' ich dir zu gehn.«

O Spötter, der mit stolzer Miene,
In sich verliebt, die Dichtkunst schilt,
Dich unterrichtet dieses Bild.

Die Dichtkunst ist die stille Biene,
Und willst du selbst die Henne sein,
So trifft die Fabel völlig ein.
Du fragst: Was nützt die Poesie?
Sie lehrt und unterrichtet nie.
Allein wie kannst du doch so fragen?
Du siehst an dir, wozu sie nützt:
Dem, der nicht viel Verstand besitzt,
Die Wahrheit durch ein Bild zu sagen.

Der Reisende

Ein Wandrer bat den Gott der Götter,
Den Zeus, bei ungestümem Wetter
Um stille Luft und Sonnenschein.
Umsonst! Zeus läßt sich nicht bewegen;
Der Himmel stürmt mit Wind und Regen;
Denn stürmisch sollt' es heute sein.

Der Wandrer setzt mit bittrer Klage,
Daß Zeus mit Fleiß die Menschen plage,
Die saure Reise mühsam fort.
So oft ein neuer Sturmwind wütet
Und schnell ihm still zu stehn gebietet,
So oft ertönt ein Lästerwort.

Ein naher Wald soll ihn beschirmen;
Er eilt, dem Regen und den Stürmen
In diesem Holze zu entgehn.
Doch eh' der Wald ihn aufgenommen,
So sieht er einen Räuber kommen
Und bleibt vor Furcht im Regen stehn.

Der Räuber greift nach seinem Bogen,
Den schon die Nässe schlaff gezogen;
Er zielt und faßt den Pilger wohl.
Doch Wind und Regen sind zuwider;
Der Pfeil fällt matt vor dem darnieder,
Dem er das Herz durchbohren soll.

»O Tor!« läßt Zeus sich zornig hören,
»Wird dich der nahe Pfeil nun lehren,
Ob ich dem Sturm zuviel erlaubt?
Hätt' ich dir Sonnenschein gegeben,
So hätte dir der Pfeil das Leben,
Das dir der Sturm erhielt, geraubt.«

Die beiden Hunde

Daß oft die allerbesten Gaben
Die wenigsten Bewundrer haben,
Und daß der größte Teil der Welt
Das Schlechte für das Gute hält!
Dies Übel sieht man alle Tage;
Allein wie wehrt man dieser Pest?
Ich zweifle, daß sich diese Plage
Aus unsrer Welt verdrängen läßt.
Ein einzig Mittel ist auf Erden,
Allein es ist unendlich schwer:
Die Narren müßten weise werden,
Und seht, sie werdens nimmermehr.
Nie kennen sie den Wert der Dinge,
Ihr Auge schließt, nicht ihr Verstand;
Sie loben ewig das Geringe,
Weil sie das Gute nie gekannt.

Zwei Hunde dienten einem Herrn;
Der eine von den beiden Tieren,
Joli, verstand die Kunst, sich lustig aufzuführen,
Und wer ihn sah, vertrug ihn gern.
Er holte die verlornen Dinge
Und spielte voller Ungestüm.
Man lobte seinen Scherz, belachte seine Sprünge;
Seht, hieß es, alles lebt an ihm!
Oft biß er mitten in dem Streicheln,
So falsch und boshaft war sein Herz;
Gleich fing er wieder an zu schmeicheln,
Dann hieß sein Biß ein feiner Scherz.
Er war verzagt und ungezogen;
Doch ob er gleich zur Unzeit bellt' und schrie,
So blieb ihm doch das ganze Haus gewogen,
Er hieß der lustige Joli.
Mit ihm vergnügte sich Lisette,
Er sprang mit ihr zu Tisch und Bette,
Und beide teilten ihre Zeit
In Schlaf, in Scherz und Lustbarkeit;
Sie aber übertraf ihn weit.

Fidel, der andre Hund, war von ganz anderm Wesen,
Zum Witze nicht ersehn, zum Scherze nicht erlesen,
Sehr ernsthaft von Natur, doch wachsam um das Haus,
Ging öfters auf die Jagd mit aus,
War treu und herzhaft in Gefahr
Und bellte nicht, als wenn es nötig war.
Er stirbt. Man hört ihn kaum erwähnen;
Man trägt ihn ungerühmt hinaus.
Joli stirbt auch. Da fließen Tränen!
Seht, ihn beklagt das ganze Haus;
Die ganze Nachbarschaft bezeiget ihren Schmerz.

So gilt ein bißchen Witz mehr als ein gutes Herz.

Der Schatz

Ein kranker Vater rief den Sohn.
»Sohn!« sprach er, »um dich zu versorgen,
Hab' ich vor langer Zeit einst einen Schatz verborgen;
Er liegt« – – Hier starb der Vater schon.
Wer war bestürzter als der Sohn?
Ein Schatz! (so waren seine Worte)
Ein Schatz! Allein an welchem Orte?
Wo find' ich ihn? Er schickt nach Leuten aus,
Die Schätze sollen graben können,
Durchbricht der Scheuern harte Tennen,
Durchgräbt den Garten und das Haus
Und gräbt doch keinen Schatz heraus.

Nach viel vergeblichem Bemühen
Hieß er die Fremden wieder ziehen,
Sucht selber in dem Hause nach,
Durchsucht des Vaters Schlafgemach
Und find't mit leichter Müh' (wie groß war sein Vergnügen!)
Ihn unter einer Diele liegen.

Vielleicht, daß mancher eh' die Wahrheit finden sollte,
Wenn er mit mindrer Müh' die Wahrheit finden wollte;
Und mancher hätte sie wohl zeitiger entdeckt,

Wofern er nicht geglaubt, sie wäre tief versteckt.
Verborgen ist sie wohl; allein nicht so verborgen,
Daß du der finstern Schriften Wust,
Um sie zu sehn, mit tausend Sorgen
Bis auf den Grund durchwühlen mußt.
Verlaß dich nicht auf fremde Müh',
Such' selbst, such' aufmerksam, such' oft; du findest sie.
Die Wahrheit, lieber Freund, die alle nötig haben,
Die uns als Menschen glücklich macht,
Ward von der weisen Hand, die sie uns zugedacht,
Nur leicht verdeckt, nicht tief vergraben.

Der grüne Esel

Wie oft weiß nicht ein Narr durch töricht Unternehmen
Viel tausend Toren zu beschämen!

Neran, ein kluger Narr, färbt seinen Esel grün,
Am Leibe grün, rot an den Beinen,
Fängt an, mit ihm die Gassen durchzuziehn;
Er zieht, und jung und alt erscheinen.
Welch Wunder! rief die ganze Stadt,
Ein Esel, zeisiggrün, der rote Füße hat;
Das muß die Chronik einst den Enkeln noch erzählen,
Was es zu unsrer Zeit für Wunderdinge gab!
Die Gassen wimmelten von Millionen Seelen,
Man hebt die Fenster aus, man deckt die Dächer ab;
Denn alles will den grünen Esel sehn,
Und alle konnten doch nicht mit dem Esel gehn.

Man lief die beiden ersten Tage
Dem Esel mit Bewundrung nach.
Der Kranke selbst vergaß der Krankheit Plage,
Wenn man vom grünen Esel sprach.
Die Kinder in den Schlaf zu bringen,
Sang keine Wärterin mehr von dem schwarzen Schaf;
Vom grünen Esel hört man singen,
Und so gerät das Kind in Schlaf.

Drei Tage waren kaum vergangen,
So war es um den Wert des armen Tiers geschehn;
Das Volk bezeigte kein Verlangen,
Den grünen Esel mehr zu sehn;
Und so bewundernswert er anfangs allen schien,
So dacht' jetzt doch kein Mensch mit einer Silb' an ihn.

Ein Ding mag noch so närrisch sein,
Es sei nur neu, so nimmt's den Pöbel ein:
Er sieht und er erstaunt; kein Kluger darf ihm wehren.
Drauf kömmt die Zeit und denkt an ihre Pflicht;
Denn sie versteht die Kunst, die Narren zu bekehren,
Sie mögen wollen oder nicht.

Der Maler

Ein kluger Maler in Athen,
Der minder, weil man ihn bezahlte,
Als weil er Ehre suchte, malte,
Ließ einen Kenner einst den Mars im Bilde sehn
Und bat sich seine Meinung aus.
Der Kenner sagt' ihm frei heraus,
Daß ihm das Bild nicht ganz gefallen wollte,
Und daß es, um recht schön zu sein,
Weit minder Kunst verraten sollte.
Der Maler wandte vieles ein;
Der Kenner stritt mit ihm aus Gründen
Und konnt' ihn doch nicht überwinden.

Gleich trat ein junger Geck herein
Und nahm das Bild in Augenschein.
»O,« rief er bei dem ersten Blick,
»Ihr Götter, welch ein Meisterstück!
Ach, welcher Fuß! O, wie geschickt
Sind nicht die Nägel ausgedrückt!
Mars lebt durchaus in diesem Bilde.
Wieviele Kunst, wieviele Pracht
Ist in dem Helm und in dem Schilde
Und in der Rüstung angebracht!«
Der Maler ward beschämt, gerühret
Und sah den Kenner kläglich an.
»Nun,« sprach er, »bin ich überführet!
Ihr habt mir nicht zuviel getan.«
Der junge Geck war kaum hinaus,
So strich er seinen Kriegsgott aus.

Wenn deine Schrift dem Kenner nicht gefällt,
So ist es schon ein böses Zeichen;
Doch wenn sie gar des Narren Lob erhält,
So ist es Zeit, sie auszustreichen.

Das Kutschpferd

Ein Kutschpferd sah den Gaul den Pflug im Acker ziehn
  Und wieherte mit Stolz auf ihn.
»Wann,« sprach es, und fing an, die Schenkel schön zu heben,
»Wann kannst du dir ein solches Ansehn geben?
  Und wann bewundert dich die Welt?« –
»Schweig,« rief der Gaul, »und laß mich ruhig pflügen;
  Denn baute nicht mein Fleiß das Feld,
  Wo würdest du den Haber kriegen,
  Der deiner Schenkel Stolz erhält?«

Die ihr die Niedern so verachtet,
  Vornehme Müßiggänger, wißt,
Daß selbst der Stolz, mit dem ihr sie betrachtet,
Daß euer Vorzug selbst, aus dem ihr sie verachtet,
  Auf ihren Fleiß gegründet ist.
Ist der, der sich und euch durch seine Händ' ernährt,
  Nichts Bessres als Verachtung wert?
  Gesetzt, du hättest bessre Sitten,
  So ist der Vorzug doch nicht dein;
  Denn stammtest du aus ihren Hütten,
  So hättest du auch ihre Sitten;
Und was du bist, und mehr, das würden sie auch sein,
Wenn sie wie du erzogen wären.
Dich kann die Welt sehr leicht, sie aber nicht entbehren.

Der Affe

Ein Affe sah ein paar geschickte Knaben
Im Brett einmal die Dame ziehn
Und sah auf jeden Platz, den sie dem Steine gaben,
Mit einer Achtsamkeit, die stolz zu sagen schien,
  Als könnt' er selbst die Dame ziehn.
  Er legte bald sein Mißvergnügen,
  Bald seinen Beifall an den Tag;
Er schüttelte den Kopf jetzt bei des einen Zügen
Und billigte darauf des andern seinen Schlag.

Der eine, der gern siegen wollte,
Sann einmal lange nach, um recht geschickt zu ziehn!
Der Affe stieß darauf an ihn
Und nickte, daß er machen sollte.
»Doch welchen Stein soll ich denn ziehn,
 Wenn du's so gut verstehst?« sprach der erzürnte Knabe.
»Den, jenen, oder diesen da,
 Auf welchem ich den Finger habe?«
Der Affe lächelte, daß er sich fragen sah,
Und sprach zu jedem Stein mit einem Nicken: »Ja.«

Um deren Weisheit zu ergründen,
Die tun, als ob sie das, was du verstehst, verstünden,
So frage sie um Rat. Sie sind mit ihrem Ja
Bei deinen Fragen hurtig da,
So kannst du mathematisch schließen,
Daß sie nicht das geringste wissen.

Die schlauen Mädchen

Zwei Mädchen brachten ihre Tage
Bei einer alten Base zu.
Die Alte hielt zu ihrer Muhmen Plage
Sehr wenig von der Morgenruh.
Kaum krähte noch der Hahn bei frühem Tage,
So rief sie schon: »Steht auf, ihr Mädchen, es ist spät,
Der Hahn hat schon zweimal gekräht.«

Die Mädchen, die so gern noch mehr geschlafen hätten,
(Denn überhaupt sagt man, daß es kein Mädchen gibt,
Die nicht den Schlaf und ihr Gesichte liebt,)
Die wandten sich in ihren weichen Betten
Und schwuren dem verdammten Hahn
Den Tod und taten ihm, da sie die Zeit ersahn,
Den ärgsten Tod rachsüchtig an.
Ich hab's gedacht, du guter Hahn!
Erzürnter Schönen ihrer Rache
Kann kein Geschöpf so leicht entfliehn;
Und ihren Zorn sich zuzuziehn,
Ist leider eine leichte Sache.

Der arme Hahn war also aus der Welt.
Vergebens nun ward von der Alten
Ein scharf Examen angestellt.
Die Mädchen taten fremd und schalten
Auf den, der diesen Mord getan,
Und weinten endlich mit der Alten
Recht bitterlich um ihren Hahn.

Allein, was half's den schlauen Kindern?
Der Tod des Hahns sollt' ihre Plage mindern,
Und er vermehrte sie noch mehr.
Die Base, die sie sonst nicht eh' im Schlafe störte,
Als bis sie ihren Haushahn hörte,
Wußt' in der Nacht jetzt nicht, um welche Zeit es wär';
Allein weil es ihr Alter mit sich brachte,
Daß sie um Mitternacht erwachte,

So rief sie die auch schon um Mitternacht,
Die, später aufzustehn, den Haushahn umgebracht.

Wärst du so klug, die kleinen Plagen
Des Lebens willig auszustehn,
So würdest du dich nicht so oft genötigt sehn,
Die größern Übel zu ertragen.

Das Pferd und der Esel

Ein Pferd, dem Geist und Mut recht aus den Augen sahn,
Ging, stolz auf sich und seinen Mann,
Und stieß (wie leicht ist nicht ein falscher Schritt getan!)
Vor großem Feuer einmal an.
Ein träger Esel sah's und lachte.
»Wer,« sprach er, »würd' es mir verzeihn,
Wenn ich dergleichen Fehler machte?
Ich geh den ganzen Tag und stoß an keinen Stein.« –
»Schweig,« rief das Pferd, »du bist zu meinem Unbedachte,
Zu meinen Fehlern viel zu klein.«

Die Nachtigall und der Kuckuck

Die Nachtigall sang einst ihr göttliches Gedicht,
Zu sehn, ob es die Menschen fühlten.
Die Knaben, die im Tale spielten,
Die spielten fort und hörten nicht.
Indem ließ sich der Kuckuck lustig hören,
Und der erhielt ein freudig Ach.
Die Knaben lachten laut und machten ihm zu Ehren
Das schöne Kuckuck zehnmal nach.
»Hörst du?« sprach er zu Philomelen,
»Den Herren fall' ich recht ins Ohr.
Ich denk', es wird mir nicht viel fehlen,
Sie ziehn mein Lied dem deinen vor.«

Drauf kam Damöt mit seiner Schönen.
Der Kuckuck schrie sein Lied; sie gingen stolz vorbei.

Nun sang die Meisterin der zauberischen Töne
Vor dem Damöt und seiner Schönen
In einer sanften Melodei.
Sie fühlten die Gewalt der Lieder.
Damöt steht still, und Phyllis setzt sich nieder
Und hört ihr ehrerbietig zu.
Ihr zärtlich Blut fängt an zu wallen;
Ihr Auge läßt vergnügte Zähren fallen.
»O,« rief die Nachtigall, »da, Schwätzer, lerne du,
Was man erhält, wenn man den Klugen singt.
Der Ausbruch einer stummen Zähre
Bringt Nachtigallen weit mehr Ehre,
Als dir der laute Beifall bringt.«

Die Bienen

In einem Bienenstock entspann sich einst ein Streit
Der bürgerlichen Eitelkeit,
Mit einem Wort, ein Streit der Ehre,
Wer edler und unedler wäre.
»O!« rief die stachlichte Partei,
»Was braucht man lange noch zu fragen,
Wer besser oder schlechter sei?
Wir, die wir in den warmen Tagen
Die Höschen in die Zellen tragen
Und stets mit Kunst beschäftigt sind,
Daß unser Rost von Honig rinnt:
Wer sieht es nicht, daß wir die bessern sind?
Was braucht man also noch zu fragen?«

»So?« fielen hier die andern ein,
»Wo wird denn euer Honig sein,
Wofern wir nicht das Wasser künstlich tragen?
Daß euer Stachel uns gebricht,
Dies schadet unserm Werte nicht;
Genug, daß wir das Amt getreu verwalten,
Wozu der Staat uns für geschickt gehalten.
So niedrig unsre Pflicht euch scheint,
So soll euch doch der Ausgang lehren,
Daß wir mit euch sogleich vereint
Zur ganzen Republik gehören.«
Sie trugen drauf kein Wasser mehr.
Nun mußten die, die Honig machten,
Fliehn oder in der Brut verschmachten,
Und viele Zellen wurden leer.
Der Weiser rief darauf den Rest der Untertanen,
Um sie zur Eintracht zu ermahnen.
»Der Unterschied in eurer Pflicht
Erzeugt,« sprach er, »den Vorzug nicht.
Nur die dem Staat am treusten dienen,
Dies sind allein die bessern Bienen.«

Die Elster und der Sperling

  Ein Sperling ließ sich's auf den Stöcken
  Des Weinbergs recht vortrefflich schmecken
  Und schluckte still die besten Beeren ein.
  Die Elster sah's mit scheelem Blicke
  Und wollte von des Sperlings Glücke
  Nicht bloß ein ferner Zeuge sein.
  Sie hüpfte zu den vollen Trauben.
»Wie? darf ich meinen Augen glauben?
  O welcher Vorrat! Ja, gewiß,
  So reif, Herr Sperling, und so süß,
 (Denn Sie verstehn sich auf die Trauben)
  War, was nun auch der Winzer spricht,
  Der Wein seit vielen Jahren nicht.«
  Der Winzer hört der Elster Lobgedicht
  Und zwingt die Gäste fortzufliegen.
»O,« sprach der Sperling, »welch Vergnügen
  Entziehst du mir, du Schwätzerin!
  Willst du der Frucht in Ruh' genießen,
  So muß es nicht der ganze Weinberg wissen.
  Siehst du denn nicht, wie still ich bin?
  Drum schweig und komm, den Berg noch einmal durchzustreifen.«

  Sie tut's und frißt mit ihm ganz still.
»Ein einzig Wort, Herr Spatz, ich kann es nicht begreifen,
  Warum mir's jetzt nicht schmecken will;
  Die Trauben sind ja reif. Doch still!
  Der Winzer läßt sich wieder hören.
  Drum weißt du, was ich machen will?
  Ich nehme von den blauen Beeren
  Mir eine Traube mit, sie ruhig zu verzehren.
  Komm mit mir unter jenen Baum.«
  Sie nimmt die Traube mit und kaum
  Erreichte sie den sichern Baum,
  So schrie sie laut: »O Sperling, welche Freude!
  Wie glücklich sind wir alle beide!
  In Wahrheit, glücklich bis zum Neide.«
  So schrie sie noch als schon ein Schwarm von Elstern kam
  Und das gepriesne Glück ihr nahm.

Du, der sein ganzes Glück der Welt entdeckt,
O Schwätzer! lern' ein Gut genießen,
Das, weil es wenig Neider wissen,
Uns sichrer bleibt und süßer schmeckt!

MAGNUS GOTTFRIED LICHTWER,
geb. am 30. Januar 1719 in Wurzen als Sohn eines höheren sächsischen Beamten, studierte in Leipzig und Wittenberg Rechtswissenschaft, hielt 1747 und 1748 Vorlesungen an der Universität Wittenberg, mußte dann aber wegen Kränklichkeit die akademische Laufbahn aufgeben. 1749 siedelte er nach Halberstadt über, wo er sich mit Erfolg um ein Kanonikat am Stift St. Bonifaz und St. Moritz sowie um die Stelle eines Referendars bei der Regierung bewarb; 1752 wurde er zum Regierungsrat, 1760 zum Konsistorialrat, 1763 zum Kriminalrichter ernannt und starb am 6. Juli 1783 in Halberstadt. – L. gab 1748 »Vier Bücher Äsopischer Fabeln in gebundener Schreibart« heraus, aus denen auch die nachstehenden Texte entnommen sind.

Die beraubte Fabel

Es zog die Göttin aller Dichter,
Die Fabel, in ein fremdes Land,
Wo eine Rotte Bösewichter
Sie einsam auf der Straße fand.

Den Beutel hätt' sie liefern müssen,
Doch der war leer; sie soll die Schuld
Mit dem Verlust der Kleider büßen.
Die Göttin litt es mit Geduld.
Hier wies sich eine Fürstenbeute,
Ein Kleid umschloß das andre Kleid.
Man fand verschiedner Tiere Häute,
Bald die, bald jene Kostbarkeit.

»Hilf Himmel, Kleider und kein Ende!
Ihr Götter!« schrien sie, »habet Dank;
Ihr gebt ein Weib in unsre Hände,
Die mehr trägt als ein Kleiderschrank.«

Sie fuhren fort, noch mancher Plunder
Ward preis; doch eh' man sich's versah,
Da sie noch schrien, so stand, o Wunder!
Die helle Wahrheit nackend da.

Die Räuberschar sah vor sich nieder
Und sprach: »Geschehen ist geschehn!
Man geb' ihr ihre Kleider wieder, –
Wer kann die Wahrheit nackend sehn?«

Der Fuchs

Es fand der Fuchs ein Buch im Grase.
»Ein Buch im Grase?« sagest du.
»Wie kam das Buch ins Gras?« – Mein Freund! laß mich in Ruh'.
Ich sag', er fand es da, trotz deiner spitzen Nase.
So lautet, sag' ich, der Bericht.
Und fand er es im Grase nicht,
Wo hätt' er es denn sonst gefunden? –
Das Buch, in Leder eingebunden,
Das Meister Fuchs im Grase fand,
War – o beweinenswürd'ger Schade! –
Die weltberühmte Vulpiade,
Sonst Reineke der Fuchs genannt.
Es steckte zwar der Fuchs die Nase tief hinein,
Es schien, als hätt' er Lust zu lesen,
Allein, wie könnt es möglich sein?
Er war auf Schulen nie gewesen.
Der gute Schlucker suchte hier
Ein Pflaster für den leeren Magen,
Er suchte Fleisch und fand Papier.
Er wollte schon den Band zernagen,
Als er im Buche selbst sein Bildnis hier und da
Nicht ohne Schrecken glänzen sah.
Sofort ward es von ihm durchbildert:
Sein liebreich Angesicht befand sich überall
Bei manchem Glücks- und Unglücksfall
Recht nach dem Leben abgeschildert.
Besonders rührt ihn die Gefahr,

Die ihn bis untern Galgen brachte
Und gar zum armen Sünder machte,
Weil alles so natürlich war.
Man sprach das Urteil über ihn,
Der weiße Stab lag ihm zu Füßen,
Es stand der Galgen da und schien
Ihn schon als Hauswirt zu begrüßen.
Der Kater Hinz hielt einen Strick
Und hieß ihn auf die Leiter treten,
Der Bär hub an mit ihm zu beten;
So nahe schien allhier sein letzter Augenblick!
Hier schimpft und sprach der Hühnerdieb:
»Entweder mein Gedächtniskasten
Hat so viel Löcher als ein Sieb,
Wo nicht, so lügen die Phantasten,
Die dies gemalt, mit allem Fleiß:
Denn nach der Bilder Sinn zu raten,
So stehn hier viel von meinen Taten,
Davon ich keine Silbe weiß.«

Was da der Fuchs spricht, würden wir
Von hundert alten Helden hören,
Wenn sie der Bücher, die wir hier
Von ihnen lesen, kundig wären.

Der Löwe und der Wolf

Am Fuß der wüsten Parthen-Felder
Schlug König Löw und Meister Bär
Den Richtstuhl auf; das Volk der Wälder
Stand nach der Ordnung um sie her.

Die Kuh erschien zuerst und klagte
Mit heißen Tränen, wie man glaubt,
Ihr Kind, das Kalb, hab', eh' es tagte,
Ein unbekannter Dieb geraubt.

Der Löwe sah umher, zu hören,
Wem sonst davon was wissend sei.
»Ich,« sprach der Wolf, »kann heilig schwören,
Herr König, ich war nicht dabei.«

»Und wer verklagt dich?« sprach der König. –
»Verleumder,« fiel ihm jener ein;
»Ich bin jetzt krank und esse wenig
Und kann es nicht gewesen sein.«

»Schweig,« rief der Löwe; »das Gewissen
Läßt einen Buben nirgends ruhn;
Du hast der Kuh ihr Kalb zerrissen,
Der Bär soll dir desgleichen tun.«

So starb der Wolf, und, wie man saget,
Verriet sein Bauch, was er getan.
Wer sich entschuldigt, eh' man klaget,
Der gibt sich selbst zum Täter an.

Die Flinte und der Hase

Ein Jäger schlief im Haferschwaden
Und stützte sich auf seine Hand,
Sein Rohr, mit grobem Schrot geladen,
Lag ihm zu Füßen aufgespannt.
Ihn sah und floh ein blöder Hase,
Der doch die Furcht bald fallen ließ,
Bald näher kam, bald mit der Nase
An die geladne Flinte stieß.
»Verwegner, geh!« hub hier die Flinte
Mit drohenden Gebärden an,
»Wie? weißt du nicht, daß ich noch hinte
Dich nach der Hölle schicken kann?
Vor meinem Blitz erschrickt der Tiger,
Der Löwe, Bär, das Schwein und Rind,
Die alle mutiger und klüger
als ein verzagter Hase sind.«
»Mein Freund, du irrst in deinem Satze,«
Warf ihm der Langohr lachend ein,
»Vor deinem Drohn läuft keine Katze,
Dein Herr ist's, den wir alle scheun.
Solange dessen Augen wachen,
So fürchtet dich auch jedes Tier,
Allein, wenn sie sich dunkel machen,
So hat es keine Not allhier.«

Was hilft Gesetz, was helfen Strafen,
Wenn Obrigkeit und Fürsten schlafen?

Die blinde Kuh

Thoms, Marten, Görge, Hans, vier abgefeimte Rangen,
Des Unfugs Vorlauf, tanzten, sprangen
In einem Bauernhof. Thoms rief den andern zu:
»Kommt her und spielet blinde Kuh!«
Man warf das Los, das Los traf Görgen,
Und Görgen wird sogleich verbunden ausgeführt
Und sucht die andern auf, die sich geschwind verbergen.

»Hört,« rief die blinde Kuh, »tut auch, was euch gebührt;
Sobald mein Fußwerk irre geht
Und sich dem Pfeiler naht, der bei der Türe steht,
So ruft mir zu: Es brennt!« – »Ja,« riefen alle, »ja!«
Und Görgen taumelt fort, ruft endlich: »Hört ihr, Brüder,
Und sagt: Bin ich dem Pfeiler nah?« –
»Du bist noch weit davon,« erschallt die Antwort wieder.
Der Görge haspelt sich im Traume weiter fort,
Geht rückwärts wie ein Krebs und nahet schon dem Ort,
Allwo der Pfeiler stand. Er fragt: »Ist hier der Pfeiler?« –
»Noch nicht,« schrein die verlognen Mäuler.
Und Görge, der betrogne Tropf,
Springt zu. Pardauz! da stößt der Kopf
Schon an den Pfeiler an, daß ihm die Ohren klangen.
»Die Peitsche lohn' euch falschen Rangen!«
Rief Görge mit gebleutem Haupt.
»Ein Narre, der euch weiter glaubt!«

Mensch, dieser Görge hier bist du!
Du spielst mit dir selbst blinde Kuh,
Du bist, und weißt es nicht, auf deinem Todesgange;
Jetzt ruft der Geiz: Du lebst noch lange!
Jetzt stimmt die Ehrfurcht ein: Du stirbst sobald noch nicht!
Noch lange, lange nicht! hörst du die Wollust singen.
Du traust dem fälschlichen Bericht,
Läufst blindlings in den Tod und oft in vollen Sprüngen;
Wenn Wollust, Ehr' und Geiz noch ruft,
So stürzest du schon in die Gruft.

Der Vogel Platea und die Reiher

Der Vogel Platea, nach andern Pelikan,
Nach andern Löffelgans (das Tier hat viele Namen),
Griff eines Tags zwei Reiher an,
Die aus dem nächsten Wasser kamen,
Und jagte diesen Herrn die Fische wieder ab,
Die sie im Teiche weggefangen,
Und strafte sie dabei, daß sie den Raub begangen;
Da denn ein Wort das andre gab.

»O,« rief ein Reiher, »das ist schnöde!
 Wir fangen unsre Kost mit Müh',
 Ein fauler Schlemmer speiset sie!«
 Hier fiel der Platea ihm trotzig in die Rede:
»Wie? Du begehrst noch ungescheut
 Gestohlne Sachen zu behalten?
 Eh' soll man euch die Köpfe spalten!
 Es lebe die Gerechtigkeit!«
 Es ward der Raub hierauf sofort verzehret.

Ein solcher Vogel wohnt noch jetzt in mancher Stadt,
Der ebenfalls, wie jener, viele Namen hat
Und die Gerechtigkeit zu seinem Vorteil ehret.
Man klagt darüber hier und da;
Wer zweifelt, frage nur die Leute.
Er straft die Dieberei und nährt sich von der Beute,
Als wie der Vogel Platea.

Der Riese und der Zwerg

Es traf auf seinem Gange
Ein Ries' ein Zwerglein an
Und sprach: »Ich suchte lange
So was für meinen Zahn.

Dies soll zu Fingerlecken,
So wahr ich fromm und keusch,
Auch ohne Tunke schmecken,
Denn es ist frisches Fleisch.«

Er fing den Zwerg so leichte,
Als Doris sonst ein Tier,
Der Zwerg schrie, daß er keuchte:
»Was willst du denn von mir?«

»Du sollst,« so mußt er hören,
»Nach meinem Magen gehn.« –
»So!« sprach der Zwerg, »der Ehren
 Hätt' ich mich nicht versehn.

Doch eh' ich armer Knabe
Dein Abendessen sei,
So stelle mir zur Gabe
Nur eine Bitte frei;

Und schwör, sie zu erfüllen.«
Er schwört; der Kleine spricht:
»So höre meinen Willen,
Ich bitte, friß mich nicht.«

Der Zwerg ging schon zurücke
Und eilte durch das Land,

Als er an dem Genicke
Des Riesen Faust empfand.

»Ach!« schrie er, »Wald und Wiese,
Ihr Zeugen meiner Not,
Hier schwur mir dieser Riese,
Hier gibt er mir den Tod.«

Der Ries', ein schlimmer Spötter,
Sprach: »Das ich bin gewohnt;
Der fürchtet keine Götter,
Der keines Menschen schont.«

Die Wespe und der Knabe

Eine kühne Wespe stach
Hänschen, als es Äpfel brach,
In die Hand, daß alles krachte.
Hänschen, das erbärmlich schrie,
War so glücklich, daß es sie
Auf der Flucht noch dingfest machte.

»Gnade!« rief die Täterin,
»Weil ich gar nicht strafbar bin;
Willst du Blutschuld auf dich laden?
Meinen Stachel, der dich kränkt,
Hat mir die Natur geschenkt,
Und ich muß gezwungen schaden.«

»Mußt du?« fragt der kleine Mann. –
»Ja, da ich's nicht ändern kann.« –
»Eben drum,« versetzt der Knabe,
»Weil dir das unmöglich fällt,
Schaff' ich dich aus dieser Welt,
Daß man Friede vor dir habe.«

Der Esel und die Dohle

Ein Esel mochte lüstern sein
Und wollt' auf öffentlichen Gassen
Sein lieblich Stimmchen hören lassen;
Er hub erbärmlich an zu schrein.
Die, so damals vorüber gingen,
Verwünschten, schimpften ihn dafür.
»Pfui,« sagte man, »das garst'ge Tier,
Es brüllt, daß uns die Ohren klingen.«
Nur eine Dohle saß dabei,
Die das ertönende Geschrei,
Das alle kluge Welt verfluchte,
Mit Fleiß bewunderte und nachzuahmen suchte.

Ein Narr trifft allemal noch einen größern an,
Der ihn nicht g'nug bewundern kann.

Der Fuchs und der Adler

Es lebt' aus Reinekens Geschlechte
Ein junger, eitler Abkömmling,
Der oft mit besserm Glück als Rechte
Der schnellen Hunde Spur entging.

Da lag er nun vor seinem Loche
Und lachte bei sich der Gefahr,
Der er noch in vergangner Woche
Durch einen Sprung entronnen war.

»Sagt,« rief er, »Höfe, Wiesen, Ställe,
Ihr Zeugen meiner Tapferkeit,
Wer stiehlt wie ich? Wer sieht so helle?
Wer läuft so schnell? Wer riecht so weit?

Wem ist sein Tun wie mir gelungen?
Der Löwe, Elefant und Bär
Sind gegen mich nur kleine Jungen
Und gehn mit leerem Bauch einher.«

Vertieft in solchen Wunderdingen
Bemerkt er eines Adlers Flug,
Wie ihn, mit ausgestreckten Schwingen,
Das stille Meer der Lüfte trug.

»O könnt' ich fliegen wie die Vögel!
Den Neid,« erseufzt er, »macht' ich stumm,
Euch aber kahl, ihr Bauernflegel,
Mit Lust gäb' ich ein Ohr darum.«

Er bot, den Adler anzukörnen,
Ihm einen frisch gewürgten Hahn.
»Doch Freund! Ich möchte fliegen lernen,
Was meint Ihr, geht das Ding wohl an?« –

»Nichts ist so leicht, seht jenen Hügel,«
Versetzt der Adler, »wenn Ihr wollt,
So lehr' ich Euch, auch ohne Flügel,
Wie Ihr herunter fahren sollt.«

Sobald sie auf dem Gipfel waren,
So rief der Adler: »Schwingt den Schwanz
Und rührt die Pfoten frisch im Fahren!
Was gilt's, Ihr lernt das Kunststück ganz.«

Der Fuchs fuhr wie ein Sack herunter
Und fiel die Lenden fast entzwei,
Jedoch der Schmerz erhielt ihn munter;
Der Adler flog nunmehr herbei.

»Wie ging es, Rotkopf? Wollt Ihr wieder?« –
»Nein,« sprach der Fuchs, »der Flug ist gut,
Nur allzuhart setzt man sich nieder.« –
Der Fall folgt auf den Übermut.

Die Rehe

»Mein Kind, du wagest dich so kühnlich in den Wald,
Als ob kein Tiger um uns wohne;

Ersieht er dich, so bist du kalt!«
So sagt ein Reh zu seinem Sohne.
»Wohl,« sprach der Rehbock, »saget mir,
Was ist der Tiger für ein Tier?«
»O Sohn, das ist ein Ungeheuer,
Ein Scheusal von Gestalt, sein blitzend Angesicht
Verrät den Mörder gleich, sein Rachen raucht vom Blute,
Der Bär ist so erschrecklich nicht,
Und bei dem Löwen ist mir nicht so schlimm zumute.«
»Gut!« unterbrach der Sohn, »nun kenn' ich diesen Herrn.«
Er ging hinweg, sein Unglücksstern
Trieb ihn zum Tiger hin, der in dem Grase ruhte.
Der Rehbock stutzte zwar, doch er erholte sich
Und sprach: »Das ist er nicht; der Tiger raucht vom Blute
Und sieht abscheulich fürchterlich;
Hingegen dieses Tier ist schön, geputzt und freundlich,
Sein Blick zwar feurig, doch nicht feindlich. –
O! solchen Tigern geh' ich nach!«
Hub er mit Kühnheit an zu schreien;
Doch mocht' es ihn zu spät gereuen,
Als ihm das Tigertier drauf das Genicke brach.

Man tut gar wohl, daß man der Jugend
Der Laster Häßlichkeit entdeckt;
Jedoch man zeig' ihr auch den falschen Schein von Tugend,
Das schön' und süße Gift, das in den Lastern steckt,
Sonst macht der falsche Glanz von diesen,
Daß sie die Laster oft für Tugenden erkiesen.

Die Mäuse

Es sprach unlängst im Rat der Mäuse
Ein junger Ratsherr von der Reise,
Die er getan, und was dabei
Ihm selber zugestoßen sei.
Was unter finstern Dächerhöhlen
Er hörte, schmeckte, sah und roch,
Berührte, speiste, fand, bekroch,
Das wußt' er deutlich zu erzählen.

»Ja,« fuhr er fort, »auf manchen Böden
Sind Tiere, die wie Mäuse reden,
Sie sehn uns gleich vom Kopf zum Bauch,
Sie sind geöhrt wie wir und rauch.
Doch hört, ich sage keine Lügen,
Sie hüllen sich, so groß als klein,
In dünne, braune Mäntel ein,
Darinnen sie wie Vögel fliegen.«

Da riefen zwei erfahrne Greise;
»Du Narr, das waren Fledermäuse,
Die man hier täglich sehen kann;
Um dieser willen brauchte man
Dich nicht in fremdes Land zu senden.« –
Und so verreisen viel ein Lehn,
Um in Paris ein Ding zu sehn,
Das sie umsonst zu Hause fänden.

JOHANN WILHELM LUDWIG GLEIM,
geb. 2. April 1719 zu Ermsleben im Halberstädtischen als Sohn eines Obereinnehmers, verlor 1735 seinen Vater, bald darauf auch seine Mutter, bezog 1738 die Universität Halle, wo er die Rechte studierte, und wurde 1740 Hauslehrer in Berlin und Potsdam. 1744 begleitete er den Prinzen Wilhelm als Geheimschreiber in den zweiten schlesischen Krieg, kehrte im folgenden Jahre nach Berlin zurück und wurde 1747 zum Domsekretär in Halberstadt erwählt, wo er am 18. Februar 1803 starb. – Seine Fabeln erschienen 1756, 1757 und 1786.

Der Löwe und der Fuchs

Zum Löwen sprach der Fuchs: »Ich muß
Dir's endlich nur gestehen, mein Verdruß
Hat sonst kein Ende:
Der Esel spricht von dir nicht gut;
Er sagt, was ich an dir zu loben fände,
Das wiss' er nicht; dein Heldenmut
Sei zweifelhaft; du gäbst ihm keine Proben
Von Großmut und Gerechtigkeit;
Du würgetest die Unschuld, suchtest Streit;
Er könnte dich nicht lieben und nicht loben.«

Ein Weilchen schwieg der Löwe still,
Dann aber sprach er: »Fuchs! er spreche, was er will;
Denn: Was von mir ein Esel spricht,
Das acht' ich nicht!«

Des Äsopus Katze

Einst spielte des Äsopus Katze
Mit einer kleinen Maus.

»Lauf, Mäuschen!« sagte sie und warf die scharfe Tatze
Liebkosend nach, ließ auf und nieder
Sie laufen, fing sie wieder,
Und sah vergnügt und freundlich aus.

»Ach liebe Katze,« sprach die Maus,
»Ich kenne diese Schmeicheleien
 Und diese Scherze; ach! sie dräuen
 mir armen Mäuschen meinen Tod!«

»Was?« sprach die Katze, »das ist Spott!«
 Und biß sie tot!

Der Hirsch, der Hase und der Esel

Ein Hirsch, mit prächtigem Geweih
Von achtzehn Enden, ging spazieren.
Ein Hase lief vorbei,
Sah ihn und stutzte. Starr auf allen vieren
Steht er und gafft ihn an.

Macht Männchen, geht heran,
Sagt: »Lieber, sieh mich an!
Ich bin ein kleiner Hirsch;
Denn spitz' ich meine Ohren,
So hab' ich solch Geweih wie du!«

Ein Esel hörte zu,
Sprach: »Häschen, du hast recht,
Wir sind von einerlei Geschlecht,
Der Hirsch und ich und du!«

Der Hirsch tat einen Seitenblick
Und ging in seinen Wald zurück!

Die Gärtnerin und die Biene

Eine kleine Biene flog
Emsig hin und her und sog
Süßigkeit aus allen Blumen.

»Bienchen,« spricht die Gärtnerin,
  Die sie bei der Arbeit trifft,
»Manche Blume hat doch Gift,
  Und du saugst aus allen Blumen?«

»Ja!« sagt sie zur Gärtnerin,
»Ja! das Gift laß ich darin!«

Der Esel und das Pferd

Ein Esel ging mit steifem Gange
Zu einem Pferde. »Sage mir,«
Sprach er zum Pferde, »nehmen dir,
Mein Bruder, Zaum und Stange
Die Freiheit nicht auf deinem Wege?« –
»Ja, leider!« gab das Pferd zur Antwort, »aber doch
  Trag' ich kein Joch
  Und kriege keine Schläge!«

Die Beratschlagung der Pferde

»Ha!« sprach ein junger Hengst, »wir Sklaven sind es wert,
  Daß wir im Joche sind! Wo lebt ein edles Pferd,
  Das frei sein will? Ha! wie so glücklich war
  Zu jener Zeit der Väter Schar!
  Die waren Helden, edel, frei
  Und tapfer! In die Sklaverei
  Bog keiner seinen Nacken,
  Engländer nicht und nicht Polacken.
  Der ungeheure weite Wald
  War ihr geraumer Aufenthalt!
  Auch scheuten sie kein offnes Feld;
  Sie grasten in der ganzen Welt
  Nach freiem Willen! Ach, und wir
  Sind Sklaven, gehn im Joch, arbeiten wie der Stier!
  Wir Pferde? wir? dem Menschen untertan?
  Dem Menschen? – – Brüder, seht es an,
  Das unvollkommne Tier!

Was ist es? Was sind wir?
Solch ein Geschöpf bestimmte die Natur
Uns prächtigen Geschöpfen nicht zum Herrn!
Pfui, auf zwei Beinen nur!
Riecht er den Streit von fern?
Bebt unter ihm die Erde, wenn er stampft?
Sieht man, wenn seine Nase dampft?
Ist er großmütiger als wir?
Ist er ein schöner Tier?
Hat der die Mähne, die uns ziert?
Und doch ist er, ihr Brüder, ach!
Der Herr, der uns regiert!

Wir tragen ihn, wir fürchten seine Macht;
Wir führen seinen Krieg und liefern seine Schlacht;
Er siegt; man singt ihm Lobgesang:
Und doch, die Schlacht, die er gewann,
War unser Werk, wir hatten es getan!
Was aber ist der Dank?
Wir dienen ihm zur Pracht
Vor seinem Siegeswagen;
Und ach! vielleicht nach wenig Tagen
Spannt er vor einen Pflug
Den Rappen, der ihn trug!
Entreißt, ihr Brüder, euch der niedern Sklaverei!
Dem Joch entreißet euch und werdet wieder frei!
Schwer ist's wohl nicht, wenn wir
Zusammenhalten! Was meint ihr?« –

Er schwieg. Ein wieherndes Geschrei,
Ein wilder Lärm entstand, und jeder fiel ihm bei.
Ein einziger erfahrner Schimmel nur,
Ein zweiter Nestor sprach:

»Ja wahrlich! die Natur
Gab uns die prächtige Gestalt,
Die keiner hat, als wir, auch gab sie uns Gewalt
In unsern Huf; allein, aus mildrer Hand
Bekam der Mensch Verstand.
Wer baute diesen Stall, in dem wir sicher sind

Vor Tiger und vor Wolf, vor Regen und vor Wind?
Wer macht, daß wir auch dann dem Hunger widerstehn,
Wenn wir der Auen Grün im Winter sterben sehn?
Wenn Eis vom Himmel fällt, wenn alles wüst und tot
Auf allen Fluren ist? Wer wendet alle Not
Von unsern Krippen ab?
Der Mensch, der gute Mensch, den uns der Himmel gab!
Er streut den Hafer aus und erntet siebenfach,
Er trocknet süßes Gras und bringt es unter Dach!
Zwar helfen wir dabei; tun aber keinen Schritt
Und keinen Zug umsonst, er macht uns täglich satt;
Und wann er Ruhetag nach seiner Arbeit hat,
So haben wir ihn mit!
Wir dienen ihm, er uns, wir leben miteinander;
Sind miteinander frei; der Rappe Bucephal,
Der Grieche, welcher einst den großen Alexander
Auf seinem Rücken trug, war König in dem Stall,
Wie jener auf dem Thron, und kam er in ein Feld,
Wo Ruhm zu ernten war, so war er auch ein Held,
Und beide, Pferd und Mensch, eroberten die Welt
Und teilten unter sich den Ruhm des Sieges! Würden wir
vom Bucephal sonst wohl gehöret haben?
Er läg' in tiefer Nacht begraben,
Das edle Tier!«

Kein Brutus und kein Cicero
Besänftigte die Römer so
Wie dieser Redner seine Brüder.
Denn er voran und hinter ihm die Schar
Der mutigen Rebellen alle
Nebst diesem, der der Sprecher war,
Begaben alsobald sich wieder nach dem Stalle!

Der Sperling und die Nachtigall

Ein Sperling sprach zu einer Nachtigall:
»Der Storch ist doch ein großer Reiser!
Er reist in alle Welt, ist, sagt er, überall
Umher gewesen; ob er weiser

Geworden ist? Ich zweifle dran.«

Die Nachtigall hört alles an,
Sagt nichts; allein man las in ihrem Blick,
Daß sie nicht eben viel vom Afterreden halte –
Sie flog in ihren Wald zurück,
Und sang, daß Berg und Tal erschallte!

Die Sperlinge

Man flickte – war's zu Straßburg oder Rom?
Ich weiß es nicht – an einem Dom,
Und jagte Mutter, Brüder, Schwestern
Des Sperlingvolks aus ihren Nestern;
Und als die Flickerei zu Ende war,
Da kam, bei Tausenden, die Schar
Der Flüchtigen zurückgeflogen;
Und freudig hätte jedes Paar

Sein Nestchen wieder gern bezogen;
Allein man sah betrübt, daß keins gelassen war.
Und: »Gott! Was hat sie doch bewogen,«
Erseufzte da mit tiefem Ach
Ein alter Sperling auf dem Dach,
»Uns unsre Wohnungen so grausam zu zerstören?
Was Bösers konnten sie nicht tun;
Als ob die hohen Mauern nun
Zu etwas nütze wären!«

Der Schmetterling und die Biene

Ein Schmetterling und eine Biene flogen
Zugleich auf eine Blum' und sogen –
Die Biene Honig! Was der Schmetterling?

Was saugst denn du, du buntes Ding?
Wollt' ich den kleinen Flattrer fragen,
Allein er flog davon; die Biene blieb und sog.

»Kannst du, du Fleißige,« fragt' ich die Biene, »sagen,
Ob dieser Schmetterling, der eben weiter flog,
Auch Honig aus der Blume sog?«

»Ja! Honig! aber nur für seinen lieben Magen!«

Der Hamster und der Dachs

Ein Hamster machte sich ein Loch.
»Ei,« sprach ein Dachs, »Was machst du doch?
Es ist ja viel zu klein!«
»Für dich, das könnte sein,«
Antwortete der Hamster; »größer machen
Könnt' ich's ja leicht, allein
Ihr Gäste würdet meiner lachen,
Der Fuchs und du, ihr kämt mir dann hinein.«

Das Veilchen und der Grashalm

Ein Veilchen stand im kühlen Schatten;
Grashalme machten ihn umher.

»Sieh, Veilchen,« sprach ein Grashalm, »wer
Dich schützt vor dem Ermatten!«

»Du!« sprach das Veilchen, »du! Auf ein Verdienst, so klein,
Muß man so stolz nicht sein!
Du tust's ja nicht allein!«

Der Wiedehopf und die Mücke

Ein Wiedehopf stand stolz und sprach zu einer Mücke:
»Du tanzest auch den ganzen Tag!«

»Herr Kronenträger!« sprach die Tänzerin, die Mücke:
»Wohl dem, der tanzen mag!«

Der Esel und der Müller

Ein Eselchen, ein gutes Vieh,
Brach aus in bittre Klagen:
»Der dumme Knappe da, was braucht er mich zu schlagen?
Weit mehr, als er, hab' ich Genie,
Den schweren Sack zu tragen!
Was braucht er mich zu schlagen?«

Der Meister Müller hört's
Und spricht zum Eselchen: »Jawohl! Erfahrung lehrt's,
Du hast Genie, den Sack zu tragen
Und still zu stehn!
Allein Genie den Sack zu tragen und zu gehn,
Das hast du nicht! Dazu muß dich der Knappe schlagen!«

Die Donau und der Leuta-Bach

Die stolze Donau ging in ihrem stolzen Gange
Am stolzen Wien vorbei.
Der kleine Leuta-Bach ging ihrem stolzen Gange nach.
Die stolze Donau sprach:
»Ist dein Geschick, du kleiner Schäker, nicht
Ein herrliches Geschick?
In der Gesellschaft meiner, welch ein Glück!«

Die kleine Leuta spricht:
»Durch das Gefilde, welches mich
Den kleinen Silberbach einst nannte,
Floß ich so glücklich zwischen Blumen, ich,
Eh' ich dich kannte!
Kaum aber kenn' ich dich, so werd' ich fortgerissen,
Und muß, was alle Sklaven müssen,
In deinem Strudel fort, nicht meiner mächtig, ach!«
Man läuft den großen Herrn an ihre Höfe nach
Und seufzt dann oft wie du, o kleiner Leuta-Bach!

JOHANN ADOLF SCHLEGEL,
geb. 18. Sept. 1721 zu Meißen, wo sein Vater Stiftssyndikus war, studierte in Leipzig Theologie, war mehrere Jahre lang Hauslehrer, wurde 1751 Diakonus und Lehrer in Pforta, 1754 Prediger und Professor am Gymnasium zu Zerbst und 1759 Pastor zu Hannover, wo er als Konsistorialrat und Superintendent am 16. September 1793 starb. – »Fabeln und Erzählungen« von Sch. erschienen 1769.

Der Hund und der Ochse

Die Mißgunst und der Geiz sind zwei verwandte Laster,
Und sie bekriegen uns in fester Einigkeit.
Stets ist ein Herz, das sich dem einen weiht,
Zum günstigen Empfang des andern auch bereit.

Den geiz'gen Orgon macht der Neid
Noch geiziger, doch auch verhaßter.
Er spart nicht Meineid und Betrug
Und sammelt Geld, es zu vergraben.
Er habe noch so viel, er hat doch nicht genug,
Solang' auch andre noch was haben.
Er, Hüter seines Geldes, hält stets, wie Äsons Drache,
Bei seinem goldnen Vliese Wache,
Weil, was er selbst nicht nützt, kein andrer nutzen soll.
Er und Äsopens Hund sind gleicher Torheit voll,
Der unbefohlen Heu bewachte,
Der seinen Schober nicht verließ
Und, als des Hungers Trieb ein Rind zum Heue brachte,
Ihm bellend seine Zähne wies.
Dort redete den Hund der Ochse zornig an:
»Wie töricht ist der Neid, der geizig mir verwehret,
Was dir nicht nützt, was keine Hunde nähret,
Und was doch Rindern nützen kann!«

Fast ebenso kann man zum Orgon sagen:
Was hast du doch für Lust, dein eignes Herz zu plagen?
Du ruhtest nicht, bis du gewannst,
Was du, du Hungerer, doch nicht gebrauchen kannst.
Dein Schatz, der dich so manchen Schweiß gekostet,
Liegt müßig nun im Kasten und verrostet.

Du Narr! laß andern doch, die klüger sind als du,
Das Geld, das dir nicht nützt, den Räuber deiner Ruh'.
Jetzt gönnet es dein Neid auch nicht einmal den Erben,
Jedoch ihr Trost ist: du wirst sterben.
Wie werden sie sodann sich deiner Torheit freun!
Jetzt könntest du noch Dank erwerben.
Sie werden, wenn du stirbst, noch deine Spötter sein.
Du willst nicht? Wohl! So geh, sperr es noch fester ein!
Laß hundert Schlösser es verschließen.
Die Erben werden sie schon einst zu öffnen wissen!

Die eitle Nachtigall

So hoch die Ruhmbegier erhebet,
Die die Natur den edlern Geistern gab,
Und die nach andrer Lob nur durch Verdienste strebet,
So tief setzt uns das Eigenlob herab,
Das allezeit der Ruhm nur desto stärker flieht,
Je ängstlicher es sich um ihn bemüht.

In einem Wald voll Nachtigallen
Schlug eine sonder Ruh'. Sie wußte zu gefallen,
Obgleich der reizende Gesang
Von mancher andern besser klang.
Sie war so voll von ihrem Werte,
Daß sie, so gern sie auch vom Wald gehöret ward,
Sich selber doch am liebsten hörte,
Und wenn das Volk der Luft das Lob gleich nicht gespart,
Stets ein noch größres Lob begehrte.
Zwar anfangs waren rund um sie
Die Bäume stets besetzt und voll begier'ger Hörer,
Doch täglich ward's auf ihnen leerer,
Denn täglich gab sie sich im Singen wen'ger Müh'.
Das war kein Wunder – allezeit
Wächst durch das Lob die Eitelkeit.
Die hat die Tugend nicht, daß sie im Fleiß erhält,
Sie lehrt uns, mehr an uns als an die andern denken,
Und pflegt von dem, wodurch man wohl gefällt,
Des Geistes Achtsamkeit allein auf sich zu lenken.

Von Hochmut aufgebläht, lobt sie sich allzusehr;
Umringt von Kranichen, von Elstern und von Störchen
Und solchem Federpöbel mehr,
Vermißte sie gar bald die Wachteln und die Lerchen.
Ihr Ehrgeiz wachet auf; weil sie sich Mühe gibt,
Glückt ihr ein reizend Lied. Doch gleich darin verliebt,
Schickt sie den Starmatz ab, die Vögel herzubringen;
Es wär' ihr jetzt ein herrlich Lied geglückt,
Sie sei bereit, es ihnen vorzusingen.
Der Starmatz war von ihr entzückt.
Ein Narr, doch nur ein Narr, wird dadurch mehr geblendet,
Wenn man an sich den Weihrauch selbst verschwendet.
Und so war unser Starmatz auch.
Er flog umher und schrie: »Ihr Vögel, kommt und höret!
Die Nachtigall auf jenem Strauch
Sang jetzt ein trefflich Lied. Sie hat sich schon erkläret,
Daß sie es aus Gefälligkeit
Euch nochmals singen will. Braucht der Gelegenheit!
Es war das Meisterstück der Nachtigallenlieder,
Dergleichen höret ihr nicht wieder.«
Die Vögel hatten es von fern mit Lust vernommen,
Und keiner war, der es nicht gern erhob.
Doch sie verdroß das Eigenlob,
Und eine Wachtel sprach: »Was sollten wir erst kommen?
Was braucht sie uns? Sie lobt sich selber schon.
Das Urteil ist des Hörens Lohn,
Und das hat sie uns weggenommen.«

Der Pfau und der Storch

Der Himmel teilte seine Güter,
Der etwas jeglichem und keinem alles gab.
Was der von ihm bekam, brach er dem andern ab.
Selbst die Verschiedenheit der menschlichen Gemüter
Sollt' unsrer Welt die Einigkeit verleihn;
Ganz übrig sollte keiner sein.
Sein weiser Endzweck war, es sollt' auf andrer Gaben
Ein jeder seinen Anspruch haben.
Was tun wir aber? Wir verschmähn,

Was wir an andern Gutes sehn;
Uns über andre wegzusetzen,
Sehn wir es nicht einmal und sind mit Willen blind.
Scharfsichtig uns nur hoch zu schätzen,
Sehn wir allein, wer wir, wir großen Leute, sind.

Hochmütig schlägt der Pfau sein Rad,
In dem sich, wenn darauf die Sonne strahlet,
Ein ganzer Mai von Farben malet.
Zum Storche, der sich zu ihm naht,
Spricht er: »Wie kannst du dich so nahe zu mir machen?
Storch, schlage doch ein Rad, wie ich!
Unförmliches Geschöpf, wer sieht dich ohne Lachen?
Wie häßlich bist du gegen mich!«
Des Pfaues Stolz zur Scham zu bringen,
Hebt sich der Storch auf leichten Schwingen
Und ruft aus seiner Höh': »Pfau, fliege doch wie ich!
Wann wird dir so ein Flug gelingen?
Wie tölpisch bist du gegen mich!«

Selinde, die um sich ein Heer von Stutzern zählte,
Der, außerm Witze, gar nichts fehlte,
Schien das Original zum Venusbild zu sein,
Das Phidias vordem gehauen.
Da sie am Spiegel stand, nahm sie sich selber ein,
Und sie besah sich mit Vertrauen.
Mit triumphierendem Gesicht
Lacht sie die Schwester an und spricht:
»O Schwester, wenn du kannst, gefalle doch wie ich!
Willst du, daß dein Gesicht ein Herz zur Lieb' erwecke,
So bitte mich, daß ich mich erst verstecke!
Wie tot bist du doch gegen mich!«
Die Schwester eilt, ein Buch in ihre Hand zu nehmen,
Und spricht, Selinden zu beschämen:
»Selinde, wenn du kannst, versteh es doch wie ich!
Willst du, daß auch noch spät dich dein Geliebter ehre
Und seine Liebe sich in Kaltsinn nicht verkehre,
So bitte mich, daß ich dich witzig reden lehre.
Wie albern bist du gegen mich!«

Ein trockner Philosoph besah sein Lehrgebäude.
Wie gründlich war er nicht, denn er bewies sogar,
Nach strenger Lehrart, seine Freude,
Die dieser Anblick ihm gebar.
Er lobte sich allein. Der scherzende Poet
Ward auf das gründlichste von seinem Stolz verschmäht,
Bloß weil er nicht, wenn er der Torheit wehrte,
In mathemat'scher Ordnung blieb
Und, wenn er eine Wahrheit lehrte,
Nicht Theorema drüber schrieb.
Er sprach: »Es mag die Welt bei deinen Tändeleien
Sich noch so pöbelhaft erfreuen!
Sei doch so gründlich als wie ich!
Freund, wenn du kannst, so demonstriere.
Was nützt der Wahrheit doch dein liebliches Geschmiere?
Wie seichte bist du gegen mich!«
Der Dichter zeigt ihm ein Gedicht;
Er sieht ihn lächelnd an und spricht:
»Du magst dich übern Wert von deinen Grübeleien
Auch noch so syllogistisch freuen!
Freund, wenn du kannst, so dicht' einmal wie ich!
Wag es, sechs Verse nur zu machen,
Worüber nicht selbst Kinder lachen.
Wie frostig bist du gegen mich!«
So könnt' ich auch vom Edelmann erzählen,
Der einen großen Mann, den jeder hoch geschätzt,
Zum Pöbel mit hinabgesetzt,
Weil ihm die sechzehn Ahnen fehlen,
Die meistenteils, so hoch sein Stolz sie hält,
So ritterlich wie er die Wissenschaften haßten,
Und die auf ihrem Dorf ihr Geld
Teils sammelten und teils verpraßten.
Jedoch beschrieb ich alle die,
Die, von sich selber voll, der andern Wert verlachen,
Was gilt's, so wollt' ich ohne Müh
Die eine Fabel nur zum dicken Buche machen.
Wer auf sein Nichts sich, gleich dem Pfaue, bläht,
Der mag nur sein Gewissen fragen.
Statt dessen, welchen er verschmäht,
Kann dieses ihm darauf des Storches Antwort sagen.

Kaiser Sigismund

Als Schmeichler sahn, daß Kaiser Sigismund,
Der recht die schwere Kunst, ein Fürst zu sein, verstund,
Nicht seine Feinde bloß verschonte,
Nein, ihren Haß mit Wohltun gar belohnte,
War ihrer Einsicht dies zu schwer.
Den Feinden wohlzutun! O wären sie wie er,
Sie wollten sie gar anders strafen.
Dies täten sie als bloße Grafen,
Geschweig' als Kaiser nimmermehr.
Das glaub' ich ihnen wohl. Die Großmut übersteigt
Den Horizont der kleinen Seelen.
Zu dem so waren sie auch völlig überzeugt
(Dergleichen Grundsatz wird an Höfen niemals fehlen),
Ein Fürst sei dazu Fürst, nach Willkür zu befehlen,
Und, daß für eines Lust und leichtre Schwelgerei
Ein ganzes Volk geboren sei. –
Die Mißgunst öffnete den Mund:
Sie rieten tiefgebückt dem Kaiser Sigismund,
An den Verwegnen sich zu rächen,
Denn Wohltun reize nur zu sträflichern Verbrechen.
Der Kaiser lacht' und sprach: »Räch ich mich nicht an ihnen?
Beschämet müssen sie jetzt ihren Haß bereun.
Sie werden sich's nicht mehr erkühnen
Und ihres Kaisers Feinde sein.
Jetzt achten sie mich hoch, so sehr ihr Herz sich wehrt.
Hätt' ich getan, was ihr begehrt,
So hätt' ihr Herz, durch meinen Haß empört,
Ein Recht erhalten, mich zu hassen.
Sollt' ich den Vorteil ihnen lassen?« –

O wie beneidenswert ist nicht der Großmut Ruhm!
Aus ihm quillt größre Lust, als alle Rache schenket.
Ein Kaiser, der wie Sigmund denket,
Verdient gewiß sein Kaisertum.

Der Dieb und der Hund

Wer plötzlich anfängt zu verschenken
Und sonst doch nicht im Ruf der seltnen Großmut steht,
Ist Toren angenehm, da er mit seinen Ränken
Doch niemals Kluge hintergeht.
Er will sie zu Gehilfen dingen,
Wohl zehnfach das Geschenk ihm wieder einzubringen,
Und sollt' ihr Beistand auch darinnen nur bestehn,
Indes auf das Geschenk und nicht auf ihn zu sehn. –

Ein schlauer Dieb sah einst sich einen Reichen aus
Und stieg zur Nachtzeit in sein Haus,
Weil er sich dies und das daraus zu holen dachte.
Trotz seines leisen Tritts erwachte
Des Hauses muntrer Hund und boll.

Dem Diebe kam das Bellen ungelegen;
Er sucht' ihn durch ein Brot zum Schweigen zu bewegen.
»Wahr ist es,« spricht der Hund, »dies Brot riecht trefflich wohl,
Jedoch ich merke schon, es soll
mich in der Eil zufriedenstellen.
Die Hand, die insgeheim uns Hunden etwas beut,
Pflegt gern zu nehmen. Nein! Hier braucht es Wachsamkeit,
Und diese schnelle Mildigkeit
Bewegt mich desto mehr zu bellen.«

Die Krähe und die Nachtigall

Der Krähe war einst eingefallen,
Gleich dichterischen Nachtigallen
Durch ihre Stimme zu gefallen.
O, wie gefiel sie sich, wenn sie
Ihr Lied, das jedes Ohr betäubte, sonder Müh'
In ewiger Monotonie
Und Tag für Tag aus heisrer Kehle schrie. –
Sie sammelte, so oft sie ausgesungen,
Für sich des Beifalls Stimmen ein.
Den Eulen hatt' es meist ganz allerliebst geklungen.
Ein Rabe schrie: »Was könnte besser sein?«
Dem Stieglitz hatte sie durch viel Bewunderungen
Den Beifall endlich abgedrungen.
Des Kranichs Urteil nach war gar die Stimme fein. –
Sie hatte schon das Lob der Menge.
Das Lob der Nachtigall ward noch von ihr begehrt.
Sie fühlte zwar nicht ihrer Lieder Wert;
Sie wünschte sich's, bloß weil sie oft gehört,
Daß die am allerschönsten sänge. –
Nicht weit davon schlägt eine Nachtigall,
Dem ganzen Walde sagt's der laute Widerhall;
Der ganze Wald horcht zu. Gleich setzet sich die Krähe
Auf einen Eichbaum in der Nähe.
Und nun bestürmt sie ihre Gunst
Mit Listen, welche sich bei Dichtern ohne Gaben,
Als wahren Erben ihrer Kunst,
Seit jener Zeit bis jetzt erhalten haben. –

Bald billigt sie die Stellen ihrer Lieder,
Wenn sie, als ob ein Ton vor andern ihr geglückt,
Mit ihrem Kopfe seitwärts nickt
Und gierig nach ihr guckt. Bald fährt sie wie entzückt
Halbflatternd auf und klatscht mit dem Gefieder.
Bald läuft sie ganz den Ast hinauf
Und streckt den Hals, um alles wohl zu fassen
Und keinen Ton vorbeizulassen;
Bewundernd sperret sie dann Aug' und Schnabel auf.
Sie flieget bei des Liedes Schluß
Demütig hin zu ihr, erhebt, was sie gehöret,
Und einen jeden Ton beehret
Ein langer Panegyrikus.
Selbst da sie das, was rühmenswert ist, rühmet,
Zeigt sie, wie wenig ihr ein Urteilsspruch geziemet.
Ihr klang der eine Ton fast wie ein Wasserfall,
Ein andrer hatte was von dem Geräusch von Blättern.
Sie schloß, um sie mit Nachdruck zu vergöttern:
»So göttlich sang, mein' Treu'! noch keine Nachtigall.« –
Beherzt wagt drauf die Kräh', die sich zum voraus blähet,
Ihr unharmonisch Lied, und da sie ausgekrähet,
Spricht sie: »Zwar deine Kunst läßt mich sehr weit zurücke.
Wenn meine Lieder nichts als nur Versuche sind,
Sind deine Lieder Meisterstücke.
Doch weiß ich, daß man auch durch Lehren viel gewinnt,
Verweigre mir nicht dieses Glücke.
Ich nehme gern der Kenner Tadel an.
Du glaubst mir leicht, daß ich noch besser singen kann,
Wenn ich mir Zeit zu meinen Liedern nehme.
Wie klang indes dir dieses Lied?« –
Die Nachtigall, die erst die Antwort ganz vermied,
Spricht, da sie sie auf Lob so lange warten sieht:
»So, daß ich deines Lobs mich schäme.« –
Der Undank schmerzt die Kräh. Sie widerruft ihr Lob;
Sie schreit: »Du Eitle denkst, weil ich dich erst erhob,
Könn' ich dir keine Fehler zeigen!
Vor dir versteck ich mich noch nicht.
Du meinst, dir sei allein die Kunst zu singen eigen,
Doch weißt du, was der Kuckuck spricht?
Wenn du nichts Bessers sängst, so möchtest du nur schweigen.

Du wechselst bis zum Überdruß.
Dein Lied ist, weil ich's sagen muß,
Viel zu gekünstelt, viel zu zierlich,
Es ist nichts wen'ger als natürlich.« –
Die Nachtigall hört zu und spricht:
»Und solltest du mich auch den größten Stümper nennen,
So rührt mich doch dein Urteil nicht,
Denn wer nicht loben kann, wie soll der schimpfen können.«

Der Reiher

Ein Reiher, welcher sich nichts Schlechtes dünken ließ
Und, wenn ein guter Raub sich seinem Schnabel wies,
In Meinung, daß für ihn das Beste nur gehörte,
Stets, unsern Unzufriednen gleich,
Nach einem bessern Raub begehrte,
Umflatterte begierig einen Teich,
Um etwas Gutes auszuspähen.
Ihm zeiget hier sich anfangs gleich
Ein Hecht, nicht übergroß, doch auch nicht zu verschmähen.
»Ein Hecht – und noch dazu nur klein – dem nachzustellen,
Das wäre nicht der Mühe wert.
Ein Reiher meiner Art begehrt
Zu seinem Mahl nichts Schlechters als Forellen.« –
Ihm kommt darauf ein Karpfen zu Gesicht.
Und dieser auch bezahlt die Mühe nicht,
Sich das Gefieder naß zu machen.
Er schießt herum, ob er nichts Bessers finden kann.
Sein Magen ist noch leer. Der Hunger fängt schon an
Durch die Bewegung aufzuwachen.
Er weiß am Rand ein Loch, wo eine Schleie steckt.
Jedoch wie könnte sich ein Reiher so vergessen?
Dem weder Hecht noch Karpfen schmeckt,
Der wird nicht Schleien fressen.
Unfehlbar findet sich für ihn doch endlich was,
Ihm sinkt der Mut noch nicht. Nur frisch! Er fliegt im Kreise
Rings um den Teich und sieht nach seiner langen Reise
Sonst nichts als einen Krebs. – Ein Krebs? Was wäre das?
Für ihn sind Krebse keine Speise. –

Er fängt aufs neu' herumzuschwärmen an,
Umsonst! Er findet sich betrogen.
»Ach,« seufzt er, »hab' ich doch so müde mich geflogen,
Daß ich nicht mehr vor Hunger dauern kann.
Welch Schicksal, daß ich nun bloß ein dürre Schnecke
Nach meiner langen Wahl entdecke!« –
Geschwind zum Hecht zurück! Denn nun dünkt ihn der Hecht
Nicht mehr, wie kurz vorher, zu schlecht.
Doch der wird nicht mehr da, wo er ihn sucht, gefunden.
Hecht, Karpfen, Schleie, Krebs sind insgesamt verschwunden.
Er sieht's, bedenkt sich kurz und kehrt im Augenblick
Zur Schnecke, die noch schleicht, zurück.
Er hat nicht Lust noch länger auszulesen.
Seht, was des Hungers Macht für Wunderwerke tut!
Dem, welchem Karpf' und Hecht nicht gut genug gewesen,
Schmeckt endlich eine Schnecke gut. –

Und ach, wie mancher wird dies lesen,
Den es vielleicht noch jetzt verdrießt,
Daß gleiches Schicksal ihm wohl auch begegnet ist.
Wie oft nicht läßt der Stolz sein Glück sich selbst entgehen
Und darf, was sich ihm beut, als allzuklein verschmähen,
Bloß, weil er steif auf eigner Wahl besteht.
Er ist gewohnt in Träumen auszuschweifen.
Ein großes Glück ist ihm nicht groß genug – und seht!
Er muß zuletzt nach dem begierig greifen,
Was noch weit schlechter ist, als was er erst verschmäht.

Zwei Maultiere

Ein Maultier fing sich an so vornehm zu gebärden,
Als ob Bucephalus sein erster Ahnherr wär',
Es schüttelte, gehört zu werden,
Stolz seine Glöckchen hin und her.
Es warf den Hals empor, als wollt' es allen sagen,
Es stritte ganz gewiß den Rang den Pferden ab.
Kurz, es verriet durch seinen stolzen Trab,
Daß es ersehn war, Geld zu tragen.
Es glaubte fest, von seinem Gelde voll,

Es sei durch seine Last weit glücklicher zu preisen. –
Ich tadle nicht dies Tier; denn wenn ich's tadeln soll,
So muß ich es auch dem Oront verweisen,
Daß es ihm einfällt sich zu blähn,
Da ihn das Glück doch nur ersehn,
Das Geld zu zählen, zu bewachen
Und dann damit die Erben reich zu machen.
Wie er verachtungsvoll auf einen Armen blickt,
Glaubt dieses Maultier auch, durch seinen Stolz berückt,
Daß es sich kaum für seine Würde schickt,
Ein andres neben sich nur seitwärts anzusehen.
Es schämt sich neben ihm zu gehen,
Weil eine schlechte Last es drückt.
Es trägt nur Korn und geht vor seinem Treiber
Mit stillem Schritte hin. Indessen brechen Räuber
Schnell, ehe beide sich's versahn,
Aus ihrem Hinterhalt, in den sie sich verborgen,

Sie fallen ihren Treiber an,
Erwürgen ihn, und bloß weil sie besorgen,
Daß ihnen unterm Mord das Geld entgehen kann,
So stoßen sie vorher das stolze Maultier nieder.
Sie nehmen drauf das Geld, das sie zur Tat bewegt.
Den Kornsack und zugleich das Maultier, das ihn trägt,
Verachten sie und gehen wieder.
Da das Beraubte weint und sterbend noch im Zorn
Das Schicksal schmäht, das dies verhangen,
Spricht sein Gefährte drauf: »Ich habe noch mein Korn,
Auch hab' ich keine Wund' empfangen.
Zwar weiß ich, daß es nicht aus Ehrfurcht unterblieb,
Ich mochte zu verächtlich scheinen;
Doch dafür darf ich auch nicht meinen Tod beweinen,
Und die Verachtung ist mir lieb.« –

Viel Kasten Gold sind stets Gefahren ausgesetzet,
Wenn ihre Niedrigkeit die Niedrigen beschirmt;
Doch wird der Reichtum stets des Neides wert geschätzet.
Wie mancher kennet nicht sein wahres Glück und stürmt
Den Himmel Tag vor Tag durch ungestüme Bitten,
Mit Reichtum ihn zu überschütten.
Und wenn er nun den Wunsch erringt – was dünket euch?
Wird seine Habsucht nicht damit sich selbst bestrafen?
Auch schläft er gut. Er wünscht sich reich –
Wozu? Unruhiger zu schlafen?

FRIEDRICH KARL FRHR. VON MOSER,
geb. am 18. Dez. 1723 zu Stuttgart, war kurhessischer Geheimrat und Gesandter am kaiserlichen Hof in Wien, trat 1772 als Erster Staatsminister, Kanzler und Präsident sämtlicher hoher Kollegien in hessendarmstädtische Dienste, wurde aber 1780 wegen seines Freimuts plötzlich entlassen, lebte dann als Privatmann in Ludwigsburg, wo er am 10. Nov. 1798 starb. – Er gab 1761 »Der Hof in Fabeln«, 1790 »Neue Fabeln« heraus; unsere Proben sind dem ersten Buch entnommen.

Die Mäßigung des Wolfes

»Sie sehen doch, mein Herr, daß ich nicht so gefräßig bin, als mich meine Feinde insgemein ausgeben,« sprach ein an der Holzkette fortgeschleifter Wolf zum Jäger, dem er einige übriggelassene dürre Knochen wies. »Du sollst auch,« antwortete ihm jener, »nicht um der Knochen willen, sondern nur für das Fleisch büßen, das du davon gefressen hast.«

Leben und Taten eines Wolfes

Ein Wolfskasten war mit allen Arten der Diebereien und Mordtaten des Lämmerfeindes übermalt und mit der Aufschrift versehen: »Leben und Taten eines Wolfes.« Ein alter Tierräuber, den die Gabel des Jägers in diesen Käfig drückte, sprach bei dessen Anblick: »Die Menschen, sehe ich, lassen doch meinem Mut Gerechtigkeit widerfahren; ein Wolf, es bleibt dabei, ist auch noch im Unglück groß.«

Das Testament des Wolfes

Der Wolf kam aufs Krankenbett, und Doktor Pommer verkündigte ihm, daß keine Hoffnung zu seiner Genesung sei. »Wenn es denn,« sprach Meister Wolf, »nicht anders ist, so lasse man mir meine Kinder kommen, um mich mit ihnen zu letzen.« Sie kamen und umstellten das Lager ihres sterbenden Vaters. »Ihr seht,« fing er an, »daß es mit mir zu Ende geht. Ich habe in meinen Lebzeiten nicht allzeit so, wie ich gewünscht, Recht und Gerechtigkeit verwaltet, die Zeiten waren schwer, es mußte sich jeder zu helfen suchen, so gut er konnte; noch tröstet mich, daß Adler und Nachtigall mir nichts Unrechtes nachsagen können, mit Elefanten und Löwen habe ich auch jederzeit in vertraulicher Freundschaft gelebt, nur die Schafe, Hunde, Hasen und Gänse haben's zuweilen an mich gebracht, und in der ersten Hitze weiß man sich nicht allemal zu mäßigen. Ich rate euch aber, meine lieben Kinder, mit ihnen fürderhin in Ruhe und Eintracht zu leben, den Schaden, so ich ihnen getan, bei bessern Zeiten zu ersetzen und euch im Reich der Tiere des Namens frommer Wölfe würdig zu machen, welches, wie Styx weiß, lebenslang mein ernstlicher Vorsatz gewesen ist. Ist nun solches euer aller redlicher Wille, so lege jeder zur Bezeugung seiner Aufrichtigkeit die Klaue auf meinen Leib.« – »Ach, Vater,« fing Wolfette an, »alles dies wollten wir dir gern versprechen, wenn wir nur keine Wölfe wären.«

JUST FRIEDRICH WILHELM ZACHARIÄ,
geb. 1. Mai 1726 zu Frankenhausen, studierte seit 1743 in Leipzig und Göttingen die Rechte, wurde 1748 Lehrer am Karolinum zu Braunschweig und 1761 Profes-

sor der Literatur in Halle und starb am 30. Januar 1777. – Zachariä gab 1771 »Fabeln und Erzählungen in Burkard Waldis' Manier« heraus.

Der Fuchs, der Wolf und die Affen

Ein Fuchs, der lange schon geschmachtet,
Umsonst nach manchem Huhn getrachtet,
Erfuhr, daß eines Affen Frau
Im Kindbett sei. Ha! dacht' er schlau,
Vielleicht trag ich vom Wochenschmaus
Auch wohl ein fettes Maul nach Haus.
Man muß sich in die Zeiten schicken,
Gefällig sein und viel sich bücken,
Sonst bleibet Börs' und Magen schlapp.
So dacht' er bei sich und begab
Sich auf den Weg zum Aufenthalt
Der Affen in den nächsten Wald. –
Er fand die Wöchnerin im Lager
Aus weichem Heu, von Mann und Schwager
Und Muhm und Schwägerin umringt,
Von denen jeder etwas bringt,
So daß Herr Reineke gar klug
Bemerkte, hier sei Schmaus genug.
Er machte sich deshalb gar zierlich
Zur Äffin, bückte sich manierlich
Bis auf die Schuh' und sprach: »Madam,
Daß ich den Weg zu Ihnen nahm,
Ist aus der Ursach' bloß geschehn,
Die schönen Kinderchen zu sehn,
Womit Sie vor gar kurzer Zeit
Den werten Herrn Gemahl erfreut.
O zeigen Sie doch Ihrem Knecht
Von Ihrem adligen Geschlecht
Die beiden liebenswürd'gen Zweige,
Daß ich mich auch vor ihnen beuge!
Ihr' Gnaden glauben sicherlich
Ein rechter Kindernarr bin ich.«
Als dieses die Frau Äffin hört
Gar freundlich sie sich zu ihm kehrt,

Reicht ihm die Hand und spricht zum Mann:
»Sieh doch den art'gen Fremdling an!
Er kommt hierher mit müden Füßen,
Bloß unsre Kinderchen zu küssen. –
Hier Freund,« sprach sie zum Fuchs, »im Heu
Ruhn sie im Schlummer alle zwei.«
Sie sagt es und zog mit der Hand
Ein pelzgefüttertes Gewand
Hinweg von ihrem Zwillingspaar
Und sprach zum Fuchs: »Mein Herr, nicht wahr,
Wenn Ihr's aufrichtig wollt gestehn,

Was Schöners habt Ihr nie gesehn?«
Der Fuchs erschrak. In langer Zeit
Hatt' er nicht soviel Häßlichkeit
An irgend einem Tier erblickt;
Doch rief er listig, wie entzückt:
»O froher Tag! So seh ich denn
Die beiden kleinen Engelchen
In jedem Liebreiz vor mir liegen?
O welche Freude, welch Vergnügen
Muß dies den hohen Eltern sein!
Fürwahr! trifft mein Vermuten ein,
So werden sie, das ahnet mir,
Die Lust der Welt, der Affen Zier.« –
Als dieses die Frau Äffin hört',
Ward sie von Freude ganz betört,
Wie ihr Herr Ehmann ebenfalls.
Er warf dem Fuchs sich um den Hals,
Bat ihn aufs freundlichste zu Tische,
Trug auf Pasteten, Braten, Fische,
Viel Obst und Nüsse groß und klein
Und trank ihm zu vom besten Wein,
So daß der Fuchs sehr wohl gespeist
Und halb berauscht von dannen reist. –
Ein Wolf traf auf dem Weg ihn an
Und sprach zu ihm: »Mein lieber Mann,
Ich seh' an deinem vollen Bauch,
Du hast geschmaust. Könnt' ich nicht auch
Zu einem solchen Fest gelangen,
Bei dem es dir so wohl gegangen?«
»I! Freund,« versetzt der Fuchs, »gar leicht
Wird dieser Wunsch von dir erreicht.
Des Affen Frau liegt in den Wochen,
Der hab' ich eben zugesprochen;
Sie hat zwei allerliebste Kinder,
Die zeigt sie gern, wo du nicht minder
Als ich sie lobst, so gibt sie dir
Mit Dank zu schmausen g'nug dafür.«
»So?« sprach der Wolf, »brauch ich nur dies?
Dann hab' ich meinen Fraß gewiß!«
Er eilte zu den Affen hin

Und traf sie an bei frohem Sinn;
Ward freundlich von dem Mann empfangen,
Nach seinem höflichen Verlangen
Zur Frau geführt, die, sehr geneigt,
Ihm alsobald die Kleinen zeigt.
Herr Eisengrimm mit starrem Blick
Fuhr ganz erstaunensvoll zurück.
»Was Kuckuck!« schrie und lacht' er laut,
»Hier schaudert einem fast die Haut!
Dies sind ja wahre Ungeheuer!
Und die Scheusäligen sind euer?«
»Ei!« schrien die Affen allesamt
(Die Mutter mit) von Wut entflammt,
»Ei! seht mir doch den Grobian,
Mit seinen Schmeicheleien an.
Was braucht er denn hierher zu gehn
Und unsre Kinderchen zu schmähn?«
Drauf griff ein jeder nach dem Knittel,
Durchklopften weidlich ihm den Kittel,
Daß er, an allen Vieren lahm,
Zum Fuchse hungrig wiederkam.
Sobald Herr Reinecke vernommen,
Wie schlecht der Wolf davon gekommen,
Sprach er: »Ihr gebt mir wohl nicht recht,
Allein Ihr kennt die Welt noch schlecht.
Gern hält das Ohr dem Schmeichler still –
Die Wahrheit niemand hören will.«

Dies hab' ich, Leser, auch gedacht,
Drum kommt sie hier in Fabeltracht.

Die Spinne und das Podagra

Das Podagra und eine Spinne,
Geführt von ihrem Eigensinne,
Entschlossen sich, die Welt zu sehn
Und Abenteuern nachzugehn.
Sie trafen unterwegs sich an
Und grüßten sich, da sie sich sahn,

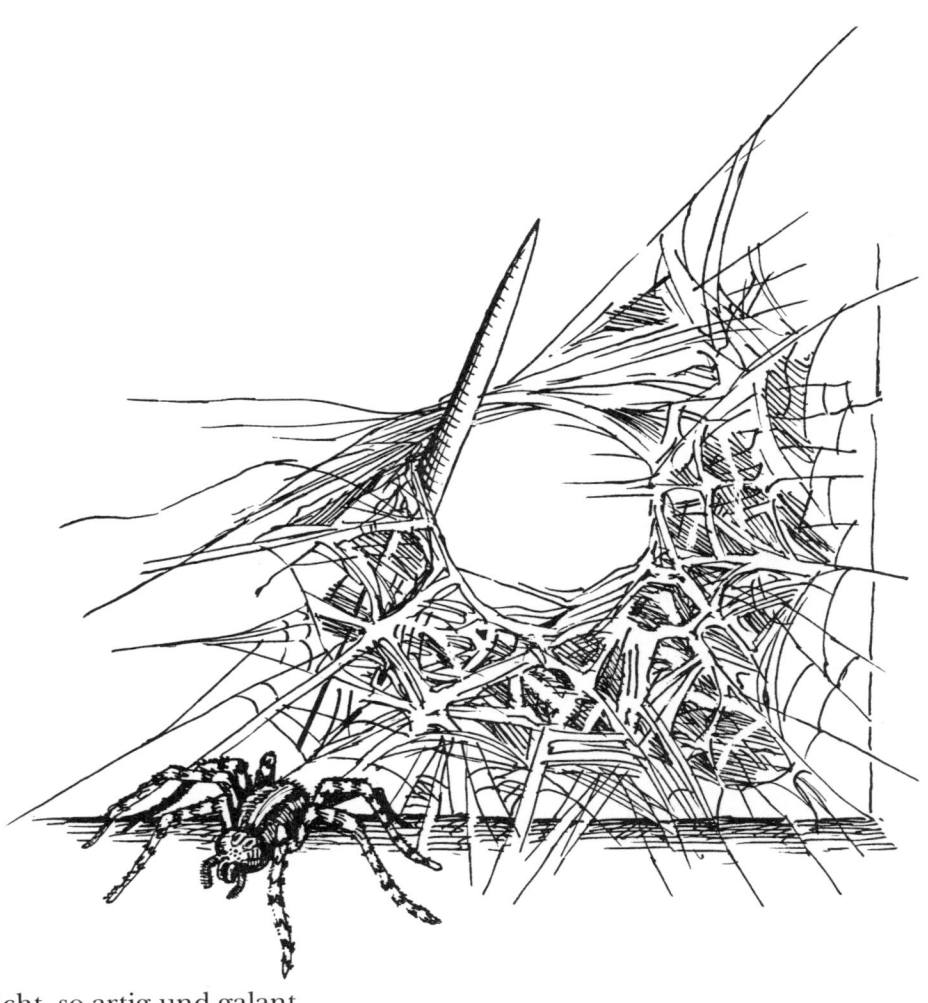

So leicht, so artig und galant,
Als hätten sie sich längst gekannt.
»Ich dächte,« sprach das Podagra,
»Wir setzten nach dem Dorfe da
Zusammen unsre Reise fort.
Es scheint ein wohlgelegner Ort,
Und sind Madam' so müd als ich,
So wird uns beiden sicherlich,
Jedwede Herberg, groß und klein,
Auf diese Nacht willkommen sein.« –
Der Spinne war das eben recht.
Sie kamen an das Dorf. Geschwächt,

Hinfällig, kraftlos und halb lahm
Erlag das Podagra und nahm
Sobald als möglich, voll Begier,
Beim ersten Bauern das Quartier.
Die Spinne hielt sich für gescheiter
Und nahm den Weg noch etwas weiter
Bis zu des Edelmannes Haus.
Hier wählt' sie einen Stall sich aus,
In welchem man mit großer Pracht,
Zu einem Gastmahl Anstalt macht'.
Sogleich nahm sie nach ihrem Witz
Von einem Fensterrahm Besitz,
Hub an mit emsigem Bestreben,
Viel ihrer Fäden anzukleben;
Doch eh' ihr Netz noch fertig war,
Nimmt eine Stubenmagd es wahr,
Die mit dem Besen drüber fährt
Und unbarmherzig es zerstört.
Die Spinne hub von neuem an
Zu weben, wie sie erst getan.
Da ward der Saal voll Herrn und Damen,
Mit denen viel Lakaien kamen.
Ein naseweiser Bursche sah
Der Spinne Netz und rief: »Sieh da!
Was machst du hier?« Und stieß sogleich
Den Hut quer durch ihr Fadenreich.
Die Spinne ließ sich's nicht verdrießen
Und heftete mit muntern Füßen
Ihr hangend halb zerstörtes Nest
Zum drittenmal am Fenster fest.
Da trat ein junges Fräulein her,
Das sah am Fenster ungefähr
Die Spinne hangen und schrie laut:
»Ach, Herr Baron, mir graut, mir graut!«
Und wies mit Schrecken auf die Spinne.
Kaum ward der Herr Baron sie inne,
So zog er wie ein Held den Degen,
Fing an im Netz herumzufegen,
So daß mit Not die Spinn' entkam
Und aus dem Saal den Abschied nahm. –

Dem Podagra ging's fast auch so.
Es ward der Herberg' wenig froh.
Nachdem es lange g'nug gesessen,
Sprach es: »Ich möcht ein wenig essen!«
Der Bauer brachte trocken Brot,
Zum Trunk dazu kalt Wasser bot.
Dies waren nach so langen Reisen
Fürs Podagra sehr schlechte Speisen.
Es aß nicht viel, trank kaum dazu
Und sprach betrübt: »Bringt mich zur Ruh'!«
Da wies der Bauer ihm zum Bette
Gar eine harte Lagerstätte,
Worauf ein wenig Stroh nur lag.
Hier lag es kläglich, bis der Tag
Im Osten an zu grauen fing,
Und seufzend es von dannen ging. –
Es traf die Spinne wieder an,
Die auch kein Auge zugetan.
Und alle beide klagten sich,
Wie elend und wie jämmerlich
Sie beiderseits die vor'ge Nacht,
In Furcht und Sorgen zugebracht.
»Ich seh' wohl, wo der Knoten sitzt,«
Sprach drauf das Podagra: »dir nützt
Zum Aufenthalte kein Palast,
So wie ich niemals Ruh' und Rast
Bei schlechten Bauern finden kann.
Drum geh du zu dem armen Mann,
Und ich will deinen Junker sehn,
So soll das Ding wohl anders gehn.« –
Dies waren beide wohl zufrieden,
Und beide gingen nun verschieden
Den Weg, sowie der Abend kam.
Das Podagra voll Hoffnung nahm
Zum Schloß des Junkers seinen Gang.
Und mit welch freudigem Empfang
Ward es von ihm nicht aufgenommen!
Kaum sah er es gehinket kommen,
So nahm er's höflich bei der Hand,
Führt's in sein Zimmer. Drinnen stand

Ein Sofa mit viel weichen Kissen,
Davon legt' er ihm drei zu Füßen
Und sprach: »Ihr Gnaden fordern dreist,
Was Ihrem Gaum willkommen heißt.«
Drauf rief er seine Diener her;
Da ward der Tisch nicht einmal leer
Von Tee und Kaffee und Orsade,
Von Schokolad' und Limonade;
Alsdann ward von der Schüsseln Menge
Die große Tafel fast zu enge:
Da kam französisches Ragout,
Weit umher dampfend nach Hautgout,
Schön Roastbeef nach der Briten Art,
Und Austern mit und ohne Bart;
Da kamen Austern am Kapaun,
Dann Austern schön gebraten, braun;
Dann wieder Austern in Pasteten,
Dann Fisch mit Austern, bis zum Töten,
Und schöne Braten, vom Fasan
Bis auf den feisten Ortolan.
Kurz, alles was die Schmausewelt
Für echte Leckerbissen hält,
War so im Überflusse da,
Als wär' es in Hammonia.
Die Weine? Ja, wer kann die zählen?
Gewiß, hier durfte keiner fehlen,
Und das Probieren riß nicht ab,
Vom Franzwein bis zum vin de cap;
So daß das Podagra sogar
Satt bis zum höchsten Ekel war. –
Die Spinne trat zum armen Mann
Indes auch ihre Wallfahrt an.
Sie fand bei ihm ein freies Leben,
Fing an zu haspeln und zu weben
Nach Herzenslust mit Füßen, Händen
An Türen, Fenstern, Balken, Wänden
Und machte sich manch schönes Netz
Nach ihres Eigensinns Gesetz:
Rund, mit viel Strahlen, krumm und schief,
Gleich, ungleich seltsam, flach und tief.

So herrschte sie im ganzen Haus,
Und niemand stört' und trieb sie aus. –
Als drauf die beiden Wanderer
Nach kurzer Zeit von ungefähr
Sich wieder sahn, da rühmten beide,
Mit welcher wahren Lust und Freude
Ihr Leben nun versüßet sei.
Jedwedes blieb der Herberg' treu;
Vergnügen war auf beiden Seiten. –
Und so wohnt noch zu unsern Zeiten
Die Spinne bei den Armen gern,
Das Podagra bei großen Herrn.

Der Jäger und die Wachtel

Ein Jäger, der mit süßen Griffen
Den Wachteln lange Zeit gepfiffen,
Fing endlich eine. »Guter Mann,«
Hub sie vertraut zum Jäger an,
»Ich weiß es wohl, an mir allein
Kann dir nicht viel gelegen sein.
Doch willst du mir das Leben schenken,
So wirst du noch an mich gedenken!
Du sollst durch meine seltnen Gaben
Traun! Wachteln g'nug zu fangen haben,
Ich will sie selbst ins Netz dir führen,
Und du brauchst es nur zuzuschnüren.«
»Ei,« sprach der Jäger voller Hohn,
»Weißt du auch wohl der Falschheit Lohn?
Da du selbst Freunde willst verraten,
So will ich auch zuerst dich braten!«

Die Republik der Spinnen

Dem Spinnenvolke fiel es ein,
In Zukunft sicherer zu sein
Und nicht jedwedem zu vergönnen
In ihrem Schloß herumzurennen.

Sie wohnten eben dazumal
In einem großen, wüsten Saal,
Durch dessen offne Fensterbogen
Stets Mücke, Schwalb' und Sperling flogen.
»Wir wollen,« murreten die Spinnen,
»Den Vorteil euch wohl abgewinnen.«
Und zogen in die Läng' und Quer
Viel Fäden vor den Fenstern her.
Doch Schwalb' und Sperling kamen bald
Und fuhren dreist und mit Gewalt
Durch diese leichten Spinnenweben;
Und nur die Mücken blieben kleben.
Fast so, wie diese Spinnennetze
Sind oft im Staate die Gesetze.
Kein Mächt'ger wird darin gefangen –
Nur bloß der Schwache bleibt drin hangen.

Der Esel und der Stier

Der Esel ging auf der Weide
Mit einem Stier. Da hörten beide
Viel Lärm, als wie von einem Heer,
Und in den Dörfern rund umher
Zu Sturm mit allen Glocken läuten.
»Was,« sprach Herr Heinz, »mag das bedeuten?«
»Ach, Freund,« erwidert' ihm der Stier,
»Ich zittre schon, der Feind ist hier!
Laß uns sogleich von dannen fliehn,
Bis daß die Plündrer weiter ziehn;
Bekämen sie uns hier zu fassen,
Wir müßten beide Haare lassen.«
Der Esel sprach hierauf: »Ei nun,
Willst du entfliehn, das kannst du tun.
Dir grauet, daß du wirst erstochen
Und sie dich schlachten, schinden, kochen;
Vor diesem allem bin ich frei.
Mein Schicksal bleibt stets einerlei,
Und ich muß unter gleichen Plagen
Die Säcke doch zur Mühle tragen.«

Kalt sieht sehr oft der Untertan
Den Feind sich seinen Grenzen nahn.
Er weiß, ihm bleibet Sklaverei,
Sein Sieger sei auch wer er sei.

Der gefangene Trompeter

Ein dicker Mohr mit Namen Peter
Ward bei der Reiterei Trompeter
Und bald darauf in einer Schlacht
Mit zum Gefangenen gemacht.
Man gab ihm manchen Rippenstoß,
Er aber rief: »Laßt mich doch los!
Ihr wißt, daß ich nicht mitgekriegt
Und euch kein Leides zugefügt.
Mein Säbel wurde nicht gezückt.
Und mein Pistol nicht losgedrückt.
Das bißchen Blasen auch allein
Wird ja so strafenswert nicht sein!« –
»Warum nicht? Schurke!« fing man an,
»Dein Blasen eben hat's getan;
Du machtest unsern Feinden Mut
Und setztest sie dadurch in Wut.
Wer zu der Tat Ermuntrung gibt,
Hat selber sie mit ausgeübt.«

Der Löwe und der Stier

Wer in der Welt kein Fremdling ist,
Entdeckt bald der Verräter List.

Der Löwe sprach zu einem Stier:
»Erzeige doch die Ehre mir
Und komm auf diesen Abend her,
Mit mir zu essen. Ungefähr
Hat man mir heut' ein Schaf gebracht,
Das man für uns zurechte macht.«
Der Stier versprach's und fand sich ein.

Doch kaum trat er ins Haus hinein
Und sah sich um, so lief er schon
Auch wieder fort. »Hör doch, mein Sohn!«
Rief ihm der Löwe freundlich nach,
»Lauf doch nicht weg!« Der andre sprach:
»Ich traue deiner Küche nicht;
Kein Schaf kommt mir da zu Gesicht.
Doch seh' ich drin ein höllisch Feuer
Und einen Spieß, so ungeheuer,
Daß mir's gar leicht wird zu erraten:
Man will dran einen Ochsen braten.«

Die Hunde mit der Löwenhaut

Zwei Hunde fanden in dem Wald
Ein Löwenfell und fielen bald
Voll Neid und Rachsucht drüber her,
Zerzausten und zerrissen's sehr.
Dies sah voll Zorn ein Wolf und sprach:

»Die Haut bedecket ihr mit Schmach,
　Doch stäke noch der Löwe drin,
　Wie hurtig wolltet ihr entfliehn!«

Es machten sich mit grobem Schmähn,
Wie wir doch täglich vor uns sehn,
Zwei Kritiker voll Rach' und Gift
An eines toten Autors Schrift.
Sein Freund las ihre Schmiererei
Und sprach voll edlen Zorns dabei:
»O könnt' er wider euch noch schreiben,
　Wo wolltet ihr, ihr Herrn, doch bleiben!«

GOTTHOLD EPHRAIM LESSING,
geb. 22. Jan. 1729 zu Kamenz in der Oberlausitz als Sohn eines Predigers, kam 1741 auf die Fürstenschule zu Meißen, 1746 auf die Universität Leipzig, wo er Philosophie und Mathematik studierte, setzte dann seine Studien in Berlin und Wittenberg fort, wurde 1760 zum Mitglied der kgl. Akademie der Wissenschaften in Berlin gewählt und ging als Sekretär des Generals Tauenzien nach Breslau, später als Kritiker des Deutschen Nationaltheaters nach Hamburg; 1769 berief ihn der Herzog von Braunschweig als Bibliothekar nach Wolfenbüttel; er starb am 15. Febr. 1781 in Braunschweig. – L. veröffentlichte einige Fabeln in Versen und später 90 Prosafabeln, die zugleich mit seinen »Abhandlungen über die Fabel« i. J. 1759 erschienen.

Der Tanzbär

Ein Tanzbär war der Kett' entrissen,
Kam wieder in den Wald zurück
Und tanzte seiner Schar ein Meisterstück
Auf den gewohnten Hinterfüßen.
»Seht,« schrie er, »das ist Kunst, das lernt man in der Welt.
Tut mir es nach, wenn's euch gefällt,

Und wenn ihr könnt!« »Geh,« brummt' ein alter Bär,
»Dergleichen Kunst, die sei so schwer,
Sie sei so rar sie sei,
Zeigt deinen niedern Geist und deine Sklaverei.«

Ein großer Hofmann sein,
Ein Mann, dem Schmeichelei und List
Statt Witz und Tugend ist,
Der durch Kabalen steigt, des Fürsten Gunst erstiehlt,
Mit Wort und Schwur als Komplimenten spielt,
Ein solcher Mann, ein großer Hofmann sein,
Schließt das Lob oder Tadel ein?

Der Hirsch und der Fuchs

»Hirsch, wahrlich, das begreif' ich nicht,«
 Hört' ich den Fuchs zum Hirsche sagen,
»Wie dir der Mut so sehr gebricht;
 Der kleinste Windhund kann dich jagen,
 Besieh dich doch, wie groß du bist!
 Und sollt' es dir an Stärke fehlen,
 Den größten Hund mit einem Stoß entseelen?
 Uns Füchsen muß man wohl die Schwachheit übersehn:
 Wir sind zu schwach zum Widerstehn.

Doch daß ein Hirsch nicht weichen muß,
Ist sonnenklar. Hör meinen Schluß:
Ist jemand stärker als sein Feind,
Der braucht sich nicht vor ihm zurückzuziehen;
Du bist den Hunden nun weit überlegen, Freund,
Und folglich darfst du niemals fliehen.«
»Gewiß, ich hab' es nie so reiflich überlegt.
Von nun an,« sprach der Hirsch, »sieht man mich unbewegt,
Wenn Hund' und Jäger auf mich fallen;
Nun widersteh' ich allen.«

Zum Unglück, daß Dianens Schar
So nah mit ihren Hunden war.
Sie bellen, und sobald der Wald
Von ihrem Bellen widerschallt,
Fliehn schnell der schwache Fuchs und starke Hirsch davon.
Natur tut allzeit mehr als Demonstration.

Das Roß und der Stier

Auf einem feurigen Rosse flog stolz ein dreister
Knabe daher. Da rief ein wilder Stier dem Rosse zu:
»Schande! von einem Knaben ließ ich mich nicht regieren!«

»Aber ich,« versetzte das Roß. »Denn was für
Ehre könnte es mir bringen, einen Knaben abzuwerfen?«

Der Fuchs und der Storch

»Erzähle mir doch etwas von den fremden Ländern, die du alle gesehen hast,« sagte der Fuchs zu dem weitgereisten Storche.

Hierauf fing der Storch an, ihm jede Lache und jede feuchte Wiese zu nennen, wo er die schmackhaftesten Würmer und die fettesten Frösche geschmauset.

»Sie sind lange in Paris gewesen, mein Herr. Wo speist man da am besten? Was für Weine haben Sie da am meisten nach Ihrem Geschmacke gefunden?«

Merops

»Ich muß dich doch etwas fragen,« sprach ein junger Adler zu einem tiefsinnigen grundgelehrten Uhu. »Man sagt, es gäbe einen Vogel mit Namen Merops, der, wenn er in die Luft steige, mit dem Schwanze voraus, den Kopf gegen die Erde gekehrt, fliege. Ist das wahr?«

»Ei nicht doch!« antwortete der Uhu; »das ist eine alberne Erdichtung des Menschen. Er mag selbst ein solcher Merops sein, weil er nur gar zu gern den Himmel erfliegen möchte, ohne die Erde auch nur einen Augenblick aus dem Gesichte zu verlieren.«

Der Pelikan

Für wohlgeratene Kinder können Eltern nicht zu viel tun. Aber wenn sich ein blöder Vater für einen ausgearteten Sohn das Blut vom Herzen zapft, dann wird Liebe zur Torheit.

Ein frommer Pelikan, da er seine Jungen schmachten sah, ritzte sich mit scharfem Schnabel die Brust auf und erquickte sie mit seinem Blute. »Ich bewundere deine Zärtlichkeit,« rief ihm ein Adler zu, »und bejammere deine Blindheit. Sieh doch, wie manchen nichtswürdigen Kuckuck du unter deinen Jungen mit ausgebrütet hast!«
So war es auch wirklich; denn auch ihm hatte der kalte Kuckuck seine Eier untergeschoben. – Waren es undankbare Kuckucke wert, daß ihr Leben so teuer erkauft wurde?

Herkules

Als Herkules in den Himmel aufgenommen ward, machte er seinen Gruß unter allen Göttern der Juno zuerst. Der ganze Himmel und Juno erstaunten darüber. »Deiner Feindin,« rief man ihm zu, »begegnest du so vorzüglich?« »Ja, ihr selbst,« erwiderte Herkules. »Nur ihre Verfolgungen sind es, die mir zu den Taten Gelegenheit gegeben, womit ich den Himmel verdient habe.«

Der Olymp billigte die Antwort des neuen Gottes, und Juno ward versöhnt.

Der Knabe und die Schlange

Ein Knabe spielte mit einer zahmen Schlange. »Mein liebes Tierchen,« sagte der Knabe, »ich würde mich mit dir so gemein nicht machen, wenn dir das Gift nicht benommen wäre. Ihr Schlangen seid die boshaftesten, undankbarsten Geschöpfe! Ich habe es wohl gelesen, wie es einem armen Landmanne ging, der eine, vielleicht von deinen Ureltern, die er halb erfroren unter einer Hecke fand, mitleidig aufhob und sie in seinen erwärmenden Busen steckte. Kaum fühlte sich die Böse wieder, als sie ihren Wohltäter biß; und der gute freundliche Mann mußte sterben.«

»Ich erstaune,« sagte die Schlange, »wie parteiisch eure Geschichtschreiber sein müssen! Die unsrigen erzählen diese Historie ganz anders. Dein freundlicher Mann glaubte, die Schlange sei wirklich erfroren, und weil es eine von den bunten Schlangen war, so steckte er sie zu sich, ihr zu Hause die schöne Haut abzustreifen. War das recht?«

»Ach, schweig nur,« erwiderte der Knabe. »Welcher Undankbare hätte sich nicht zu entschuldigen gewußt!«

»Recht, mein Sohn,« fiel der Vater, der dieser Unterredung zugehört hatte, dem Knaben ins Wort. »Aber gleichwohl, wenn du einmal von einem außerordentlichen Undanke hören solltest, so untersuche ja alle Umstände genau, bevor du einen Menschen mit so einem abscheulichen Schandflecke brandmarken lässest. Wahre Wohltäter haben selten Undankbare verpflichtet; ja, ich will zur Ehre der Menschheit hoffen – niemals. Aber die Wohltäter mit kleinen eigennützigen Absichten, die sind es wert, mein Sohn, daß sie Undank anstatt Erkenntlichkeit einwuchern.«

Der Wolf und der Schäfer

Ein Schäfer hatte durch eine grausame Seuche seine ganze Herde verloren. Das erfuhr der Wolf und kam, seine Kondolenz abzustatten.

»Schäfer,« sprach er, »ist es wahr, daß dich ein so grausames Unglück betroffen? Du bist um deine ganze Herde gekommen? Die liebe, fromme, fette Herde! Du dauerst mich, und ich möchte blutige Tränen weinen.«

»Habe Dank, Meister Isegrim,« versetzte der Schäfer. »Ich sehe, du hast ein sehr mitleidiges Herz.«

»Das hat er auch wirklich,« fügte des Schäfers Hylax hinzu, »so oft er unter dem Unglücke seines Nächsten selbst leidet.«

Der Löwe und der Hase

Ein Löwe würdigte einen drolligen Hasen seiner näheren Bekanntschaft. »Aber ist es denn wahr,« fragte ihn einst der Hase, »daß euch Löwen ein elender krähender Hahn so leicht verjagen kann?«

»Allerdings ist es wahr,« antwortete der Löwe; »und es ist eine allgemeine Anmerkung, daß wir großen Tiere durchgängig eine gewisse kleine Schwachheit an uns haben. So wirst du, zum Exempel, von dem Elefanten gehört haben, daß ihm das Grunzen eines Schweins Schauder und Entsetzen erwecket. –«

»Wahrhaftig?« unterbrach ihn der Hase. »Ja, nun begreif' ich auch, warum wir Hasen uns so entsetzlich vor den Hunden fürchten.«

Die Pfauen und die Krähe

Eine stolze Krähe schmückte sich mit den ausgefallenen Federn der farbigen Pfaue und mischte sich kühn, als sie genug geschmückt zu sein glaubte, unter diese glänzenden Vögel der Juno. Sie war erkannt; und schnell fielen die Pfaue mit scharfen Schnäbeln auf sie, ihr den betrügerischen Putz auszureißen.

»Lasset nach!« schrie sie endlich; »ihr habt nun alle das Eurige wieder.« Doch die Pfauen, welche einige von den eigenen glänzenden Schwingfedern der Krähe bemerkt hatten, versetzten: »Schweig, armselige Närrin; auch diese können nicht dein sein!« – und hackten weiter.

Der Hamster und die Ameise

»Ihr armseligen Ameisen,« sagte ein Hamster. »Verlohnt es sich der Mühe, daß ihr den ganzen Sommer arbeitet, um ein so weniges einzusammeln? Wenn ihr meinen Vorrat sehen solltet!« – – »Höre,« antwortete eine Ameise, »wenn er größer ist, als du ihn brauchst, so ist es schon ganz recht, daß die Menschen dir nachgraben, deine Scheuern ausleeren und dich deinen räuberischen Geiz mit dem Leben büßen lassen!«

Der Stier und der Hirsch

Ein schwerfälliger Stier und ein flüchtiger Hirsch weideten auf einer Wiese zusammen.

»Hirsch,« sagte der Stier, »wenn uns der Löwe anfallen sollte, so laß uns für einen Mann stehen; wir wollen ihn tapfer abweisen.«

»Das mute mir nicht zu,« erwiderte der Hirsch; »denn warum sollte ich mich mit dem Löwen in ein ungleiches Gefecht einlassen, da ich ihm sicherer entlaufen kann?«

Zeus und das Pferd

»Vater der Tiere und Menschen,« so sprach das Pferd und nahte sich dem Throne des Zeus, »man will, ich sei eines der schönsten Geschöpfe, womit du die Welt gezieret, und meine Eigenliebe heißt mich es glauben. Aber sollte gleichwohl nicht noch verschiedenes an mir zu bessern sein? – «

»Und was meinst du denn, das an dir zu bessern sei? Rede; ich nehme Lehre an,« sprach der gute Gott und lächelte. –

»Vielleicht,« sprach das Pferd weiter, »würde ich flüchtiger sein, wenn meine Beine höher und schmächtiger wären; ein langer Schwanenhals würde mich nicht entstellen; eine breitere Brust würde meine Stärke vermehren; und da du mich doch einmal bestimmt hast, deinen Liebling, den Menschen, zu tragen, so könnte mir ja wohl der Sattel anerschaffen sein, den mir der wohltätige Reiter auflegt.«

»Gut,« versetzte Zeus; »gedulde dich einen Augenblick!« Zeus, mit ernstem Gesicht, sprach das Wort der Schöpfung. Da quoll Leben in den Staub, da verband sich organisierter Stoff; und plötzlich stand vor dem Thron – das häßliche Kamel.

Das Pferd sah, schauderte und zitterte vor entsetzendem Abscheu.

»Hier sind höhere und schmächtigere Beine,« sprach Zeus;»Hier ist ein langer

Schwanenhals; hier ist eine breitere Brust; hier ist der anerschaffene Sattel! Willst du, Pferd, daß ich dich so umbilden soll?«

Das Pferd zitterte noch. »Geh,« fuhr Zeus fort; »dieses Mal sei belehrt, ohne bestraft zu werden. Dich deiner Vermessenheit aber dann und wann reuend zu erinnern, so daure du fort, neues Geschöpf« – Zeus warf einen erhaltenden Blick auf das Kamel – »und das Pferd erblicke dich nie, ohne zu schaudern.«

Der Wolf auf dem Totenbette

Der Wolf lag in den letzten Zügen und schickte einen prüfenden Blick auf sein vergangenes Leben zurück. »Ich bin freilich ein Sünder,« sagte er; »aber doch, hoffe ich, keiner von den größten. Ich habe Böses getan; aber auch viel Gutes. Einstmals, erinnere ich mich, kam mir ein blökendes Lamm, welches sich von der Herde verirrt hatte, so nahe, daß ich es gar leicht hätte würgen können; und ich tat ihm nichts. Zu eben dieser Zeit hörte ich die Spöttereien und Schmähungen eines Schafes mit der bewunderungswürdigsten Gleichgültigkeit an, ob ich schon keine schützenden Hunde zu fürchten hatte.«

»Und das alles kann ich dir bezeugen,« fiel ihm Freund Fuchs, der ihn zum Tode bereiten half, ins Wort. »Denn ich erinnere mich gar wohl aller Umstände dabei. Es war zu eben der Zeit, als du dich an dem Beine so jämmerlich würgtest, das dir der gutherzige Kranich hernach aus dem Schlunde zog.«

Die Esel

Die Esel beklagten sich bei dem Zeus, daß die Menschen mit ihnen zu grausam umgingen. »Unser starker Rücken,« sagten sie, »trägt ihre Lasten, unter welchen sie und jedes schwächere Tier erliegen müßten. Und doch wollen sie uns durch unbarmherzige Schläge zu einer Geschwindigkeit nötigen, die uns durch die Last unmöglich gemacht würde, wenn sie uns auch die Natur nicht versagt hätte. Verbiete ihnen, Zeus, so unbillig zu sein, wenn sich die Menschen anders etwas Böses verbieten lassen. Wir wollen ihnen dienen, weil es scheint, daß du uns dazu erschaffen hast; allein geschlagen wollen wir ohne Ursache nicht sein.«

»Mein Geschöpf,« antwortete Zeus ihrem Sprecher, »die Bitte ist nicht ungerecht; aber ich sehe keine Möglichkeit, die Menschen zu überzeugen, daß eure natürliche Langsamkeit keine Faulheit sei. Und solange sie dieses glauben, werdet ihr geschlagen werden. – Doch ich sinne, euer Schicksal zu erleichtern. – Die Unempfindlichkeit soll von nun an euer Teil sein; eure Haut soll sich gegen die Schläge verhärten und den Arm des Treibers ermüden.«

»Zeus,« schrien die Esel, »du bist allezeit weise und gnädig!« – Sie gingen erfreut von seinem Throne, als dem Throne der allgemeine Liebe.

Der Esel mit dem Löwen

Als der Esel mit dem Löwen des Äsopus, der ihn statt seines Jägerhorns brauchte, nach dem Walde ging, begegnete ihm ein anderer Esel von seiner Bekanntschaft und rief ihm zu: »Guten Tag, mein Bruder!« – »Unverschämter!« war die Antwort. –

»Und warum das?« fuhr jener Esel fort. »Bist du deswegen, weil du mit einem Löwen gehst, besser als ich, mehr als ein Esel?«

Das beschützte Lamm

Hylax, aus dem Geschlechte der Wolfshunde, bewachte ein frommes Lamm. Ihn erblickte Lykodes, der gleichfalls an Haar, Schnauze und Ohren einem Wolfe ähnlicher war als einem Hunde, und fuhr auf ihn los. »Wolf,« schrie er, »was machst du mit diesem Lamme?«

»Wolf selbst!« versetzte Hylax. (Die Hunde verkannten sich beide.) »Geh! oder du sollst es erfahren, daß ich sein Beschützer bin!«

Doch Lykodes will das Lamm dem Hylax mit Gewalt nehmen; Hylax will es mit Gewalt behaupten, und das arme Lamm – treffliche Beschützer! – wird dabei zerrissen.

Die Furien

»Meine Furien,« sagte Pluto zu dem Boten der Götter, »werden alt und stumpf. Ich brauche frische. Geh also, Merkur, und suche mir auf der Oberwelt drei tüchtige Weibspersonen dazu aus.« Merkur ging. –

Kurz hierauf sagte Juno zu ihrer Dienerin: »Glaubtest du wohl, Iris, unter den Sterblichen zwei oder drei vollkommen strenge, züchtige Mädchen zu finden? Aber vollkommen strenge! Verstehst du mich? Um Kytheren Hohn zu sprechen, die sich das ganze weibliche Geschlecht unterworfen zu haben rühmet. Geh immer und sieh, wo du sie auftreibest.« Iris ging. –

In welchem Winkel der Erde suchte nicht die gute Iris! Und dennoch umsonst! Sie kam ganz allein wieder, und Juno rief ihr entgegen: »Ist es möglich? O Keuschheit! O Tugend!«

»Göttin,« sagte Iris, »ich hätte dir wohl drei Mädchen bringen können, die alle drei vollkommen streng und züchtig gewesen; die alle drei nie einer Mannsperson gelächelt; die alle drei den geringsten Funken der Liebe in ihren Herzen erstickt: aber ich kam leider zu spät.« –

»Zu spät?« sagte Juno. »Wieso?«

»Eben hatte sie Merkur für den Pluto abgeholt.«

»Für den Pluto? Und wozu will Pluto diese Tugendhaften?«

»Zu Furien.«

Zeus und das Schaf

Das Schaf mußte von allen Tieren vieles leiden. Da trat es vor den Zeus und bat, sein Elend zu mindern.

Zeus schien willig und sprach zu dem Schafe: »Ich sehe wohl, mein frommes Geschöpf, ich habe dich allzu wehrlos erschaffen. Nun wähle, wie ich diesem Fehler am besten abhelfen soll. Soll ich deinen Mund mit schrecklichen Zähnen und deine Füße mit Krallen rüsten?«

»Oh nein,« sagte das Schaf, »ich will nichts mit den reißenden Tieren gemein haben.«

»Oder,« fuhr Zeus fort, »soll ich Gift in deinen Speichel legen?«

»Ach,« versetzte das Schaf, »die giftigen Schlangen werden ja so sehr gehasset.«

»Nun, was soll ich denn? Ich will Hörner auf deine Stirne pflanzen und Stärke deinem Nacken geben.«

»Auch nicht, gütiger Vater; ich könnte leicht so stößig werden als der Bock.«

»Und gleichwohl,« sprach Zeus, »mußt du selbst schaden können, wenn sich andere, dir zu schaden, hüten sollen.«

»Müßt' ich das!« seufzte das Schaf. »O so laß mich, gütiger Vater, wie ich bin. Denn das Vermögen, schaden zu können, erweckt, fürchte ich, die Lust, schaden zu wollen; und es ist besser, unrecht leiden, als unrecht tun.«

Zeus segnete das fromme Schaf, und es vergaß von Stund' an zu klagen.

Der Fuchs

Ein verfolgter Fuchs rettete sich auf eine Mauer. Um auf der andern Seite gut herabzukommen, ergriff er einen nahen Dornenstrauch. Er ließ sich auch glücklich daran nieder, nur daß ihn die Dornen schmerzlich verwundeten.

»Elende Helfer,« rief der Fuchs, »die nicht helfen können, ohne zugleich zu schaden!«

Das Schaf

Als Jupiter das Fest seiner Vermählung feierte und alle Tiere ihm Geschenke brachten, vermißte Juno das Schaf.

»Wo bleibt das Schaf?« fragte die Göttin. »Warum versäumt das fromme Schaf, uns sein wohlmeinendes Geschenk zu bringen?«

Und der Hund nahm das Wort und sprach: »Zürne nicht, Göttin! Ich habe das Schaf noch heute gesehen; es war sehr betrübt und jammerte laut.«

»Und warum jammerte das Schaf?« fragte die schon gerührte Göttin.

»Ich Ärmste!« so sprach es. »Ich habe jetzt weder Wolle noch Milch; was werde ich dem Jupiter schenken? Soll ich, ich allein, leer vor ihm erscheinen? Lieber will ich hingehen und den Hirten bitten, daß er mich ihm opfere!«

Indem drang, mit des Hirten Gebete, der Rauch des geopferten Schafes, dem Jupiter ein süßer Geruch, durch die Wolken. Und jetzt hätte Juno die erste Träne geweinet, wenn Tränen ein unsterbliches Auge benetzten.

Der Dornstrauch

»Aber sage mir doch,« fragte die Weide den Dornstrauch, »warum du nach den Kleidern des vorbeigehenden Menschen so begierig bist? Was willst du damit? Was können sie dir helfen?«

»Nichts!« sagte der Dornstrauch. »Ich will sie ihm auch nicht nehmen; ich will sie ihm nur zerreißen.«

Der Rabe und der Fuchs

Ein Rabe trug ein Stück vergiftetes Fleisch, das der erzürnte Gärtner für die Katzen seines Nachbars hingeworfen hatte, in seinen Klauen fort.

Und eben wollte er es auf einer alten Eiche verzehren, als sich ein Fuchs herbeischlich und ihm zurief: »Sei mir gesegnet, Vogel des Jupiter!« – »Für wen siehst du mich an?« fragte der Rabe. – »Für wen ich dich ansehe?« erwiderte der Fuchs. »Bist du nicht der rüstige Adler, der täglich von der Rechten des Zeus auf diese Eiche herabkömmt, mich Armen zu speisen? Warum verstellst du dich? Sehe ich denn nicht in der siegreichen Klaue die erflehte Gabe, die mir dein Gott durch dich zu schicken noch fortfährt?«

Der Rabe erstaunte und freute sich innig, für einen Adler gehalten zu werden. Ich muß, dachte er, den Fuchs aus diesem Irrtume nicht bringen. – Großmütig dumm ließ er ihm also seinen Raub herabfallen und flog stolz davon.

Der Fuchs fing das Fleisch lachend auf und fraß es mit boshafter Freude. Doch bald verkehrte sich die Freude in ein schmerzhaftes Gefühl; das Gift fing an zu wirken, und er verreckte.

Möchtet ihr euch nie etwas anderes als Gift erloben, verdammte Schmeichler!

Der Rangstreit der Tiere
(in vier Fabeln)

1. Es entstand ein hitziger Rangstreit unter den Tieren. Ihn zu schlichten, sprach das Pferd: »Lasset uns den Menschen zu rate ziehen; er ist keiner von den streitenden Teilen und kann desto unparteiischer sein.«

»Aber hat er auch den Verstand dazu?« ließ sich ein Maulwurf hören. »Er braucht wirklich den allerfeinsten, unsere oft tief versteckten Vollkommenheiten zu erkennen.«

»Das war sehr weislich erinnert!« sprach der Hamster.

»Jawohl!« rief auch der Igel. »Ich glaube es nimmermehr, daß der Mensch Scharfsichtigkeit genug besitzt.«

»Schweigt ihr!« befahl das Pferd. »Wir wissen schon: wer sich auf die Güte seiner Sache am wenigsten zu verlassen hat, ist immer am fertigsten, die Einsicht seines Richters in Zweifel zu ziehen.«

2. Der Mensch ward Richter. – »Noch ein Wort,« rief ihm der majestätische Löwe zu, »bevor du den Ausspruch tust! Nach welcher Regel, Mensch, willst du unsern Wert bestimmen?«

»Nach welcher Regel? Nach dem Grade, ohne Zweifel,« antwortete der Mensch, »in welchem ihr mir mehr oder weniger nützlich seid.«

»Vortrefflich!« versetzte der beleidigte Löwe. »Wie weit würde ich alsdann unter den Esel zu stehen kommen! Du kannst unser Richter nicht sein, Mensch! Verlaß die Versammlung!«

3. Der Mensch entfernte sich. – »Nun,« sprach der höhnische Maulwurf – (und ihm stimmten der Hamster und der Igel wieder bei) – »siehst du, Pferd? der Löwe meint es auch, daß der Mensch unser Richter nicht sein kann. Der Löwe denkt wie wir.«

»Aber aus bessern Gründen als ihr!« sagte der Löwe und warf ihnen einen verächtlichen Blick zu.

4. Der Löwe fuhr weiter fort: »Der Rangstreit, wenn ich es recht überlege, ist ein nichtswürdiger Streit! Haltet mich für den Vornehmsten oder für den Geringsten; es gilt mir gleichviel. Genug, ich kenne mich!« – Und so ging er aus der Versammlung.

Ihm folgte der weise Elefant, der kühne Tiger, der ernsthafte Bär, der kluge Fuchs, das edle Pferd, kurz, alle, die ihren Wert fühlten oder zu fühlen glaubten.

Die sich am letzten wegbegaben und über die zerrissene Versammlung am meisten murrten, waren – der Affe und der Esel.

Die Geschichte des alten Wolfs
(in sieben Fabeln)

1. Der böse Wolf war zu Jahren gekommen und faßte den gleißenden Entschluß, mit den Schäfern auf einem gütlichen Fuß zu leben. Er machte sich also auf und kam zu dem Schäfer, dessen Horden seiner Höhle die nächsten waren.

»Schäfer,« sprach er, »du nennst mich den blutgierigsten Räuber, der ich doch wirklich nicht bin. Freilich muß ich mich an dein Schafe halten, wenn mich hungert; denn Hunger tut weh. Schütze mich nur vor dem Hunger; mache mich nur satt, und du sollst mit mir recht wohl zufrieden sein. Denn ich bin wirklich das zahmste, sanftmütigste Tier, wenn ich satt bin.«

»Wenn du satt bist? Das kann wohl sein,« versetzte der Schäfer. »Aber wann bist du denn satt? Du und der Geiz werden es nie. Geh deinen Weg!«

2. Der abgewiesene Wolf kam zu einem zweiten Schäfer.

»Du weißt, Schäfer,« war seine Anrede, »daß ich dir das Jahr durch manches Schaf würgen könnte. Willst du mir überhaupt jedes Jahr sechs Schafe geben, so bin ich zufrieden. Du kannst alsdann sicher schlafen und die Hunde ohne Bedenken abschaffen.«

»Sechs Schafe?« sprach der Schäfer, »das ist ja eine ganze Herde!«

»Nun, weil du es bist, so will ich mich mit fünfen begnügen,« sagte der Wolf.

»Du scherzest; fünf Schafe! Mehr als fünf Schafe opfre ich kaum im ganzen Jahre dem Pan.«

»Auch nicht viere?« fragte der Wolf weiter; und der Schäfer schüttelte spöttisch den Kopf.

»Drei? – Zwei?« – –

»Nicht ein einziges,« fiel endlich der Bescheid. »Denn es wäre ja wohl töricht, wenn ich mich einem Feinde zinsbar machte, vor welchem ich mich durch meine Wachsamkeit sichern kann.«

3. Aller guten Dinge sind drei, dachte der Wolf und kam zu einem dritten Schäfer.

»Es geht mir recht nahe,« sprach er, »daß ich unter euch Schäfern als das grausamste, gewissenloseste Tier verschrien bin. Dir, Montan, will ich jetzt beweisen, wie unrecht man mir tut. Gib mir jährlich ein Schaf, so soll deine Herde in jenem Walde, den niemand unsicher macht als ich, frei und unbeschädigt weiden dürfen. Ein Schaf! Welche Kleinigkeit! Könnte ich großmütiger, könnte ich uneigennütziger handeln? – Du lachst, Schäfer? Worüber lachst du denn?«

»O über nichts! Aber wie alt bist du, guter Freund?« sprach der Schäfer.

»Was geht dich mein Alter an? Immer noch alt genug, dir deine liebsten Lämmer zu würgen.«

»Erzürne dich nicht, alter Isegrim! Es tut mir leid, daß du mit deinem Vorschlage einige Jahre zu spät kommst. Deine ausgebissenen Zähne verraten dich. Du spielst den Uneigennützigen, bloß um dich desto gemächlicher nähren zu können.«

4. Der Wolf ward ärgerlich, faßte sich aber doch und ging auch zu dem vierten Schäfer. Diesem war eben sein treuer Hund gestorben, und der Wolf machte sich den Umstand zunutze.

»Schäfer,« sprach er, »ich habe mich mit meinen Brüdern in dem Walde vereinigt und so, daß ich mich in Ewigkeit nicht wieder mit ihnen aussöhnen werde.

Du weißt, wieviel du von ihnen zu fürchten hast! Wenn du mich aber anstatt deines verstorbenen Hundes in Dienste nehmen willst, so stehe ich dir dafür, daß sie keines deiner Schafe auch nur scheel ansehen sollen.«

»Du willst sie also,« versetzte der Schäfer, »gegen deine Brüder im Walde beschützen?«

»Was meine ich denn sonst? Freilich.«

»Das wäre nicht übel! Aber, wenn ich dich nun in meine Horden einnähme, sage mir doch, wer sollte alsdann meine armen Schafe gegen dich beschützen? Einen Dieb ins Haus nehmen, um vor den Dieben außer dem Hause sicher zu sein, das halten wir Menschen – «

»Ich höre schon,« sagte der Wolf, »du fängst an zu moralisieren. Lebe wohl!«

5. »Wäre ich nicht so alt!« knirschte der Wolf. »Aber ich muß mich leider in die Zeit schicken.« Und so kam er zu dem fünften Schäfer.

»Kennst du mich, Schäfer?« fragte der Wolf.

»Deinesgleichen wenigstens kenne ich,« versetzte der Schäfer.

»Meinesgleichen? Daran zweifle ich sehr. Ich bin ein so sonderbarer Wolf, daß ich deiner und aller Schäfer Freundschaft wohl wert bin.«

»Und wie sonderbar bist du denn?«

»Ich könnte kein lebendiges Schaf würgen und fressen, und wenn es mir das Leben kosten sollte. Ich nähre mich bloß mit toten Schafen. Ist das nicht löblich? Erlaube mir also immer, daß ich mich dann und wann bei deiner Herde einfinden und nachfragen darf, ob dir nicht – «

»Spare der Worte!« sagte der Schäfer. »Du müßtest gar keine Schafe fressen, auch nicht einmal tote, wenn ich dein Feind nicht sein sollte. Ein Tier, das mir schon tote Schafe frißt, lernt leicht aus Hunger kranke Schafe für tot und gesunde für krank ansehen. Mache auf meine Freundschaft also keine Rechnung und geh!«

6. Ich muß nun schon mein Liebstes daran wenden, um zu meinem Zwecke zu gelangen! dachte der Wolf und kam zu dem sechsten Schäfer. »Schäfer, wie gefällt dir mein Pelz?« fragte der Wolf.

»Dein Pelz?« sagte der Schäfer, »laß sehen! Er ist schön; die Hunde müssen dich nicht oft unter gehabt haben.«

»Nun so höre, Schäfer; ich bin alt und werde es so lange nicht mehr treiben. Füttere mich zu Tode, und ich vermache dir meinen Pelz.«

»Ei sieh doch!« sagte der Schäfer, »kommst du auch hinter die Schliche der alten Geizhälse? Nein; dein Pelz würde mich am Ende siebenmal mehr kosten, als er wert wäre. Ist es dir aber ein Ernst, mir ein Geschenk zu machen, so gib mir ihn gleich jetzt.« Hiermit griff der Schäfer nach der Keule, und der Wolf floh.

7. »O die Unbarmherzigen!« schrie der Wolf und geriet in die äußerste Wut. »So will ich auch als ihr Feind sterben, ehe mich der Hunger tötet, denn sie wollen es nicht besser!« Er lief, brach in die Wohnungen der Schäfer ein, riß ihre Kinder nieder und ward nicht ohne große Mühe von den Schäfern erschlagen.

Da sprach der weiseste von ihnen: »Wir taten doch wohl unrecht, daß wir den alten Räuber auf das äußerste brachten und ihm alle Mittel zur Besserung, so spät und erzwungen sie auch war, benahmen!«

Die drei Ringe

Vor grauen Jahren lebt' ein Mann im Osten,
Der einen Ring von unschätzbarem Wert
Aus lieber Hand besaß. Der Stein war ein
Opal, der hundert schöne Farben spielte,
Und hatte die geheime Kraft, vor Gott
Und Menschen angenehm zu machen, wer
In dieser Zuversicht ihn trug. Was Wunder,
Daß ihn der Mann im Osten darum nie
Vom Finger ließ und die Verfügung traf,
Auf ewig ihn bei seinem Hause zu
Erhalten? Nämlich so. Er ließ den Ring
Von seinen Söhnen dem geliebtesten,
Und setzte fest, daß dieser wiederum
Den Ring von seinen Söhnen dem vermache,
Der ihm der liebste sei, und stets der liebste,
Ohn' Ansehn der Geburt, in Kraft allein
Des Rings, das Haupt, der Fürst des Hauses werde. –
So kam nun dieser Ring von Sohn zu Sohn
Auf einen Vater endlich von drei Söhnen,
Die alle drei ihm gleich gehorsam waren,
Die alle drei er folglich gleich zu lieben
Sich nicht entbrechen konnte. Nur von Zeit
Zu Zeit schien ihm bald der, bald dieser, bald
Der dritte, – so wie jeder sich mit ihm
Allein befand, und sein ergießend Herz
Die andern zwei nicht teilten, – würdiger
Des Ringes, den er denn auch einem jeden
Die fromme Schwachheit hatte zu versprechen.
Das ging nun so, solang' es ging. – Allein

Es kam zum Sterben, und der gute Vater
Kommt in Verlegenheit. Es schmerzt ihn, zwei
Von seinen Söhnen, die sich auf sein Wort
Verlassen, so zu kränken. – Was zu tun? –
Er sendet insgeheim zu einem Künstler,
Bei dem er nach dem Muster seines Ringes
Zwei andere bestellt und weder Kosten
Noch Mühe sparen heißt, sie jenem gleich,
Vollkommen gleich zu machen. Das gelingt
Dem Künstler. Da er ihm die Ringe bringt,
Kann selbst der Vater seinen Musterring
Nicht unterscheiden. Froh und freudig ruft
Er seine Söhne, jeden insbesondre,
Gibt jedem insbesondre seinen Segen –
Und seinen Ring – und stirbt. –

Kaum war der Vater tot, so kommt ein jeder
Mit seinem Ring, und jeder will der Fürst
Des Hauses sein. Man untersucht, man zankt,
Man klagt. Umsonst; der rechte Ring war nicht
Erweislich. Jeder Erbe schwur dem Richter,
Unmittelbar aus seines Vaters Hand
Den Ring zu haben – wie auch wahr! – nachdem
Er von ihm lange das Versprechen schon
Gehabt, des Ringes Vorrecht einmal zu
Genießen. – Wie nicht minder wahr! – Der Vater,
Beteuert jeder, könne gegen ihn
Nicht falsch gewesen sein; und eh' er dieses
Von ihm, von einem solchen lieben Vater,
Argwohnen lass': eh' müss' er seine Brüder,
So gern er sonst von ihnen nur das Beste
Bereit zu glauben sei, des falschen Spiels
Bezeihen, und er wolle die Verräter
Schon auszufinden wissen; sich schon rächen. –
Der Richter sprach: »Wenn ihr mir nun den Vater
Nicht bald zur Stelle schafft, so weis' ich euch
Von meinem Stuhle. Denkt ihr, daß ich Rätsel
Zu lösen da bin? Oder harret ihr,
Bis daß der rechte Ring den Mund eröffne? –
Doch halt! Ich höre ja, der rechte Ring

Besitzt die Wunderkraft, beliebt zu machen,
Vor Gott und Menschen angenehm. Das muß
Entscheiden! Denn die falschen Ringe werden
Doch das nicht können! – Nun, wen lieben zwei
Von euch am meisten? – Macht, sagt an! Ihr schweigt?
Die Ringe wirken nur zurück? und nicht
Nach außen? Jeder liebt sich selber nur
Am meisten? – O so seid ihr alle drei
Betrogene Betrüger! Eure Ringe
Sind alle drei nicht echt. Der echte Ring
Vermutlich ging verloren. Den Verlust
Zu bergen, zu ersetzen, ließ der Vater
Die drei für einen machen.«
»Und also,« fuhr der Richter fort, »wenn ihr
Nicht meinen Rat, statt meines Spruches, wollt:
Seht nur! – Mein Rat ist aber der: ihr nehmt
Die Sache völlig, wie sie liegt. Hat von
Euch jeder seinen Ring von seinem Vater,
So glaube jeder sicher seinen Ring
Den echten. – Möglich, daß der Vater nun
Die Tyrannei des einen Rings nicht länger
In seinem Hause dulden wollen! – Und gewiß,
Daß er euch alle drei geliebt und gleich
Geliebt: indem er zwei nicht drücken mögen,
Um einen zu begünstigen. – Wohlan!
Es eifre jeder seiner unbestochnen,
Von Vorurteilen freien Liebe nach!
Es strebe von euch jeder um die Wette,
Die Kraft des Steins in seinem Ring an Tag
Zu legen! Komme dieser Kraft mit Sanftmut,
Mit herzlicher Verträglichkeit, mit Wohltun,
Mit innigster Ergebenheit in Gott
Zu Hilf'! Und wenn sich dann der Steine Kräfte
Bei euern Kindes-Kindeskindern äußern:
So lad' ich über tausend tausend Jahre
Sie wiederum vor diesen Stuhl. Da wird
Ein weisrer Mann auf diesem Stuhle sitzen
Als ich und sprechen. Geht!« – So sagte der
Bescheidne Richter.

JOHANN FRIEDRICH AUGUST KAZNER,
geb. am 27. Mai 1732 in Stuttgart, gest. am 28. Dezember 1798 in Frankfurt a.M. – Seine Fabeln erschienen 1775 u. 1786.

Die Bienen und der Bär

Hundertmal war schon ein Bär bei einem Bienenstock vorbeigetrabt, als ihn endlich eine der wachehabenden Bienen erblickte und zu ihren Mitbürgern sagte: »Meine Freunde! Es wird von dem Bären unserm Honig nachgestellt. Lasset uns auf der Hut sein!«

Da nun der Bär wieder vorüberkam, zog der ganze Schwarm heraus und umflog den Korb mit einem fürchterlichen Gesumse.

»Was gibt's hier Neues?« fragte der Bär.

»Ha!« versetzte eine der kühnsten, »wir wissen wohl, worauf du ausgehst. Du willst unsern gesammelten Honig stehlen. Aber wir sind nicht so dumm, uns überfallen zu lassen.«

»So! Honig habt ihr,« sagte der Bär, warf den Stock um und fraß den Honig.

Die Wachtel und der Handwerksmann

Ein Handwerksmann nährte eine gefangene Wachtel vor dem Fenster seiner Schlafkammer.

Wie sie anfing zu schlagen, stand er von seinem Lager auf, sang sein Morgenlied und ging an seine Arbeit.

Jetzt fiel ihm eine kleine Erbschaft zu, die ihn in gemächlichere Umstände versetzte.

Bald wurde ihm der Schlag seiner Wachtel beschwerlich. Er bedeckte ihren Käfig, daß sie den anbrechenden Morgen nicht sehen sollte, und fütterte sie mit Murren.

Endlich sagte er zu seinem Weibe: »Sieh, wie der Vogel so rund ist. Auch läßt er sich sein frühes Schlagen nicht verwehren. Ich habe gehört, daß eine fette Wachtel ein herrliches Essen sei. Brate sie mir zum Abendbrot.«

»Würge mich nur, Grausamer!« sprach die Wachtel, da er sie herausriß. »Meine Rächerin ist im Anzug. Faulheit rief ihr, Leckerhaftigkeit gibt ihr Flügel. Sie heißt Armut.«

Der kranke Bauer und sein Vetter

Ein reicher Bauer, der keine nahen Verwandten hatte, lag auf dem Krankenbette und wurde oft von einem Fleischer besucht, der sich für seinen Vetter ausgab.

Einst drang der Hund des Kranken in die Stube; ein großer, wolfsgestriemter Hund.

Der Fleischer streichelte denselben und sprach zum Kranken: »Ha, Vetter! Was Ihr hier für einen schönen Hund habt! Eine herrliche Satteldecke würde sein Balg geben!«

»Packe dich von mir!« ächzte der Kranke. »Nun weiß ich, warum du mich streichelst.«

JOHANN GOTTLIEB WILLAMOV,
geb. am 15. Januar 1736 zu Mohrungen als Sohn eines Pfarrers, studierte in Königsberg Theologie und Mathematik und wurde schon 1758 Professor am Gymnasium zu Thorn. 1767 folgte er einem Rufe an die deutsche Schule nach St. Petersburg, wo er am 6. Mai 1777 starb. – »Dialogische Fabeln« von ihm erschienen 1765.

Der Schwan und die Lerche

Der Schwan:
»Was fliegst du denn beständig über mir?«
Die Lerche:
»Ich hörte gern einmal dich singen.«
Der Schwan:
»Mich singen? Ei! Was träumet dir?
Wer füllet dir den Kopf mit solchen Wunderdingen?
Nie sang ein Schwan.«
Die Lerche:
»Im Ernst? So singt ihr Schwäne nicht?«
Der Schwan:
»Nein, niemals.«
Die Lerche:
»Aber doch am Ende eures Lebens?«
Der Schwan:
»Auch dann nicht. Fleuch nur fort und warte nicht vergebens.«
Die Lerche:

»Allein, verzeih es mir, weil jedermann es spricht – – «
Der Schwan:
»Was jedermann spricht, Kind, das glaube darum nicht,
Sonst wirst du dich noch oft betrügen.
Es gibt auch allgemeine Lügen.«

Der Vater und der Freier

Der Vater:
»Sie wollen meine Tochter haben?
Ich bin zu redlich, Sie zu hintergehn:
Mein Kind hat von Natur sehr schlechte Leibesgaben.«
Der Freier:
»Sie scherzen! Sie ist zum Entzücken schön.«
Der Vater:
»Schön? Ei! Sie haben sie wohl nie recht angesehn;
Sie ist verwachsen, bleich und schon für Sie zu alt.«
Der Freier:
»Mir scheinet sie von blendender Gestalt,
Und höchstens zwanzig Jahr' würd' ich ihr zugestehn.«
Der Vater:
»Auch ihr Verstand ist nur gemein.«
Der Freier:
»Erlauben Sie, den find' ich fein;
Sie hat viel Mutterwitz, ihr Kopf ist offen.«
Der Vater:
»Selbst ihr Vermögen ist nur klein,
Und nichts, fast nichts hat sie zu hoffen.«
Der Freier:
»Wie? Nichts? Und ist so dumm, verwachsen, widerlich?
Ihr Diener! Ich empfehle mich.«

GOTTLIEB KONRAD PFEFFEL,
geb. 28. Juni 1736 zu Kolmar als Sohn des dortigen Stadtvorstehers, erhielt nach dem frühen Tode seines Vaters eine sehr sorgfältige Erziehung und bezog bereits 1751 die Universität Halle, wo er die Rechte studierte, mußte sein Studium aber infolge eines heftigen Augenübels nach zwei Jahren aufgeben. Er lebte nun in Kolmar und Straßburg, bis er im Jahre 1759 gänzlich erblindete. Dieses Unglück

raubte ihm jedoch nicht seinen Lebensmut; er beschäftigte sich nicht nur mit der Dichtkunst, sondern gründete sogar 1773 in Kolmar eine unter seiner Leitung weit berühmt gewordene Erziehungsanstalt für die protestantische Jugend. 1788 wurde er von der Berliner Akademie der Künste zum Ehrenmitglied ernannt, 1803 wurde er Präsident des evangelischen Konsistoriums zu Kolmar und starb dortselbst am 1. Mai 1809. – Pfeffel schrieb eine sehr bedeutende Anzahl von Fabeln, die einen großen Teil seiner poetischen Werke füllen.

Die Harmonie der Sphären

Ein Jüngling las von ungefähr
Von einer Harmonie der Sphären
Im Plato. »Ha! die muß ich hören,«
Rief er und bat den Jupiter,
Ihm sein Verlangen zu gewähren.
Umsonst sprach dieser: »Junger Tor!
Das göttliche Konzert der Sphären
Ist nicht für eines Menschen Ohr!«
Er ließ nicht ab, ihn zu beschwören,
Bis Zeus einst die Geduld verlor
Und sich entschloß, ihn zu erhören.
Er rühret seinen Scheitel an;
Der Jüngling hört durch alle Himmel,
Und was? .. Ein gräßliches Getümmel.
Ein tausendstimmiger Orkan,
Bewehrt mit Graus und Untergang,
Und alle Donner, durch die Hand
Des Rächers auf die Welt gesandt,
Sind neben diesem Rundgesang
Dem Summen einer Biene gleich.
»O Zeus, was lässest du mich hören?«
So rief der Jüngling starr und bleich;
»Ist das die Harmonie der Sphären?
So brüllt die Hölle nach dem Raub;
Ha, mache mich viel lieber taub,
Du fürchterlicher Gott der Götter!«
Jetzt rufet Zeus aus einem Wetter:
»Erkenne, blödes Erdenkind,
Daß Menschen keine Götter sind.

Du hörst ein schreckliches Getümmel,
Und ich – die Harmonie der Himmel.«

Die Klugheit

Duch eines Fischers List berückt,
Ward in sein Garn ein junger Hecht verstrickt.
Das Sprichwort sagt: Die Not bricht Eisen.
Der Kriegsgefangne nagt so lang',
bis daß es ihm zuletzt gelang,
Sich aus den Banden loszureißen.

Da sprach er bei sich selbst: »Ei, ei,
Ich dacht' es nicht, bei meiner Ehre,
Daß hier ein Netz verborgen wäre.
Je nun, ich bin ja wieder frei,
Kein Henker soll zum zweitenmal mich kriegen.
Doch still! was seh' ich dort vor jenem Boot
Im Wasser hin und wieder fliegen?
Beim Element, ein fetter Bissen Brot!«
Er schnappt ihn auf und läßt, dem Netze kaum entgangen,
Sich nun durch einen Hamen fangen.

Das Bild des Menschen

Ein alter, hochgelahrter Star,
Der eines Schiffkaplans vertrauter Liebling war
Und seine Predigten so stattlich deklamierte,
Als hätt' er selber sie gemacht,
Trieb mit dem Schiff, das eine reiche Fracht
Von Goa nach Europa führte,
Vom Sturm gepeitscht, an einen Felsenstrand,
Wo Mann und Maus sein Grab im Abgrund fand.
Der Star allein entkam mit Hilfe seiner Flügel;
Er wagte sich ins neugefundne Land,
Das eine Kette waldbekränzter Hügel
Gleich einem Diadem umwand.
Ein Eiland war's, bewohnt von Tieren aller Arten,

Nur nicht von Menschen. Das erstaunte Heer
Begrüßt den fremden Gast und kann es nicht erwarten,
Zu hören, wie er trotz dem grenzenlosen Meer
Bis in dies Eiland vorgedrungen.

»Auf einem Schiff,« sprach er, »das ein Orkan verschlungen
  Mit allen Menschen, die sein Bord gefaßt.« –
»Was sind das – Menschen?« riefen hundert Zungen.
»Die Herrn der Schöpfung,« sprach der Gast.
»Mit ihnen kann kein Tier auf Erden
  An Kunst und an Gestalt verglichen werden.
  Der Mensch ist eine Welt, denn er vereint in sich,
  Was uns nur einzeln schmückt; er spricht so schön, als ich,
  Singt trotz der Nachtigall und schwimmt trotz dem Delphine,
  Ja selbst des Adlers Flug erspähte sein Genie,
  Und seines Körpers Pracht, ach! wie beschreib' ich sie!
  Nichts gleichet ihm an Reiz, an Majestät der Miene.« –
»Ei,« rief der Pfau, »sein Schweif wird meinem ähnlich sein.« –
»Wieviel mag wohl sein Rüssel messen?«
  Versetzt' der Elefant. »Ah!« fiel der Stier ihm ein,
»Die Hörner hat gewiß der Schöpfer nicht vergessen.« –
»Den Buckel auch nicht,« rief das Dromedar,
»Sonst säh' er albern aus.« – »O lache doch des Toren!«
  Sprach hier der Esel leise zu dem Star.
»Allein,« so fuhr er fort, »nicht wahr,
  Der Schöpfung Fürst hat Eselsohren?«

Die Raupe

In einem Klub von Tieren ward
  Die seltne Kunst des Seidenwurms erhoben.
»Wie schön,« rief jedes aus, »wie fein, wie zart
  Ist sein Gespinst! Der Königinnen Roben,
  Der Götter Schärpen sind aus ihm gewebt.« –
»Ich sehe wohl, ihr seid nicht karg im Loben,«
  Sprach eine Raupe hier; »was ihr so hoch erhebt,
Ist des Geschreis nicht wert.« Vergebens wandte
Man dies und das ihr ein. Sie gab nicht nach;
Im Gegenteil, je mehr man widersprach,

Je hitziger ihr Zorn entbrannte.
Der Klub erstaunt. Da trat aus einem Strauch
Der Fuchs hervor, und mit dem Ernst des Bären
Sprach er: »Ich will das Rätsel euch erklären:
Milady Raupe spinnet auch.«

Das Kind und der Spiegel

Ein junger Prinz aus Malabar,
Der, unbekannt mit seinem Stand und Namen,
In einer Siedelei von einem weisen Brahmen
Erzogen ward, erschien in seinem achten Jahr
Auf seines Vaters Schloß. Er staunte mit Entzücken
Den reichen Hausrat an; besonders war
Der Spiegel neu für ihn. Er stellt mit starren Blicken
Sich vor das Zauberglas, das bis aufs kleinste Haar
Sein Bild ihm malt. Er lächelt ihm entgegen;
Der Nachbar lächelt auch; er wirft ihm Küsse dar;
Das Bild gibt sie zurück; und kurz, er mag sich regen
Und wenden, wie er will, es tut ihm alles nach.
Doch jede Luft verbraucht sich im Genusse
Und führet oft zum Überdrusse.
So ging es auch dem kleinen Telemach;
Er gähnt, er krümmt den Mund, er rümpft die Nase;
Der Zwillingsbruder in dem Glase
Kopiert ihn Zug für Zug; ja, wie's dem Knaben schien,
So übertraf im Fratzenspiel der Affe
Noch sein Original. Erbost bedroht er ihn
Mit der geballten Faust; allein der kleine Laffe
Bot ihm auch seine dar. Nun brach das Wetter los;
Mit wildem Blick und grinsendem Gesichte
Schlug er so grimmig nach dem Bösewichte,
Daß ihm das Blut von beiden Händen floß.
Jetzt flog der Mentor aus der Nebenstube
Und hielt den Kämpfer auf. »Mein Sohn, was zürnest du?
Ei! tatst du nicht zuerst, was dieser Lotterbube,
Wie du ihn nennst, dir tat? Du warfst ihm Küsse zu,
Er gab sie dir zurück. Als du ihn necktest,
So fing auch er zu necken an;

Als du die Faust ihm vor die Nase strecktest,
Hielt er die Faust dir vor.« Hier küßte der Brahman
Des kleinen Büßers nasse Wangen,
Hielt ihn mit seinem Arm umfangen
Und stillte liebevoll sein Blut.
»Dies Bild,« so fuhr er fort, »malt dir des Menschen Leben;
Denn alles, was er andern tut,
Gut oder bös, wird ihm getreu zurückgegeben.«

Der Pfirsichbaum und der Apfelbaum

Nach unserm neuen Stil erwachet kaum
Des Sproßmonds andere Dekade,

Als eines Pfirsichbaums Dryade
Zur Nachbarin, der einen Apfelbaum
Das Los zur Wohnung gab, mit hochgerümpfter Nase
Die stolzen Worte sprach: »He, faule Base!
In welcher traurigen Gestalt
Erscheinst du neben mir? Dem jungen Lenz zum Hohne,
Stehst du noch nackend da, indes von meiner Krone
Bis auf den letzten Zweig ein roter Blumenwald
Mich überall umhüllt. Wirst du noch lange weilen,
Bis du mit Blüten prangst?« – »Ei nun, wir wollen sehn,«
Versetzt die Nachbarin, »was dich dein Eilen
Am Ende nützen wird. Wie oft ist es geschehn,
Daß Bäume, welche stolz mit frühen Blüten prahlten,
Des Gärtners Hoffnung schlecht bezahlten!«
Sie sprach es noch, da fing der rauhe Boreas,
Des Lenzes Erbfeind, an mit wildem Grimm zu wüten;
Aus seinem Rachen fuhr der kalte Reif und fraß
In fünf Minuten alle Blüten. – –
»Mein kleiner Sohn verrät bereits Genie,«
Hör' ich im Freudenrausch so manchen Vater sagen. –
Freund, schreie nicht so laut: das Bäumchen blühet früh;
Allein wird es auch Früchte tragen?

Der Ochs und der Esel

Ochs und Esel zankten sich
Beim Spaziergang um die Wette,
Wer am meisten Weisheit hätte;
Keiner siegte, keiner wich.

Endlich kam man überein;
Daß der Löwe, wenn er wollte,
Diesen Streit entscheiden sollte;
Und was konnte klüger sein?

Beide reden tief gebückt
Vor des Tierbeherrschers Throne,
Der mit einem edlen Hohne
Auf das Paar herunterblickt.

Endlich sprach die Majestät
Zu dem Esel und dem Farren:
»Ihr seid alle beide Narren.«
Jeder gafft ihn an und geht.

Der Krebs

Ein Krebs, dem eine Fee, an deren Schloß
Ein klarer Bach vorüberfloß,
Die Tischgesellschaft zu ergötzen,
In seinem roten Wams das Leben wiedergab,
Flog aus der Elfe Hand ins nasse Reich hinab.
Die Brüder grüßten ihn mit freudigem Entsetzen;
Besonders reizte sie sein Kardinalshabit.
»O, wär' uns doch,« so rief, halb unzufrieden,
Halb staunend, einer aus, »ein gleicher Schmuck beschieden!« –
»Dazu gelangt man leicht.« – »Ha, Freund heraus damit!« –
»Man läßt sich nur lebendig sieden.«

Du wünschest dir, den blendenden Ornat,
Der deinen Nachbar schmückt, zu tragen.
O! laß zuvor dir im Vertrauen sagen,
Wieviel er ihn gekostet hat.

Der Schmetterling und die Biene

Die Biene ließ den Schmetterling
Einst ihre fetten Speicher sehen.
»Schön!« rief der bunte Gast; »doch muß ich dir gestehen:
Ich tauschte nicht mit dir.« – »Warum nicht, dummes Ding?
Was hast denn du? Laß sehn, wir wollen inventieren!
Ich hab' ein volles Haus.« – »Und ich – nichts zu verlieren!«

Der Komet und der Fixstern

»Platz, Vetter, Platz!« So rief auf seiner krummen Bahn
Ein bärtiger Komet den Sirius einst an.

Der Fixstern schwieg und blieb auf seinem Posten stehen.
Der Vagabund schwieg auch und schnurrte links vorbei.
Ihm gleicht der freche Tor; verachte sein Geschrei
Und stehe fest; er wird dir aus dem Wege gehen.

Der junge Hase

Mit ernstem Schritte, wie der Held
Von Mancha, kam ein junger Hase
Nach Haus, und seine wunde Nase
Schien laut zu rufen: Staune, Welt!
»Du blutest, Neffe?« sprach ein Greis
Zu ihm, »was hat sich zugetragen?« –
»Je nun! ich habe mich geschlagen,«
Versetzt er, »und der Kampf war heiß.«

»Was!« rief die ganze Sippschaft aus,
»Geschlagen? Wie? mit welchem Feinde?
Mit einem Hund?« – »Ah, liebe Freunde,
Mit einer ungeheuren Maus.«

Die Schwalbe und der Storch

Die Schwalbe
    Freund, klappre nicht und laß uns fliehn.
    Sieh dort am schwarzen Kirchhoftore
    Den Jäger mit gespanntem Rohre,
    Ein leiser Druck, so sind wir hin!

Der Storch
    Ich flöhe, wär' ich eine Lerche,
    Ein Rebhuhn oder ein Fasan;
    Allein die Jäger sehn uns Störche
    Von altersher als heilig an.
    Mit uns wird, wie das Sprichwort sagt,
    Die Freiheit aus dem Land gejagt.

Die Schwalbe
    Verlaß dich nicht auf diesen Wahn,
    Mein guter Freund. Sonst hieß es immer,
    Wir Schwalben brächten Glück ins Haus;
    Der Junker selbst litt uns im Zimmer,
    Und nun hat kaum die Fledermaus
    Ein härtres Los. Ich flog beim Küster
    Schon sieben Sommer ein und aus;
    Da kam sein Enkel, ein Magister,
    Von hohen Schulen jüngst zurück
    Und fluchte, trotz Minervens Eule,
    Mit soviel Kunst und soviel Glück
    Auf Barbarei und Vorurteile,
    Daß ihm der Alte Vollmacht gab,
    Mein Nest, um die Vernunft zu rächen,
    Mit sieben Eiern auszustechen,
    Und kaum entrann ich selbst dem Grab.

Der Storch
    Heißt das die Menschheit aufgeklärt?
    Ha! besser für das Glück der Welt
    Ist frommer Irrtum, der erhält,
    Als kalte Weisheit, die zerstört.

            Die Toleranz

    Der Adler hielt auf der bereiften Spitze
    Des himmelhohen Kaukasus
    Sein Parlament. Er legte seine Blitze
    Voll Huld zu seines Thrones Fuß
    Und wog den Großen und dem Volke
    Das Recht in ebnen Schalen aus.
    Da fuhr, gleich einem Strahl aus einer Donnerwolke,
    Ein Habicht in das Oberhaus.
    Er hielt ein fremdes Tier in seinen Krallen;
    Es war ein alter Kakadu,
    Der Indostan verließ, um durch die Welt zu wallen.

»Sir,« rief dem Schach der Schnapphahn zu,
»Hier ist ein arger Wicht, der dir dein Erzamt raubet,
Ein Philosoph, der den Olymp zerstört,
Der keinen Zeus und keinen Pluto glaubet,
Und nur bei seinem Brahma schwört –
Ja, was noch ärger ist, er macht sich ein Gewissen,
Die Kost, die meinen König nährt,
Das Fleisch der Tiere, zu genießen,
Drum halt' ich ihn des Todes wert.« –
»Da Zeus ihn leben läßt, so laß' auch ich ihn leben,«
Versetzt der gute Schach und winkt, ihn loszugeben.
Der Inquisitor barst vor Wut;
Allein das Hofgesind', zumal die Papageien,
Der Virtuos aus Calekut,
Und die beredte Gänsebrut
Vergötterten in wilden Melodeien
Des Königs Toleranz und Edelmut.
»Schweigt,« rief der Potentat so derb zur bunten Herde,
Daß ihr der kalte Schweiß entrann,
»Ein Fürst, der nicht verfolgt, ist noch kein Gott der Erde,
Ist weiter nichts als kein Tyrann.«

Der Esel

Der Esel trat als Supplikant
Zum Löwen. »Sir, darf ich es wagen,«
Sprach er, »ein Wort dir vorzutragen?
Die Polizei in jedem Land
Hat Männer von Talent ernannt,
Des Nachts die Stunden anzusagen.
Nun wissen Berge, Tal und Wald,
Wie mächtig meine Töne schallen,
Drum bitt' ich, Sir, laß dir gefallen,
Mit einem mäßigen Gehalt
Von Roggen, Hafer oder Kleien
Das Wächteramt mir zu verleihen.«
Er senkt das Ohr und schweigt. Alsbald
Wird seine bitte placitieret,
Der Esel wird durch Stab und Horn

Zum Stundenrufer investieret,
Und ein Gehalt von Heidekorn
Wird ihm in Gnaden assignieret.
Die Nacht bricht ein. Wie Boreas
Ruft er: Ihr Herren, laßt euch sagen...

Dem Hof gefiel der neue Spaß;
Doch als der Zeiger Eins geschlagen
Und er noch rief, da fing der Khan
Den Schreier zu verwünschen an;
Und Luna ging noch nicht zur Neige,
Da bot er durch ein Windspiel ihn
Auf seine Burg. Das Tier erschien.
»Geh, friß dein Korn daheim und schweige.«
So sprach der Fürst und ließ ihn ziehn.
Und so entstanden in dem Staate
Die fetten Hofkanonikate
Für Esel, die auf Polstern ruhn
Und Sold beziehn, um nichts zu tun.

Der Hund und der Esel

Der biedre Hund verließ die Burg des wilden Leuen.
Er traf auf einer grünen Bahn
Den sanften Junker Langohr an.
»Woher?« – »Ich floh den Hof.« – »Warum?« – »Die Plackereien
Des Sultans kränkten mich.« – »Das brave Tier!
Wohlan, ich mache dich zu meinem Leiblakaien.
Bleib hier; ich bin nicht grausam wie der Schach.« –
»Nein,« sprach der Hund mit ernsten Mienen,
»Verbrechen ist's, dem Wütrich dienen;
Dem Dummkopf dienen, wäre Schmach.«

Das Glück des Esels

Ein Esel zog in kurzem Trab
Mit faulem Dünger durch die Straßen;
Der Dunst, den dieser von sich gab,
War eine Pest für alle Nasen.

Die ekle Fracht war kaum erblickt,
So trat ein jeder auf die Seite.
»Ei, ei!« sprach Langohr hoch entzückt,
Wie ehren mich die guten Leute!»

Er trug an einem andern Tag
Den Raub von zwanzig Blumenbeeten,
Der bunt in seinen Körben lag,
Die süßen Balsam von sich wehten.

Er ward umringt. Der Nasen Schmaus
Hat jung und alt herbeigetrieben.
»Ha!« rief das Tier mit Tränen aus,
»Wie mich die guten Leute lieben!«

Beglückte Dummheit! sollte sie
Nicht selbst des Weisen Neid erregen?
Was auch geschieht, weiß ihr Genie
Zu ihrem Vorteil auszulegen.

Der Truthahn und der Affe

Ein Affe nahm vom Putztisch der Klimene
Einst ihren Spiegel weg. Das war ein Spaß!

Er guckt hinein und stutzt; er lächelt, blöckt die Zähne
Und küßt zuletzt den schönen Herrn im Glas.
Jetzt lief er in den Hof, wo sich im Sonnenlichte
Ein fetter Mönch mit kupfrigem Gesichte,
Ein Truthahn, badete: »He, schwarzer Kavalier!«
Rief Matz dem Landsmann zu, »willst du mit Haut und Haaren
Dich selber sehn, so komm zu mir.«
Der Truthahn, ein Stylit, der seit den Kinderjahren
Nicht seinesgleichen sah, tritt zu dem Pavian
Voll Neugier hin. Kaum blickt er in die Scheibe,
So keuchet er vor Wut, an seinem ganzen Leibe
Sträubt jede Feder sich bergan.
»Verräter!« kollert er, »glaubst du mich zu betören;
Wie kann der rote Kopf mir zugehören,
Mir, der ich ja nichts Rotes sehen kann?« – –
»Wie darf,« so hörten wir schon manchen Truthahn schreien,
Der keine Federn trug, »wie darf mich Ehrenmann
Die böse Welt solch eines Fehlers zeihen,
Mich, der ihn nicht an andern leiden kann!«

LUDWIG HEINRICH FRHR. VON NICOLAY,
geb. am 29. Dezember 1737 zu Straßburg, war französischer Gesandtschaftssekretär, später Professor der Logik in seiner Vaterstadt. 1769 trat er in russische Dienste, wurde dort 1796 Staatsrat, 1798 Direktor der Akademie der Wissenschaften und 1801 Wirkl. Geheimer Rat, hat auch mehrere Gesandtschaftsposten bekleidet. 1782 wurde er in den Adelstand erhoben. Nach Kaiser Pauls Tode zog er sich auf sein Gut Monrepos bei Wiborg zurück, wo er am 18. November 1820 starb. – Die folgenden Fabeln sind seinen »Vermischten Gedichten« (1793) entnommen.

Äsop und die zwei Bildhauer

Zwei Bildner lebten in Athen;
Der eine schnitzte schlecht, der andre schnitzte schön.
Äsop, von diesem Unterscheide
Schon unterrichtet, stand in einem Magazin
Der Parier; da kamen beide,
Um Marmor einzukaufen, hin.

Zwei Blöcke, völlig gleich an Art, Gewicht und Weiße,
Erstanden sie zu gleichem Preise.
Vertraulich fängt Äsop zum ersten an:
»Ach, Freund! ein schlechter Kauf, den du getan.«
Dem andern lächelt er: »Glück zu dem schönen Steine!«
Sie lachen. »Blinder! ist der meine
Nicht jenem völlig gleich?« Äsop: »Verzeihet mir!
Dem Scheine nach urteilet ihr.
Ich aber sehe schon tief in dem einen Steine
Ein schönes Bildnis des Apoll,
Das diesem sich entwickeln soll;
Ein schlechtes Bild Merkurs seh' ich in jenem stecken,
Das wird dem andern sich entdecken.
Wo ist die Gleichheit in den Blöcken?«

Der Edelmann und der Bauer

Beim Junker meldet man Hans Klasen. – »Laßt ihn ein.« –
»Ihr Gnaden wollen mir verzeihn,
Ich komme so, gehorsamst anzusagen,

Mein Eber und der gnäd'ge Hund,
Die rauften sich gewaltig, und
Da hat er ihn halt totgeschlagen.«

»Was? meinen Perl? das schöne Tier?
Zwölf Taler zahle gleich dafür,
Und deinen Eber liefre mir
Auf meinen Hof, ihn abzustechen,
Zum wohlverdienten Lohn, zur Warnung andern Frechen.« –
Der Bauer lacht: »Ihr Gnaden, nein!
Sie haben mich nicht recht gehöret:
Den Eber schlug der Hund, und nicht den Hund das Schwein.
Ich bin es, der Ersatz begehret.«

»Ja so! – Ei nu! Vermutlich hat das Schwein
Den guten Hund geneckt! Oft hab' ich zugesehen,
Wie toll der Eber war. Es ist ihm recht geschehen.
Du ließest ihn ja immer ledig gehen.
Auch dies ist Frevel. Sei nur froh,
Daß ich die Strafe dir erlassen will.« – »Ja so!«

Der Hirtenjunge

Ein Hirtenjunge saß und sah die Schafe weiden.
»Sieh doch, das liebe, sanfte Vieh!
Ein wenig Gras, so leben sie.
Von ihnen hat kein Tier zu leiden,
Wie von der Wölfe tollen Brut,
Den Wütrichen; die brauchen Lämmerblut.
War es so nötig, daß die Erde
Der Ungeheuer Rotte trug?
Warum wies ihnen Gott nicht so wie meiner Herde
Auch Gras zur Nahrung an? Für beide wächst genug.«

So denkt er. Plötzlich steht mit höhnischer Gebärde
Ein Genius vor ihm, berührt ihm Aug' und Ohr.
Als ob von jenem sich ein Flor,
Ein dichtes Fell von diesem zöge,
So scheint's ihm. Schärfer sieht und hört er, als zuvor.

Den kleinsten Halm sieht er von tausend Tierchen rege,
Und ihr Gewinsel steigt nunmehr zu ihm empor:

»Flieht, Kinder, flieht! Die Lämmer kommen.
Zu Millionen schlinget euch
Ihr mörderischer Schlund. O wären sie dem frommen,
Dem sanft gesinnten Wolfe gleich!
Der schadet niemals unserm Stamme.
Ihr Götter! rächt durch ihn uns an dem grassen Lamme!«

Äsop und der Dichter

Ein Dichter trat zum Phrygier;
Aus seinem epischen Gedichte
Las er ihm kleine Stellen her
Und wollte, daß er gleich vom Wert des Ganzen richte.
»Wohl!« spricht Äsop. »Zuvor erlaube mir
Nur noch ein Wort. Im Hauptquartier
Der Stadt hab' ich ein Häuschen stehn, mein eigen;
Verkaufen möcht' ich es. Zwei Ziegel hab' ich hier,
Um sie als Proben dir zu zeigen.«

Der einäugige Hirsch

Ein alter Hirsch, behutsam von Natur,
Auf einem Auge blind, das ihm ein Pfeil durchfuhr,
Ging immer nur am Meeresstrande
Und drehte das gesunde Licht
Beständig nach dem festen Lande:
»Hier ist Gefahr, vom Wasser nicht.«

In einem Nachen schwebt ein Schütze,
Legt an und trifft. Das arme Tier
Fällt nieder, schreiend: »Wehe mir!
Wozu ist denn die Klugheit nütze?«

Tor! Wenn ein Auge dir gebricht,
So ist's der Klugheit Fehler nicht.

Die Mücke

In eines leeren Fasses Schlunde
Wuchs aus den Hefen auf dem Grunde
Ein kleines Völklein auf. In diesen Raum gebannt,
Durchkroch, durchwühlt' es nur der Hefen feuchte Masse,
Soviel ihm nötig war, damit es Nahrung fand.
Kurz, ein Geschlecht starb hin, und ein Geschlecht entstand,
Und niemand fiel es ein, daß außer diesem Fasse
Ein andrer Raum sich denken lasse.
Ein einzig Mücklein zeigte früh
Ein philosophisches Genie,
Erforschte die Natur der Tonne, die Distanzen,
Die Höhen, die Gestalt des Ganzen,
Erriet, bewies, sein Faß, die Erde, sei
Ein vorn und hinten plattes Ei.

Einst, als es, stets erpicht auf Lehre,
Des Fasses Vordergrund durchkroch,
Geriet es an ein kleines Loch,
Den Eingang einer engen Röhre.
Es drängt sich durch den offnen Hahn
Und kommt an seiner Mündung an.
O welch ein Schauspiel für die Mücke!
Der Welten mehr als hundert Stücke,
In welcher schönen Symmetrie!
Wie reine Luft umfließet sie!
Was für ein Glanz strömt von dem pracht'gen Sterne
(Des Kellers schmutziger Laterne),
Das ganze Weltall seh' ich hier.
Gesegnet seist du, Wißbegier!
Du führtest mich, du zeigst mir alles heller.

Im Fasse steckt das Volk, der Philosoph im Keller.

Christian Schubart,
geb. am 24. März 1739 zu Obersontheim in der schwäb. Grafschaft Limburg als Sohn eines Kantors, verbrachte seine Kindheit in Aalen, besuchte dann höhere Schulen in Nördlingen und in Nürnberg und bezog 1758 die Universität Erlangen, um sich für den geistlichen Beruf vorzubereiten. 1763 erhielt Schubart eine Lehrer- und Organistenstelle in Geislingen bei Ulm, sechs Jahre später die Stelle eines Musikdirektors in Ludwigsburg, wurde jedoch wegen mannigfacher Verfehlungen 1773 aus Württemberg ausgewiesen. Er lebte nun in München und Augsburg und seit 1775 in Ulm. Wegen spöttischer Auslassungen über den Herzog von Württemberg wurde er am 22. Januar 1777 verhaftet und zehn Jahre lang auf der Festung Hohenasperg gefangen gehalten, nach seiner Freilassung aber zum Direktor der herzoglich württembergischen Hofmusik und des Theaters zu Stuttgart ernannt. Dort starb er am 10. Oktober 1791. – Seine Gedichte enthalten eine Anzahl Fabeln.

Der Wolf und der Hund

Zum Hunde, der schon manche Nacht
An seiner Kette zugebracht,
Und, wenn der Morgenstern am grauen Himmel hing,

Aufs Gay mit seinem Metzger ging,
Sprach einstens Isegrim: »Ei, Bruder, wie so mager!
Wie elend siehst du aus! wie schäbicht und wie hager!
Dau'rst mich, bist gar ein armer Hund.
Sieh mich mal an, wie frisch und wie gesund
Ich bin! – Ich rieche nach der Luft,
Mein Balg ist parfümiert mit mancher Staude Duft!
Ich hab' dir immer guten Fraß,
Bald frisches Fleisch, bald fettes Aas.
Drauf leck' ich klaren Quell, und traun!
Ich hab' dir immer gute Laun'.
Du aber – –« »Ach,« versetzte Melack, »ach,
Herr Bruder, nur gemach.
Drum bist du Wolf, ich Hund! Du frei,
Ich aber in der Sklaverei.«

Und die Moral? O die ist jedermann bekannt
In Deutschland und in Engelland.

Der gnädige Löwe

Der Tiere schrecklichsten Despoten
Kam unter Knochenhügeln hingewürgter Toten
Ein Trieb zur Großmut plötzlich an.
»Komm,« sprach der gnädige Tyrann
Zu allen Tieren, die in Scharen
Vor seiner Majestät voll Angst versammelt waren,
»Komm her, beglückter Untertan,
Nimm dieses Beispiel hier von meiner Gnade an!
Seht, diese Knochen schenk' ich euch!« –
»Dir,« rief der Tiere sklavisch Reich,
»Ist kein Monarch an Gnade gleich!« –
Und nur ein Fuchs, der nie den Ränken
Der Schüler Machiavells geglaubt,
Brummt in den Bart: »Hm, was man uns geraubt
Und bis aufs Bein verzehrt, ist leichtlich zu verschenken!«

JOHANN GOTTFRIED VON HERDER,
geb. 25. August 1744 zu Mohrungen in Ostpreußen als Sohn eines Lehrers und Kantors, besuchte die Lateinschule seines Geburtsortes, kam 1760 als Famulus und Abschreiber zu dem Diakonus Trescho, fand 1762 eine Stelle als Lehrer am Friedrichskollegium zu Königsberg, ging 1764 als Kollaborator in die Domschule nach Riga und erhielt dort später ein Predigtamt, reiste 1769 als Erzieher des Prinzen von Holstein-Eutin mit diesem nach Straßburg, wo er Goethe kennenlernte; 1771 kam er als Hauptprediger, Superintendent und Konsistorialrat nach Bückeburg und wurde 1775 als Professor der Theologie nach Göttingen berufen, zog diesem Amt aber die ihm durch Goethe vermittelte Stelle als Hofprediger, Generalsuperintendent und Oberkonsistorialrat in Weimar vor, wurde dort 1789 Vizepräsident, 1791 Präsident des Oberkonsistoriums und starb, nachdem er von dem Kurfürsten von Bayern in den Adelsstand erhoben worden war, am 18. Dezember 1803. – Herder schrieb eine größere Anzahl Fabeln und Parabeln.

Der Löwe und die Stiere

Zwei Ackerstiere ging der Löw' einst an,
Sie standen zwei für einen Mann;
Da ward nichts draus,
Er ging nach Haus,
Bis er sie, jeden einzeln, fand
Und überwand.

Mein Vaterland,
Deutschland!

Der Sklave

Ein junger Sklave war zuerst auf wilder See
Und schrie und bebt' und wimmerte.
»Steckt,« sprach der König, »ihn ins nasse Wellenhaus
Und zieht ihn schnell heraus!«
Sie taten's. Stracks war all sein Wimmern aus,
Sehr wohl bekam ihm nun sein trocknes Bretterhaus.

Wer nie war krank,

Weiß kaum für sein Gesundsein Dank.
Dem Hungrigen ist Wermut süß,
Der Hölle dünkt die Erde Paradies,
Dem Himmel dünkt die Erde Hölle,
Dem Satten wird der Honig Ekels Quelle.

Die Raupe und der Schmetterling

Freund, der Unterschied der Erdendinge
Scheinet groß und ist so oft geringe;
Alter und Gestalt und Raum und Zeit
Sind ein Traumbild nur der Wirklichkeit.

Träg und matt, auf abgezehrten Sträuchen
Sah ein Schmetterling die Raupe schleichen
Und erhob sich fröhlich, argwohnfrei,
Daß er Raupe selbst gewesen sei.

Traurig schlich die Alternde zum Grabe:
»Ach, daß ich umsonst gelebet habe!
Sterbe kinderlos und wie gering!
Und da fliegt der schöne Schmetterling!«

Ängstig spann sie sich in ihre Hülle,
Schlief, und als der Mutter Lebensfülle
Sie erweckte, wähnte sie sich neu,
Wußte nicht, was sie gewesen sei.

Freund, ein Traumreich ist das Reich der Erden.
Was wir waren? Was wir einst noch werden?
Niemand weiß es; glücklich sind wir blind;
Laß uns eins nur wissen, was wir sind.

JOHANN BENJAMIN MICHAELIS,
geb. am 31. Dez. 1746 in Zittau als Sohn eines Tuchmachers, studierte in Leipzig Medizin, gab aber 1769 nach einer schweren Krankheit das Studium auf, war dann Hofmeister, Redakteur, Theaterdichter, fand 1771 Aufnahme im Hause Gleims in Halberstadt und starb dortselbst bereits im 26. Lebensjahre am 30. Sept. 1772. – Die folgenden Fabeln sind seinen »Sämtl. poet. Werken« (Wien 1791) entnommen.

Die Biene und die Taube

Ein Bienchen fiel in einen Bach.
Dies sah von oben eine Taube;
Sie brach ein Blättlein von der Laube
Und warf's ihm zu. Es schwamm danach
Und half sich glücklich aus dem Bach.

Nach kurzer Zeit saß unsre Taube
In Frieden wieder auf der Laube.
Ein Jäger hatte schon den Hahn auf sie gespannt;
Mein Bienchen kam – pick – stach's ihn in die Hand,
Puff – ging der ganze Schuß daneben.
Die Taube flog davon. Wem dankte sie ihr Leben?
Erbarm dich willig andrer Not!
Du gibst dem Armen heut' dein Brot,
Der Arme kann dir's morgen geben.

Der welsche Hahn und der Pfau

Erbittert sah ein welscher Hahn
Die augenvollen Federn
Des nachbarlichen Pfaues an
Und sträubte sich zu Rädern.

Die roten Lefzen dehnten sich,
Die steifen Federn wallten
Empor und spreizten fürchterlich
Den Schwanz aus allen Falten.

Der ausgespannte Flügel glitt
Taktmäßig auf den Steinen
Und bahnte schlurfend jeden Schritt
Den unsichtbaren Beinen;

Und so ließ der verrenkte Hahn
 Sein polternd Gaudern schallen;
Sah sich noch einmal liebreich an
 Und ließ die Federn fallen.
Drauf warf der majestät'sche Pfau
 Sein farbiges Gefieder,
Von Sonnenglanz durchblitzt, zur Schau
 Und ganz gelassen nieder.

Der Herr des Hofs sah beiden zu:
 »Ei,« fing er an zu lachen,
»Du armer, guter Truthahn, du!
 Lern's künftig besser machen.«

»Herr!« rief der Hahn, »so seht erst ein,
 Was wir für Stellen hatten!
Der Pfau da stand im Sonnenschein,
 Und ich war bloß im Schatten.«

GOTTFRIED AUGUST BÜRGER,
geb, 31. Dez. 1747 zu Molmerswende bei Halberstadt, wurde 1772 Amtmann des Gerichtsamtes Altengleichen und ließ sich 1784 als Privatdozent der Ästhetik in Göttingen nieder, wo er 1789 außerordentl. Professor wurde und am 8. Juni 1794 starb. – Unter seinen Gedichten befinden sich auch einige Fabeln.

Die Schatzgräber

Ein Winzer, der am Tode lag,
 Rief seine Kinder an und sprach:
»In unserm Weinberg liegt ein Schatz,
 Grabt nur danach!« – »An welchem Platz?« –
Schrie alles laut den Vater an.
»Grabt nur!« – O weh! da starb der Mann.

Kaum war der Alte beigeschafft,
So grub man nach aus Leibeskraft.
Mit Hacke, Karst und Spaten ward

Der Weinberg um und um gescharrt.
Da war kein Kloß, der ruhig blieb;
Man warf die Erde gar durchs Sieb
Und zog die Harken kreuz und quer
Nach jedem Steinchen hin und her.
Allein da ward kein Schatz verspürt,
Und jeder hielt sich angeführt.
Doch kaum erschien das nächste Jahr,
so nahm man mit Erstaunen wahr,
Daß jede Rebe dreifach trug.
Da wurden erst die Söhne klug;
Sie gruben nun jahrein, jahraus
Des Schatzes immer mehr heraus.

Der Maulwurf und der Gärtner

Ein Maulwurf verwüstete die schön geebneten Blumenfelder durch seinen Aufwurf, stürzte die Gewächse und entblößte ihre Wurzeln, daß sie an der Sonne verwelkten.

Voll Ingrimmes erblickte das der Gärtner und stellte sich mit erhobenem Spaten auf die Lauer. Rasch stach er zu, als jener eben sich regte, und hob ihn heraus aufs Harte. »Nun sollst du mir auch des Todes sterben, Gartenverwüster!«

»Gnade!« flehte der Maulwurf, »da ich dir doch sonst nicht unnütz bin. Ich vertilge die Regenmaden und manches Ungeziefer, das deine Pflanzungen verwüstet.«

»Hole dich der Henker,« versetzte der Gärtner, »wenn du Tugend mit Untugend aufwiegst!« und schlug ihn ohne weitern Prozeß tot.

Der Hund aus der Pfennigschenke

Es ging, was Ernstes zu bestellen,
Ein Wandrer seinen stillen Gang,
Als auf ihn los ein Hund mit Bellen
Und Rasseln vieler Halsbandschellen
Aus einer Pfennigschenke sprang.
Er, ohne Stock und Stein zu heben,
Noch sonst sich mit ihm abzugeben,
Hub ruhig weiter Fuß und Stab,
Und Kliffklaff ließ vom Lärmen ab.

Des Wegs kam auch mit Rohr und Degen,
Flink, wohlgemut, keck und verwegen,
Ein Herrchen Krauskopf herspaziert.
Kliffklaff setzt an, und hochtuschiert
Hält von dem Hunde sich das Herrchen.
Und Herrchen Krauskopf ist ein Närrchen;
Fängt mit dem Kläffer Händel an,
Greift fix nach Steinen in die Runde
Und schleudert, was es schleudern kann,
Und flucht und prügelt nach dem Hunde.

Der Köter knirscht in jeden Stein,
Zerrt bald an seines Herrchens Rocke,

Bald an dem Degen, bald am Stocke,
Beißt endlich gar ihm in das Bein
Und bellt so wütig, daß mit Haufen
Die Nachbarn alle, groß und klein,
Zu Fenstern und zu Türen laufen.
Die Buben klatschen und juchhein
Und hetzen gar noch obendrein.

Nun fing sichs Herrchen an zu schämen,
Umsonst so sehr sich abzumühn.
Er mußte sachtchen sich bequemen,
Um dem Hallo sich zu entziehn,
Wohl fürbaß seinen Weg zu nehmen
Und einzustecken Hohn und Schmach,
denn alle Straßenbuben gafften,
Und alle Klaffkonsorten klafften
Noch weit zum Dorf hinaus ihm nach.

Dies Fabelchen führt Gold im Munde:
Weicht aus dem Rezensentenhunde!

JOHANN WOLFGANG VON GOETHE,
geb. 28. August 1749 zu Frankfurt a.M., studierte in Leipzig und Straßburg Jura, wurde 1771 in Frankfurt als Advokat vereidigt, praktizierte 1772 einige Monate am Reichskammergericht zu Wetzlar und trat 1775 in die Dienste des Herzogs Karl August von Weimar, wo er 1782 zum Kammerpräsidenten ernannt und geadelt wurde; 1815 wurde er Erster Staatsminister und starb zu Weimar am 22. März 1832; seine Gebeine wurden in der Fürstengruft dortselbst beigesetzt. – Auch unter den Gedichten dieses größten deutschen Dichters finden sich einige Fabeln und Parabeln vor.

Adler und Taube

Ein Adlersjüngling hob die Flügel
Nach Raub aus;
Ihn traf des Jägers Pfeil und schnitt
Der rechten Schwinge Sennkraft ab.
Er stürzt' hinab in einen Myrtenhain,

Fraß seinen Schmerz drei Tage lang
Und zuckt' an Qual
Drei lange, lange Nächte lang:
Zuletzt heilt ihn
allgegenwärt'ger Balsam
Allheilender Natur.
Er schleicht aus dem Gebüsch hervor
Und reckt die Flügel – ach!
Die Schwingkraft weggeschnitten –
Hebt sich mühsam kaum
Am Boden weg
Unwürd'gem Raubbedürfnis nach
Und ruht tieftrauernd
Auf dem niedern Fels am Bach.
Er blickt zur Eich' hinauf,
Hinauf zum Himmel,
Und eine Träne füllt sein hohes Aug'.
Da kommt mutwillig durch die Myrtenäste
Dahergerauscht ein Taubenpaar,
Läßt sich herab und wandelt nickend
Über goldnen Sand und Bach
Und ruckt einander an;
Ihr rötlich Auge buhlt umher,
Erblickt den Innigtrauernden.
Der Tauber schwingt neugiergesellig sich
Zum nahen Busch und blickt
Mit Selbstgefälligkeit ihn freundlich an.
»Du trauerst,« liebelt er,
»Sei guten Mutes, Freund!
Hast du zur ruhigen Glückseligkeit
Nicht alles hier?
Kannst du dich nicht des goldnen Zweiges freun,
Der vor des Tages Glut dich schützt?
Kannst du der Abendsonne Schein
Auf weichem Moos am Bache nicht
Die Brust entgegenheben?
Du wandelst durch der Blumen frischen Tau,
Pflückst aus dem Überfluß des Waldgebüsches dir
Gelegne Speise, letzest
Den leichten Durst am Silberquell, –

O, Freund, das wahre Glück
Ist die Genügsamkeit,
Und die Genügsamkeit
Hat überall genug.«
»O, Weise!« sprach der Adler, und tief ernst
Versinkt er tiefer in sich selbst,
»O, Weisheit! du redst wie eine Taube!«

Dilettant und Kritiker

Es hatt' ein Knab' eine Taube zart,
Gar schön von Farben und bunt,
Gar herzlich lieb, nach Knabenart
Geätzet aus seinem Mund
Und hatte so Freud' am Täubchen sein,
Daß er nicht konnte sich freuen allein.

Da lebte nicht weit ein Alt-Fuchs herum,
Erfahren und lehrreich und schwätzig darum;
Der hatte den Knaben manch Stündlein ergötzt,
Mit Wundern und Lügen verprahlt und verschwätzt.
»Muß meinem Fuchs doch mein Täubchen zeigen!«
Er lief und fand ihn strecken in Sträuchen.
»Sieh, Fuchs, mein lieb Täublein, mein Täubchen so schön!
Hast du dein' Tag' so ein Täubchen gesehn?«

»Zeig her!« – Der Knabe reicht's. – »Geht wohl an;
Aber es fehlt noch manches dran.
Die Federn, zum Exempel, sind zu kurz geraten.« –
Da fing er an, rupft' sich den Braten.

Der Knabe schrie. – »Du mußt stärkre einsetzen,
Sonst ziert's nicht, schwinget nicht.« –
Da war's nackt – »Mißgeburt!« – und in Fetzen!
Dem Knaben das Herze bricht.

Wer sich erkennt im Knaben gut,
Der sei vor Füchsen auf seiner Hut.

Fuchs und Kranich

Zwei Personen, ganz verschieden,
Luden sich bei mir zu Tafel,
Diesmal lebten sie in Frieden,
Fuchs und Kranich, sagt die Fabel.

Beiden macht' ich was zurechte,
Rupfte gleich die jüngsten Tauben;
Weil er von Schakals Geschlechte,
Legt' ich bei geschwollne Trauben.

Langgehälstes Glasgefäße
Setzt' ich ungesäumt dagegen,
Wo sich klar im Elemente
Gold- und Silberfischlein regen.

Hättet ihr den Fuchs gesehen
Auf der flachen Schüssel hausen,
Neidisch müßtet ihr gestehen:
Welch ein Appetit zum Schmausen!
Wenn der Vogel, ganz bedächtig,
Sich auf einem Fuße wiegte,
Hals und Schnabel, zart und schmächtig,
Zierlich nach den Fischlein schmiegte.

Dankend freuten sie beim Wandern
Sich der Tauben, sich der Fischchen;
Jeder spottete des andern,
Als genährt am Katzentischchen.

Willst nicht Salz und Schmalz verlieren,
Mußt, gemäß den Urgeschichten,
Wenn die Leute willst gastieren,
Dich nach Schnauz' und Schnabel richten.

AUGUST GOTTLIEB MEIßNER,
geb. am 4. November 1753 in Bautzen, studierte 1773-76 in Leipzig und Wittenberg die Rechte und die schönen Wissenschaften und erhielt 1785 die Stelle eines

Professors der Ästhetik und klassischen Literatur in Prag; 1805 wurde er als nassauisch-oranischer Konsistorialrat und Direktor der hohen Lehranstalten nach Fulda berufen, wo er am 20. Februar 1807 starb. – Von ihm erschienen 1782 »Fabeln nach Daniel Holzmann« und 1791 »Äsopische Fabeln für die Jugend«. Dem erstgenannten Buch sind unsere beiden ersten, dem zweiten die übrigen Proben entnommen. (Von Daniel Holzmann ist weiter nichts bekannt, als daß er als Kürschner und Meistersänger in der 2. Hälfte des 16. Jahrhunderts in Augsburg lebte. Er veröffentlichte 1571 ein Buch mit 95 Fabeln, die Übersetzungen aus den lateinischen Schriften des heiligen Cyrillus (827-869) darstellen sollen. Die Holzmannschen gereimten Texte sind sehr weitschweifig und ermüdend; Meißner hat ihre Kerne herausgeschält und in kurze Prosa gefaßt.)

Die Maus und die Schnecke

»Da dank' ich schön für die Ehre, mein eignes Haus herumschleppen und durch dessen Schwere so schleichen zu müssen!« rief eine Maus der Schnecke zu. »Sieh mal, wie schnell ich in einer einzigen Minute den Raum überfliege, zu dessen Durchkriechung du ganzer Tage bedarfst.«

»Es ist wahr, liebe Maus,« gab jene zur Antwort, »du bist schnell. Aber schade nur, daß diese Schnelligkeit die Natur dir nicht ausschlußweise, sondern auch deiner Todfeindin, der Katze, mitteilte. Wenn du oft ängstlich vor ihr von Winkel zu Winkel fliehst und dich überall nach einem Schlupfloch umschaust – nicht wahr, dann wünschst du dir auch ein eigenes Haus, dann würdest du gern eine kleine Unbequemlichkeit, des größern Nutzens halber, ertragen?«

Der Kiesel und das Samenkorn

Neben einem Kiesel lag tief in der Erde ein Weizenkorn und schien schon gänzlich vernichtet zu sein, als ein schöner Keim und bald darauf ein noch schönrer Halm aus ihm aufschoß. »Wie ist es möglich?« rief der Kiesel verwundert. »Du in meinen Gedanken schon ganz Verwester lebst mit neuer Jugendkraft wieder auf? Ich hingegen, bin ich einmal zerknirscht, hab' alsdann auch meine Kräfte verloren für immer!«

»Der gewöhnliche Unterschied der störrischen und sanftmütigen Geschöpfe,« versetzte das Samenkorn. »Jenes widersteht länger einer Gefährlichkeit, aber unterliegt es ihr einmal, so unterliegt's auf ewig. Der Sanftmütige dauert gelassen die Stunde der Prüfung aus und tritt, wenn sie vorüber, oft mit verstärktem Glanze hervor.«

Der Esel, der zu Markte geführt wird

Ein alter Mann und sein zehn- oder zwölfjähriger Knabe trieben einen Esel zum Verkauf im nächsten Städtchen ganz gelassen vor sich her.

»Aber sagt mir nur, Alter!« fragte von den Vorübergehenden einer, »wie könnt Ihr doch so albern sein? Ihr und Euer Sohn zu Fuße? Und der unbeladne Esel geht gemächlich voran!« – Der Alte fand, daß der Fremde Grund zum Spotte habe, setzte seinen Knaben auf den Esel und ging nebenher.

»O über den Jungen!« rief bald darauf ein zweiter. »Mußt du fauler Schlingel denn reiten und deinen armen alten Vater zu Fuße gehen lassen?« – Der Alte nahm schweigend den Knaben herab und setzte sich selbst auf den Esel.

»So seht mir nur den alten faulen Dieb!« schrie wenige Schritte weiter ein dritter. »Sich selbst tut er gütlich auf dem Esel, und das kleine schwache Kind muß neben ihm herschleichen! Kaum daß es noch fort kann!« – »Auch dem ist noch abzuhelfen,« dachte der Alte und nahm den Sohn hinter sich aufs Tier.

»Ist der Esel Euer?« fragte einen Büchsenschuß weiter abermals ein Fremder. – »Jawohl!« – »Nun, das hätt' ich doch wahrlich nicht gedacht! Sein eignes armes Vieh so zu überladen.« – Der Alte stieg herab und schüttelte den Kopf.

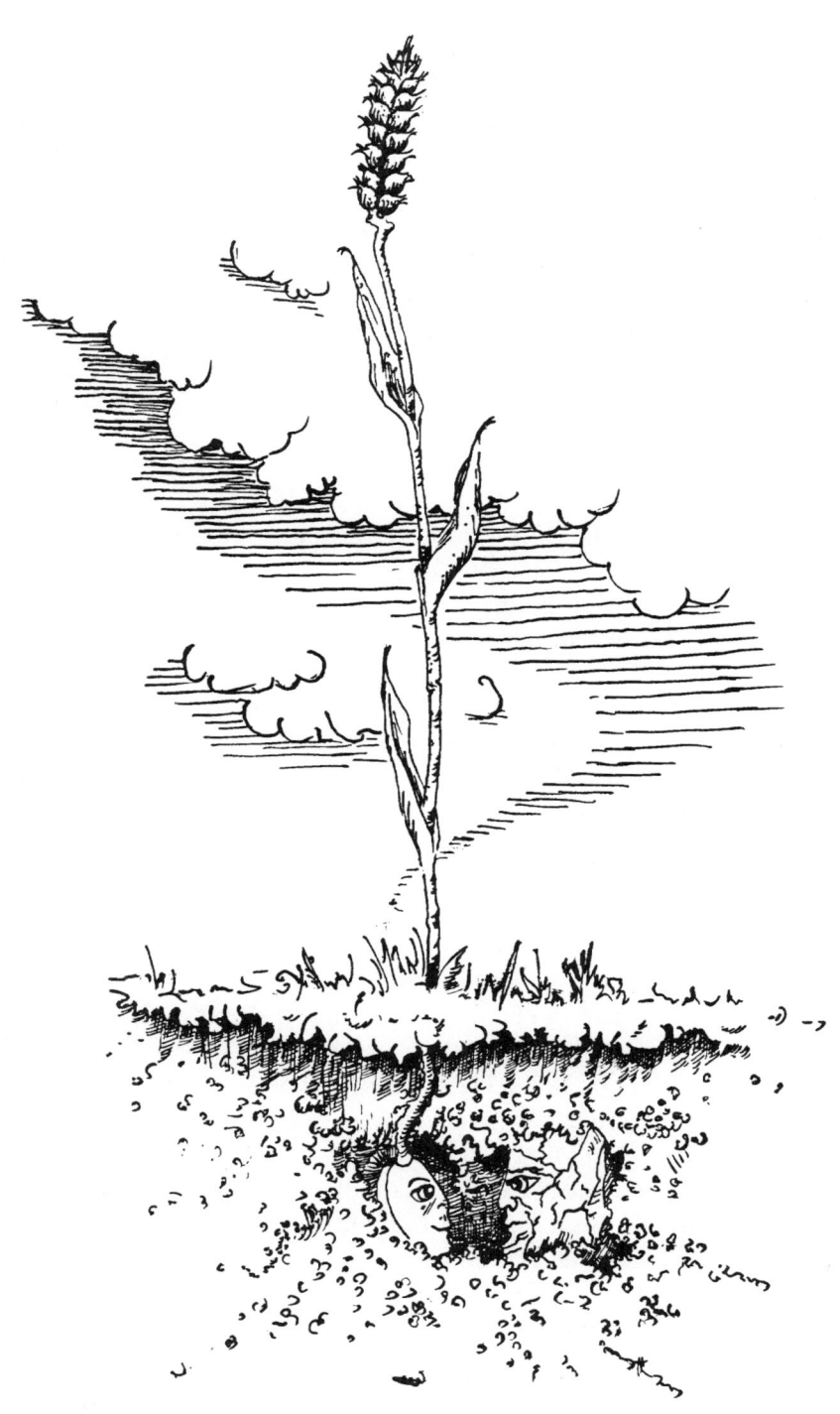

»Weiß ich doch fast nicht mehr,« sprach er bei sich selbst, »was ich tun soll! Wie ich auch immer es anstelle, gleichwohl erhalt' ich Verweise. Wohlan, ich will das letzte versuchen!« – Sie banden dem Esel die Füße mit Stricken zusammen, steckten eine Stange durch und trugen ihn auf ihren Schultern zu Markte.

Waren sie vorher von einzelnen ausgelacht worden, so geschah es jetzt im allgemeinen. Ein jeder, der ihnen begegnete, spottete laut; bis endlich der alte Mann so aufgebracht ward, daß er den Esel in den nächsten Fluß warf und ohne Taler und ohne Tier und ohne Geld, aber wohl voll Verdruß, nach Hause kehrte; denn er vergaß die alte weisliche Bemerkung, daß, wer es allen recht machen will, es gewöhnlich bei keinem trifft.

Die Ähren

Zwei muntere Knaben, die Söhne eines Landmanns, gingen an einem Kornfelde ihres Vaters auf und ab.

»Ei sieh doch,« rief der eine, »welcher Unterschied bei diesen Halmen hier sich zeigt! Sieh nur, wie häßlich diese sich neigen und wie schön und gerade dagegen jene stehn!«

»Allerdings!« erwiderte altklug der andre. »Wenn ich wie unser Vater wäre, alle diese hier, die sich so beugen, risse ich aus und würfe sie weg.«

»Eine herrliche Wirtschaft, wenn ich dies täte!« belehrte sie der Vater, der unbemerkt ihnen zugehört hatte. »Wißt, junge Toren, eben die Ähren, die euch so mißfallen, sind die besten. Sie neigen sich, weil sie schwer an Körnern sind. Jene geraden hingegen sind – leeres Stroh. Überhaupt merkt euch das:

Auch unter den Menschen geht es gemeiniglich zu wie auf einem Kornfelde. Der leere Kopf trägt sich immer höher als die übrigen.«

An der Seite seines Vaters erschien der junge Edmund zuerst in einer großen Gesellschaft.

»Lieber Vater,« fragt er beim Heimgehn, »der Mann zu Eurer rechten Hand, der so laut und viel sprach, der alle belehrte, alle übersah – Vater, wer war denn dieser große Mann?«

»Ein eitler leerer Schwätzer und nichts mehr!«

»O weh, was soll ich dann erst von demjenigen denken, der zu meiner Linken saß? der den Kopf so senkte, nur so wenig sprach und selbst demjenigen, den Ihr einen Schwätzer scheltet, einigemal seine Unwissenheit gestand?«

»Der Himmel, mein Sohn, gebe dir einst die Wissenschaft dieses Mannes, nebst seiner – Bescheidenheit!«

Der Lockvogel

Ein Vogelsteller hatte seinen Herd zugeschickt und einen Lockvogel dazugesetzt, der vortrefflich singen konnte.

Die Nachbarschaftsvögel hörten diesen Gesang, flogen hin und sprachen: »Was hier für ein Überfluß von Speisen daliegt! Und wie freundlich uns unser Geselle, dem selbst so wohl ist, dazu einladet! Wir wollen diese Gelegenheit benützen!«

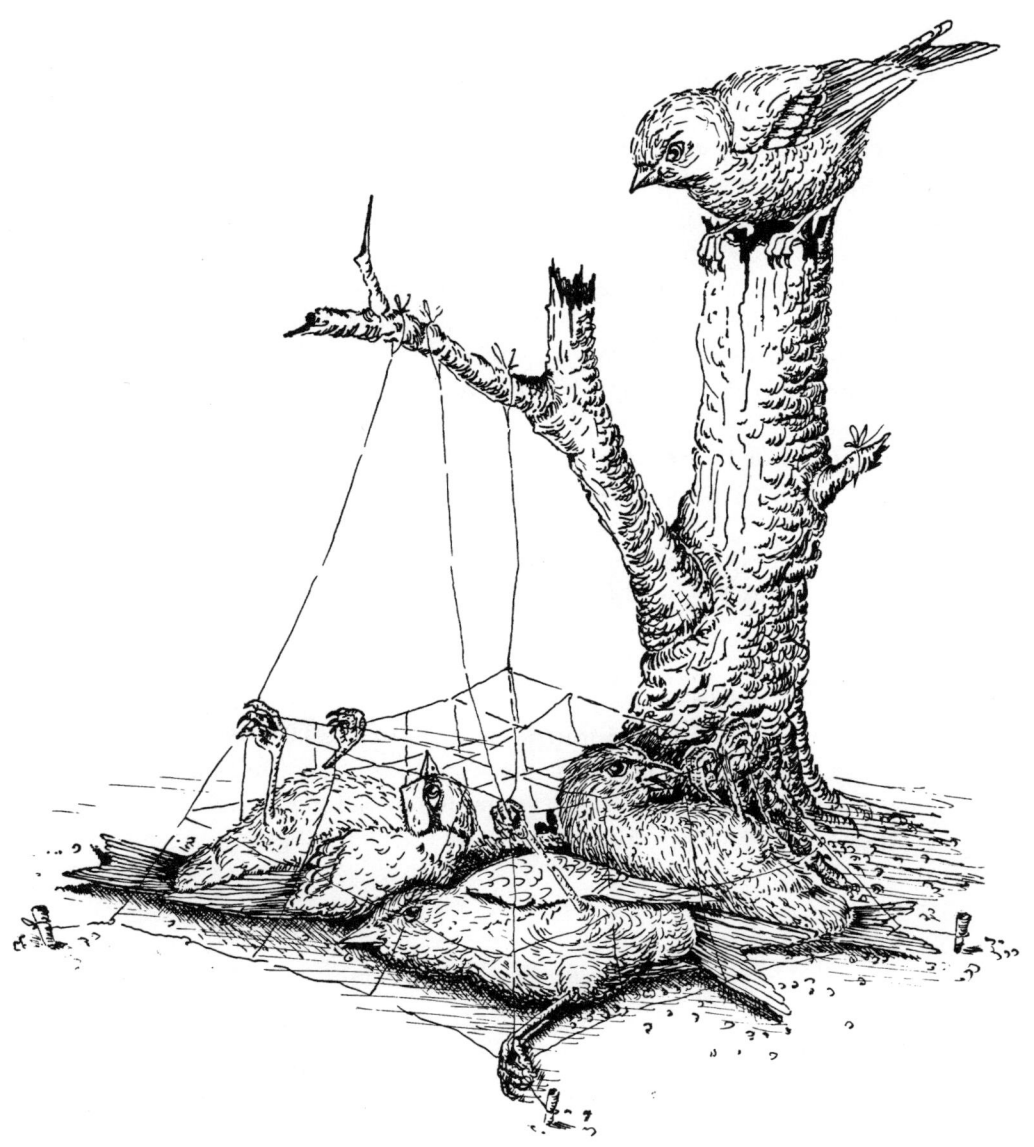

Kaum hatten sie zu fressen angefangen, so fiel das Garn, und sie verloren Freiheit und Leben.

Ein Vogel nur hatte sich entfernt gehalten, und der Lockvogel rief ihm zu: »Wer hat dich allein so klug gemacht, daß du nicht näher kommst?«

»Eine einfach Lehre meines Vaters! – Sohn, sagte er oft, wenn man dir einen Vorteil zeigt, gar so groß und gar so leicht zu erlangen, so hüte dich, denn gemeiniglich liegt Betrug im Hinterhalte.«

Das Krokodil, der Tiger und der Wandersmann

Auf einem schmalen Wege, wo zur rechten Hand ein hohes Gebirge emporstieg und zur linken der Ganges floß, ging ein Wanderer.

Plötzlich sah er vom Berge herab einen grimmigen Tiger auf sich zueilen; um ihm zu entgehn, wollte er geradezu in den Strom sich stürzen und durch Schwimmen sich retten, so gut er könne, als aus diesem ein Krokodil emporfuhr.

»O ich Elender!« rief der arme Wanderer, »wohin ich blicke, ist der gewisse Tod.« – Voll unaussprechlicher Angst sank er bei diesen Worten zu Boden. Der Tiger, schon hart an ihm, tat einen jähen Sprung und – fiel dem Krokodil in den Rachen.

Zufrieden mit seiner Beute fuhr dieses wieder in die Tiefe hinab. Erhalten und unbeschädigt ging der Wandersmann von dannen.

Auch in höchster Gefahr verzweifle noch nicht! Oft dient zu deiner Erhaltung, was im ersten Augenblick deines Untergangs Vollendung schien.

JOHANN FERDINAND SCHLEZ,
geb. am 27. Juni 1759 zu Ippesheim in Franken, wurde 1788 als Nachfolger seines Vaters dortselbst Pfarrer und 1800 mit dem Titel eines großherzoglich-hessischen Kirchenrats als Inspektor und Oberprediger nach Schlitz bei Fulda berufen. Er starb am 7. Sept. 1839. – Von ihm erschienen 1787 eine Sammlung Fabeln, 1822 Parabeln.

Der Fuchs und der Parder

»Freund!« sprach zum Fuchs das Panthertier,
»Komm, laß uns die verwünschte Kette
Der höfisch-steifen Etikette

Zerbrechen und nach Dorfmanier
Per du und du wie Brüder reden;
Denn Freundschaft kennet keinen Rang,
Und folglich ist bei uns der Zwang
Der Komplimente nicht vonnöten.«

»Gut!« sprach der Fuchs, »wir werden schon
Uns nächster Tage wieder sprechen
Und dann den Bund, mein Herr Patron,
Auf ewig schließen oder brechen.«
Er sprach's und schlich gebückt davon.

Gelegen, ward vom Leuen eben
Ein großer Kurtag angesagt,
Die Schranzen eilten wie gejagt,
Zur Königsburg sich zu erheben.
Auch unser Parder zeigte sich
Als Erzminister in dem Kranze
Der Höflinge zuletzt im Glanze:
Die drängende Versammlung wich,
Und hinter seinen Füßen schlich
Der Fuchs herein mit seinem Schwanze.
Zur Probe naht' er nun sich hier
Dem gnadenreichen Panthertier;
Allein, ein frostig-fremdes Nicken
Verbitterte die Audienz:
Drum wies, nach einer Reverenz,
Das schlaue Tier der Exzellenz
Mit scharf verbißnem Zorn den Rücken.

Bald war der große Galatag
Durchpraßt, und traulich schaute wieder
Auf Reineken der Parder nieder:
»Was machst du, Brüderchen?« – »Ach,« sprach
Der Fuchs, »Sie sehn ja, was ich mache:
Da steh' ich eben hier und – lache.«
»Und warum lachst du denn, mein Schatz?«
»Ich lache, weil so mancher Matz
Sich glänzend glücklich dünkt, mit Großen
Vertraut und brüderlich zu kosen,

Und nicht zuvor im stolzen Kreis
Der Größern sie zu prüfen weiß.«

Der Hirsch und der Jagdhund

»Was hetzest du mich armes Wild
Durch Feld und Forst? Was tat ich dir?
Sieh, wie das Blut verschäumend mir
Aus Wunden und aus Nüstern quillt!«
So rief ein mattgehetzter Hirsch
Dem Kläffer Packan kläglich zu.

»Was,« schrie der Hund, »was forderst du
Von mir? Erbarmen auf der Birsch!
Nein, gutes Tier! So herzlich gern
Ich deiner schonte, kann ich nicht;
Denn mich entflammet meines Herrn
Befehl zu dieser leid'gen Pflicht.«

»Ach ja! mein rauchend Eingeweid',
Dein Sportelfraß für diese Birsch,
Entflammet deine Lüsternheit –
Das merk' ich schon...« Hier starb der Hirsch.

Ach, Bauernvolk! wie schüttelt's mich!
Der Sporteln wegen schinden dich
Nach altem Kannibalenrecht
Gar oft der Amtmann und sein Knecht.

FRIEDRICH ADOLF KRUMMACHER,
geb. im Juli 1767 zu Tecklenburg i. Westf., studierte Theologie in Lingen und Halle, wurde 1790 Konrektor am Gymnasium zu Hamm, 1793 Rektor der gelehrten Stadtschule in Mörs, 1800 Professor der Theologie an der Hochschule zu Duisburg; als diese einging, trat er 1807 wieder ins Pfarramt zurück, wurde Prediger in Kettwig, 1812 Generalsuperintendent und Oberhofprediger in Bernburg, folgte 1824 einem Rufe an die Ansgari-Kirche in Bremen, trat 1843 in den Ruhestand und starb am 4. April 1845. – Krummacher gab drei Bändchen »Parabeln« und ein Buch »Apologen und Paramythien« heraus.

Das Krokodil

In der grauen Urzeit wandelte eine Schar Menschen aus ihren alten Wohnsitzen und zog hernieder in das Land, welches der Nil durchströmte. Sie freuten sich des herrlichen Stromes und seines lieblichen Gewässers und bauten Wohnungen an seinen Gestaden. Aber bald stieg aus seinen Fluten das gewaltige Untier, Krokodil genannt, und zermalmte Menschen und Tiere mit furchtbarem Gebiß. Da fleheten die Menschen mit lauter Stimme zu ihrem Gott Osiris, und baten ihn, sie von dem Ungeheuer zu befrein. Aber Osiris antwortete durch den Mund der weisen Priester und sprach: »Ist es nicht genug, daß die Gottheit euch Kraft und Verstand verlieh? Wer sie um Hilfe anruft, ohne die eigene Kraft anzuwenden, flehet vergebens!«

Nun ergriffen sie Schwerter und Stangen und stürmten das Ungeheuer in seiner Schilfwohnung; sie errichteten Schutzwehren und Dämme und vollendeten in wenig Tagen Werke, die sie vorher sich nicht zugetraut hatten. Und so wurden sie der innern verborgenen Kraft sich bewußt, welche in spätern Zeiten die gewaltigen Pyramiden und Spitzsäulen gründete, und sie erfanden manche Kunst und manches Geräte, die sie noch nicht gekannt hatten.

Denn der Kampf mit dem Feindseligen weckt und stärket die schlummernden Kräfte des Menschen.

Aber noch fehlt' es den Nilanwohnern an Werkzeugen, um das bepanzerte Ungeheuer in seinen Fluten völlig zu besiegen. Sie konnten es nur auf kurze Zeit zurückdrängen, und hiermit begnügten sie sich. –

Allmählich aber verließ sie der Eifer des Widerstandes. Das Untier wuchs und vermehrte sich, auch wurde seine Wut je länger je furchtbarer. Da beschloß das törichte und erschlaffende Volk, das Krokodil als Gottheit zu verehren. Man brachte freiwillig ihm fette Opfer, und das Ungeheuer ward mächtiger als je, aber das Volk versank in Stumpfsinn und Feigheit.

Endlich bricht der überspannte Bogen, und den Tyrannen erreicht die Rache. Osiris nahm sich der Verlassenen an und ermutigte sie durch den Mund des weisen Priesters zu neuem Kampfe. Bald erscholl das Gestade von dem Ruf der Streiter, und der Strom ward rot von dem Blut der Erschlagenen. Schon begannen die Kämpfer zu ermüden, da flehete der Priester und das bedrängte Volk Osiris um Hilfe an, und die Gottheit erhörte ihr Flehen. – Ein kleines Tier, Tezerdah67 genannt, erschien an dem Ufer des Nilstroms. «Seht,« rief der Priester, «hier sendet Osiris euch Hilfe.« – »Wie! spottest du unser?« rief ihm die Schar des Volkes entgegen.

Da antwortete der Priester und sprach: »Harret des Ausgangs und vertraut der sichern Macht. In ihrer Hand vermag das kleinste Mittel die größte Not zu enden.«

Die Zahl der schrecklichen Nilungeheuer nahm bald sichtbar ab. Das Volk sah mit Bewunderung dem kleinen Tiere zu, während es in stiller Emsigkeit den Eiern und der Brut des Krokodils nachspürte. Also zerstörte es in kurzer Zeit die Keime von hundert furchtbaren Niltyrannen und befreite das Land von seiner Plage, was so viele Köpfe und Hände nicht vermocht hatten.

»Seht!« sagte darauf der weise Priester, »wollet ihr ein Übel vernichten, so greift es im Keim und in der Wurzel an. Dann wird ein kleines Mittel leicht bewirken, was späterhin ein Heer nicht vermag.« –

Assaph

Assaph, der herrliche Sänger und Harfenspieler, saß in der Stunde der Mitternacht in dem obern Gemach seines Hauses. Seine Harfe stand vor ihm, von den Strahlen des Mondes beleuchtet, und sein Antlitz glühte. Denn er sann auf ein Loblied, dem Herrn zu Ehren, der den Himmel und die Erde erschuf und alles was darinnen ist. So saß Assaph und sann, und die Harfe ruhte vor ihm. –

Da gedachte er: »Ich will hinaufgehen auf die Zinne des Daches, die Herrlichkeit des Sternenhimmels zu schauen. Herrlicher wird dann auch mein Lied ertönen.«

So sprach er und trug die Harfe auf die Zinne des Hauses und blickte gen Himmel und sah Orion und den Wagen am Himmel und die Glucken und die Sterne gegen Mittag und das ganze Heer des Himmels, das schweigend über seinem Haupte wandelte im ewigen Glanz.

– Und unter ihm lag die heilige Stadt und die Täler und Gebirge im Lichte des Mondes, und die Menschen schliefen in der Stille der Mitternacht.

Und der Hauch der Mitternacht spielte in seine Harfe, und die Saiten bebten.

Aber Assaph verstummte und schwieg und lehnte sein Haupt auf seine Harfe und weinte.

Und als der Tag erschien und das Volk zu dem heiligen Berg emporwallte und das Gewühl der Menschen erscholl, da erhob sich Assaph und stieg hernieder und stürmt' in die Saiten der Harfe. Und sein Geist schwang sich auf den Flügel des Gesangs über das Gewühl der Menschen empor.

Der Holunderstab

Ein Jäger wandelte mit seinem Knaben auf dem Felde, und es floß ein tiefer Bach zwischen beiden. Da wollte der Knabe zu seinem Vater hinüber, aber er vermochte es nicht, denn der Bach war sehr breit. Sogleich schnitt er sich einen Ast aus dem Gebüsche, setzte den Stab in das Bächlein, lehnte sich keck darauf und gab sich einen gewaltigen Schwung. Aber siehe! es war der Ast eines Fliederbaums, und indem der Knabe über dem Bach schwebte, brach der Stab mitten entzwei, und der Knabe tat einen tiefen Fall in das Wasser, und die Wellen brausten und schlugen über ihm zusammen.

Dieses sah ein Hirt von ferne und lief hinzu und erhob ein Geschrei. Aber der Knabe blies das Wasser von sich und schwamm lachend an das Ufer. –

Das sprach der Hirt zu dem Jäger: »Ihr scheint Euren Sohn manches wohl gelehrt zu haben, aber eins habt Ihr vergessen. Warum habt Ihr ihn nicht auch gewöhnt, das Innere zu erforschen, bevor er dem Zutrauen sein Herz öffnet? Hätt' er das weiche Mark inwendig geprüft, er würde der täuschenden Rinde nicht getraut haben!« –

»Freund,« erwiderte der Jäger, »ich habe sein Auge geschärft und seine Kraft geübt – und so kann ich ihn der Erfahrung vertrauen. Das Mißtrauen mag die Zeit ihn lehren. Aber er wird auch in der Versuchung aufrecht beharren, denn sein Aug' ist hell und seine Kraft geübt.«

Der unsichtbare Fürst

In fernem Lande gegen Morgen wohnte ein kleines Volk, das war sehr abergläubig und abgöttisch. Als sie nun in Hader gerieten wegen der Herrschaft, kamen sie überein, einen Fremdling zu wählen, und sie trafen einen Mann aus dem Hause Israel, namens Abia, und wählten ihn zu ihrem Könige.

Es war aber um die Zeit, da Salmanassar das Haus Israel zerstört und in alle Welt zerstreut hatte.

Abia aber, ein frommer Mann, war sehr betrübt, daß er herrschen sollte über ein abgöttisch Volk, und da es nicht davon ablassen wollte, ergrimmte er in seinem Herzen. Aber der Geist des Herrn sprach zu ihm: »Meinest du, ich könnte nicht ihre Götzen zerstören; doch laß ich meine Sonne über sie leuchten. Tue desgleichen!«

Also ließ Abia sie und herrschte weislich; denn er gedachte, vielleicht wird es meinem Sohn gelingen. Als nun die Stunde kam, daß er verscheiden sollte, verkündete er dem Volke: »Siehe, ich sterbe, und mein Sohn wird nun euer König sein. Ihr habt sein Antlitz noch nicht erkannt; aber ihr werdet seine Herrschaft an ihren Früchten erkennen. Folget ihm, er wird euch weislich leiten.« –

Solches versprach das Volk und gehorchte, da Abia verschieden war, dem unerkannten Herrscher zu großem Segen. Denn sein Walten war wie eines Vaters, und die Gebote, die von seinen Toren ausgingen, waren eitel Weisheit, Gerechtigkeit und Güte. Und gleich den Strahlen der Sonne verbreitete sich des unerkannten Herrschers Huld über alle Bewohner des Landes, und wo eine Not war, erschien des Königs Hilfe. Darob wunderten sich alle und sprachen untereinander: »Wir sehen ihn nicht; wie mag er uns sehen?« – Denn er lebte in der Verborgenheit seines Hofes, und niemand erkannte sein Angesicht.

Desto mehr sehnte sich das Volk, ihn zu schauen und ihn zu segnen, und sie sprachen: »Haben wir doch unsere Götter vor unsern Augen und können sie sehen und betasten; wie sollen wir denn nicht des Königs Antlitz schauen, der uns mehr ist als ein Vater!« – Andere machten sich Bildnisse von ihm nach eigenem Dünken, und einjeder sprach von dem seinigen: »Siehe, das ist er! Dem muß er gleichen!«

Endlich war die Sehnsucht gar groß, und das Völklein sammelte sich zu den Toren des Hofes, und sie fleheten einmütig: »Ach, der Herr König lasse uns sein Antlitz sehen!«

Da taten die hohen Pforten sich auf, und der König trat hervor in einfachem Gewande und sprach zu dem Volke: »Sehet, ich bin euer König!«

Da segnete das Volk und jauchzte ihm entgegen; aber als sie ihn ansahen, erstaunten alle und riefen: »Wir kennen dein Antlitz!« – Denn er war oft unter ihnen gewandelt, aber sie hatten ihn nicht erkannt und für einen Diener oder Fremdling geachtet.

Da winkte der König, und als eine Stille worden war, tat er seinen Mund auf und redete. »Nun sehet ihr mich, wie ich ein Mensch bin gleich wie ihr. Meinet ihr denn, daß diese Hände und Füße, diese Augen und Lippen, die doch sterblich und verweslich sind, über euch geherrscht haben? – Nein! Was euch geleitet, gesegnet und erfreut hat durch mich, das seht und schaut ihr nicht, und ich, ich selbst sehe es nicht. Könnt ihr denn die Weisheit sehen und die Güte und die Gerechtigkeit?.. Sie waren euch nahe, als ich unerkannt unter euch wandelte... Jetzt seht ihr mich, aber sie seht ihr nicht... Nun richtet selbst, was an meiner irdischen Gestalt sei... Kann auch das Sichtbare Unsichtbares erzeugen? – Auch was in mir ist, ist nicht mein, sondern dessen, der mich euch zum Könige gesetzt hat.« –

Also redete der vortreffliche Fürst. Das Volk aber kehrte segnend und dankend zur Heimat. Und sie zerbrachen die Bilder und Gleichnisse, die sie von ihm gemacht hatten. Bald auch zerbrachen sie ihre Götzenbilder und glaubten an den Unsichtbaren.

Die Flöte

Trauernd stand der Mensch und schaute
Auf der neuerschaffnen Erde
Um sich her die jungen Wesen,
Von der Hand der Himmelsmächte
Weis' und wundersam gestaltet.

»O ihr ew'gen Herrscher,« rief er,
»Habet ihr uns Menschen spottend
Teile eures Lichts verliehen,
Daß wir, eure Werke schauend,
Euch die Schöpferkraft beneiden?

Wunderbar habt ihr das Ganze
Und das einzelne gebildet.
Aber uns, den ersten Söhnen
Eurer Schöpfung, ist verwehrt,
Eigner Bildung zu gedenken.«

Zeus vernahm des Menschen Klage,
Und er sandte seine Tochter
Pallas auf die Erde nieder
Zu dem klagenden Geschlechte,
Trost und Weisheit ihm zu bringen.

Pallas lehrte nun den Menschen,
Aus des Buchsbaums hartem Aste
Künstlich eine Flöte bilden

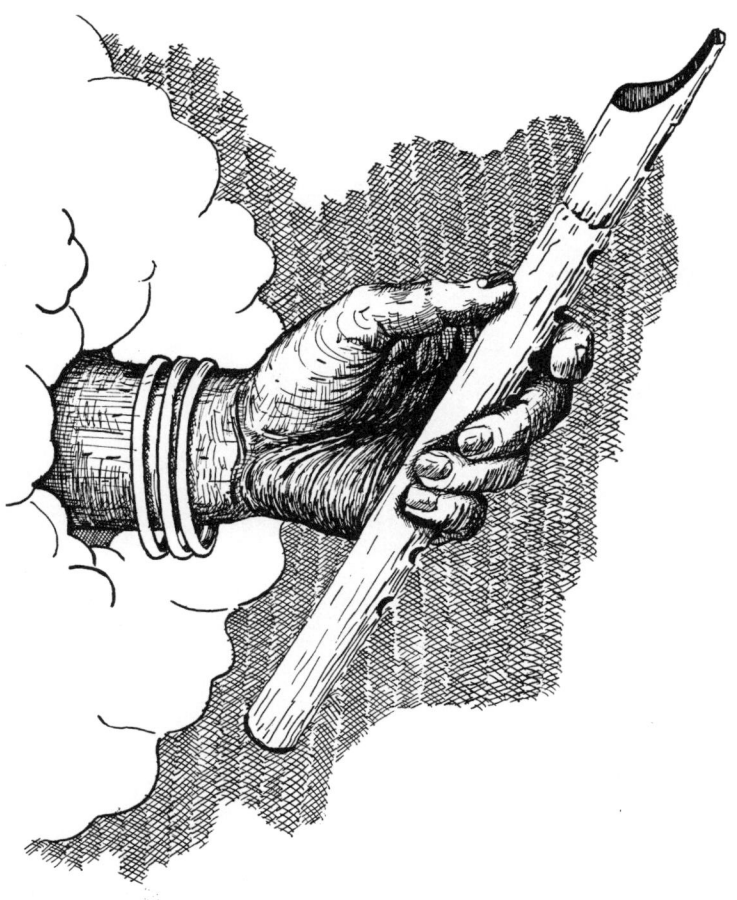

Und mit seines Mundes Odem
Den getrennten Ast beseelen.

»Kenne,« sprach sie zum erfreuten
Erdensohn, »nur deine Kräfte.
Zwar vermagst du nicht zu schaffen –
Aber strebe nach dem Höhern:
Das Erschaffne zu begeistern.«

Der Knabe und die Quelle

An eines Bächleins Quelle
Ein Knabe spielend stand,

Er trug ein Stäblein in der Hand
Und taucht' es in die Welle.
Und wenn es in die Welle sank,
Das Stäblein schien gebogen,
Und dann herausgezogen
Erschien es wieder grad' und schlank.

Das deucht dem Knaben wunderbar,
Er sprach erzürnt zur Quelle:
»Du bist zwar klar und helle,
Allein dein Börnlein hell und klar
Hat mich getäuschet immerdar –
Du hast mich schnöd' belogen,
Geh! bin dir nicht gewogen!«

Da tönte fein und helle
Ein Stimmchen aus der Quelle:
»Mein Kind, ich täusch' und trüge nicht!
Dein eignes blödes Augenlicht
Vermag nicht, meiner Wellen Spiel
Vollkömmlich durchzuschauen,
Drum solltest künftig nicht zuviel
Dem eignen Blicke trauen.«

Der himmlische und der irdische Adler

Zeus' Adler kam vom Thron zur Erde einst hernieder
Und saß auf Idas Höhn. Da trat zum Göttervogel
Ein irdischer und sah ihn staunend an und schweigend.
»Wes wunderst du dich?« frug der kühne Donnerträger.
Da sprach der Erdenaar: »Ich seh an deinem Wesen
Nichts, das dich eigens hebt vor unserem Geschlechte.
Dein Schnabel, Krall' und Farb' und Größe und Gefieder,
Ein jedes ward auch dir nach angeborner Weise.« –
»Wie könnt' ich ohne dies ein Aar zu sein mich rühmen?«
Sprach jener, »und wie kann denn dieses dich befremden?«
Des andern Antwort war: »Bist du nicht, der von diesem
Gebirg den Königssohn durch Wolken bis zum Throne
Des Herrschers trug? Und hält nicht deine kühne Kralle

Den Blitz? – O sprich, woher dir solcher Mut und Stärke
In solcher Einfalt und gewöhnlicher Gebärde?«
Antwortend sagte nun der edle Göttervogel:
»Wie kannst du meiner Kraft und meines Muts dich wundern?
Ich weil' in Jovis' Näh' und schaue stets sein Antlitz.
So ward ich zum Gefäß des Göttlichen erkoren.
Nicht ich, der Gott in mir vollbringt die Götterwerke.« –

DIE BRÜDER JAKOB UND WILHELM GRIMM,
Jakob geb. 4. Januar 1785, Wilhelm 24. Februar 1786 zu Hanau, studierten in Marburg Jura und germanische Philologie, wurden beide 1808 Bibliothekare in Kassel, 1829 bzw. 1830 Professoren in Göttingen, kamen 1841 in gleicher Eigenschaft nach Berlin und starben dortselbst – Wilhelm am 16. Dezember 1859, Jakob am 20. September 1863. – In ihren aus dem Volk gesammelten »Kinder- und Hausmärchen« finden sich einige Parabeln und märchenhaft erweiterte Fabeln.

Der Nagel

Ein Kaufmann hatte auf der Messe gute Geschäfte gemacht, alle Waren verkauft und seine Geldkatze mit Gold und Silber gespickt. Er wollte jetzt heimreisen und vor Einbruch der Nacht zu Haus sein. Er packte also den Mantelsack mit dem Geld auf sein Pferd und ritt fort. Zu Mittag rastete er in einer Stadt; als er weiter wollte, führte ihm der Hausknecht das Roß vor, sprach aber: »Herr, am linken Hinterfuß fehlt im Hufeisen ein Nagel.« – »Laßt ihn fehlen,« erwiderte der Kaufmann, »die sechs Stunden, die ich noch zu machen habe, wird das Eisen wohl festhalten. Ich habe Eile.« Nachmittags, als er wieder abgestiegen war und dem Roß Brote geben ließ, kam der Knecht in die Stube und sagte: »Herr, Eurem Pferd fehlt am linken Hinterfuß ein Hufeisen. Soll ich's zum Schmied führen?« – »Laß es fehlen,« erwiderte der Herr, »die paar Stunden, die noch übrig sind, wird das Pferd wohl aushalten. Ich habe Eile.« Er ritt fort, aber nicht lange, so fing das Pferd zu hinken an. Es hinkte nicht lange, so fing es an zu stolpern, und es stolperte nicht lange, so fiel es nieder und brach ein Bein. Der Kaufmann mußte das Pferd liegen lassen, den Mantelsack abschnallen, auf die Schulter nehmen und zu Fuß nach Haus gehen, wo er erst spät in der Nacht anlagte. »An allem Unglück,« sprach er zu sich selbst, »ist der verwünschte Nagel schuld.« Eile mit Weile.

Der alte Großvater und der Enkel

Es war einmal ein steinalter Mann, dem waren die Augen trüb geworden, die Ohren taub, und die Knie zitterten ihm. Wenn er nun bei Tische saß und den Löffel kaum halten konnte, schüttete er Suppe auf das Tischtuch, und es floß ihm auch etwas nieder aus dem Mund. Sein Sohn und dessen Frau ekelten sich davor, und deswegen mußte sich der alte Großvater endlich hinter den Ofen in die Ecke setzen, und sie gaben ihm sein Essen in ein irdenes Schüsselchen und noch dazu nicht einmal satt. Einmal auch konnten seine zitterigen Hände das Schüsselchen nicht festhalten, es fiel zur Erde und zerbrach. Die junge Frau schalt, er sagte aber nichts und seufzte nur. Da kaufte sie ihm ein hölzernes Schüsselchen für ein paar Heller, daraus mußte er nun essen. Wie sie da so sitzen, so trägt der kleine Enkel von vier Jahren auf der Erde kleine Brettlein zusammen. »Was machst du da?« fragte der Vater. »Ich mache ein Tröglein,« antwortete das Kind, »daraus sollen Vater und Mutter essen, wenn ich groß bin.« Da sahen sich Mann und Frau eine Weile an, fingen endlich an zu weinen, holten alsofort den alten Großvater an den Tisch und ließen ihn von nun an immer mitessen, sagten auch nichts, wenn er ein wenig verschüttete.

Der Hase und der Igel
(plattdeutsch)

Et wöör an enen Südagmorgen tor Harvesttied, jüst as de Bookweeten bloihde: de Sünn wöör hellig upgaen am Hewen, de Morgenwind güng warm över de Stoppeln, de Larken süngen inn'r Lucht (Luft), de Immen sumsten in de Bookweeten, un de Lüde güngen in ehren Sündagsstaht nah'r Kerken, un alle Kreatur wöör vergnögt, un de Swinegel ook.

De Swinegel aver stünd vör siener Döhr, harr de Arm ünnerslagen, keek dabi in den Morgenwind hinut un quinkeleerde en lütjet Leedken vör sich hin, so good un so slecht as nu eben am leewen Sündagmorgen en Swinegel so singen pleggt. Indem he nu noch so half liese vör sick hin sung, füll em up enmal in, he künn ook wol, mittlerwiel sien Fro de Kinner wüsch un antröcke, en beeten in't Feld spazeeren und tosehen, wie sien Stähkröwen stünden. De Stähkröwen wöören aber de nöchsten bi sienem Huuse, un he pleggte mit siener Familie davon to eten, darüm sagh he se as de sienigen an. Gesagt, gedahn. De Swinegel makte de Huusdöör achter sick to un slög den Weg nah 'n Felde in. He wöör noch nich gans wiet von Huuse un wull jüst um den Slöbusch (Schlehenbusch), de dar vörm Felde liggt, nah den Stähkröwenacker hinup dreien, as em de Haas bemött, de in ähnlichen Geschäften uutgahn wöör, nämlich um sienen Kohl to besehn. As de

Swinegel den Haasen ansichtig wöör, so böhd he em en fründlichen go'n Morgen. De Haas aver, de up siene Wies en vörnehmer Herr was, un grausahm hochfahrtig dabi, antworde nicks up den Swinegel sienen Gruß, sondern segte tom Swinegel, wobi he en gewaltig höhnische Miene annöhm: »Wie kummt et denn, dat du hier all bi so fröhem Morgen im Felde rumlöppst?« – »Ick gah spazeeren,« seggt de Swinegel. – »Spazeeren?« lachte de Haas, »mi ducht du kunnst de Been ook wol to betern Dingen gebruuken.« Disse Antword verdrööt den Swinegel ungeheuer, denn alles kunn he verdregen, aver up siene Been laet he nicks komen, eben weil se von Natuhr scheef wöören. »Du bildst di wol in,« seggt nu de Swinegel tom Haasen, »as wenn du mit diene Beene mehr utrichten kunnst?« – »Dat denk ick,« seggt de Haas. – »Dat kummt up'n Versöök an,« meent de Swinegel, »Ick pareer, wenn wie in de Wett loopt, ick loop di vörbi.« – »Dat is tum Lachen, du mit diene scheefen Been,« seggt de Haas, »aver mienetwegen mach't sien, wenn du so övergroote Lust hest. Wat gilt de Wett?« – »En goldne Lujedor un 'n Buddel Branwien,« seggt de Swinegel. »Angenahmen,« spröök des Haas, »sla in, un denn kann't glick los gahn.« – »Nä, so groote Ihl hett et nich,« meen de Swinegel, »ick bün noch gans nüchdern; eerst will ick to Huus gahn un en beeten fröhstücken; inner halven Stünd bin ick wedder hier upp 'n Platz.«

Damit güng der Swinegel, denn de Haas wöör et tofreeden. Ünnerwegs dachte de Swinegel bi sick: »De Haas verlett sick up siene langen Been, aver ick will em wol kriegen. He is zwar ehn vörnehm Herr, aver doch man 'n dummen Kerl, un betahlen sall he doch.« As nu de Swinegel to Huuse ankööm, spröök he to sien Fro: »Fro, treck di gau (schnell) an, du mußt mit mi nah'n Felde hinuut.« – »Wat givt et denn?« seggt sien Fro. »Ick hev mit 'n Haasen wett't um 'n golden Lujedor un 'n Buddel Branwien, ick will mit em inn Wett loopen, un da salst du mit dabi sien.« – »O mien Gott, Mann,« füng nu de Swinegel sien Fro an to schreen, »büst do nich klook, hest du denn ganz den Verstand verlaaren? Wie kannst du mit den Haasen in de Wett loopen wollen?« – »Holt dat Muul, Wief,« seggt der Swinegel, »dat is miene Saak. Resonehr nich in Männergeschäfte. Marsch, treck di an un denn kumm mit.« Wat sull den Swinegel sien Fro maken? Se mußt wol folgen, se mugg nu wollen oder nich.

Als se nu mit eenander ünnerwegs wöören, spröök de Swinegel to sien Fro: »Nu pass up, wat ick seggen will. Sühst du, up den langen Acker dar wüll wi unsen Wettloop maken. De Haas löppt nemlich in der eenen Föhr (Furche) un ick inner andern, un von baben (oben) fang wi an to loopen. Nu hast du wieder nicks to dohn, as du stellst di hier unnen in de Föhr, un wenn de Haas up de andere Siet ankummt, so röpst du em entgegen: »›Ick bün all (schon) hier.‹«

Damit wöören se bi den Acker anlangt, de Swinegel wiesde siener Fro ehren Platz an un gung nu den Acker hinup. As he baben ankööm, wöör de Haas all da. »Kann et losgahn?« seggt de Haas. »Ja wol,« seggt de Swinegel. »Denn man to!«

Un damit stellde jeder sick in siene Föhr. De Haas tellde (zählte): »hahl een, hahlt twee, hahl dree«, un los güng he wie en Stormwind den Acker hindahl (hinab). De Swinegel aver lööp ungefähr man dree Schritt, dann duhkde he sick dahl (herab) in de Föhr un bleev ruhig sitten.

As nu de Haas in vullen Loopen ünnen am Acker ankööm, röpp em den Swinegel sien Fro entgegen: »ick bün all hier.« De Haas stutzd un verwunderde sick nich wenig: he meende nich anders, als et wöör de Swinegel sülvst, de em dat torööp, denn bekanntlich süht den Swinegel sien Fro jüst so uut wie ehr Mann. De Haas aver meende: »Datt geiht nich to mit rechten Dingen.« He rööp: »Nochmal geloopen, wedder üm.« Un fort güng he wedder wie en Stormwind, dat em de Ohren am Koppe flögen. Den Swinegel sien Fro aver bleev ruhig up ehren Platze. As nu de Haas baben ankööm, rööp em de Swinegel entgegen: »ick bün all hier.« De Haas aver, ganz unter sick vör Ihwer (Ärger) schreede: »Nochmal geloopen, wedder üm.« – »Mi nich to schlimm,« antwoorde de Swinegel, »mienetwegen so oft, as du Lust hest.« So löpt de Haas noch dreeunsöbentigmal, un de Swinegel höhl (hielt) et ümmer mit em uut. Jedesmal, wenn de Haas ünnen oder baben ankööm, seggten de Swinegel oder sien Fro: »Ick bün all hier.«

Tum verunsöbentigstenmal aver köm de Haas nich mehr to ende. Midden am Acker stört he tor Eerde, datt Blohd flög em utn Halse, un he bleev doot upn Platze. De Swinegel aver nöhm siene gewunnene Lujedor un den buddel Branwien, rööp siene Fro uut der Föhr aff, un beide güngen vergnögt miteenanner nah Huus: un wenn se nich storben sünd, lewt se noch. –

So begev et sick, datt up der Buxtehuder Heid de Swinegel den Haasen dodt lopen hett, un sied jener Tied hatt et sick keen Haas wedder infallen laten mit'n Buxtehuder Swinegel in de Wett to lopen. – –

De Lehre aver uut disser Geschicht is erstens, datt keener, un wenn he sick ook noch so vörnehm dücht, sick sall bikommen laten, övern geringen Mann sick lustig to maken, un wöört ook man 'n Swinegel. Un tweetens, datt et gerahden is, wenn eener freet, datt he sick 'ne Fro uut sienem Stande nimmt, un de jüst so uutsüht as he sülvst. Wer also en Swinegel is, de mutt tosehn, datt siene Fro ook en Swinegel is, un so wieder.

FRIEDRICH RÜCKERT,
geb. am 16. Mai 1788 zu Schweinfurt, studierte von 1805-1809 in Würzburg und Heidelberg und wurde 1811 Privatdozent in Jena und 1826, nachdem er inzwischen an verschiedenen Orten privatisiert und größere Reisen gemacht hatte, Professor der orientalischen Sprachen an der Universität zu Erlangen. 1841 ging er als Geh. Regierungsrat und Professor nach Berlin, gab jedoch 1849 seine aka-

demische Tätigkeit auf und zog sich auf sein Gut Neuses bei Koburg zurück, wo er am 31. Jan. 1866 starb. – Rückert hat besonders orientalische Parabelstoffe bearbeitet.

Parabel

Es ging ein Mann im Syrerland,
Führt' ein Kamel am Halfterband.
Das Tier mit grimmigen Gebärden
Urplötzlich anfing scheu zu werden
Und tat so ganz entsetzlich schnaufen.
Der Führer vor ihm mußt' entlaufen.
Er lief und einen Brunnen sah
Von ungefähr am Wege da.
Das Tier hört' er im Rücken schnauben,
Das mußt' ihm die Besinnung rauben.
Er in den Schacht des Brunnens kroch,
Er stürzte nicht, er schwebte noch.
Gewachsen war ein Brombeerstrauch
Aus des geborstnen Brunnens Bauch;
Daran der Mann sich fest tat klammern
Und seinen Zustand drauf bejammern.
Er blickte in die Höh' und sah
Dort das Kamelhaupt furchtbar nah,
Das ihn wollt' oben fassen wieder.
Dann blickt' er in den Brunnen nieder;
Da sah im Grund er einen Drachen
Aufgähnen mit entsperrtem Rachen,
Der drunten ihn verschlingen wollte,
Wenn er hinunterfallen sollte.
So schwebend in der beiden Mitte,
Da sah der Arme noch das dritte.
Wo in die Mauerspalte ging
Des Sträuchleins Wurzel, dran er hing,
Da sah er still ein Mäusepaar;
Schwarz eine, weiß die andre war.
Er sah die schwarze mit der weißen
Abwechselnd an der Wurzel beißen.
Sie nagten, zausten, gruben, wühlten,

Die Erd' ab von der Wurzel spülten;
Und wie sie rieselnd niederrann,
Der Drach' im Grund aufblickte dann,
Zu sehn, wie bald mit seiner Bürde
Der Strauch entwurzelt fallen würde.
Der Mann in Angst und Furcht und Not
Umstellt, umlagert und umdroht,
Im Stand des jammerhaften Schwebens
Sah sich nach Rettung um vergebens.
Und da er also um sich blickte,
Sah er ein Zweiglein, welches nickte
Vom Brombeerstrauch mit reifen Beeren;
Da konnt' er doch der Lust nicht wehren.
Er sah nicht des Kameles Wut
Und nicht den Drachen in der Flut
Und nicht der Mäuse Tückespiel,
Als ihm die Beer' ins Auge fiel.
Er ließ das Tier von oben rauschen
Und unter sich den Drachen lauschen
Und neben sich die Mäuse nagen,
Griff nach den Beerlein mit Behagen,
Sie deuchten ihm zu essen gut,
Aß Beer' auf Beerlein wohlgemut,
Und durch die Süßigkeit im Essen
War alle seine Furcht vergessen.

Du fragst: Wer ist der töricht' Mann,
Der so die Furcht vergessen kann?
So wiss', o Freund, der Mann bist du;
Vernimm die Deutung auch dazu.
Es ist der Drach' im Brunnengrund
Des Todes aufgesperrter Schlund,
Und das Kamel, das oben droht,
Es ist des Lebens Angst und Not.
Du bist's, der zwischen Tod und Leben
Am grünen Strauch der Welt mußt schweben.
Die beiden, so die Wurzel nagen,
Dich, samt den Zweigen, die dich tragen,
Zu liefern in des Todes Macht,
Die Mäuse beißen Tag und Nacht.

Es nagt die schwarze wohl verborgen
Vom Abend heimlich bis zum Morgen,
Es nagt vom Morgen bis zum Abend
Die weiße, wurzeluntergrabend.
Und zwischen diesem Graus und Wust
Lockt dich die Beere Sinnenlust,
Daß du Kamel, die Lebensnot,
Daß du im Grund den Drachen Tod,
Daß du die Mäuse Tag und Nacht
Vergissest und auf nichts hast acht,
Als daß du recht viel Beerlein haschest,
Aus Grabes Brunnenritzen naschest.

WILHELM HEY,
geb. 26. März 1789 zu Leina bei Gotha als Sohn eines Pfarrers, kam 1802 auf das Gymnasium nach Gotha, studierte in Jena und Göttingen Theologie, ging als Hauslehrer nach Holland, kehrte 1814 zurück und wurde Gymnasiallehrer in Gotha, 1818 Pfarrer zu Töttelstedt, 1827 Hofprediger an der Schloßkirche zu Gotha, 1832 Superintendent in Ichtershausen, wo er am 19. Mai 1854 starb. – Hey gab 1833 »Fünfzig Fabeln für Kinder«, 1835 »Noch fünfzig Fabeln« heraus.

Der Knabe und der Esel

»Esel, ein Rätsel rat einmal:
Es ist ein Tier gar grau und fahl,
Hat kurzen Verstand und Ohren lang,
Schreit ›ia‹ und schleicht mit trägem Gang.« –
»Nein, Knabe, das ist mir zu schwer und zu fein;
Was mag das für ein Tierchen sein?«

Da rief ihm der Knabe mit Lachen zu:
»Ei, schäme dich, Esel, das bist du!«
Er hört' es, doch konnt' er's noch nicht fassen.
Da hat ihn der Knabe zuletzt verlassen.
Warum auch hat er nicht daran gedacht?
Der Esel ist nicht zum Raten gemacht.

Der Hund und der Igel

»Igel da, hörst du? Jetzt krieg' ich dich!« –
»Hündlein, nicht gar sehr fürcht' ich mich.« –
»Sag doch, wie willst du dich denn wehren?« –
»Das werden dich meine Stacheln lehren;
Gar mancher faßte zu schnell mich an,
Dem hat es nachher sehr leid getan.«

Allzuschnell griff das Hündchen zu.
»Pfui, welch stachlichtes Fell hast du!
Wer dich streichelt, dem tut's nicht gut,
Dringet ihm durch gleich bis aufs Blut.«
Hündchen, das zog ein krumm Gesicht:
»Igel, geh hin, ich mag dich nicht!«

Knabe und Hündchen

»Komm nun, mein Hündchen, zu deinem Herrn!
 Ordentlich gerade sitzen lern'!« –
»Ach, soll ich schon lernen und bin noch so klein!
 O laß es doch noch ein Weilchen sein!« –
»Nein, Hündchen, es geht am besten früh;
 Denn später macht es dir große Müh'.«

Das Hündchen lernte; bald war's geschehn,
Da konnt' es schon sitzen und aufrecht gehn,
Getrost in das tiefste Wasser springen
Und schnell das Verlorene wiederbringen.
Der Knabe sah seine Lust daran,
Lernt' auch und wurde ein kluger Mann.

Das Kind und der Ochse

»Ei, Ochse, worüber denkst du nach,
Daß du daliegst fast den ganzen Tag
Und machst so gar ein gelehrt Gesicht?« –
»Hab Dank für die Ehre! So schlimm ist's nicht.
Die Gelehrsamkeit, die muß ich dir schenken;
Ich halte vom Kauen mehr als vom Denken.«

Und als er noch gekaut eine Weile –
Er hatte nicht eben die größte Eile –
Da spannten sie vor den Wagen ihn;
Ein schweres Fuder sollt' er ziehn.
Das tat er auch ganz wohlgemut;
Das Denken konnt' er nicht so gut.

AGNES FRANZ,
geb. am 8. März 1794 zu Militsch in Schlesien, wo ihr Vater Regierungsrat war, lebte als Dichterin und Jugendschriftstellerin später in Schweidnitz, Wesel, Siegburg, Brandenburg und kehrte 1837 in ihre schlesische Heimat nach Breslau zurück, wo sie am 13. Mai 1843 starb. – Sie schrieb viele Fabeln und Parabeln für Kinder und veröffentlichte 1829 ein Buch »Parabeln.«

Die Schwingen des Lebens

Als die Schöpfung der Erde beendigt war, und der Mensch, von der Dämmerung tiefen Schlummers umfangen, die Freuden des Daseins in seligen Träumen zum ersten Male begrüßte: da traten drei hohe Engel, so dem Schöpfer gefolgt waren, um das Werk seiner Allmacht zu schauen, vor die Lagerstätte des Schlummernden, den Herrn der Schöpfung begrüßend, im Gefühl der Liebe und Freude.

Und als sie sich zu demselben herabbeugten, waren sie überrascht von der Schönheit und der vollendeten Gestalt des Erschaffenen, und sie sprachen zueinander: »Wahrlich, der Mensch steht den Engeln sehr nahe, wenn seine Seele der Reinheit und Hoheit seiner Züge enspricht!«

»Aber,« begann der eine, dessen Stirn ernster und höher strahlte als die der übrigen, »ein Schmuck der Himmelsbewohner wurde dennoch dem Sohne der Erde versagt, siehe, ihm fehlt das Zeichen der Freiheit, das schimmernde Flügelpaar!«

Trauernd sahen die Engel die Entdeckung des ernsteren Bruders bestätigt, und sie flüsterten leis: »Wollte der göttliche Meister hierdurch andeuten, daß des Staubes Kind noch nicht würdig sei des freien Aufschwungs und der seligen Freuden im Gebiete des Lichts?«

Da stieg aus dem nahen Gebüsch ein Adler empor und durchschnitt mit breiten Schwingen die Luft und verschwand dann in der sonnigen Höhe. Und die Engel erblickten ihn und begannen von neuem: »Siehe den Vogel des Gebirges! Ist er nicht freier und begünstigter denn der Herr der Erde? Und wird dieser ohne Neid nachzublicken vermögen in die sonnigen Regionen?« –

»Laßt uns,« rief einer der Engel, dessen Antlitz so mild wie der Himmel und schön wie die Morgenröte leuchtete, »laßt uns vor Jehova treten und für den Menschen bitten, daß er gleich uns das Geschenk der Freiheit erhalte und nicht an den Boden gefesselt sei, gleich den Tieren des Waldes und dem niedern Gewürm!« »Ja, wir wollen zu dem göttlichen Meister, er wird uns erhören!« rief der dritte, das selige Auge erhebend, und dahin schwebten die Engel auf den Fittichen des Morgenlichts.

Als aber Jehova der Engel Fürbitte vernommen, ruhte sein göttliches Auge mit Wohlgefallen auf den freundlichen Lichtgestalten, die also in liebender Sorge erglühten für den jungen, unmündigen Menschen. – »Ihr begehrt für den Sohn des Staubes der Lichtbewohner seliges Los?« sprach Jehova. »Aber noch liegt der Freiheit Glück außer den Grenzen seiner Kraft!

Ihn für dieses zu erziehen, sein Herz für eure Freuden zu bilden, ist die Aufgabe seines Daseins, und die Sehnsucht nach diesem ihm noch versagten Glück das Band, welches ihn an die Geisterwelt knüpft. Aber wollet ihr, die ihr des Neuerschaffenen mit so sorgender Liebe gedenket, ihm, wenn seine Kraft ermattet, eure Fittiche leihen, so sei es fortan in eure Macht gegeben, des Sterblichen Los zu erleichtern. Gehet hinab und werdet seine Führer auf dem Pfade des Lebens und gebet ihm durch eure Nähe den Vorschmack künftiger Wonnen!«

Und alsobald jauchzten die Engel voll hoher Freude und umschlangen sich inniger und schwebten vereinigt zur Erde hinab und traten vor des Schlummernden Lager. Freudentränen im Auge, legten sie ihre Hände auf des Menschen Brust, wie zu einem stillen Gelübde. »O du, der du jetzt noch in den Armen des Schlummers liegst,« begann der jüngste der Engel, »gedenke, wenn du einst auf deinem Pfade manchem Ungemach, mancher Klippe begegnest, gedenke meines Wortes! Hebe deine Blicke getrost zu mir, und ich werde dir meine Schwingen leihen, denn leicht tragen dich die Fittiche der Hoffnung über die Dornen des Augenblicks und führen dich in lichtere Gefilde.«

»Und wenn einst die Last des Tages zu schwer deinen Nacken darniederbeugt,« begann der zweite mit mildem Antlitz, »so komm zu mir, ich will deine Bürde erleichtern! Der Liebe starke mutige Schwingen werden dein Leben mit wunderbarer Kraft durchströmen, und unermüdlich wirst du das Gute schaffen und fördern und weit mehr vollbringen, als die schwache Hand des Sterblichen zu versprechen vermag.«

»Und wenn einst Stunden dir nahen,« so begann der dritte Engel in leuchtender Hoheit, »wo irdischer Schmerz oder selbstverschuldetes Unglück dich im Genusse des Friedens, des Glückes zu stören droht, wenn du dich von Banden eingeengt fühlest, die du nicht zu lösen vermagst, und tiefverwirrt in den Labyrinthen des Lebens nach Hilfe und Rettung verlangst, dann nimm, o Sterblicher, getrost deine Zuflucht zu mir! Des Glaubens heilige Fittiche überwinden jede Erdengewalt und tragen dich aus Nacht und Dunkel empor zu des ewigen Vaters liebender Brust. Mein Himmel soll in diesem Augenblick der deine, meine selige Kraft die deinige sein, und du wirst geläutert und beruhigt heimkehren zu dem Busen der mütterlichen Erde.«

Also sprachen die Engel und reichten sich die Hände zum dauernden Bunde. Jehova aber blickte mit Liebe auf die Vereinigten und weihte sie zu den Schutzgeistern der Menschen.

ABRAHAM EMANUEL FRÖHLICH,
geb. am 1. Februar 1796 in Brugg als Sohn eines Lehrers, studierte in Zürich Theologie, wurde 1817 Lehrer an der Lateinschule in Brugg, 1827 Professor der deutschen Sprache an der Kantonsschule in Aarau, 1836 Rektor der dortigen Bezirksschule und starb am 1. Dezember 1865 in Gebensdorf im Aargau. – 1825 gab Fröhlich »Hundert neue Fabeln« heraus.

Die Nützlichen

»Unkraut seid ihr,« sprachen Ähren
  Zu der Korn- und Feuerblume;
»Und ihr dürfet euch, vermessen
  Selbst von unserm Boden nähren?«

»Wir sind freilich nicht zu essen,
  Wenn das einzig hilft zu Ruhme,«
Sagten diese Wohlgemuten;
»Aber wir erblühn hieneben,
  Euer Einerlei, ihr Guten,
  Mannigfarbig zu beleben.«

Nachbeter

Der Fink zum Echo sprach:
»Du singst auch alles nach
Und wiederholst mit Preisen
Das Lied der Nachtigallen
Wie das Geschwätz des Wichts.
Hast du auch eigne Weisen,
Kannst etwas oder nichts?« –
»Nichts, nichts,« hört man erschallen.

Von der einen Herde

Die Wölfe sagen zu der Herde:
»Macht, daß das Wort erfüllet werde:
Bei Lämmern werden Wölfe liegen
Und Leoparden bei den Ziegen!« –

»Das, hören Sie, wird dann geschehn,
Wenn Leun mit Stieren grasen gehn.
Doch nirgends wurde prophezeit,
Die Wölfe bringen diese Zeit!«

Schusterkritik

Die Amsel preist mit Schweigen
Den Nachtigallenreigen;
Da quaken aus dem Weiher
Im Chor die Überschreier.
Sie frägt die Wasserleute,
Was solches denn bedeute?
Da sagt eins von den Tieren:
»Wir sind am Kritisieren!«

HEINRICH HEINE,
geb. 13. Dezember 1797 zu Düsseldorf, war zuerst kurze Zeit Kaufmann, studierte dann seit 1819 in Bonn, Göttingen und Berlin Jura, trat 1825 vom Judentum zum Protestantismus über, lebte darauf in Hamburg und München, machte Reisen nach England und Italien und nahm seit 1831 dauernd in Paris Aufenthalt, wo er von der französischen Regierung ein Jahresgehalt bezog; er starb nach achtjährigem Krankenlager am 17. Februar 1856. – Unter seinen letzten Gedichten befindet sich eine kleine Anzahl Fabeln.

Der tugendhafte Hund

Ein Pudel, der mit gutem Fug
Den schönen Namen Brutus trug,
War viel berühmt im ganzen Land
Ob seiner Tugend und seinem Verstand.
Er war ein Muster der Sittlichkeit,
Der Langmut und Bescheidenheit.
Man hörte ihn loben, man hörte ihn preisen
Als einen vierfüßigen Nathan den Weisen.
Er war ein wahres Hundejuwel!
So ehrlich und treu! Eine schöne Seel'!

Auch schenkte sein Herr in allen Stücken
Ihm volles Vertrauen, er konnte ihn schicken
Sogar zum Fleischer. Der edle Hund
Trug dann einen Hängekorb im Mund,
Worin der Metzger das schön gehackte

Rindfleisch, Schaffleisch, auch Schweinefleisch packte. –
Wie lieblich und lockend das Fett gerochen,
Der Brutus berührte keinen Knochen,
Und ruhig und sicher, mit stoischer Würde,
Trug er nach Hause die kostbare Bürde.
Doch unter den Hunden wird gefunden
Auch eine Menge von Lumpenhunden –
Wie unter uns – gemeine Köter,
Tagdiebe, Neidharde, Schwerenöter,
Die ohne Sinn für sittliche Freuden
Im Sinnenrausch ihr Leben vergeuden!
Verschworen hatten sich solche Racker
Gegen den Brutus, der treu und wacker,
Mit seinem Korb im Maule, nicht
Gewichen von dem Pfad der Pflicht. –

Und eines Tages, als er kam
Vom Fleischer und seinen Rückweg nahm
Nach Hause, da ward er plötzlich von allen
Verschwornen Bestien überfallen.
Da ward ihm der Korb mit dem Fleisch entrissen,
Da fielen zu Boden die leckersten Bissen,
Und fraßbegierig über die Beute

Warf sich die ganze hungrige Meute. –
Brutus sah anfangs dem Schauspiel zu
Mit philosophischer Seelenruh';
Doch als er sah, daß solchermaßen
Sämtliche Hunde schmausten und fraßen,
Da nahm auch er an der Mahlzeit teil
Und speiste selbst eine Schöpsenkeul'.

Moral:
»Auch du, mein Brutus, auch du, du frißt?«
So ruft wehmütig der Moralist.
Ja, böses Beispiel kann verführen;
Und, ach! gleich allen Säugetieren,
Nicht ganz und gar vollkommen ist
Der tugendhafte Hund – er frißt!

Pferd und Esel

Auf eisernen Schienen so schnell wie der Blitz
Dampfwagen und Dampfkutschen
Mit dem schwarzbewimpelten Rauchfangmast
Prasselnd vorüberrutschen.

Der Troß kam einem Gehöft vorbei,
Wo über die Hecke guckte
Langhalsig ein Schimmel; neben ihm stand
Ein Esel, der Disteln schluckte.

Mit stierem Blick sah lange das Pferd
Dem Zuge nach. Es zittert
An allen Gliedern und seufzt und spricht:
»Der Anblick hat mich erschüttert!
Wahrhaftig, wär' ich nicht von Natur
Bereits gewesen ein Schimmel,
Erbleichend vor Schrecken wär' mir die Haut
Jetzt weiß geworden; o Himmel!

Bedroht ist das ganze Pferdegeschlecht
Von schrecklichen Schicksalsschlägen.

Obgleich ein Schimmel, schau' ich jedoch
Einer schwarzen Zukunft entgegen.

Uns Pferde tötet die Konkurrenz
Von diesen Dampfmaschinen –
Zum Reiten, zum Fahren wird sich der Mensch
Des eisernen Viehes bedienen.

Und kann der Mensch zum Reiten uns,
Zum Fahren uns entbehren –
Ade der Hafer! Ade das Heu!
Wer wird uns dann ernähren?

Des Menschen Herz ist hart wie Stein;
Der Mensch gibt keinen Bissen
Umsonst. Man jagt uns aus dem Stall,
Wir werden verhungern müssen.

Wir können nicht borgen und stehlen nicht
Wie jene Menschenkinder,
Auch schmeicheln nicht, wie der Mensch und der Hund –
Wir sind verfallen dem Schinder.«

So klagte das Roß und seufzte tief.
Der Langohr unterdessen
Hat mit der gemütlichen Seelenruh'
Zwei Distelköpfe gefressen.

Er leckte die Schnauze mit der Zung',
Und gemütlich begann er zu sprechen:
»Ich will mir wegen der Zukunft nicht
Schon heute den Kopf zerbrechen.

Ihr stolzen Rosse seid freilich bedroht
Von einem schrecklichen Morgen.
Für uns bescheidne Esel jedoch
Ist keine Gefahr zu besorgen.

So Schimmel wie Rappen, so Schecken wie Fuchs,
Ihr seid am Ende entbehrlich;

Uns Esel jedoch ersetzt Hans Dampf
Mit seinem Schornstein schwerlich.

Wie klug auch die Maschinen sind,
Welche die Menschen schmieden,
Dem Esel bleibt zu jeder Zeit
Sein sicheres Dasein beschieden.

Der Himmel verläßt seine Esel nicht,
Die ruhig im Pflichtgefühle,
Wie ihre frommen Väter getan,
Tagtäglich traben zur Mühle.

Das Mühlrad klappert, der Müller mahlt
Und schüttet das Mehl in die Säcke;
Das trag' ich zum Bäcker, der Bäcker backt,
Und der Mensch frißt Bröte und Wecke.

In diesem uralten Naturkreislauf
Wird ewig die Welt sich drehen,
Und ewig unwandelbar wie die Natur
Wird auch der Esel bestehen.«

Moral:
Die Ritterzeit hat aufgehört,
Und hungern muß das stolze Pferd.
Dem armen Luder, dem Esel, aber
Wird niemals fehlen sein Heu und Haber.

GUSTAV PFARRIUS,
geb. am 31. Dezember 1800 zu Heddesheim bei Kreuznach als Sohn des dortigen evang. Pfarrers, studierte in Halle und Bonn klassische Philologie und Geschichte und wirkte als Gymnasiallehrer von 1823-33 in Saarbrücken und hierauf bis 1863 in Köln, wo er, 21 Jahre nach seiner Pensionierung, am 15. August 1884 starb. – Die folgende Fabel ist seinem Buch »Waldlieder« (1850) entnommen.

Reineke und seine Kinder

Als Reineke einst mit Vaterpflicht
seinen Kindern erteilte Unterricht
Und nach der alten Weis' und Lehr'
Die Jungen sprangen kreuz und quer,
Und selbst sein Weib, Frau Ermelein,
Sich mischte ins Getümmel hinein,
Da machte bei ihnen noch spät Visite
Grimbart, der Dachs, und sprach: »Ich bitte
Euch, Neffe und Euch, Frau Ermelein,
Was ist das für ein Toben und Schrein?
Ihr erzieht ja die Kinder wie Türken und Heiden
Und laßt von niemanden euch bescheiden;
Vom Fuchs verlangt man heute mehr,
Als Hühner fangen und Gänse jagen,
Und was man sonst aus Eurer Lehr',
Geliebter Neffe, davon wird tragen.
Vertraut die Kinder meiner Hut,
Ihr wißt, ich hab' ein Institut«! –

»Herr Ohm,« sprach Ermelein ganz verschämt,
»Es ist so leider, wir Ihr's nehmt;

Wir wohnen zu weit von der Stadt entfernt,
Und Reineke selbst hat nichts gelernt
In seiner Jugend; doch gerne säh' ich
Studiert die Kinder, sie sind's wohl fähig.«
Reineke sagt' nicht ja, nicht nein;
Den Handel schloß Frau Ermelein.
Und als von dannen Grimbart schritt,
Da nahm er Reinekens Söhne mit.

Darauf nach einem halben Jahr
Kam zu Vakanz das Kinderpaar.
Doch wie entsetzt sich Reineke da,
Als er die beiden Studiosen sah:
der älteste, Rossel, war lendenlahm,
An einem Stock daher er kam;
Und Reinhard, der jüngste, sein liebstes Kind,
Trug eine Brille, er war halb blind.
Indessen Grimbart, der selbst sie brachte
Und ihres Fleißes mit Lob bedachte,
Hielt flugs mit ihnen ein Examen.
Da nannten geläufig sie die Namen
Der Höhen alle, die fern und nah
Man ragen um Malepartus sah;
Sie kannten der Vögel ganz Geschlecht
Und Art und Klasse, vom Strauß zum Specht,
Sie wußten mit Nachhilf' anzugeben,
Wie Fuchs und Dachs in Sibirien leben;
Es zeigte Rossel, wie an dem Schrei
Des Hahns zu erkennen, ob fett er sei;
Und Reinhard wußte die Zoll sogar,
Wie weit Malepartus vom Brocken war.

Da schien Frau Ermelein hoch erfreut
Ob ihrer Söhne Gelehrsamkeit.
Doch Reineke, der kluge Wicht,
Teilte der Gattin Freude nicht.
Er sprach: »Sobald's wird morgen tagen,
Damit du zu Mittag etwas hast
Für Grimbart, unsern lieben Gast,
Wollen wir einen Braten jagen.«

Am frühen Morgen zogen sie aus,
Spät kamen sie ohne Fang nach Haus.
Da konnte man einmal Reineken sehn
Im Harnisch, was nicht oft geschehn;
Fuchswild und stampfend mit dem Fuß
Anfuhr er Frau Ermelein ohne Gruß:
»Da sehen wir's nun an der eigenen Brut,
Was eure gelehrte Erziehung tut;
Von einem Mops ließ sich Rossel fangen,
In einer Schlinge blieb Reinhard hangen.

Das war ein Gewinsel und ein Gebell,
Und kam ich nicht zu Hilfe schnell
Mit aller List und aller Kraft,
Jetzt lägen sie in des Todes Haft.«
Zu Grimbart höflicher wandte dann
Sich Reineke, der schlaue Mann:
»Herr Ohm, für heute tut mir's leid,
Daß Ihr so schlecht bewirtet seid;
Ihr freilich habt dafür Ersatz
In Eurer Kenntnisse reichem Schatz.
Ihr wißt von weitem, ob fett ein Hahn,
Das hört Ihr ihm am Krähen an,
Und seid imstande anzugeben,
Wie Fuchs und Dachs in Sibirien leben.
Dran habt nach Billigkeit und Fug
Ihr als gelehrter Mann genug.

Indessen meiner Söhne Lehr'
Die macht Euch allzu viel Beschwer,
Drum will ich mich selber wieder plagen,
Das Nötigste ihnen vorzutragen.
Will's Gott, so soll mir's noch gelingen,
Sie auf den alten Sprung zu bringen.
Und kehrt Ihr dann beim Abendschein
Einst wieder in Malepartus ein,
So haben wir zwar keinen Strauß im Kopf,
Dafür einen fetten Hahn im Topf;
Und wollt Ihr's dann nicht mit uns haben,
So mögt Ihr am Geruch Euch laben.«

Zum Abschied machte sich da bereit
Der Dachs und sprach mit Bitterkeit:
»Ich weiß es wohl, der heutige Lohn
Der Gelehrsamkeit ist Spott und Hohn!«
Sodann er stolz von dannen ging,
Wie schief ihm auch der Magen hing.

Doch Reineke nahm, wie's ziemt dem Mann,
Sich wieder der Zucht der Kinder an,
Und übte sie jahrein, jahraus, –
Da wurden tüchtige Füchse draus.

ROBERT REINICK,
geb. am 22. Februar 1805 in Danzig als Sohn eines Kaufmanns, wurde, früh verwaist, von einem Prediger erzogen, lebte als Maler und Dichter in Berlin, Düsseldorf, Rom und Dresden und starb am 7. Februar 1852. – Reinick gab 1844 »Lieder und Fabeln für die Jugend« heraus.

Bestrafter Hochmut

Die Wespe summte dem Roß ums Ohr,
Das spricht: »Hör auf, sonst schlag' ich!«
Die Wespe spricht: »Versuch's, du Tor!
Dein Schlagen, das ertrag' ich.
Komm! Statt zu drohen, kämpf mit mir!«
Da lacht voll Hohn das stolze Tier:
»Elender Wurm, nicht ziemt es mir,
Zu wechseln noch ein Wort mit dir!«
Die Wespe aber fliegt, nicht faul,
Dem Stolzen auf den Rücken.
Es wiehert, schnaubt, es schlägt der Gaul,
Sie hört nicht auf zu zwicken;
Sie fliegt ihm endlich gar ins Ohr
Und sticht und ruht nicht, bis der Tor,
Nachdem er fast vor Qual vergeht,
Den »Wurm« zuletzt um Gnade fleht.

Der Hund und die Sau

»Hör einmal, liebwertste Sau!
Wenn ich's mir so recht beschau',
Muß ich gestehn, daß mich's verdrießt,
Wie du deine Kinder erziehst.
Mitten im Schmutz, tagaus, tagein
Liegen sie da, als müßt' es sein,
Schrein und quieken und grunzen und schmatzen,
Daß einem fast die Ohren platzen,
Lernen nicht jagen, nicht hüten, nicht wachen,
Fressen die unappetitlichsten Sachen;
Wär's nicht traurig, man könnt' drüber lachen.
Hör, Frau Sau, nimm dich in acht!
Deine Kinder, eh' du's gedacht,
Werden – ich sprech', wie ich es meine –
Wenn's so fortgeht, echte Schweine!« –

Kaum hat so der Hund gesprochen,
Fährt die Sau ihn wütend an.
Und was hat er denn getan?
Wahrheit hat der Hund gesprochen,
Ja, die hört nicht jeder an!

Der Hahn

In der Sonne steht der Hahn,
Redet seine Hennen an:
»Seht mich an! Wo ist der Mann,
Der sich mit mir messen kann?
Seht, dies Auge groß und mächtig,
Meine Federn, golden, prächtig,
Meines Kammes Majestät,
Diese rote Krone seht!
Meine Haltung, stolz und schlank,
Meines Rufs Trompetenklang
Und mein königlicher Gang,
An den Füßen diese Sporen:
Alles zeigt euch einen Mann,

Der wahrhaftig sagen kann,
Daß zum Helden er geboren.«
Also spricht der stolze Hahn,
Kräht, so laut er krähen kann.
Plötzlich kommt ein kleiner Mops,
Springt und bellt mit lust'gem Hops
Nur zum Spaß den Helden an,
Und – o seht! der kühne Mann
Läuft, was er nur laufen kann.
Ach, du jämmerlicher Hahn!

Georg Daniel Hirtz,
geb. am 31. Mai 1830, gest. am 2. August 1887 zu Bischweiler, dichtete 50 Lafontainesche Fabeln in Straßburger Mundart um (»Fufzig Fawle fri noch'm Lafontaine«, 1880).

D' Fleddermuus un d' zwei Wissele

E Fleddermuus fahrt ungezählt
Ins Nest nyn vom e Wissele;
Diß het de Mys schunn lang noochg'stellt
Un saat: »Waart nurr e bissele,
Forr d' Junge gibscht e z' Owe-n-esse,
In eim Witsch wäere die dich fresse!«

»Herr Jeemer, bin ich denn e Muus,
Ach, kann m'r so ebb's meine?
Sieh ich nit wie e Vöeul us,
Betraacht' Sie myni Kleine:
Wie köenne die durch d'Lüefte flieije!
Sie sieht's, ich möecht Sie nit betrüeije.« –

's packt! D'Fleddermuus wurrd loos geloon,
Flieijt furrt un lacht ins Füestel;
Sie schnuuft un denkt: »Ich bin d'rvoon,«
Un wirft sich stolz ins Brüestel,
Un saat: »Do bin ich fyn gewese,
E Wissele soll mich nit fresse!«

Kurz d'ruff fallt unsri Muus im Sohn
Vom Wissele-n-in d'Klöue,
Krieejt forr ihr Frechheit fast de Lohn, –
Worrum het sie gelöue?
Der kann wohl d'Mys, kein Vöeijel schmecke
Un tuet sich schunn de Schnuutzer schlecke.

D'Muus rueft: »Halt, Sie trumpiere sich,
Hoor haw' ich un kein Fedd're,
Gegriffe nurr, Sie spüere's glich,
Worrum mich denn verleddre?

Ich bin e Muus, d'Mys soll lewe,
's sott niemals nie kein Katze gewe!«

Durch's Lüeije het diß Vieh zweimal
Syn Lewe schunn gewunne;
Uff dere Welt gibt's Lyt, die wohl
Diß Glüeck ihm köenne gunne,
Die wisse, wie d'r Wind möecht weihje
Demm nooch die Fahne schöen ze dreihje!

MARIE VON EBNER-ESCHENBACH,
geb. 13. September 1830 auf Schloß Zdislavic in Mähren, wohnte seit Mitte der 1860er Jahre als Gattin des Feldmarschalleutnant Moritz Frhr. v. E. ständig in Wien. – »Parabeln, Märchen und Gedichte« erschienen 1892.

Die Anhänger

Ein Schneckenmännchen, voll von Ehrgeiz und großen Ideen, – mit gutem Recht der Stolz seiner Nation, – unternahm es, an einer blankpolierten steinernen Gartenbank emporzuklimmen. Dort oben, meinte er, müsse ein weiter Ausblick und eine ganz neue Weltanschauung zu gewinnen sein.

Nach langem mühe- und gefahrvollen Ringen gelang es ihm endlich, die Kante der Banklehne zu erreichen.

Behaglich sah er sich um und dachte: Am Ziele seiner Wünsche zu stehen, ist doch wunderschön; es gibt der Schnecke ein äußerst wohltuendes Selbstbewußtsein. Übrigens habe ich mich umsonst geplagt, denn die Welt nimmt sich von dieser hohen Warte nicht anders aus, als von meiner alten Wohnung im Felsenspalt.

Das sagte er auch seinen zahlreichen Anhängern, die sich ringsum im Grase versammelt hatten, um ihn zu bewundern. Aber sie erwiderten: »Verzeih, das können wir nicht glauben. Dein Haus badet im Azur, deine Hörner reichen ans Himmelsgewölbe. Bei Tage kannst du schwelgen in Sonnennähe, bei Nacht Fangball spielen mit den Sternen. O du Großer, sei auch großmütig, gönne deinen treuen Anhängern Anteil an deinem Glücke! Hilf deinem Nebentier, hilf ihm zu dir hinauf!«

Immer hartnäckiger bestürmten sie ihn und begannen schon, ihm von allen Seiten nachzukriechen. Da er einsah, daß sie Vernunft nicht annehmen wollten oder vielleicht nicht – konnten, wohl auch geschmeichelt durch ihr Vertrauen, tat er, was sie verlangten. Er kam den Tollkühnen entgegen, beschützte die Zagenden, bugsierte den, schob jenen vorwärts... alles vergeblich. Die Schnecken waren ungeschickt, und als sich zuletzt gar zu viele von ihnen auf einmal an den Herrn Patron ankletteten, verließ ihn die Kraft, und er plumpste samt seinen Klienten auf die Erde nieder.

Da schämte und grämte er sich sehr und verlor seinen ganzen Anhang. Alle seine ehemaligen Verehrer aber erklärten einstimmig: »Die Leute an sich reißen, und sie dann ohne weiteres fallen lassen, ist doch gar zu schnöde!«

Der gute Feind

Der verkörperte Tadel – übrigens ein ehrlicher Bursche – begegnete einem jungen Poeten, erhob sofort seinen Knittel und bläute den ahnungslos Dahinschreitenden tüchtig durch. Wenn aber der Tadel nichts weniger als ein Höfling war, so war der Poet nichts weniger als ein Weichling. – Jetzt weiß ich, dachte er, wo ich zu treffen bin, und will mir die Lehre zunutze machen.

Er kühlte seine brennenden Striemen an der nächsten frischen Quelle und schritt unverdrossen weiter. Nach langer Zeit stieß er einmal auf das verkörperte Lob. Das hatte leider seinen unentbehrlichen Halt, den Takt, zu Hause gelassen und ergoß sich so lawinenartig über den Dichter, daß er sein Gleichgewicht verlor. Nicht genug. Immer in der besten Absicht und beeifert, der Welt zu zeigen, mit welcher Berechtigung sein Hymnus ertönte, nahm das Lob ein Seziermesser und öffnete dem Poeten das Herz.

Der Sterbende aber rief: – »O Tadel, mein guter Feind, singe du meinen Grabgesang!«

Ein Vergleich

Der Maulwurfshügel sprach zum Vulkan: »Du Weichling! Was tobst du und machst die Welt zum Zeugen deiner inneren Kämpfe? – Auch ich habe die meinen, – wer aber hat mich jemals Feuer speien sehen?«

Gänsezug

Die erste Gans im Gänsezug,
Sie schnattert: »Seht, ich führe!«
Die letzte Gans im Gänsezug,
Sie schnattert: »Seht, ich leite!«

Und jede Gans im Gänsezug,
Sie denkt: »Daß ich mich breite
So selbstbewußt, das kommt daher,
Weil ich, ein unumschränkter Herr,
Den Weg mir wähl' nach eignem Sinn,
All meiner Schritte Schreiter bin
Und meine Freiheit spüre!«

HEINRICH SEIDEL,
geb. 25. Juni 1842 in Perlin bei Wittenburg in Mecklenburg, studierte auf dem Polytechnikum in Hannover und auf der Gewerbeakademie in Berlin und war dann bis 1880 als Ingenieur tätig, worauf er sich ganz der Schriftstellerei widmete. Er starb zu Groß-Lichterfelde bei Berlin am 7. November 1906. – Seine »Gedichte« enthalten eine Reihe von Fabeln.

Das Huhn und der Karpfen

Auf einer Meierei,
Da war einmal ein braves Huhn,
Das legte, wie die Hühner tun,
An jedem Tag ein Ei
Und kakelte,
Mirakelte,
Spektakelte,
Als ob's ein Wunder sei.

Es war ein Teich dabei,
Darin ein braver Karpfen saß
Und stillvergnügt sein Futter fraß,
Der hörte das Geschrei:
Wie's kakelte,
Mirakelte,
Spektakelte,
Als ob's ein Wunder sei.

Da sprach der Karpfen: »Ei!
Alljährlich leg' ich 'ne Million
Und rühm' mich des mit keinem Ton:

Wenn ich um jedes Ei
So kakelte
Mirakelte,
Spektakelte –
Was gäb's für ein Geschrei!«

Der Gimpel

Behaglich sitzt in seinem kleinen Bauer
Der Gimpel, pfeifend sein gelerntes Lied.
Er hängt im Sonnenschein dort an der Mauer,
Er hat es gut und gar nichts fällt ihm sauer,
Er ist zufrieden, wie man deutlich sieht.
Das ist die Kunst! Sie führt zu hohen Ehren:
Man hat das kleine Tier bezahlt mit Gold.
Kann man die Nachtigall wohl Lieder lehren?
Man kann es nicht! Drum soll den Gimpel ehren,
Wer wahrer Kunstvollendung Beifall zollt!
Nun leiert er sein Lied, der brave Gimpel,
Wie er's gelernt hat, alle Tage her,
Pfeift seine Melodie so rein und simpel,
Daß alles jauchzt: »Wie schön singt unser Gimpel
Das Liedchen doch: ›Wenn ich ein Vöglein wär'!‹«

VICTOR BLÜTHGEN,
geb. am 4. Januar 1844 in Zörbig bei Halle, studierte Theologie, ging aber 1876 ganz in den schriftstellerischen Beruf über, indem er zunächst in die Redaktion der »Krefelder Zeitung«, dann in die der »Gartenlaube« eintrat, lebte seit 1881 als Dichter und Schriftsteller in Freienwalde a. O. und Berlin. Seine Fabeln sind noch ungesammelt.

Der Hirsch und der Graben

Im grünen Bruchland steht, das Haupt gesenkt,
Ein stolzer Hirsch vor einem breiten Graben.
»Verdrießlich,« spricht er, »ist es, wenn man denkt,
Wie schönes Gras da drüben wär' zu haben.
Jedoch der Graben! Wag' ich's oder nicht?
Er ist verzweifelt breit – wenn mein Gesicht
Nicht trügt, bei zwanzig Fuß und mehr.
Man ist für solchen Sprung doch schon zu schwer! –
Das Wasser scheint nicht tief; spräng' ich hinein,
Es könnte sein, daß sich's durchwaten ließe.
Doch nein! – Der Grund ist Moor. Versänk' ich drein,

Ich käm' zuletzt nicht wieder auf die Füße.
Hm, hm! – Ach was! Nur Mut, es wird schon gehn!«
Kaum springt er an, so bleibt er wieder stehn.
»Es ist unmöglich. Weiter oben dort
Kommt mir das Wasser schon viel schmäler vor;
Dort sei's probiert!«

                Schon geht der Zaudrer fort,
Da tönt des Jagdhunds Lechzen an sein Ohr.

Er blickt sich um. O weh, hier naht der Grimme!
Rasch setzt er an und schwingt mit aller Macht
Sich übern Graben. »Hätt' ich das gedacht!«
Spricht er und eilt, indes des Feindes Stimme
Dem Flüchtigen bald fern und ferner schallt,
Froh über Blachfeld in den sichern Wald.

Verborgen bleibt die eigene Kraft den meisten,
Die still hinwirken, friedlich, unbedroht;
Wie Schweres, Großes du vermagst zu leisten,
Das lehrt dich kennen erst der Drang der Not.

Der Herr Papagei

Ein Herr war auf Besuch gegangen.
Der Papagei auf seiner Stangen,
Wie jener kaum zur Tür hinaus,
Denkt: Hei, jetzt bin ich Herr im Haus!
Er wirft den Kopf stolz auf die Seite
Und rückt sich tüchtig in die Breite;
Drauf bricht er nach des Herren Weis'
Die schönste Rose von dem Stocke,
Hält mit der Pfote fein das Reis,
Bespiegelt sich im bunten Rocke
Und schaut sich vornehm um sodann
wie ein geborner Edelmann.

Nun lagen dicht dabei im Bette
Zwei Hündchen, Ami und Finette;
Sehr niedlich beide, fein und zierlich,
Auch wohlerzogen und manierlich,
Verstanden Künste mancherlei,
Waren doch nicht sehr schlau dabei.
Wie die der Papagei erschaut,
Ruft in des Herren Ton er laut:
»Finett', apport! Ami, mach schön!«
Schnell kommt der Ami Schildwach' stehn
Und mit ihm hastend in die Wette
Des Wurfs gewärtig äugt Finette,

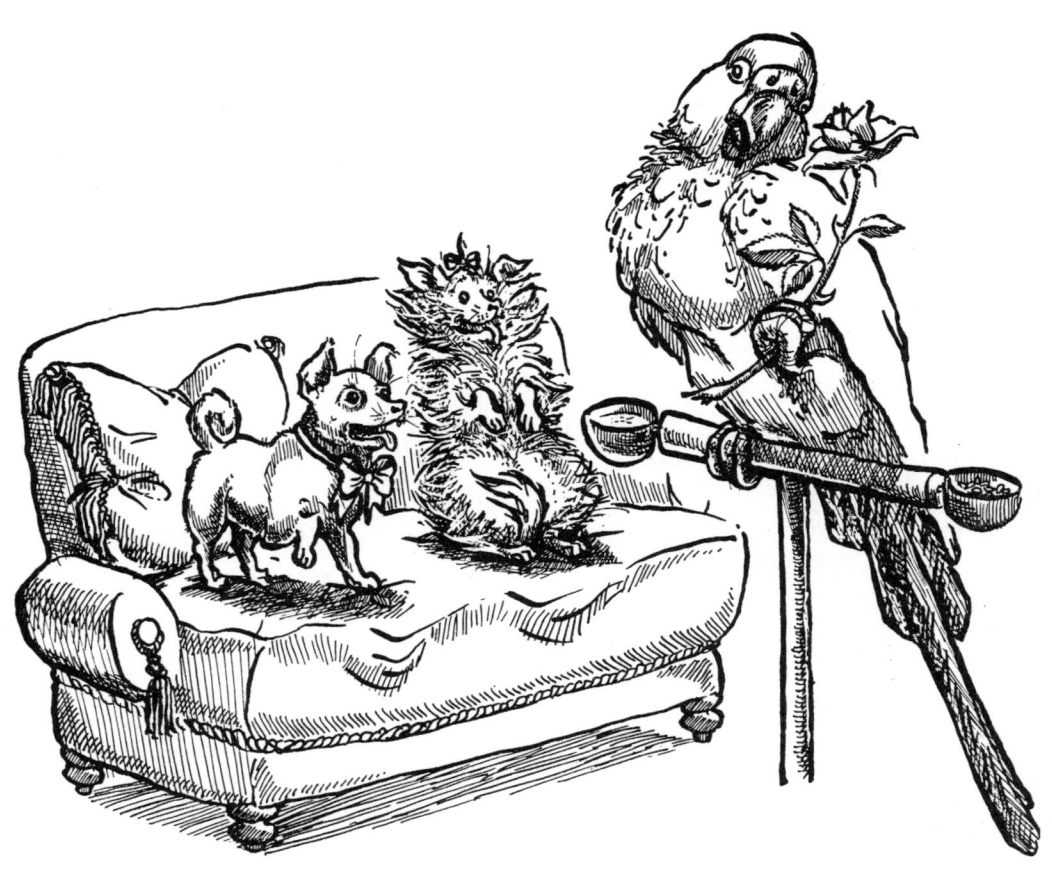

Da stehn und stehn die armen Tröpfe
Und recken unverwandt die Köpfe;
Der Papagei ruft immerfort:
»Ami, mach schön! Finett', apport!«
Finette wird fast blind vom Sehen,
Dem Ami schmerzen alle Zehen –
Erst als der Herr nach Hause kam,
Der Ärmsten Qual ein Ende nahm.
Wenn's einem Narren auf der Erden
Einfällt, als Herr sich zu gebärden,
Finden sich Narren jederzeit,
Die zum Gehorchen sind bereit.

OTTO VON LEIXNER,
(eig. Otto Leixner von Grünberg), geb. am 24. April 1847 in Schloß Saar in Mähren, studierte in Graz und München und lebte seit 1874 in Berlin und in Groß-Lichterfelde bei Berlin; er starb am 12. April 1907. – Seine Fabeln sind in seinen Werken »Randbemerkungen eines Einsiedlers«, »Herbstfäden« und »Deutsche Worte« zerstreut.

Die Emanzipierte

Eine Henne hatte sich auf einen Misthaufen gestellt und redete zu ihren Geschlechtsgenossinnen: »Wir müssen uns freimachen von den Hähnen, ja selbst Hähne werden. Nur die tausendjährige Unterdrückung hat unsere Natur verkümmert. Wir erkennen das Übergewicht des Hahnes nicht mehr an!« Sie stockte plötzlich, denn der überstarke Drang ihrer Weiblichkeit machte sich ihr bemerkbar, aber sie bezwang sich, um ihren Grundsätzen nicht untreu zu werden, und schrie: »Auch wir wollen den Kamm und die Sporen!« In diesem Augenblick erlahmte ihre Widerstandskraft, und es entfiel ihr ein weißes, schimmerndes Ei.

Ein Hahn, welcher vom Zaune her die Versammlung belauscht hatte, brach in ein krähendes Gelächter aus: »Und wenn ihr noch so schreit, ihr werdet immer mitten in euren logischen Erörterungen unlogische Gefühlseier legen. Was als Gackgack geboren ist, wird niemals zum Kikeriki.«

Die Farren und die Eiche

Mitten unter hohen Farren begann ein junges Eichbäumchen zu sprießen. Jene blickten mißmutig auf ihn nieder und befeindeten den Eindringling auf alle Weise, indem sie ihm das Licht und die Nährkraft der Erde zu entziehen suchten. Er jedoch im Vertrauen auf die eingeborene Kraft duldete alles. Als er aber nach Jahren das Kraut mit stolzer Krone überragte, da flüsterten sie alle zu ihm ergeben und im Schmeichelton: »Wir haben es ja immer gesagt, daß du ein großes Talent bist.«

Krähe und Adler

»Herr Adler,« sagte eine dicke Krähe zu dem König der Vögel, »was findest du denn so Schönes daran, hoch in die Lüfte zu fliegen, wo es nichts zu essen gibt?« Der Aar sagte ruhig: »Das Bewußtsein, die Fernen zu überwinden, das Licht und die Freiheit!« – und hob sich mit mächtigem Flügelschlag von dannen. Die Krähe sah ihm kopfschüttelnd nach: »Der Schlaue! Jedenfalls gibt es oben doch auch Regenwürmer, sonst würde der Adler nicht hinauffliegen.« – Nur Gleiche verstehen sich.

Zeisig und Nachtigall

»Sage mir doch, Nachtigall,« so fragte der Zeisig, »warum du bald so tief schmerzlich klagst und dann so jubelst? Ich verstehe das nicht.« Die Nachtigall antwortete: »Ich empfinde anders als du. Ich lebe, ist das nicht Grund genug zur Klage? Ich lebe, ist das zum Jubel nicht Grund genug?«

Hyäne und Königstiger

Die satte Hyäne rühmte sich dem Königstieger gegenüber: »Ich begnüge mich nicht mit geringer Beute; eben habe ich das Fleisch eines Löwen gegessen.« – »Ich glaube es dir – aber es war sicher einer, welchen der Pfeil des Menschen vorher erlegt hatte. Deinesgleichen wagt sich nicht an lebendige Kraft, sondern schändet nur die Toten.«

Der unzufriedene Sperling

Ein Sperling hatte ein Stückchen alter Brotrinde erhascht und flog damit auf das Gesimse eines Hauses dicht an ein offenes Fenster heran. Da gewahrte er in einem Käfig, welcher auf dem Brette desselben stand, einen Kanarienvogel. Dieser hüpfte bald zur Rechten, wo zwischen den Drähten ein Zwieback steckte, dann zur Linken nach einem Apfelschnitt und ließ sich die Leckerbissen munden. Mit Neid schaute der Spatz auf den Begünstigten. »Ich muß mich mit einer so elenden, schmutzigen, gemeinen Rinde begnügen, und dieser Kerl schwelgt in allen Genüssen!« Er ließ die Brotrinde fallen und schalt weiter. »Nein, da will ich lieber hungern, als diese ekelhafte Speise genießen.« Aber das Bedürfnis nach Nahrung war doch zu stark, er nahm einen Schnabel voll, schielte aber dabei stetig nach dem Zwieback und schimpfte innerlich weiter.

»Das ist eine schlechte Fabel,« denkst du, mein Leser, »so töricht ist doch ein Tier nicht, daß es sich den Genuß dessen, was es besitzt, durch Neid auf fremden Besitz vergiftet.« Du hast recht, vollkommen recht. So töricht können ja nur Menschen sein.

OTTO WEDDIGEN,
geb. 9. Februar 1851 zu Minden i.W., studierte in Halle, Straßburg und Bonn germanische und romanische Sprachen und Literaturen, sowie Geschichte, wurde 1874 zum Oberlehrer am Realgymnasium in Schwerin, 1878 am Gymnasium in Hamm, 1888 am Realgymnasium in Wiesbaden und siedelte nach seiner 1893 erfolgten Pensionierung i. J. 1897 nach Charlottenburg über. – Weddigen veröffentlichte 10 Bände »Gesammelte poetische Werke«, darunter ein Buch »Fabeln und Parabeln.

Der Affe und das Pferd

Ein Reicher hielt sich einen Affen, um sich durch seine drolligen Sprünge und Einfälle die Stunden zu vertreiben.

Einst sah der Affe ein Ackerpferd, welches schweißtriefend und keuchend seine Last von dannen zog.

»Armer, gequälter Gaul!« rief der Affe, »wieviel leichter als das deine ist doch mein Los! Warum bestimmte dich der Schöpfer zu einem Lastträger?!«

»Schwer ist mein Dasein,« antwortete das Pferd, »aber es dünkt mich noch edler als das deine. Ich bin der Arbeiter der Menschen, du aber bist ihr Narr!«...

Der Hund und der Kater

Wenn Hinz am warmen Ofen lag
Und alle viere von sich streckte,
Dann hatte Phylax viele Not,
Denn jeder Laut im Schlaf ihn weckte.

Er wachte treu die ganze Nacht,
Ob es auch draußen fror und schneite;
Doch wenn er bellte, fühlte Hinz
Sich sichrer an des Ofens Seite.

Einst bat der Phylax Kater Hinz:
»Nimm eine Nacht für mich die Wache,
Die Glieder sind mir fast erstarrt« –
Hinz sprach: »Das ist nicht meine Sache!

Ich diene meinem Haus und Herrn
Genug und mehr, als du es könntest.« –
»Wodurch?« versetzte Phylax ernst,
»O, daß du mir die Antwort gönntest!«

»Ich fange ihm die Mäuse weg;
Ei, bist du denn so schlecht beraten?«
Der Phylax sprach: »Aus Sorg' für dich,
Denn sie sind deine besten Braten.«

Stumm eilte Phylax auf die Wacht
Und knurrte an des Gartens Pforte:
»Wie sich die Selbstsucht noch bedient
So hohler, gleißnerischer Worte!«

FRIEDRICH ADLER,
geb. am 13. Februar 1857 in Amschelberg (Böhmen), lebte als Sekretär des Handelsgremiums in Prag. – Er lieferte u. a. eine deutsche Übersetzung der »Literarischen Fabeln« des Iriarte.
  Die beiden Parabeln sind seinen »Gedichten« (Berlin 1893) und »Neuen Gedichten« (Leipzig 1899) entnommen.

Chosru

Der König Chosru – sei der Herr ihm mild –
War seines Volkes Freude und sein Schild,
Und hochbegnadet drum sah im Palast
Er Chiser, den Propheten, oft als Gast.
Da sprach der König einst an trübem Tag:
»Des Menschen Tun ist in das Meer ein Schlag;
Glückselig, wer nur Allah dient allein,
Nur er wird einst des Segens teilhaft sein.«

Und er verläßt den Thron und baut im Wald
Die Hütte sich zu stillem Aufenthalt,
Tut Buße dort und betet andachtsvoll
Und harrt des Segens, der ihm kommen soll.

Allein vergebens. Tag um Tage fliehn;
Die Ruhe, die ersehnte, meidet ihn,
Und Chiser, der zum König kam im Glanz,
Verschmäht das Haus des frommen Siedlers ganz.
Der König fleht: »Hin gab ich Stolz und Macht;
Genügt die Buße nicht, die ich vollbracht?«

Und Chiser stand vor ihm in hellem Strahl:
»Du fragst? Vernimm denn: schlecht war deine Wahl.
Unweise tut, wer bleibt den Menschen fern;
Wer dient der Welt, der hat gedient dem Herrn.
Die Mühe, die du trägst um andrer Heil,
Gibt dir von ihrem Glück den schönsten Teil,
Die Träne, die du weinst um andrer Schmerz,
Gießt wilden Balsam in dein eigen Herz,
Und warbst du eine Brust zu treuem Bund,
Wird auf der Erde Himmelslust dir kund.«

Der König hört's; er kehrt zum Thron zurück,
Und wieder sinnt er seines Volkes Glück;
Der Segen sprießt, wohin sein Atem weht –
Und Farsistan verehrt ihn im Gebet.

Ali

Vor Sultan Ali trat, die Stirne kraus,
Der finstre Aga, der versah sein Haus,
Und sprach, sich tief verneigend: »Quell der Gnade,
Dein Lächeln sei die Sonne meinem Pfade!
Doch heut' vergib, wenn ich Verdruß dir bringe,
Vor deinen Thron mit meiner Klage dringe.
Der Diener hundert stehn in deinem Sold,
Du überschüttest alle sie mit Gold,
Gibst kostbares Gewand und Speis' und Trank –
Sie aber frevelnd sagen schlechten Dank.
Denn sie – mit Grimm hab' ich's entdeckt zur Stunde –
Sie werfen deine Speisen vor die Hunde.
Zu reichlich gibst du...« Ali unterbrach
Des Aga Rede strengen Blicks und sprach:
»Du bist der Knecht und übest deine Pflicht;
Doch, was dem Herrn geziemt, das weißt du nicht.
Ich tu', was mein, und lohne, die mir dienen:
Was jene tun – vergebe Allah ihnen!«

FRIDA SOYAUX-SCHANZ,
geb. 1859 in Dresden, lebte als Mitglied der »Daheim«-Redaktion in Berlin. – Gab eine Sammlung »101 neue Fabeln« (von versch. mod. Autoren) für Kinder heraus.

Das blinde Hähnchen

Auf eines Bauern reichem Gut
Kroch einst mit leisem Piep und Schrei
Als letztes einer lust'gen Brut
Ein blindes Küchlein aus dem Ei.
Das sah den Raum rings schwarz und leer
Und hörte von der Brüder Schar
Wie doch die Welt so herrlich wär',
Wie hell, wie bunt, wie wunderbar! –
Da fing es kläglich an zu flehn:
»Laßt mich doch in die Welt hinaus!

Ich kann die Welt, die Welt nicht sehn,
Wie sieht die schöne Welt denn aus?« –
Und als ihm nicht gleich Antwort ward,
Hat es geflattert und gescharrt
Und immer wieder neu geklagt
Und nach der schönen Welt gefragt.

Da sprach voll Weisheit und Erbarmen
Der Haushahn zu dem kleinen Armen:
»Mein lieber Schatz, – das Weltenall
Ist nur ein riesiger Hühnerstall
Mit einem Hühnerhof daneben,
Von einem grünen Zaun umgeben.«

Das Küchlein hat sich nun die Welt,
Von der die Blindheit es geschieden,
Nach diesem Bilde vorgestellt
Und gab sich sanft und still zufrieden.
Da fand es, wie es tappend schlich,

Einmal die Hoftür aufgetan,
Probiert' ein Schrittchen und entwich
Ins Blumengärtchen nebenan.

Dort hat sich ihm voll Mitleidsdrang
Die kluge Amsel zugesellt.
Die rühmte laut mit süßem Sang
Die wunder-, wunderschöne Welt;
Sie sei ein wahres Paradies,
Voll Gras und Blümlein, weiß und golden,
Voll Käferlein im gelben Kies,
Voll Strauchwerk und voll Fliederdolden.

Das Hähnchen sprach: »Das kann nicht sein!
Du lügst! Das stimmt nicht überein
Mit dem, was mir die Hühner sagen!
Ich will noch einen dritten fragen!«

Es ging durchs Gärtchen übers Feld
Und rief: »Beschreibt mir doch die Welt!«

Da fand ein kluges Mäuschen bald
Sich ein, den Blinden zu belehren:
»Es ist die Welt ein großer Wald
 Voll hoher goldner Weizenähren,
 Voll blau und roter Blütenkronen
 Und Löchern, drin die Mäuse wohnen.«

Das Hähnchen schüttelte das Haupt:
»Ein Narr, der solchen Unsinn glaubt!« –
Verdrießlich ist's, voll Gram und Bangen
Noch weit und weiter fortgegangen,
Bis endlich ihm im Abendrot,
Ein stiller Weiher Halt gebot.

»Ist jemand hier,« hob's traurig an,
»Der mir die Welt beschreiben kann?«

»O,« rief das Fischlein in der Flut,
»Sei nur getrost! Das kann ich gut!

Die Welt ist naß und blau und weich,
Sie ist ein großer, tiefer Teich,
Dazu erschaffen und bestimmt,
Daß man als Karpfen sie durchschwimmt.«

»Nun,« sprach der Blinde, »ist's genug!
Ich will nichts wissen mehr und hören!
Schweigt, schweigt mit eurem Lug und Trug!
Ihr wollt mich alle nur betören!« –
Da, als sein Schmerzensruf erscholl,
Schwang sich behend und mitleidvoll
Mit taubeträufeltem Gefieder
Die Lerche aus den Wolken nieder.
Sie sprach: »Ich kann dir Trost bereiten,
Ich komme hoch vom blauen Zelt,
Ich sah das Ding aus fernen Weiten:
Ein buntes Wunder ist die Welt!
Der Hühnerhof, da du geboren,
Das Gärtchen, wo die Amsel baut,
Der Halmwald, drin du dich verloren,
Samt seiner Blüten wildem Kraut,
Der Weiher, drin die Fischlein tanzen,
Sind kleine Teile nur vom Ganzen.
Ein jedes Wesen aber meint,
Der Kreis, darein es just gestellt,
Und der ihm groß und wichtig scheint,
Sei nun die ganze weite Welt. –
Nur wer wie ich mit leichten Schwingen
Sich jubelnd in die Lüfte hebt,
Dem kann ein Überblick gelingen! – – –
Und wenn ein seliges Wesen lebt,
Das sich noch höher schwingen kann, –
Das schaut die Welt noch anders an!«

LUDWIG FULDA,
geb. am 15. Juli 1862 in Frankfurt a. M., studierte germanische Sprachen, Literatur und Philosophie und lebte in München, Frankfurt a. M. und seit 1888 in Berlin. Am 30. 3. 1939 nahm er sich als Verfolgter des Naziregimes das Leben.
In seinen »Neuen Gedichten« sind größere Anzahl seiner Parabeln enthalten.

Parabeln

I
Einst war ein Räuber, dem gelang
Ein unermeßlich reicher Fang,
Indem er mit seltnem Räuberglück
Grad' einen reisenden Nabob erspürte,
Der all seine Schätze mit sich führte.
Er nahm sie alle Stück für Stück
Und ließ aus Diebesgroßmut nur
Ihm seine goldne Taschenuhr.
Doch als er nun den Ärmsten befreit,
Nach einiger Zeit
Fühlt' er von Reue sich beklommen,
Daß er nicht just die Uhr genommen,
Von allen Schätzen den größten Schatz.
Er hatte von Gold einen solchen Haufen,
Um als Ersatz
Viel hundert Uhren sich zu kaufen;
Doch wertvoll schien ihm grad' nur die,
Die unerreichbar ihm geworden.
Er trat in einen Büßerorden
Und starb an Melancholie.

II
Es fiel einmal dem Gott des Ruhmes bei,
Nach einem hochverdienten Mann zu suchen;
Doch da man noch vergessen, ihn zu buchen,
Ward ihm nicht kund, wo seine Wohnung sei.
Er ging zur Dankbarkeit, um sie zu fragen.
»Jawohl, ich kenn' ihn,« sprach die holde Frau,
»Nur wo er wohnt, das kann ich dir nicht sagen;
Doch frag den Neid, der weiß es ganz genau.«

III
Zu einem Meister sprach ein Kunstmäzen:
»Du Glücklicher! In sieben kurzen Tagen
Sah ich dies Bild von deiner Hand entstehn,
Und Schätze wird's in deine Scheuer tragen.«
Da lächelte der hochberühmte Mann

Und sagte: »Freund, sieh meine grauen Haare!
Daß ich's in sieben Tagen malen kann,
Dazu gebraucht' ich fünfundzwanzig Jahre.«

IV
Ein Kritikus bekämpfte wutentbrannt
Den Halbmond, welcher just am Himmel stand;
Er wies ihm schlagend seine Halbheit nach
Und rief: »Es ist wahrhaftig eine Schmach,
Daß einer, der nichts Ganzes ist und leistet,

So dünkelhaft zu scheinen sich erdreistet;
Er nehme sich den Vollmond zum Exempel:
Der trägt der unverfälschten Ganzheit Stempel.
Doch freilich – dieses Muster ohnegleichen
Wird solch ein Stümper nimmermehr erreichen.« –

Der Mond vernahm's und lachte vor sich hin:
»Weil ich nicht immerdar derselbe bin,
Drum führt mich dieser tölpelhafte Held
Voll edlen Zornes gegen mich ins Feld;
Auch dann, wenn nur mein kleinster Teil erglänzt,
Werd' ich von feinern Augen leicht ergänzt.«

OTTO ERNST,
Pseudonym von Otto Ernst Schmidt, geb. 7. Oktober 1862 in Ottensen bei Hamburg, besuchte das Seminar in Hamburg und war von 1883 ab dortselbst Lehrer an der Volksschule, bis er 1901 sein Amt niederlegte, um sich ganz seiner schriftstellerischen Tätigkeit zu widmen; er lebte bis zu seinem Tode am 5. 3. 1926 in Groß-Flottbeck bei Hamburg. – Fabeln und Parabeln sind in seinen »Gedichten« (Leipzig 1889) und »Neuen Gedichten« (Leipzig 1892) enthalten.

Der Sieger

Der Löwe hält auf offnem Felde Hof,
Und ihn umgibt der Tiere bunt Gewimmel.
Ein kohlenblanker Rappe naht dem Thron,

Mit ihm zugleich ein blütenweißer Schimmel.
»Erhabner König, schlichte du den Streit,«
So riefen sie, »wer schöner von uns beiden.
Ob Schwarz, ob Weiß der Schönheit Preis gebührt,
Wir stritten lang' darum; du magst entscheiden.«
Der Leu versinkt darauf in tiefes Sinnen,
Wiegt schwer und lange sein erlauchtes Haupt.
Da tritt bescheidnen und gesenkten Blickes
Ein Esel vor und näselt: »Wenn's erlaubt,
Daß ich mit meinem Rat euch unterstütze,
Ist weder Schwarz noch Weiß zu etwas nütze.
Extrem sind schwarze so wie weiße Haare,
Und in der Mitte lag noch stets das Wahre.«
»Ha!« rief der König aus, »nicht Schwarz, nicht Weiß –
Dir, weiser Freund, gebührt der Schönheit Preis;
Du fährst am besten, du, in diesem Streit der dritte,
Ein grauer Esel nur, und doch die goldne Mitte!«

Wahlgeschichten
1. Der Regierungskandidat

Die Hasen wollten sich vertreten lassen
Durch einen Abgeordneten beim Jäger:
Das sollte den so schwer bedrängten Massen
Ein Anwalt sein und seines Rechtes Träger.
Da trat des Jägers Hund in ihren Kreis
Und sprach – er ließ sich gern herab zu wedeln –:
»Wer euch noch einen bessern Anwalt weiß
Als mich, der rede frei heraus, ihr Edeln!
Des Jägers Ohr, so darf ich schmeicheln mir,
Besitz' ich ganz, und unverbrüchlich treu
Fühl' ich mit euch, wohlweises Mitgetier,
Vor unserm Herrn die gleiche fromme Scheu.
Bekannt sind beide Teile mir auf Grund
Langjähriger Erfahrung, und beständig
War mein Intresse – dafür bin ich Hund! –
Für Jäger und für Hasen gleich lebendig –«
Da scholl Hurra aus tausend Hasenkehlen,
Und jeder drängte sich, den Hund zu wählen.

2. Die freie Wahl

Erloschen war des Hundes Wahlmandat.
Der Jäger schoß die Hasen tot wie immer.
Doch flog ein Etwas durch den Hasenstaat
Wie erster, schwacher Freiheitsmorgenschimmer.
Zur Neuwahl ließ der Hund die Hasen laden;
Er rief bewegt: »Man juble, man erstaune!
Mein Souverän von Blei und Pulvers Gnaden
Erwachte heut' in liberaler Laune.
Er will, daß jeder frei sein Wahlrecht übe
Und ganz nach seiner Überzeugung stimme,
Wer frech das Bild der Volksabstimmung trübe,
Dem droh' er schwer mit seinem höchsten Grimme.
Dies ist sein Wunsch. Doch wünscht der Herrscher auch,
Daß ich euch, klug zu wählen, gründlich lehre,
Daß ich des Rechts unwürdigen Gebrauch,
Beleuchte durch der Folgen ganze Schwere.
Hört nicht auf Freiheitsphrasen, wüst und hohl –
Ihr könntet eure Lage noch verschlimmern –
Die Wahl ist frei! – Doch was zu eurem Wohl –«

Hier ließ der Hund die Zähne freundlich schimmern –
Und wunderbar: bei vorgenommner Wahl
Fiel auf den Hund der Stimmen ganze Zahl.

3. Die moralische Konsequenz

Und wieder Wahl nach abgelaufner Frist!
Zur Zeit der Schonung ward sie angesetzt,
Da von den Hasen nichts zu holen ist,
Und sie sich mehren dürfen ungehetzt.
Des Jägers Büchse hatte den Etat
An feisten Hasen reichlich eingebracht,
Er sprach bei sich: »Gelegne Zeit ist da,
Daß man zum Scheine Konzessionen macht.«
Da ließ der Hund die Hasen sich versammeln.
»Der Jäger will,« so rief er durch den Hain,
»Ein Hase soll, vernehmt's mit Dankesstammeln,
In Zukunft euer Deputierter sein.
Denn was sein Volk bewegt im tiefsten Grunde –
Der Herrscher nimmt es ernst mit seiner Pflicht! –
Vernehmen will er's nun aus Hasenmunde;
Ich aber kandidiere diesmal nicht!«

Die Hasen wählten wie aus einem Mund
Zu ihrem Abgeordneten – den Hund.

OTTO JULIUS BIERBAUM,
geb. 28. Juni 1865 in Grünberg in Schl., studierte in Zürich, Leipzig, München und Berlin, widmete sich jedoch bald der literarischen Tätigkeit, lebte längere Zeit in Berlin, danach in Pasing bei München. Er starb am 1. 2. 1910. – Seine Gedichtsammlung »Irrgarten der Liebe« enthält einige Fabeln.

Der weiße Maulwurf

Ein dickes Maulwurfsehepaar,
Das glänzend schwarz wie Sammet war,
Erfuhr Familienzuwachs. Froh

Lag die Frau Maulwurf auf dem Stroh
Und leckte jedes Junge
Mit ihrer schmalen Zunge.

Da rief sie plötzlich: »Wunderlich,
Mir scheint, ich weiß nicht, irr' ich mich,
Mich dünkt: Das eine von den drein,
Das muß was ganz besondres sein.
Leck du ihm doch mal auch das Fell!
Nicht wahr: Das spürt sich an wie – hell!?«

Der Gatte brummte: »Dummes Ding!
Red doch nicht wie ein Engerling!«

Sie aber spitzig: »Liebes Kind,
Ich bin doch wohl nicht zungenblind:
Das Dritte, Kleinste da, ist – weiß!
Daß ich dich in die Schaufel beiß'!«

Zornwatschelnd kam er aus der Ecke,
Hub an ein prüfendes Gelecke,

Tat Hem und Hum und knurrte dann:
»Das leckt sich wirklich helle an.
Ein Wunder, scheint mir, ist geschehn,
Ich will Großvatern holen gehn.«

Nahm einen dicken Engerling,
Der in der Vorratskammer hing,
Fraß ihn befriedigt auf und ging.

Nach vielem Wühlen kreuz und quer
Bracht' endlich er den Ahnen her.
Der schüttelte den Rüssel sehr
Und meinte, nie, so alt er wäre,
Hab' er vernommen solche Märe.

Doch, als geleckt der Maulwurfsgreis,
Sprach er : »Der Junge da ist weiß.«
Und schüttelte noch mehr
Den Rüssel hin und her.

Bald war im ganzen Land herum
Das seltsame Mirakulum;
Gevatter und Gevatterin
Trug es geschäftig her und hin,
Und schnell von ferne und von nah
War'n wispernd Gratulanten da.
Das weiße Fell ging fast entzwei
Von allzu vieler Leckerei,
Und Mama Maulwurf schloß das Tor,
Ließ niemand mehr zum Lecken vor.
Sie war ein wenig eitel schon
Auf diesen weißgeborenen Sohn,
Und, wie nun schon die Mütter sind,
Er wurde bald ihr Hätschelkind.

So wuchs bewundert er heran
Vom Wunderknaben zum Wundermann,
Die Augen rot, das Fell schneeweiß;
Stolz war auf ihn der ganze Kreis.

Er selber aber zeigte sich
Recht sonderbar und wunderlich:
Mocht' ungern bei den andern sein,
Saß träumend gern für sich allein;
Zumal das Wühlen schien ihm sehr
Verhaßt, wie wenn er kein Maulwurf wär' –
Denn in den engen Winkelgängen
Blieb ihm gar viel am Felle hängen,
Das zu dem Weiße gar nicht paßte;
Es schien, daß er das Erdreich haßte.

Das machte schon viel böses Blut:
»Der Weiße dünkt sich wohl zu gut
Für unsrer Heimat heiligen Dreck!?
Der Frevler bürstet ihn sich weg,
Statt patriotisch ihn als Zier
Im Fell zu tragen, so wie wir!
Entartung ist sein weißes Fell!
Er ist uns überhaupt zu hell.«

So hob es mit Gemurmel an,
Doch ein Geknurre wurd' es dann,
Als stolz der Weiße widersprach.
Auch warf man ihm schon Klumpen nach.

Da blieb er immer mehr für sich,
Gemieden und absonderlich.
Und eines Tags, da fühlte er,
Daß er am falschen Platze wär'.
Hinaus! Hinauf! Zu groß der Drang.
Er baute einen eigenen Gang.
Und nicht hinab und nicht quer um,
Nein: grad' hinauf! Das Publikum
Stand halb entsetzt, halb höhnisch da,
Als es den steilen Aufstieg sah:
»Wart, Bürschchen, das bekommt dir schlecht,
Der Augenschmerz geschieht dir recht,
Wenn oben dich die Sonne beißt!
Du warst zum letzten Male dreist!«

Vergnüglich harrten alle,
Daß er herunterfalle
Und winsle: »Ach, das Licht tut weh,
Ich steige nie mehr in die Höh'!«

Er aber, wie vor Freude toll,
Rief: »Brüder, kommt! So wundervoll,
Wie nie ich's träumte, ist es hier;
Kommt, kommt zum Licht, ach, kommt zu mir!
Ich hab' das Glück, das Glück gefunden,
Und ihr lebt in der Hölle unten!
Mir nach, mir nach, mir nach zum Licht!
Kommt alle, kommt und zaudert nicht!«

Wie das der schwarze Schwarm vernahm,
Jachheiße Wut ihn überkam:
»Herunter mit dem Galgenstrick!
Herunter! Brecht ihm das Genick!«

»Kommt, kommt zum Licht! Oh, kommt zu mir!«
»Ja, warte nur! Wir kommen dir!«

Und, während er begeistert schrie,
Da gruben sie und wühlten sie
Viel krumme Gänge zu ihm hin,
Und packten ihn und zerrten ihn –
Hinab. Und haben sein Fell zerfetzt
Und totgebissen ihn zuletzt.

Da lag der Weiße still im Dreck.
Befriedigt trollten die Schwarzen weg
Und fraßen viele Engerlinge
Und waren zufrieden und guter Dinge.

Doch, daß die Nachwelt einst erfahr',
Daß mal ein weißer Maulwurf war,
Und zum Beweis das Fell erseh',
Bildeten sie ein Komitee:
»Zu des Weißen Vlieses Konservierung.«

Das erfand eine praktische Balsamierung.
Und des Maulwurfreiches weißer Sohn
Ward beigesetzt im Pantheon.

HANNS HEINZ EWERS,
Dr. jur., geb. 3. November 1871 in Düsseldorf, war bis 1897 Jurist, lebte seitdem als Dichter und Schriftsteller meist auf Reisen im Ausland, im Winter in Berlin. Er starb am 12. 6. 1943. – Ewers gab mit Etzel 1901 »Ein Fabelbuch« und »Singwald« (mit Fabeln für Kinder) heraus.

Der Bandwurm

In Hermanns Magen lebte schlecht und recht
Ein braver Bandwurm, nährte sich nicht schlecht,
Und still und froh nahm er, was ihm nur schmeckt,
Vom reichen Tisch, den Hermann ihm gedeckt, –
Und Hermann fluchte laut und schrie:
»Du Rabenaas, o du Schmarotzervieh!
Daß du versöffst in stärkstem Vitriol!
Daß dich der Teufel lotweis hol'!«
Darauf der Bandwurm: »Ich versteh' dich nicht,
Ich leb' und fresse – das ist meine Pflicht,
Und einzig meiner Pflicht nur leb' ich hin:
Kann ich dafür, daß ich ein Bandwurm bin?«
Doch Hermann fluchte weiter. –
Sei gescheit, was nützt dir dein Geschelte und Gestreit?
Fast' ein paar Tage, bleibe schön zu Haus,
Nimm Pulver ein – und treib ihn schmählich aus,
Nur mach den braven Bandwurm mir nicht schlecht:
Von seinem Standpunkt hat er völlig recht!

So lebt' in Babels Bauch – war's an der Spree,
War's an der Seine? – am Ladogasee? –
Kurz irgendwo im allerschönsten Mist
Und dicksten Dreck ein Bettelanarchist.
Der stahl und raubt', schlug auch wohl einen tot
Und aß sein Brot – war es auch blutigrot. –
Der Staatsanwalt (– aus seinem Munde sprach

Das ganze Volk –): »Du des Jahrhunderts Schmach,
Abschaum der Menschheit, pflichtvergess'ner Knecht,
Pestbeule du am menschlichen Geschlecht –«
Darauf der Lump: »Herr, ich versteh' Euch nicht,
Ich leb' und fresse – das ist meine Pflicht,
Und einzig meiner Pflicht nur leb' ich hin:
Kann ich dafür, daß ich ein Bettler bin?«
Doch jener fluchte weiter. –
Sei gescheit, was nützt dir dein Geschelte und Gestreit?
Bau ein Schafott und schaufele ein Grab,
Schlag ihm den Kopf vom magern Leib herab,
Nur mach den armen Teufel mir nicht schlecht:
Von seinem Standpunkt hat er völlig recht!

In Thule aber – nein, in Yvetôt –
Da wohnt ein König, seines Lebens froh.
Er lebt nach altem königlichem Brauch
Und frißt sich dick in seines Volkes Bauch.
Das Volk: »O du verdammter Parasit,
Wir plagen uns – und du frißt mit!
Du Blutaussauger in ewiger Gier,
Du Moloch, schändlicher Vampir –«
Da sprach der König: »Ich versteh' euch nicht,
Ich leb' und fresse – das ist meine Pflicht,
Und einzig meiner Pflicht nur leb' ich hin:
Kann ich dafür, daß ich ein König bin?«
Jedoch das Volk flucht weiter. –
Seid gescheit, was nützt euch das Geschelte und Gestreit?
Macht eine Kur und macht sie radikal
Und knüpft ihn auf an den Laternenpfahl,
Nur macht den guten König mir nicht schlecht:
Von seinem Standpunkt hat er völlig recht!

Der Igel und die Stachelschweine

Mit vielen Tieren lebt' in einem Wald
Ein braver Igel, bieder, treu und ehrlich.
Und doch, sein Leben war ihm arg beschwerlich,
Zu Schimpf und Qual ward ihm sein Aufenthalt,

Denn alle Tiere schmähen ihn und schimpfen:
»Da kommt Herr Struppig!« ging das Naserümpfen.

»Pfui!« schrie der Has', »du häßlich Borstenvieh!«
Die Krähe frug: »Wo läßt du dich rasieren?
Von dieser Schabkunst möcht' ich profitieren!« –
»Seht doch den Kaktus! Schönern sah man nie!«
Das Wiesel rief; der Dachs: »Auf mein Gewissen
Schwör' ich's, er ist ein lebend Nadelkissen!«

So ging es täglich nun jahrein, jahraus.
Und täglich war der Igel still bedrückter,
Trüb schlich er durch den Wald wie ein Verrückter.
Da riet ihm einst ein Fuchs: »Kerl, wandre aus!
Die Welt ist weit! Hier wird man stets dich schelten,
An anderm Ort – vielleicht! – wirst du was gelten!«

Der Igel tat's. Er trabte brav einher
Und in der dritten Nacht, im Mondenscheine
Kam er ins ferne Land der Stachelschweine. –
Eins trat heran, rief noch ein andres her:
»Pst!« rief es aus, »welch schöne Augenweide!
Sieh nur den Fremdling mit dem Haar von Seide!«

Willkommen hieß man ihn mit Sang und Tanz,
Der Igel trank auf du und du mit allen,
Er ließ sich die Bewundrung gern gefallen
Und sonnt' sich warm in seines Ruhmes Glanz.
Und eh' ein Jahr verging, war dieser kleine
Herr Struppig – Fürst im Reich der Stachelschweine.

Ja, also ist's! – Und klug hat die Natur
Es so gemacht. – – Kopf hoch und niemals weinen
Und zagen! – Schelten auch die einen
Voll Hohn dich eine Borstenkreatur,
Ein struppig Stacheltier – – so mußt du wandern:
Als Seidenviehchen loben dich die andern!!

Jesus und der tote Hund

Als der Christ noch auf Erden gewandelt hat,
Kam er zum Markt in eine fremde Stadt.
Und wie die Jünger um die Ecke bogen,
Lag da ein toter Hund auf der Gasse;
Man hatte ihn grad' aus dem Wasser gezogen,
Den Stein noch am Hals; das klebrig nasse
Fell hing voll Schlamm, die Augen quollen
Heraus aus den Höhlen, der Leib war geschwollen. –
Sprach einer von den Zwölfen: »Mein!
Kann etwas ekelhafter sein?«
Ein andrer hielt sich zu die Nas':
»Du heiliger Himmel, wie stinkt das Aas!«
Der dritte: »Pfui, das wimmelt ja von Maden,
Im fauligen Leichnam ein krabbelndes Leben!«
Der vierte: »O – das wird mir schaden,
Ich muß gewiß mich übergeben!« –
So tat ein jeder von ihnen kund
Den Ekel über den toten Hund.
Zuletzt kam Jesus selbst heran,
Er blickte ruhig den Leichnam an
Und rief: »O seht die Zähne nur:
Sie blinken wie eine Perlenschnur!« –
Dies Märlein erzählt uns der Perser Nisami,
Der Schüler Firdusis und Lehrer des Dschami,
Der heitern Welten klarster Beschauer,
Der Antipode von Schopenhauer.
Er lehrt uns: Wie widrig das Schmutzigste sei,
Ein Gott und ein Dichter sieht Schönes dabei.

Der Pächter und sein Lamm

Ein Pächter, der es nie vergißt,
Daß eigen Werk das beste ist,
Zählt, wenn sein Schäfer ihm zur Nacht
Die Schafe in den Stall gebracht,
Die ganze Herde Stück für Stück,
Ob nicht ein Lämmchen noch zurück.

»Zehn – zwanzig – dreißig nun – und vier –
Potzelement! da fehlt ein Tier!«
Der Pächter flucht, doch wenig faul,
Zieht von der Krippe er den Gaul
Und reitet eine halbe Stunde
Erst querfeldein, dann in die Runde,
Bis, hinter einem Busch versteckt,
Sein Lämmchen endlich er entdeckt.
Zur rechten Zeit! – denn um die Eichen
Sieht er zwei starke Wölfe streichen,
Da heißt es eilen! Doch ein Bach
Liegt ihm im Weg, o Ungemach!
Er möchte gern hinüberreiten,
Doch scheut sein Pferd, den Steg zu schreiten.
Schnell springt er ab und mit Alarm
Scheucht er die Wölfe; auf den Arm
Nimmt er sein Lamm und eilt sodann
Und läuft und springt, so rasch er kann,
Zum Hof. – gottlob! da winkt er schon,
Nun ist er der Gefahr entflohn!

Doch hat er keine Zeit zur Ruh',
»Jan! – Steffen! – Michel!« – Und im Nu
Sieht man ein Dutzend Knechte springen,
Das Pferd zum Hof zurückzubringen.
Man kommt aufs Feld hinaus – allein
Zu spät! – Was half das Schrein?
Die Wölfe hatten unterdessen
Mit Haut und Haar das Pferd gefressen!

Da lacht ihr! – Aber sagt doch gleich,
Vielliebe Leser, wer von euch
Bracht' nicht schon einmal hilfbereit
Ein kleines Lamm in Sicherheit,
Dieweil ein Wolf ihm unterdessen
Sein schönes Pferd hat aufgefressen?

THEODOR ETZEL,
geb. am 9. Januar 1873 in Gelnhausen, war von 1892 bis 1898 Beamter der Landeshauptmannschaft der Rheinprovinz in Düsseldorf, lebte dann als Dichter und Schriftsteller in Saarbrücken, Düsseldorf, Berlin, Dresden u. a. O. und wohnte seit 1904 in und bei München. – Etzel gab 1901 mit Ewers »Ein Fabelbuch« (mit Fabeln für Kinder) heraus; 1907 erschien von ihm ein weiteres Fabelbuch »Der Rohrspatz«.

Die drei Hunde

Es waren einmal drei Hunde,
Ein Dackel, ein Pudel, ein Spitz,
Die stritten wohl manche Stunde,
Wer von den dreien bekunde
Am meisten Verstand und Witz:
Der Dackel? der Pudel? der Spitz?

Doch lobte sich einer mit viel Geschrei,
Dann lachten und höhnten die anderen zwei.
Der Dackel sagte: »Ich krauche
Zum Dachs in die Höhle hinein,
Ich krauche auf meinem Bauche,
Und wie er auch kratze und fauche,
Ich packe den Frechdachs am Bein.
Das kann keiner als ich nur allein!«

Da lachten laut die anderen zwei
Und höhnten ihn, daß er ein Drecksack sei.

Der Pudel sagte: »Ich tanze
Auf meinem Hintergebein,
Ich tanze im Ringelkranze
Und schlage den Takt mit dem Schwanze
Gar tüchtig und richtig und fein.
Das kann keiner als nur ich allein!«

Da lachten laut die anderen zwei
Und höhnten ihn, daß er ein Hansnarr sei.

Der Spitz aber sagte: »Ich mache
Nicht solcherlei Faxen – o nein!
Doch wer hält zur Nachtzeit die Wache,
Wer ruft unsern Herrn wohl zur Rache,
Wenn ein Dieb in das Haus will hinein?
Das kann keiner als nur ich allein!«

Da lachten laut die anderen zwei
Und höhnten ihn, daß er ein Nachtwächter sei.

Doch wollten sich gerne vertragen
Der Dackel, der Pudel, der Spitz;
Sie wollten drei Menschen befragen,
Die sollten ihr Urteil sagen,
Wer groß an Verstand sei und Witz:
Der Dackel? der Pudel? der Spitz?

Und wem das Urteil günstig sei,
Den wollten ehren die anderen zwei.

Da kamen des Weges geschritten
Ein Jäger, ein Gaukler, ein Hirt,
Denen trugen sie vor ihre Bitten.
Der Jäger sprach: »Unbestritten
Dem Dackel die Ehre gebührt.«
»Nein, dem wachsamen Spitz!« rief der Hirt.

Und der Gaukler meinte, der Pudel sei
Viel mehr wert als die anderen zwei.

Da sahen die drei Hunde
Sich weise und trefflich belehrt
Und lebten seit dieser Stunde
In treuem Freundschaftsbunde,
Wo jeder jeden ehrt;
Denn jeder war was wert.

Aber heimlich dachte jeder, er sei
Doch mehr wert als die anderen zwei.

Bär und Luchs

Den Bär begleitete ein Luchs als Jagdgefährte –
Ein Bündnis, das sich bald aufs trefflichste bewährte.
Sie fingen eine Geiß. Der Bär zerlegt in Eile
Die schöne Beute in zwei nicht ganz gleiche Teile;
Hier lag ein Hinterbein und dort der Rumpf der Ziege.
»Schlecht abgemessen!« sprach der Bär, »doch diesmal kriege
Ich wohl den größeren Teil, weil größer ist mein Magen,
Das nächstemal darfst du zerteilen, was wir jagen.«
Der Luchs begnügte sich verdrossen mit dem Beine
Und dachte: Warte nur, ich kriege schon das Meine!

Am nächsten Tage fiel dem Paar ein Reh zur Beute.
Der Luchs zerlegte es – das war sein Recht für heute.
Wie tags zuvor der Bär, so riß er eine Keule
Vom frischen Wildbret los und sprach: »Hier sind zwei Teile.
Ich hab' mich gestern mit dem kleineren beschieden...«
»Schön,« sprach der Bär, »ich bin's auch ferner so zufrieden –«
Und fraß den Riesenteil. Der Luchs hat unterdessen
Verdutzt und sprachlos auf dem Hintern dagesessen.

Was wundert sich der Luchs? – Er hat wohl nie gesehen,
Wie bei den Menschen oft Gesetz und Recht entstehen!

Auf dem Weg des Verbrechens

Ein alter Fuchs fand in der Frühe des Morgens den dicken Dachs vor seiner Erdhöhle sitzen und kläglich jammern.

»Was weinst du?« fragte der Fuchs voll Mitleid.

Der Dachs antwortete: »Der Winzer hat mir mein gutes Weib todwund geschossen, als sie den Weg durch den Weinberg lief.«

»Warum mußte sie auch den Weg des Verbrechens beschreiten?!« sagte der Fuchs. »Alle Schuld rächt sich auf Erden, und die Menschen bestrafen den Diebstahl hart.«

»Sie hat ihm wahrhaftig nichts gestohlen,« klagte der dicke Dachs unter Tränen.

»Das glaube ich dir gern,« sagte der Fuchs. »Aber ich hatte ihm in der Nacht vorher dort die schönsten Trauben weggefressen.«

Der Ochse auf der Löwenhochzeit

Der Löwe hielt Hochzeit. Da bat er zum Feste
Die Großen des Reiches als Zeugen und Gäste.

Er sandte die Boten zum Tiger, zum Luchse,
Zum Panther, zum Bären, zum Wolfe, zum Fuchse.

Er sandte zu allen von Adel und Ehren,
Den Glanz seines freudigen Festes zu mehren.

Vom Armenvolk aber, vom Gros der Proleten,
Natürlich wird niemand zu Gaste gebeten!

Doch plötzlich durchlief eine seltsame Kunde
Die Reihen der Niedern von Munde zu Munde:

Es habe der Löwe in huldvollsten Gnaden
Zuletzt auch den Ochsen zur Hochzeit geladen.

»Nicht möglich!« so rief man, und alle erschienen
 Beim glücklichen Ochsen mit zweifelnden Mienen.

»Ist's wahr denn?« – Der brüllte: »Nun ja! selbstverständlich!
 Der König erweist sich mir endlich erkenntlich!«

Und labte sich, süßer als je auf der Weide,
 Am Staunen der Tiere und an ihrem Neide.

Und schmückte sich festlich mit blumigem Kranze
 Und stolzte zu Hof mit erhobenem Schwanze.

Der Löwe sprach gnädig: »Herr Ochse, willkommen!«
 Und hat ihn dann freundlich beiseite genommen.

Vermutlich verleiht er ihm jetzt einen Orden? –
 Erst spät ist der Ochs wieder sichtbar geworden.

Das war bei dem Festmahl der Aristokraten,
 Da saß der Beglückte – fein knusprig gebraten!

Der glückliche König

Als der junge Löwe nach seines Vaters Tode König geworden war über die Tiere, versammelte er die Großen des Reichs um seinen Thron und verteilte unter sie die obersten Reichs- und Hofämter: der Elefant wurde Kanzler, der Panther Reichsgerichtshofspräsident, der Wolf Oberhofseelsorger, der Hamster Wirklicher Geheimer Schatzmeister, das Kamel Hofkunstdirektor, der Esel Oberhofmarschall.

Da fiel der Blick des Königs auch auf den Affen. Eine kurze Weile sann er nach, dann winkte er diesen zu sich heran und sprach: »Ich weiß recht gut, daß ein Fürst über die Zustände und Vorgänge in seinem Lande nicht immer der Wahrheit gemäß unterrichtet wird. Um aber mein Volk glücklich machen zu können, muß ich einen haben, der mir in allen Dingen unverblümt die Wahrheit sagen darf – und soll. Ich will das alte Amt des Hofnarren wieder aufrichten, und du, kluger Affe, sollst sein Träger sein!«

Der Affe verbeugte sich untertänigst vor seinem königlichen Gebieter, umspannte mit ängstlichem Blick den Kreis der hohen Würdenträger und stammelte:

»O Herr, wie sollte ich selbst denn immer die Wahrheit wissen und erkennen?!« Da antwortete der Löwe: »So will ich mein Hofmarschallamt beauftragen, dich fortlaufend über alles genau zu informieren.«

Und so geschah es: das Hofmarschallamt präparierte für den Hofnarren die Wahrheiten – – und niemals herrschte ein glücklicherer König über ein unglücklicheres Volk.

Der Büffel

Ein Büffel weidete in wogender Steppe. Da plötzlich lag ganz nahe ein Löwe auf der Lauer. »Entfliehe,« rief ein fliehender Fuchs dem Büffel zu.

»Was?« lachte dieser, »vor einem Tiere, das sich vor mir duckt...!«

Da sprang der Löwe dem störrischen Büffel den Tod in den Nacken.

– Despot! Dein Volk – es liegt geduckt...

Der Reichstag der Vögel

Als einst die wilden Vögel unter dem Vorsitz des Buntspechtes vor des Adlers Thron versammelt waren, erhoben die Drosseln Klage über den Menschen:

»Wir stellen den Antrag: Das ganze Volk der Vögel möge sich gegen den Menschen erheben und ihn vernichten. Denn trotzdem wir dem Menschen niemals einen Schaden zugefügt haben, hängt er im freien Walde Schlingen mit roten Eschenbeeren auf, um uns arme Vögel zu fangen, zu morden, zu fressen.«

Die Finken: »Ihr irrt euch, es sind nicht Schlingen, mit denen er uns Vögel fängt, sondern Ruten, die er mit Leim bestreicht. Auch frißt er uns nicht auf, sondern sperrt uns in Käfige, damit wir ihm singen sollen.«

Die Rebhühner: »Nicht doch, er frißt uns! Aber er verfolgt uns Vögel nicht mit Schlingen, auch nicht mit Leimruten, sondern mit todbringenden Knallrohren.«

Die Finken: »Der Wahrheit die Ehre! Er tötet uns nicht! Er stellt uns mit Leimruten nach und beraubt uns der Freiheit.«

Die Drosseln: »Wir wissen das besser! Er ermordet uns mit Schlingen.«

Die Rebhühner (wütend): »Zum Teufel! er tötet uns mit Knallrohren.«

Der Buntspecht (hämmert): »Laßt uns nicht streiten, sondern einig werden. Das eine steht also jedenfalls fest: der Mensch ist unser grausamster Feind, der uns –«

Die Drosseln und Rebhühner: » – tötet!«

Die Finken: » – einsperrt!«

Der Buntspecht (hämmert): »Ruhe! – Ich konstatiere nochmals: der Mensch ist unser grausamster Feind – –«

Die Zaunkönige: »Wir protestieren! Der Mensch verfolgt uns Vögel nicht. Er kümmert sich nicht im geringsten um uns.« (Große Unruhe).

Die Krähen: »Er kommt aufs Feld heraus und hebt für uns mit dem Pflug die Würmer und Engerlinge aus dem tiefen Boden empor. Im Schweiße seines Angesichts ernährt er uns.«

Die Schwalben: »Unsinn! Er ernährt uns nicht! Dagegen baut er Häuser, damit wir Vögel unter sicherem Dache sorglos nisten können – unter des guten Menschen Schutz.«

Die Spatzen: »Nein! Er schützt uns nicht, doch ernährt er uns. Aber nicht, wie die Krähen irrtümlich sagten, mit Würmern und Engerlingen, sondern mit fruchtbaren Weizenähren, die er für uns Vögel großzieht.«

Die Schwalben: »Ihr irrt euch: er gibt uns Schutz, nicht Speise.«

Die Spatzen (heftig): »Schweigt! Wir wissen es besser. Er schützt uns nicht, doch ernährt er uns mit den besten Körnern.«

Die Krähen (wütend): »Zum Donnerwetter, nein! mit Würmern!«

Der Buntspecht (hämmert): »Ich bitte um Ruhe! – Das eine steht also jedenfalls fest: der Mensch ist unser bester Freund, der uns – –«

Die Schwalben: » – Schutz gewährt!«

Die Krähen und Spatzen: » – Speise gibt!«

Der Buntspecht (wiederholend): »Der Mensch ist unser – –«

Die Finken und Rebhühner: » – schlimmster Feind!«

Die Krähen und Schwalben: » – bester Freund!«

Die Drosseln: »Der Mensch ist ein Scheusal!«

Die Spatzen: »Gemeinheit! – Er ist unser Wohltäter!«

Die Zaunkönige: »Ihr seid ja allesamt verrückt!«

(Furchtbarer Tumult. Allgemeine Rauferei.)

Der Buntspecht (hämmert heftig): »Silentium! – Silentium! – Ich rufe euch alle zur Ordnung!« (Die Zaunkönige fliegen unter Protest davon).

Der Buntspecht (nachdem die Ruhe wieder hergestellt ist): »Da Stimmengleichheit vorliegt, gilt der Antrag der Drosseln als abgelehnt. Ich schließe die Sitzung.«

Der Adler: »Gut so! Wir dürfen immerhin nicht vergessen, daß wir dem Menschen für eins zu großem Dank verpflichtet sind – wir haben von ihm gelernt, Reichstag zu halten, das heißt: zum Wohle der Gesamtheit alle persönlichen Interessen – mit Nachdruck zu vertreten.«

FRIEDRICH WERNER VAN OESTÉREN,
geb. 18. September 1874 in Berlin, studierte in Wien, Prag, Innsbruck und München Jura, lebte als Dichter und Schriftsteller in Wien. – Sein Fabelbuch »Wir« erschien 1901.

Wohltätigkeit

»Es sind die heimatlosen Fliegen
Ein Bettelpack zu gar nichts nutz,
Bald hört man summen sie, bald liegen

Hier ihre Leichen, dort ihr Schmutz.
Allüberall führt man Beschwerden,
Weil man schon die Geduld verlor.
Abhilfe muß geschaffen werden!
Ich schlag' Versorgungshäuser vor.«
Dies war die Rede einer Schnecke
Im großen Fliegenschutzverein,
Gegründet zu wohltät'gem Zwecke
(Nur Weibchen durften Mitglied sein).
Versammelt sah man u. a.
Die Raupe, Assel, Milbe, Laus,
Die Schnecke, allbekannt durch Wandern;
Die Nonne stach sie alle aus.
Dann war die Spinne noch erschienen,
Die sich hier eingesponnen klug,
Fast alle Hummeln, Wespen, Bienen,
Die Motte, die kein Licht vertrug,
Termiten, Ämsen und Zikaden
Und Wanzen in gewalt'ger Zahl;
Auch war das Heimchen eingeladen,
Weil es geschlechtlich ganz neutral. –
Anknüpfend an der Schnecke Rede
Sprach – offenbar aus Neid – die Laus:
»Den Vorschlag machte sicher jede,
Hätt' sie wie Sie ein eignes Haus!«
»O,« sprach die Schnecke, »meine Beste,
Sie klagen? Das ist sonderbar.
Sie nisten ja in einem Neste
Aus blutbelebtem, warmem Haar.«
Dann summten Bienen und Genossen:
»Die Fliegen sind ganz einfach faul.
Sie sollen bauen. Denn geflossen
Ist keinem noch der Seim ins Maul.«
Die Raupe schwieg, hiermit gestehend:
»Ich bin just auch die Reinste nicht.«
Die Motte meinte flügelwehend:
»Schickt nur die Ärmste nicht ins Licht!«
Und recht verschlafen saß die Milbe,
Die, wenn man nicht vom Käse spricht,
Auch nicht verliert die kleinste Silbe.

Die Assel schrie: »Im Keller nicht!
Dort will ich keine Fliegen haben!«
Und die Zikade sang kokett:
»Ich ließe mich sofort begraben,
Wenn ich der Fliegen Stimme hätt'.«
»Wir,« sagten Ämsen und Termiten,
»Vermieten ihnen gern ein Zelt.«
Die höhnisch frechen Wanzen rieten:
»Leiht ihnen, Wuchrer, erst das Geld!«
Das Heimchen zirpte: »Seinen Willen
Laßt jedem, so den Fliegen auch!
Dies ist so beim Geschlecht der Grillen
von jeher Sitte, Recht und Brauch.«
Die Spinne, die bisher geschwiegen,
Sprang auf und rief erregten Tons:
»Oh, diese armen, armen Fliegen!
Habt Ihr denn Worte nur des Hohns,
Um sie noch mehr herabzudrücken?
Im Wort der Schnecke lag viel Sinn!
Ich trag ein Kreuz auf meinem Rücken,
Weil ich fromm und wohltätig bin;
Das Wohltun ist mein ganzes Sinnen.
Und so erklär' ich mich bereit,
Den Fliegen selbst ein Haus zu spinnen
Im Namen der Wohltätigkeit.«
Die Rede fand im großen ganzen
Bewundrung, reichlichen Applaus,
Und nur die Läuse und die Wanzen –
Die sprachen sich recht häßlich aus. –
Die Spinne lud nunmehr die Fliegen
Im Namen der Wohltätigkeit,
In ihrem Netz zu ruhn und liegen,
Das offen stände jederzeit.
Von allen, die ins Netz ihr flogen,
kam keine wieder heil heraus;
Der Wirtin gier'ge Kiefer sogen
Zum eignen Wohl die Gäste aus.

Meer-Pflicht

Schlammbedeckt und tangbezogen
Schwamm ein junges Seepferd schnell
Durch die aufgeregten Wogen;
Denn im Meer war Kriegsappell.
Alle großen, alle kleinen
Fische und was stammverwandt
Mußten pünktlich stets erscheinen,
Selbst wenn blinder Lärm entstand.
Blaß an Bauch- und Rückenkrusten
Schwamm das Seepferd ganz allein;
Alle andern Fische mußten
Längst am Sammelorte sein.
Und so war's auch. An dem Orte,
Der zu diesem Zweck bestimmt,
War versammelt zum Rapporte,
Was da Flossen hat und schwimmt;
Und das Seepferd war der letzte.
Gleich beschimpfte es der Hai,
Daß es nur so Wogen setzte:
»Das ist eine Schweinerei!
Ist Ihr Weg denn etwa weiter,
Als der Weg der andern, Sie?
So was nennt sich auch noch Reiter!
Schöne Meerkavallerie!
Seedrach, – (dieser war es nämlich,
Den man zum Sergeant erkor) –
Diesen Jockey, faul und dämlich,
Nehmen Sie mal tüchtig vor!«
»Zu Befehl, Herr Oberst,« sagte
Seedrach, der das Ding verstand,
Weil er immer Spinnen jagte;
Und zum Seepferd dann gewandt
Schnarrte er: »Sie, der den Namen
Wellenroß zum Spotte trägt,
Sie vom Haus der Popotamen,
Der die Eier selber legt,
Hartgesottner Schwanzverdreher,
Sie, einjähr'ger Wassergaul,

Kommen Sie gefälligst näher,
Aber halten Sie das Maul!«
Und das Seepferd stand mit Beben
Und entsetztem Augenpaar,
Weil ihm im zivilen Leben
Fremd der Bilderreichtum war.
Doch schon riß aus solchem Sinnen
Es der Seedrach: »Sie, habt acht!
Wenn wir mit dem Drill beginnen,
Wird gefälligst nicht gedacht.
Erst den Schwanz herabgeschlagen!
Hoch den Kopf! Den Bauch herein!
Alles muß da sozusagen
Front und eine Linie sein.«
Und dieweil der Seedrach fluchte,
Blieb das arme Seepferd stumm
Und versuchte und versuchte,
Grad zu biegen, was da krumm.
Doch umsonst! Die harten Glieder
Blieben krumm so wie zuvor,
Und es fuhren immer wieder
Bauch heraus und Schwanz empor.
Bis der Seedrach, tief verdrossen,
Die Geduld verlor. »Hierher!
Kerl, er würde krumm geschlossen,
Wenn er nicht so krumm schon wär'.
Aber wart'! Ich bieg' ihn grade!«
Sagte es und tat es auch,
Bog dem Seepferd ohne Gnade
Schwanz herab, herein den Bauch.
Doch da knirschte es und krachte,
Und dann gab es einen Schrei,
Und noch eh' es jemand dachte,
War das Seepferd – knacks – entzwei.
Erst bestürzt und ohne Worte
Sah der Seedrach, was geschehn,
Um gefaßt dann zum Rapporte
Zu Herrn Oberst Hai zu gehn.
Und er meldete: »Zerbrochen
Ist der krumme Zivilist,

Was doch sonst nach vielen Wochen
Unterrichts erst möglich ist.«
Peinlich war von dem Berichte
Hai berührt; dann sprach er fest:
»Steht im Tangblatt die Geschichte,
Gibt's für Sie zwei Tag' Arrest!«

Die Beamten

Der Krebs, der Salamander –
Die saßen miteinander
Seit Jahren grundlos tief
Im Seekohlblattarchiv.
Bei Sturm und schönem Wetter
Rangierten sie die Blätter,
Versumpft, verkohlt, verschlammt –
So saßen sie im Amt;
Sie waren angebunden
Zu Nacht- und Tagesstunden;
Man nannte sie Beamte;
Sie lebten wie Verdammte,
Auch zahlte sie sehr schlecht
Ihr Prinzipal, der Hecht.
Die beiden Tiere waren
Nach langen Dienstesjahren
Erblindet, taub und lahm,
Was nur vom Schlamme kam.
Die zwei, uralt geworden,
Erhielten Seesternorden
Als treuer Dienste Lohn
Und mußten in Pension.
Sie hätten nun so gerne
Geruht; doch ihre Sterne –
Die sättigten sie nie.
Vor Hunger starben sie.

IV. Die Fabel in Spanien, Italien, Frankreich, England und Rußland

In der Fabeldichtung sind seit dem Mittelalter neben den Deutschen die romanischen Völker besonders fruchtbar gewesen. Die alten äsopischen und morgenländischen Fabeln fanden in ganz Europa Verbreitung, indem sie im Geiste der verschiedenen Völker in deren verschiedene Sprachen übertragen wurden. Außerdem war das gleichfalls in viele Sprachen übersetzte Tierepos »Reineke Fuchs«, das aus den lateinischen Dichtungen »Isengrimus« (Anf. 12. Jahrh.) und »Reinardus vulpes« (Ende 12. Jahrh.) entstand, eine reiche Fundgrube für die späteren Fabeldichter, von denen sich manche auch durch Erfindung eigener Stoffe auszeichneten.

Spaniens älteste Fabeldichter waren Don Juan Manuel (1282-1347), ein Prinz aus dem Königshause von Kastilien, der eine »Der Graf von Lucanor« betitelte Sammlung von 49 Geschichten, Anekdoten, Fabeln und Gleichnissen nach morgenländischem Muster schrieb, und Juan Ruiz, gewöhnlich der Erzpriester von Hita genannt (gest. um 1351), der seine in eine umfangreiche Dichtung eingestreuten Fabeln fast ohne Ausnahme den äsopischen nachbildete. In der folgenden Zeit hatte die Fabel in Spanien nur geringes Ansehen. Übersetzungen der arabischen Fabeln des Bidpai wurden 1498 und 1547, der äsopischen 1575 und 1647 veröffentlicht, letztere in der Übertragung des Pedro Simon Abril. Neue und bedeutsame Fabelbücher erschienen dann erst wieder in den achtziger Jahren des 18. Jahrhunderts. Ihre Verfasser waren Don Tomas de Iriarte und Felix Maria de Samaniego. Iriarte war einer der originellsten aller neueren Fabeldichter. Seine »Literarischen Fabeln« zielen, auf bisher niemals dagewesene Art, auf Besserung der Fehler und Torheiten der Gelehrten, also eines einzelnen, wenig zahlreichen Standes hin. Diese schwierige Aufgabe hat er mit außerordentlichem Scharfsinn vortrefflich gelöst. Manche Spitzen seiner Fabeln sind zweifellos durch die Zeit abgestumpft, die weitaus meisten treffen jedoch noch heute mit Glück ins Schwarze. Dabei sind sie so anmutig in Sprache und Form, daß sie nicht nur sehr günstig aufgenommen wurden, sondern auch dauernd beliebt geblieben sind. Zu dem eigenartigen Fabelbuch angeregt wurde Iriarte dadurch, daß er in mancherlei literarische Fehden verwickelt war. Wie sehr sein Buch auch über die Grenzen Spaniens hinaus Aufsehen erregte, mag schon daraus hervorgehen, daß es allein viermal ins Deutsche übersetzt worden ist. Samaniego, der Nebenbuhler Iriartes, hat von seinen 157 Fabeln nur etwa 20 selbst erfunden, alle anderen sind von Äsop, Phädrus, den Morgenländern, Lafontaine und dem Engländer Gay entlehnt. Sie stehen in Form und passender Nutzanwendung hinter den Iriarteschen zurück, sind aber leicht und gefällig geschrieben und für einen größeren Leserkreis geeignet. Sie hatten darum, hauptsächlich auch infolge ihrer Benutzung im Schulunterricht, in Spanien einen sehr starken Erfolg. In neuester Zeit sind noch Juan Eugenio Hartzenbusch (gest. 1880), dessen meiste Fabeln Übersetzungen aus dem Deutschen sind, und Don Ramon de Campoamor (gest. 1901) als beachtenswerte Fabeldichter hervorgetreten.

In Italien schrieb gegen Ende des 15. Jahrh. der geniale Leonardo da Vinci eine Reihe neuartiger, wenn auch meist nur fragmentarischer Fabeln in Prosa nieder. Auch hier bedienten sich, wie in anderen Ländern, fast alle Satiriker gelegentlich gern der Fabelform. Vom 18. Jahrh. ab ahmten die Italiener mit Vorliebe die Art Lafontaines nach. Ihre bekanntesten Fabeldichter sind Passeroni und Pignotti, die zwar witzig und gewandt, oft aber allzu weitschweifig und kraftlos schrieben und zuviel dichterisches Beiwerk aufwendeten. Pignotti wollte in seinen Fabeln gegen die Auswüchse des Despotismus und gegen andere Verkehrtheiten seiner Zeit und seines engeren Vaterlandes ankämpfen. Geistreicher sind die Fabeln seiner Zeitgenossen Roberti und Bondi, schlichter und ansprechender diejenigen Rossis und Bertolas, von denen sich die Fabeln des letzteren, eines hervorragenden Kenners und Verehrers der deutschen Literatur, noch durch angenehme Kürze auszeichnen. Als Fabeldichter für Kinder betätigte sich zu Anfang des 19. Jahrh. Luigi Fiacchi, seine Dichtungen sind jedoch nur unbedeutend. In jüngerer Zeit haben sich keine beachtenswerten Fabeldichter hervorgetan.

Bei den Franzosen wurden die alten Fabeln noch weit liebreicher aufgenommen und verbreitet als in Italien. Marie de France aus der Bretagne, die am englischen Hofe lebte, schrieb eine treffliche Fortsetzung zum Reineke Fuchs, »Die Krönung des Fuchses« betitelt, und bearbeitete auch äsopische Fabeln. Eine vollständige französische Ausgabe des Äsop, welcher der lateinische Text des Steinhöwelschen »Esopus« zugrunde gelegt war, erschien etwa anfangs 16. Jahrh., und 1644 wurde das berühmte arabische Werk »Die Fabeln Bidpais« in französischer Übersetzung herausgegeben. Diese beiden großen Fabelsammlungen sowie altitalienische und altfranzösische Bücher waren die Quellen, aus denen Frankreichs klassischer Fabeldichter Jean de Lafontaine die weitaus meisten seiner Stoffe entlehnte, denen er durch seine Eigenart neuen Reiz zu verleihen wußte; nur wenige seiner Fabeln sind von ihm selbst erfunden. Er offenbart mit anziehendem Humor und wunderbarer Grazie eine Fülle von praktischer Lebensweisheit, ohne jedoch dem Leser die Moral aufzudrängen. Der erzählende Teil, den er durch liebevolle und witzige Detailschilderungen reich ausschmückt, ist ihm die Hauptsache. Er widmete seine Fabeln dem Dauphin von Frankreich. Sie erschienen in der zweiten Hälfte des 17. Jahrhunderts und fanden überall, besonders auch im Auslande, begeisterte Aufnahme und eifrige Nachahmer, die den anmutigen Erzählerton ihres Vorbildes jedoch kaum zu erreichen vermochten. Als erfolgreiche Fabulisten bewährten sich in Frankreich zu Beginn des 18. Jahrh. noch de la Motte und Richer, später (1792) Florian, der bei der Wahl seiner Stoffe auch den Engländer Gay, den Spanier Iriarte, sowie Lichtwer und Lessing benutzte. Kritische Abhandlungen über die Fabel schrieben u. a. le Bossu, de la Motte und Batteux, deren Anschauungen Lessing scharf entgegentrat.

In Enland hat sich die Fabeldichtung im Mittelalter nur dürftig entwickelt. Die ältesten bekannten Fabeln stammen von dem Schotten Robert Henrison (geb. um 1430, gest. 1507), der 13 äsopische Stoffe bearbeitete, denen er breite moralische Betrachtungen anknüpfte. Die erste Übersetzung der morgenländischen Fabeln erschien 1570. Im Anfang des 18. Jahrh. schrieb Bernard von Maudeville, ein eingewanderter Holländer, der in London als Arzt tätig war, eine große satirische Fabeldichtung »Die Fabel von den Bienen«, in der er gegen die damaligen gesellschaftlichen und staatlichen Verhältnisse zu Felde zog. Bald darauf (1726) gab Englands größter Fabeldichter John Gay eine Sammlung von 50 im Stil der Kindergeschichten und zum Teil recht humorvoll geschriebene Fabeln heraus, die er für den jungen Herzog von Cumberland geschrieben hatte. Umfangreicher und wertvoller sind die 16 meist politischen Fabeln Gays, die erst nach seinem Tode veröffentlicht wurden. Die (7) »Fabeln von der heiligen Allianz« von Thomas Moore stellen politische Satiren dar; sie erschienen 1823 unter dem Pseudonym Thomas Brown und waren Byron gewidmet. Die übrigen englischen Fabeldichter sind ohne Bedeutung.

Der bei weitem hervorragendste Fabeldichter der slawischen Nationen war neben dem weniger beachtenswerten polnischen Bischof Ignaz Krasicki (1735-1801) der Russe Iwan Krylov, der in der ersten Hälfte des 19. Jahrhunderts eine Popularität gewann wie kein anderer russischer Dichter vor ihm. Viele seiner moralischen Sentenzen leben als Sprichwörter im Volksmund fort. In einem kurz nach des Dichters Tode 1844 von dem Fürsten Wiasemski, der selbst ein vortrefflicher Poet war, erlassenen Aufruf an die Nation zur Errichtung eines Denkmals hieß es u. a.: »Seine Fabeln sind ein treuer Reflex des russischen Geistes mit seiner treffenden Schärfe, seiner Beobachtungsgabe, seiner gutmütigen Schlauigkeit, seiner munteren Laune und seinem nicht grübelnden, sondern den Aufgaben des Lebens zugewendeten Tiefsinn... Krylov ist unvergänglich in der russischen Literatur.« Der bekannte Dichter Gogol äußerte sich über Krylov folgendermaßen: »Seine Fabeln sind ein Nationalschatz und ein Inbegriff der Volksweisheit... Sein Fabelbuch bietet Lehren für alle, für den höchsten Staatsmann wie für den letzten Arbeiter, der sich in den untersten Schichten der Gesellschaft müht, und kein Dichter hat es so verstanden, seine Meinung allen faßlich und zugänglich zu machen. Der Dichter und der Weise verschmelzen sich in ihm. Bei Krylov ist alles bildhaft, anschaulich, die Schilderung der Natur in allen ihren Phasen, wie der Dialog in seinen feinsten psychologischen Nuancierungen. Alles ist wahr aufgefaßt, treffend in plastisch-objektiver Weise ausgedrückt.« Solche Lobpreisungen aus dem Munde geistvoller Männer legen ein beredtes Zeugnis dafür ab, in welch hohem Ansehen Krylov in Rußland stand und heute noch steht. Tatsächlich zeichnen sich seine Fabeln durch nationalen Geist, gutmütigen Humor und recht volkstümliche Darstellungsweise hervorragend aus.

Auch in alle anderen, hier unerwähnt gebliebenen Länder Europas hat die Fabeldichtung ihren Einzug gehalten und schöne Früchte getragen; zu einer überragenden Bedeutung hat es in ihnen jedoch kein Fabeldichter gebracht, so daß wir sie in unserer Sammlung unberücksichtigt lassen dürfen.

Aus dem Spanischen

Don Juan Manuel,
dem Königshause von Castilien und Leon entstammend, wurde am 5. Mai 1282 in Escalona als Sohn Don Pedro Manuels, Infanten von Spanien, geboren und nach dem Tode seines Vaters von frühester Kindheit an vom König Sancho IV. erzogen. 1310 hatte er bereits die höchsten Staatsämter erworben, führte von 1312 ab für den unmündigen Alfons XI. die Regentschaft und bewährte sich im Kriege gegen die Mauren als tüchtiger und siegreicher Oberbefehlshaber, bis er 1347 starb. – Seine Geschichtensammlung »Der Graf von Lucanor« enthält viele Fabeln. Unsere Proben entstammen der Übersetzung von Jos. Frhr. v. Eichendorff.

Von der Schwalbe und den andern Vögeln

Eine Schwalbe sah, daß ein Mann Lein säte, und da sie fein von Verstande, gedachte sie, wenn der Lein aufginge, könnten die Menschen Netze und Schlingen daraus machen, um die Vögel damit zu fangen. Sie begab sich daher sogleich zu den Vögeln, ließ sie zusammen berufen und erzählte ihnen, wie der Mann Lein gesäet und sie versichert sein könnten, daß, wenn er aufginge, ihnen großer Nachteil daraus erwüchse; sie rate ihnen daher, hinzugehen und ihn, bevor er Wurzel fasse, auszureißen; denn manches lasse sich im Anfange leicht beseitigen, was später schwer oder gar nicht wieder zu machen sei. Doch die Vögel nahmen es auf die leichte Achsel, befolgten den Rat nicht, und die Schwalbe drang wiederholt in sie, bis sie endlich bemerkte, daß sie gar nichts mehr darauf gaben. Unterdes aber war der Flachs schon so groß gewachsen, daß ihn die Vögel weder mit den Flügeln, noch mit den Schnäbeln mehr entwurzeln konnten. Da sie ihn so hoch sahen und nun keinen Rat gegen das Übel wußten, das ihnen drohete, bereuten sie's sehr, nicht früher dazu getan zu haben, aber die Reue kam zu spät und konnte nichts mehr nützen. Die Schwalbe dagegen, da sie sah, daß sie das heranrückende Unglück nicht abwenden wollten, war schon früher zu jenem Manne geflogen, hatte sich in seinen Schutz begeben und bei ihm Sicherheit für sich und ihr Geschlecht gewonnen; und seitdem lebten die Schwalben unter der Obhut der Menschen und sind sicher vor ihnen, während die anderen Vögel, die sich nicht vorsehen mochten, täglich in Netzen und Schlingen gefangen werden.

Wenn ihr vor dem euch drohenden Übel sicher sein wollte, so rüstet und verwahret euch, bevor es eintreten kann. Ein Weiser sagt: Vermutest du irgend vorher ein Unglück, so suche dich davor zu schützen, denn es ist nicht weise, die Dinge vorzusehen, nachdem sie geschehen; klug genug aber ist der, welcher an irgend einem Wahrzeichen oder Umstande das nahende Übel erkennt und Rat schafft, auf daß es ihn nicht ereile.

Gleich anfangs wende die Gefahr,
So bist du aller Sorgen bar.

Was sich mit zwei sehr reichen Leuten zugetragen

Von zwei Leuten, die einst sehr reich gewesen, geriet der eine in solche Armut, daß er in der Welt nichts zu beißen und zu brechen mehr hatte, und als er mühselig etwas aufsuchte, um seinen Hunger zu stillen, konnte er nichts als einen Napf voll Wolfsbeeren auftreiben. Da er nun seines früheren Reichtums gedachte und wie er jetzt in Hunger und Not Wolfsbeeren essen mußte, die so bitter und widerlich schmecken, brach er in heftiges Weinen aus; vor großem Hunger machte er sich aber endlich doch daran, aß und weinte immerfort, während er die Hülsen der Beeren hinter sich warf. Mitten in diesem Kummer und Leid bemerkte er jemanden hinter sich, und als er den Kopf wandte, erblickte er einen Mann, der die Hülsen aß, die er weggeworfen, und das war eben jener Zweite, dessen ich vorhin gedachte. Als er dies sah, fragte er ihn, was er denn da mache, und dieser erwiderte: er wisse wohl, daß er ehedem reicher gewesen sei als er, jetzt aber sei er arm und hungrig, daß er sehr froh sei, die Hülsen zu finden, die er übriggelassen. Da tröstete sich jener, der die Bohnen aß, weil er sah, daß es einen gab, der noch ärmer war und noch weniger erwarten durfte, reich zu werden, als er, und mit diesem Troste stärkte er sich und half ihm Gott; er sann auf Mittel, aus diesem Elend zu kommen, und fand sie und wurde noch sehr glücklich.

Dies ist einmal so der Welt Lauf, und des Herrn Wille ist, daß kein Glück auf Erden vollkommen sei. Gott hat euch mit allem andern gesegnet, ihr habt Gut und Ehre; wenn euch daher auch zuweilen das Geld ausgeht und einige Verlegenheit ankommt, so verzaget darum nicht, sondern glaubet sicherlich, daß Angesehenere und Reichere als ihr oft so bedrängt sind, daß sie sich sehr glücklich schätzen würden, ihren Leuten soviel und auch nur den geringsten Teil von dem geben zu können, was ihr den eurigen gebt.

Was ficht dein Mangel dich so an?
Schau, andre sind noch schlimmer dran.

FELIX MARIA DE SAMANIEGO,
geb. 1745, stammte aus Biscaya, starb 1801. – Seine Fabeln erschienen 1781 und

1784. Unsere erste Fabel ist von E. Dorer übersetzt, die anderen sind der »Spanischen Nationalliteratur« (1867) von H. Dohm entnommen.

Die Löwin und der Bär

In eines dunklen Waldes stillen Räumen
Erschreckte rings die Tiere eine Löwin
Mit unaufhörlichem, gewalt'gem Brüllen,
Das sie inmitten tiefer Nacht erhob.
Da sprach ein Bär zu ihr: »Laß einmal hören,
Von welchen tragischen Begebenheiten
Oder von welchen blut'gen Kriegesläuften
Will uns wohl melden dein Verzweiflungsruf,
Im Namen des erzürnten Jupiter!« –
»Den allergrößten Grund hab' ich zu klagen!
Ich bin das unglückseligste der Wesen!
Und soll ich, ach! nicht in Verzweiflung sterben,
Da man den Sohn mir raubte? Welch ein Jammer!«

»Oho! Und weiter hast du nichts zu sagen?
Wenn auch auf solche Weise klagen wollten
Die Mütter jener vielen, die du frißt,

Das gäb' uns ein Konzert bei Tag und Nacht!
Geh! Leg dich nieder! Tröste dich wie jene,
Damit dein Jammer nicht den Schlaf uns störe!«

Dem Unglück und dem Leiden unterworfen
Sind alle Sterblichen in ihrem Leben;
Des ungeachtet will es jedem scheinen,
Ihn solle billig dieses Los verschonen.
So wissen wir das Elend zu ertragen,
Sind andre, nur nicht wir, von ihm geschlagen.

Die kranken Tiere

Im Tal, im Feld, in düstren Waldrevieren –
Ein Reich, bewohnt von Tieren –
Brach eine gift'ge Krankheit aus urplötzlich,
Die unter ihnen wütete entsetzlich.
Dort wo in alter hergebrachter Weise
Der König Mustrung hielt im Höflingskreise
Und sein erhabnes Auge sich erfreute,
Daß man ihm Weihrauch streute,
Da lag – o kläglich jammervolles Zeichen! –
Das Feld bedeckt mit Sterbenden und Leichen.
Betrübt reckt da der Löwe seine Glieder
Und spricht: »Geliebte Brüder,
Schaut, Gottes Zorn ruht furchtbar auf uns Armen,
Drum laßt zu ihm uns flehen um Erbarmen.
Vielleicht läßt sich des Himmels Zorn bezwingen,
Wenn wir ein Opfer bringen,
Es sterbe, wer von uns der größte Sünder!
Nun laßt uns beichten, Kinder!
Ich hab' blutdürstig, grausam, ohn' Gewissen
Schuldlose Lämmer, Kalb und Kuh zerrissen
Und bin durch Raub und Morden
Der Berge Graun, der Wälder Schrecken worden.«
»Herr,« tut der Fuchs da sprechen,
»Ich find' in Eurem Tun nur ein Verbrechen,
Daß allzu gütig Majestät geruhte,
Zu flecken mit dem ganz gemeinen Blute

Von jenen elenden gehörnten Fratzen
Die hohen Zähn' und königlichen Tatzen.«
»So ist es,« riefen alle; »Heil dem Sieger!«
Drauf beichteten der Panther, Bär und Tiger
Von Mord und Greueltaten wohl zum Schaudern,
Und alle Tiere riefen sonder Zaudern:
»O, das hat nichts zu sagen!«
Der Esel drauf begann sich anzuklagen.
Verwirrt er stottert, und er spricht beklommen:
»Jüngst bin am Korne ich vorbeigekommen,
Ich war so hungrig, und der Herr war ferne;
Es sahen nur die Sterne –
Da hab' ich mich, verzeiht, o Herr, vergessen
Und von dem Korn zwei Hälmchen nur gegessen.«
»Pfui, Esel, über dich, du stahlst vom Korne,«
Schrie da der Fuchs im namenlosen Zorne.
Und alle riefen: »Tod für das Verbrechen,
Das Gott an uns Unschuld'gen wollte rächen!«
Der Esel, ach, der ward zum Tod geführt,
Der Wolf, der böse, hat ihn massakriert.

Bist du auch schlecht, du giltst für tugendhaft,
O Mensch, solange dein ist Macht und Kraft;
Doch bist du arm und elend und hast recht,
Es hält die Welt dich darum doch für schlecht.
Nicht nur bei Hof ist's so, gott steh uns bei,
So ist es überall – o Eselei!

Die Seefahrer

Es standen Reisende im Schiffe jammernd,
Voll Angst im Sturm den Mast umklammernd.
Die blinde Wut des Wassers und der Wogen
Das Schiff zur Tiefe zogen.
Doch plötzlich ruhn die Winde,
Durch Wolken lacht die Sonne klar und linde.
Die eben noch geweinet,
Sind lachend jetzt in Freud' und Lust vereinet.
Und nur der Steuermann, der stand alleine

Im Sturme heiter und im Sonnenscheine
Gleich ihm, verzag nicht, Mensch, im Mißgeschick;
Denn wisse, plötzlich wechselt's wie das Glück.

Der Hund und das Krokodil

Trank ein Hund einst aus dem Nil,
Und er trank zugleich und lief.
»Trinke doch in Ruhe!« rief
Ein verschmitztes Krokodil.

Antwort gab der Hund am Nil:
»Laufend trinken ist nicht gut;
Aber schlimmer ist die Wut
Deines Bisses, Krokodil!«

O wie weise tat der Hund,
Ihm gebühret Lob und Ehr'.
Mensch, befolge nimmermehr
Rat aus deines Feindes Mund.

DON TOMAS DE IRIARTE,
geb. am 18. Sept. 1750 auf der Insel Tenerifa, kam als 14jähriger Knabe nach Madrid, wo er eine sehr sorgfältige Erziehung genoß. 1771 erhielt er das Amt eines Übersetzers des ersten Staatssekretariats, 1776 wurde er zum Archivar des obersten Kriegsrats ernannt und starb am 17. Sept. 1791. – Im Jahre 1782 gab er die »Literarischen Fabeln« heraus. Die folgenden Proben sind Friedrich Adlers Übersetzung entnommen.

Die Ameise und der Floh

Es haben manche eigenes Gelüsten
Zu geben sich, als ob sie alles wüßten,
Die, wenn sie etwas hören oder sehen,
Mag's noch so neu sein und vollkommen stehen,
Es trivial und unbedeutend nennen,
Behüte Gott, daß sie was anerkennen.

Die Art von Leuten soll
Mir nicht entwischen, nein, bei meiner Seele,
Sie habe gleichfalls ihre Fabel voll,
Ob einen Tag ich mir damit auch stehle.

Ameise tät dem Floh einst anvertrauen,
Wie sie sich gar so plage,
Wie schwer sie den Bedarf zusammentrage,
Wie ihre Art, die Kammern aufzubauen,
Wie Wohnung drin und Speicher sind zu schauen,
Wie man das Korn beschafft,
Und wie in Arbeit jede Arbeitskraft.
Und so erzählte sie noch Einzelheiten,
Die man gewiß versucht wär' zu bestreiten,
Wenn nicht Erfahrung täglich
Sie uns bestätigte unwiderleglich.

Auf all dies gab kein Zeichen
Der Floh von sich, als daß er hie und da
Einwarf ein Wort, wie diese und dergleichen:
»Ganz recht; sehr wohl; man könnte sagen; ja;
Ich weiß schon; wie ich sagte; zweifellos;
Du siehst ja, ganz gewöhnlich ist es bloß.«

Ameise, aus dem Häuschen schon gebracht
Durch die Bemerkungen, die er gemacht,
Sprach drauf zum Floh: »Kommt Freundin mit, ich bitte,
Wir wenden zu dem Haufen unsre Schritte.
Und da Ihr in so hohem Meisterton
Das alles leicht und abgedroschen findet,
So gönnt Ihr mir wohl schon
Belehrung; glaubt, daß Ihr mich sehr verbindet.«

Der Floh tat drauf behende einen Satz
Und sprach mit einer Frechheit aus dem Vollen:
»Die Kleinigkeit, mein Schatz!
Du glaubst, sie macht mir die geringste Qual?
Man muß nur eben wollen.
Doch – fehlt mir heut' die Zeit – ein andermal.«

Die zwei Kaninchen

Mitten durchs Gebüsche
Vor den Hunden fliehend,
(Lief kann ich nicht sagen)
Nein, flog ein Kaninchen.

Aus dem Schlupfloch eben
Kommt ein zweites, sieht es,
Ruft ihm: »Halt, mein Freundchen,
Sag mir doch, was gibt es?«

»Was es gibt? Den Atem
Fürcht' ich zu verlieren,
Auf den Fersern folgt mir
Jach ein Paar Windspiele.« –

»Ja,« sagt drauf das andre,
»Kann sie schon erblicken;
Doch Windspiele sind's nicht. –
Nein? – Jagdhunde sind es.« –

»Was Jagdhunde? Kann man
So was glauben, diese?
Windhund ist's und Windhund,
Hab's gleich unterschieden.« –

»Nein, Jagdhunde!« – »Schweig' nur,
Du verstehst nichts, Liebster.
Sind Windhunde, sag ich« –
»Ach, Jagdhunde sind es.« –

Während die so streiten,
Sind schon flugs bei ihnen
Beide Hunde, zausen
Unsre zwei Kaninchen.

Die um Kleinigkeiten
Lassen seitwärts liegen,
Was von ernstem Werte,
Mögen drin sich spiegeln.

Die Eier

Jenseits der Filippinen liegt – zu nennen
Weiß ich es nicht, hab' auch nicht nachgefragt –
Ein Inselland, auf welchem, wie man sagt,
Ganz unbekannt war das Geschlecht der Hennen,
Bis daß ein Mann, der eine Fahrt dort machte,
Zufällig eine Zucht von Hühnern brachte.
Die Brut gedieh in also rascher Weise,
Daß bald kaum eine Speise
So tief wie frische Eier stand im Wert;
Man kochte damals sie im Wasser nur.
Der Fremde hatte andres nicht gelehrt.

Da kam ein Eingeborner auf die Spur,
Man könnte sie als Spiegeleier essen –
O wieviel Lob und seltnen Dank verlieh
Man seiner reichbegabten Phantasie!
Ein zweiter buk die Eier unterdessen!
Ein anderer bereitet sie gefüllt –
Jetzt ist der Eier Wert erst ganz enthüllt!
Und als nun einer die Pastete fand,
Rief Wunder über Wunder man im Land!

Noch war kein Jahr verschwunden,
Da sagte einer: »O ihr, Grundgescheiten!
Mit Liebesäpfeln werd' ich sie bereiten.«
Und dieser Hochgeschmack, so fein erfunden,
Vor dessen Ruhm verstummte jeder Spott,
Wär' auf der Insel lang in Brauch geblieben,
Wenn nicht ein Fremder, von dem Geist getrieben,
Erfand die Eier à la Hugenott.

Die haben lang die Köche aufgetischt.
Doch wieviel Würzen haben sie gewonnen,
Von Konditoren ihnen beigemischt!
Verzuckert und gesponnen
Bis zu gelungenen Versuchen
In Sorbet, Brühe, Rahm, Kompott und Kuchen.
Nun ward Erfinden allgemeiner Brauch,
Die letzte Art war stets die beste auch.
Allein ein kluger Greis
Sprach eines Tags: »Umsonst hofft ihr den Preis
Für eure Mischung, welche immer kühner –
Dem ziemt der Dank, der uns gebracht die Hühner!«

So vielen Dichtern, neu erschienen,
Wär' ratsam nicht das Eierkochen ihnen
Dort hinten weit jenseits der Filippinen?

Der Affe

Ob er Seidentracht sich schaffe,
Was ein Affe ist, bleibt Affe.
Also heißt's im Sprichwort schon,
Und so denk' auch ich davon,
Und es zeige sich denn hier
So in Spruch und Fabel dir.

Ein Gewand als Harlekin,
Wie damit die Gaukler ziehn,
Nahm ein Affe eines Tags.
Glaublicher wohl klingen mag's,
Daß sein Herr ihm's umgehangen;
Denn er mochte schwer gelangen
So zum Schneider wie zum Tuch –
Doch es sagt es so der Spruch.

Da er nun so elegant,
Sprang durchs Fenster er gewandt
Auf das Dach vom Nachbarhaus,
Zog dann in die Welt hinaus,

Pilgernd gegen Tetuan.
Dies gibt zwar der Spruch nicht an;
Ein Bericht erzählt's indessen,
Der nun freilich lang vergessen,
Weil der Autor äußerst rar –
(Dieses aufzuklären, war
Keine kleine Schwierigkeit!)
Über eins nur fehlt Bescheid,
Wo auch mich der Zweifel trifft:
Ob das Tier sich eingeschifft
Oder ob's sein Ziel vielleicht
Über Suez hat erreicht –
Doch steht fest für alle Frist,
Daß es hingekommen ist.

Wie er ankam, ging entgegen
Von gefälligen Kollegen
Eine Schar ihm, welche nackt,
Grüßten ihn mit vielem Takt,
Wie man's macht den Hochgestellten,
Staunten an die Tracht, so selten,
Und sie meinten, gar nicht klein
Müsse wohl die Weisheit sein,
Das Genie, der rechte Griff
Eines Tiers von solchem Schliff.

Eh ein Augenblick verflossen,
Ward debattenlos beschlossen,
Daß den neuesten Gesellen
An die Spitze man sollt' stellen
Jener Expedition,
Die vorher beordert schon,
Die Fourage zu beschaffen
Für das ganze Reich der Affen
In dem Land, das wüst und weit –
(Ja, das macht ein schönes Kleid!)

Nun, der Leiter zog von dannen
Mit den anvertrauten Mannen
Und – verlor nicht nur den Pfad,
Sondern auch Verstand und Rat.
Und die unerfahrne Menge
Schweifte über Bergeshänge,
Schritt durch Wälder, Täler, Flächen,
Ging in Wüsten, Pfützen Bächen,
Und als hin der Tag geschwunden,
Hatten gar nichts sie gefunden.

Und das darum, weil sie eben
Sonst aufs Suchen sich begeben
Dann nur, wenn der Kommandant
Tüchtig war, nicht elegant.
Es entkamen nur mit Not
Unsre Affen noch dem Tod,
Und sie lernten von der Reise:

Nicht das Kleid macht einen weise.
Doch muß man nicht nach Tetuan,
Man trifft auch hier wohl Affen an,
Die sich in der Gelehrten Tracht gebaren
Und dennoch immer bleiben, was sie waren.

Die Ente und die Schlange

An dem Ufer eines Teiches
Sprach die Ente solche Rede:
»Welchem Tiere hat der Himmel
Gaben so wie mir gegeben?

Mein sind Wasser, Luft und Erde.
Bin ich's einmal müd' zu gehen,
Kommt es mir gelegen, flieg' ich,
Schwimme, kommt es mir gelegen.«

Eine welterfahrne Schlange,
Die sie hörte aus der Nähe,
Rief sie an mit einem Zischen,
Sagte ihr: »Mein liebes Dämchen!

Tut mit Euch nicht gar so wichtig.
Denn Ihr geht nicht wie die Gemse,
Und Ihr schwimmt nicht wie die Barbe,
Fliegt nicht, wie der Falke schnelle.

Und so merkt Euch dieses eine:
Nie ist rühmenswert gewesen
All und jedes wissen, sondern
Etwas und das recht verstehen.«

Der Esel und sein Herr

»Stets warf das Volk, das nichts verständig tut,
Das Gut' und Schlechte unter einen Hut.
Ich schreibe schlecht, weil sie dem Schlechten huldigen.«

So suchte sich ein Autor zu entschuldigen,
Verfasser von recht sittenlosen Schwänken;
Ein kluger Dichter, der sein Wort vernommen,
Gab ihm die kleine Fabel zu bedenken:

Dem Esel gab, dem frommen,
 Sein Herr als Futter Stroh und sagte: »Nimm,
 Ich hoffe, es bekommt dir gar nicht schlimm.«
 Das sprach er nun so oft, daß einst in Grimm,
 Kam unser Langohr und dem Herren sagte:
»Ich nehme, was du gibst, von dir, dem Herrn.
 Doch glaub nicht, daß ich Stroh nur esse gern,
 Getreide gib und sieh, wie's mir behagte.«

Es soll, wer für das Volk schreibt, nicht vergessen,
Daß seine Schuld von der des Volks er scheide:
Denn dies, gibst du ihm Stroh, wird's Stroh dir essen,
Und gibst du ihm Getreide, ißt's Getreide.

Der Streit der Trinker

Jüngst gab's in einer Schenke
Ein teuflisches Gezänke;
Es stritten Trinkerscharen,
Die tief im Kneipen waren.

Der Grund war: Viel von ihnen,
Die sehr verständig schienen,
Verfochten fest die Klage,
Der Wein von heutzutage
Steh' weit zurück in Reinheit,
In Reife und in Feinheit,
In Duft, Geschmack und Schwung
Genüber ältrem Trunk.

Die Meinung schien den zweiten
Dem Recht zu widerstreiten.
Sie fanden grad' am neuen
Das richtigste Erfreuen.

Und die Partei des alten
Verlachten sie und schalten,
Ihr angemaßtes Schätzen
Sei nur ein leeres Schwätzen
Von Richtern, eingenommen
Für Zeug, das abgekommen.

Von diesem wilden Streite
Auf der und jener Seite
Geriet die Stub' ins Schwanken.
Da kam zurecht ins Zanken
Ein Kneipheld her, ein greiser,
Ein rechter Weintrunkweiser,
Und rief den Lärmern zu:
»Beim Gotte Bacchus, Ruh'!
(Für Trinker ist's ein Eid
 Von größter Heiligkeit.)
 Wenn ich da spreche, wage

Kein andrer, in der Frage
Sich neben mir zu zeigen,
Doch bitt' ich erst um Schweigen.
Auf Navarreserehre!
Wo hierzulande wäre
In Faß und Krug und Schlauch,
In Zubern, Flaschen auch
Nur eine Weinessorte,
Die mir nicht ihre Pforte
Erschlossen zum Besuch,
Ergeben meinem Spruch!
So darf im Richten, Proben
Mein Urteil kühnlich loben
Als Muster ich, als hehres:
Tudela kennt's und Jeres,
Malaga und Peralta,
Kanarien und Malta,
Und auch Oporto preist es:
Nun hört andächt'gen Geistes.
Wer glaubt, daß jeder Wein
So besser müßte sein,
Je mehr von seiner Ernte
Sein Datum sich entfernte,
Der irrt sich ungeheuer.
Es wächst des Weines Feuer
Wohl mit der Zeit gewißlich;
Doch stand's im Anfang mißlich,
Dann macht der Zeiten Dauer
Den Wein erst gründlich sauer.
So hat's denn schon gegeben,
Wie's heute wir erleben,
In grauer Zeiten Scheine
Vollwicht'ge Kretzerweine.
Doch kost' ich, liebe Leute,
Oft einen Wein von heute,
Der traun dem besten alten
Die Waage dürfte halten.
Und scheinen manche Lesen
Von heut' noch herb an Wesen,
Wer weiß, ob die verschmähten
Nicht in die Rolle treten
Von Weinen zum Entzücken
Bei unsrer Enkel Schlücken.
Genug nun am Verdruß.
Und als der Weisheit Schluß
Verdamm' ich schlechten Wein
Und trink' ihn, wenn er fein.
Und völlig läßt's mich kalt,
Ob jung er oder alt.«

In müß'gem Streit gepriesen
Wird altes nur von diesen,
Da jene sich befeuern
Im Kampfe für die neuern.
Ich halt' es klugerweise
Mit jenem Trinkergreise.

Die Warze, die Beule und der Buckel

Einer der Dichter,
Wie sie so häufig,
Schuf seiner Laune
Kinder geläufig;
Ehe die Reife
Noch sie geklärt,
Ward ihnen Beifall
Reichlich gewährt.

Ernste Tragödien,
Lustspiele schrieb er,
Wie auch Bluetten:
Gleich immer blieb er.
Ob er bezahlt auch
Wurde im Baren,
Wollte ein Urteil
Doch er erfahren,

Frug einen Freund einst,
Daß er erführe,
Welch' eine Schätzung
Ihm wohl gebühre.
Dieser erwidert:
Mir sind gelegen
Meist die Bluetten. –
Nun und weswegen? –
Habe Geduld, ich
Will mich erklären...
Dieses Geschichtchen
Wird es dich lehren.
Siehe, ein Buckel
Und eine Warze
Und eine Beule
(Träf ich ins Schwarze!)
Stritten in langen
Wettzänkereien,
Wer denn der schönste
Sei von den dreien.
Und der Herr Buckel,
Größer als alle,
Glaubt, daß der Vorrang
Ihm nicht entfalle.
Aber die Beule
Ließ sich nicht schelten;
Proportionierter,
Wollt' sie mehr gelten.
Doch auch die Warze
Griff nach dem Siege,
Weil ihre Anmut
Im kleinen liege.
Lachend vernahm ein
Kluger den Zwist,
Rief dann: Im Rechte
Die Warze ist!

Denn alle drei seid ihr ein solch Gebreste,
Daß von euch gilt: Das Kleinste ist das Beste!

DON RAMON DE CAMPOAMOR,
geb. 24. Sept. 1817 in Naria (Asturien), studierte zuerst Medizin, war dann Schriftsteller und Politiker, wurde Gouverneur von Castellon, Alicante und Valencia, 1875 Staatsrat, starb am 12. Febr. 1901. – Seine »Moralischen und politischen Fabeln« erschienen 1842. Folgende Übersetzungen sind von Friedr. Adler.

Der Hahn und der Hase

Der Hahn rief einen Hasen: »Feigling, flieh!« –
»Ein Feigling ich?« sagt der und rümpft die Nase.
Doch als ein Hund erschien von fern, ei sieh,
Da schoß Herr Lampe eilig fort im Grase.
»Wart doch ein wenig,« sprach der Hahn da, »wie?
Heißt das nicht etwa fliehn, mein lieber Hase?«
Da hielt der Hase eine kleine Weile
Und rief zurück: »Ich fliehe nicht, ich eile.«

Aus dem Italienischen

Leonardo da Vinci,
geb. 1452 in Vinci, zwischen Florenz und Pisa, war bereits 1472 in Florenz als selbständiger Maler tätig, lebte als vielseitiger, genialer Künstler und Forscher von 1487 bis 1499 in Mailand, dann wieder in Florenz; 1502 wurde er von Cesare Borgia zum Inspektor der Befestigungsbauten ernannt, doch veranlaßten ihn die politischen Ereignisse des folgenden Jahres, sich wieder hauptsächlich der Malerei zuzuwenden; er lebte abwechselnd in Mailand und Florenz, bis er 1514 nach Rom und bald nachher von dort auf Einladung des Königs Franz I. nach Frankreich zog, wo er am 2. Main 1519 in Cloux bei Amboise starb. – L.d.V., der der Schöpfer der weltberühmten Bilder »Das heilige Abendmahl« und »Mona Lisa« ist, hinterließ unter seinen Manuskripten auch eine größere Anzahl von Fabeln.

Das Rasiermesser

Das Rasiermesser, eines Tages aus jener Handhabe herauskommend, aus der es sich selbst eine Scheide macht, und sich in die Sonne legend, sah die Sonne sich in seinem Leibe spiegeln; durch welche Sache es sich in ungeheurer Glorie fühlte, und den Gedanken rückwärts gewendet, begann es zu sich selbst zu sagen: »Werde ich jetzt noch in die Bude zurückkehren, aus welcher ich erst gekommen bin? Sicher nicht! Nicht gefalle es den Göttern, daß so glanzvolle Schönheit in solche Niedrigkeit des Sinnes verfalle! Welcher Wahnsinn wäre es, der mich dazu verleitete, die eingeseiften Bärte der bäurischen Dorfleute zu rasieren und mechanische Arbeiten zu tun! Ist dies ein Leib zu solcher Übung? Wahrhaftig nicht. Ich will mich in irgend einen verborgenen Ort verstecken und da in stiller Ruhe mein Leben verbringen.« – Und so einige Monate versteckt gewesen, kehrte es eines Tages an die Luft zurück, und seine Scheide verlassend, sah es sich in Ähnlichkeit einer rostenden Säge geschaffen und seine Oberfläche nicht mehr die leuchtende Sonne widerspiegeln. Mit eitler Reue beweinte es vergebens den nicht gut zu machenden Schaden, bei sich selber sagend: – »O, wieviel besser war es, beim Barbier meine verlorene Schneide von solcher Feinheit üben. Wo ist die glänzende Oberfläche? Sicher, der lästige und abscheuliche Rost hat sie verzehrt!« – Dieses gleiche geschieht den Geistern, die im Tausch für die Übung sich dem Müßiggang ergeben, welche, die Ähnlichkeit mit obengenanntem Rasiermesser, ihre schneidende Feinheit verlieren, und der Rost der Unwissenheit verdirbt ihre Form.

Der Stein

Ein Stein, neulich erst vom Wasser bloßgelegt und von schöner Größe, befand sich auf einem gewissen erhöhten Ort, wo ein entzückendes Wäldchen endete, oberhalb einer mit Felsstücken übersäten Straße, in Gesellschaft von Kräutern, die von verschiedenen Blüten in mannigfachen Farben geschmückt waren. Es kam ihm der Wunsch, sich da hinabfallen zu lassen, in sich sprechend: »Was tue ich hier bei diesen Kräutern? Ich will mit diesen meinen Geschwistern in Gesellschaft wohnen.« – Und, nachdem er sich hatte hinabfallen lassen, endete er unter

den gewünschten Gefährten die Geschwindigkeit seines Laufs. Und kaum ein wenig dagewesen, begann er durch die Räder der Wagen, durch die Füße der eisenbeschlagenen Pferde und der Wanderer in unaufhörlicher Drangsal zu sein; der kehrte ihn um, jener zerrieb ihn; manchesmal hob er sich ein kleines Stück, wenn er von Schmutz oder vom Unrat irgend eines Tieres bedeckt ward, und vergebens betrachtete er den Ort des einsamen und ruhigen Friedens. – So geschieht es jenen, die aus dem einsamen und beschaulichen Leben weg in die Stadt wollen kommen, zwischen die Leute voll unendlicher Übel.

GIOVANNI CARLO PASSERONI,
geb. 1713 in Lantaska, war Priester und lebte in Mailand bis zu seinem Tode 1803. Er veröffentlichte 7 Bände äsopischer Fabeln 1775.

Ceres und der Bauer

Ceres ward von einem Manne
Einst gebeten, zu gewähren,
Daß auf seinem Feld die Ähren
Wachsen mögen ohne Granne,
Weil der Narr im Unverstand
Diese überflüssig fand.

Und er sprach: »Von lästiger Art
Scheinen mir die scharfen Spitzen,
Höchstens gut, die Haut zu ritzen,
Und die meine ist nicht zart.
Göttin, höre mild mein Wort,
Nimm die Grannen gnädig fort!«

Ceres tat, wie er verlangt.
Und der Bauer, da's geschehen,
Ist beglückt rundum zu sehen,
Daß nun jede Ähre prangt
Golden, weich und stachellos.
O, wie war die Freude groß!

Aber lange währt sie nicht!
Denn die Vögel in der Runde

Fanden zu derselben Stunde,
Daß das Korn nun nicht mehr sticht,
Und, da es so leicht zu fassen,
Kamen sie herbei in Massen.

Und sie hielten solche Beute,
Daß der Bauer, der bestellt
Hoffnungsvoll sein weites Feld
Und sich auf die Ernte freute,
Keinen Halm fand, der was trug –
Allzuspät erst ward er klug!

»Ach, ich ärmster aller Toren!
Eines Nachteils, der so klein,
Wollt' ich los und ledig sein,
Und hab' alles drum verloren.
Was das Feld mir sonst getragen,
Ach, ich muß es nun beklagen!«

Also rief er tiefbewegt. –
Was der Schöpfer hat gemacht,
Ist mit weisem Zweck vollbracht.
Und drum merke: Es erträgt
Einen kleinen Mangel still,
Wer das Gute haben will.

GIAMBATTISTA ROBERTI,
geb. 1719 in Bassano, wo er als Jesuit 1786 starb.

Die Katze und der Käse

Ein furchtsamer Verwalter hört zur Nacht,
Daß in der Speisekammer sich was rühre.
Ein freches Mäuschen hat Besuch gemacht,
Vermutlich durch ein Löchlein in der Türe.
Den feinsten Käse hat sie mit Bedacht
Sich ausgewählt, als ob er ihr gebühre.

Schnell eine Katze sperrt hinein der Mann;
Die hascht die Maus und – frißt den Käse dann.

Wer einem schlimmen Helfer sich vereint,
Ist schlechter noch daran als mit dem Feind.

LORENZO PIGNOTTI,
geb. 1739 in Figline, war Professor der Physik an der Universität in Pisa, später Rektor dieser Universität und Geschichtsschreiber des Großherzogs Ferdinand III., starb 1812. – Seine Fabeln erschienen 1782.

Die Fliege und die Mücke

Von Phöbus' Sonnenwagen
Herniederfloß die Hitze auf die Erde,
Und langsam schritt der Bauer
Hin in der Glut, mit seinem Pfluge
Die Furchen ziehend in gemessnem Zuge.
Das Antlitz heiß, gebadet ganz in Schweiß,
An seinen Pflug die Hand gepreßt
Und mit dem Knie ihn lenkend fest,
So schritt er hin und schwang
Den scharfen Stachel, zu befeuern
Seines Gespannes schweren Gang.
Über dem Pflug indessen,

Zudringlich und vermessen,
Flog eine Fliege,
Jetzt hier, jetzt dort geschäftig,
Die Rinder bald umsummend heftig,
Und wieder dann zum Pflug gewendet –
So jagt sie ohne Atem und verschwendet
Den Eifer und die Hast,
Und eilt und schilt und gönnt sich keine Rast.
Ihr zusah eine Mücke
Und flog neugierig in die Nähe:
»Hör' mal, ich stehe da und sehe,
Wie du dich quälst, erlaub' die Frage:
Welch einen Zweck hat deine Plage?«
»Was? wie?« erwidert keck
Die Fliege, »welchen Zweck?
Da sieh, muß dir das nicht genügen?
Wie kannst du fragen noch? Ei nun, wir pflügen!«

Bei dieser Anwort lacht die Mücke auf:
»Das ist einmal des Lebens Lauf,
Und die Erfahrung bleibt gar richtig –
So viel', die nichtig, halten sich für wichtig!«

CLEMENTE BONDI,
geb. 1742 in Parma, Jesuit, lebte sein 1798 als erzherzoglicher Bibliothekar in Wien, wo er 1821 starb.

Die Schildkröte

Beim Schein der Morgenröte
Macht auf den Weg sich eine Landschildkröte,
Um etwa auf Entfernung einer Meile
Verschiedne wichtige Dinge zu besorgen.
So ging sie aus am Morgen
Und wanderte – sie liebt nicht sehr die Eile –
Langsam dahin und mit bedächtiger Weile.
So kam's, daß sie in fünfzehn Stunden

Kaum fünfzig Fuß des Weges überwunden.
Und ganz erstaunt, daß rings schon Dunkel lag,
Rief sie: »Mein Gott, wie kurz ist doch der Tag!«

AURELIO DE' GIORGI BERTOLA,
geb. 1753 in Rimini, Professor der Geographie und Geschichte am Marine-Kollegium in Neapel, später an der Universität, starb 1798.

Der Bach und die Viehherde

Zur Herde sagte einst der Bach: »Gebt acht,
Daß ihr die Flut mir nicht zu schmutzig macht.
Zu trinken sei euch wahrlich unbenommen,
Doch könntet still ihr und bedachtsam kommen.«

Allein die Herde hat dafür kein Ohr
Und trübt das Wasser schlimmer als zuvor. –
Sei hilfreich; doch, ziehst du nicht selber Schranken,
Die Leute werden's nicht mit Rücksicht danken.

Die Kutsche

Horch, Eisenräder, die geräuschvoll jagen,
Und heftig saust die Peitsche vor dem Wagen.
Was gibt es? Platz dem lärmenden Gefährt,
Das aller Blicke auf sein Nahen kehrt!
Und durch die Köpfe spuken hundert Namen
Von Fürsten, Herzögen und edlen Damen.
Die Leute stehen wartend schon umher –
Ein Wagen mit zwölf Sitzen – aber leer!

Gar manche Menschen sah ich würdig traben,
Die gleich der Kutsche viel – versprochen haben.

Der Putztisch und das Buch

Putztisch:
    Was willst du denn hier? Ich bitte
    Dich gefälligst fortzuscheren.

Buch:
    Weltweisheit nach neuestem Schnitte
    Soll ich deine Herrin lehren.

Putztisch:
    So? Und was kannst du ihr sagen?

Buch:
    Zweck und Ursach' aller Dinge,
    Der Geschichte dunkle Fragen,
    Des Gedankens feinste Schlinge.

Putztisch:
    Wunderlich! So vielen Frauen
    Dien' ich schon in all den Jahren,

Doch ich habe, im Vertrauen,
Solches Zeug hier nie erfahren.

Buch:

Andre Zeiten, andres Streben,
Neue Quellen sind zu schöpfen,
Früher war es dunkel eben,
Doch jetzt tagt es in den Köpfen.

Putztisch:

Und seit wann zu hohem Pfade
Hat sie ihren Sinn erhoben?

Buch:

Seit vier Wochen!

Putztisch:

Stimmt gerade! Nie noch war sie so verschroben.

GHERARDO DE' ROSSI,
geb. 1754 in Rom, bekannter Lustspieldichter, gest. ebenda 1827.

Die Affen

Ein Affe hatte sein Quartier
Auf einem luftigen Balkon, und hier
Hielt Tag und Nacht verwahrt
Er einen Schatz von seltner Art,
Nicht, wie man könnte meinen,
Von Gold und Edelsteinen,
Nein, Nüsse nur von feinstem Wohlgeschmack,
In einem streng bewachten Sack
Als kostbares Besitztum eingeschlossen.
Vom Reichtum des Genossen
Erfuhren bald gar viele Affen
Und machten beim Balkone sich zu schaffen,
Auf diese oder jene Weise,
Was zu erhalten von der leckern Speise.
Doch alles war umsonst. Kein Überreden

Und keiner List verborgne Fäden,
Kein sanftes Bitten und kein lautes Drohn
Bewog den Herrn auf dem Balkon,
Zu teilen seine Gaben –

Er wollte alles ganz alleine haben.
Nicht eine Schale sollten
Erlangen jene, die da unten tollten.
Allein ihr Zorn wuchs dergestalt –
So griffen sie denn endlich zur Gewalt.
Der Affe sieht des Ansturms Wut
Und wehrt ihn ab mit festem Mut,
Und fernzuhalten die verbissne Schar,
Denn immer dringender ward die Gefahr,
Löst er den Sack und trifft mit seinen Nüssen
Den grimmen Feind in wohlgezielten Schüssen.

Nach einer langen aufgeregten Schlacht
War unsres Affen Sieg vollbracht,
Die Rotte der Belagerer vertrieben.
Und stolz, daß Sieger er geblieben,
Dankt er dem Schicksal froh sein Glück
Und wendet sich zu seinem Sack zurück.
Doch ach, er findet keine einzige Nuß.
Bestürzt sieht er am Schluß,
Daß er sein ganzes Gut verblendet
In der Verteidigung hat aufgewendet. –

Gar oft, wenn man auch Ruhm von dannen trage,
Kommt gleich ein Sieg der Niederlage.

Das Pferd und der Fuchs

Zum Wettlauf forderte den Stier
Ein Pferd heraus und siegte im Turnier.

Und alle Tiere, die da zugeschaut,
Lobpriesen und bejubelten es laut.

Der Fuchs nur schwieg. Der Renner frug: »Warum
Bist du allein von allen stumm?«

»Ich«, sprach der Fuchs, »ich warte mit dem Lobe,
Bis mit dem Hirsche du bestandst die Probe.«

Im Kampf den schwachen Feind zu schlagen,
Ist noch kein Grund, die Stirne hochzutragen.

AUS DEM FRANZÖSISCHEN

JEAN DE LAFONTAINE,
geb. 8. Juli 1621 zu Chateau-Tierry in der Champagne als Sohn eines Forstbeamten, trat, zum Geistlichen bestimmt, bei den Oratoriern in Reims ein, fand aber keinen Geschmack an der Theologie und übernahm den Posten eines Wald- und Wasserinspektors in Chateau-Tierry; Ende der 50er Jahre ging er nach Paris, kehrte 1661 mittellos in seine Heimat zurück, begab sich jedoch nach 3 Jahren wieder nach Paris, wo er 1684 Mitglied der Akademie wurde und am 13. April 1695 starb. – Von seinen Fabeln erschienen 1.-6. Buch 1668, 7.-11. Buch 1678 und 12. Buch 1694. Unsere 7 ersten Proben sind der Übersetzung von J. Wege entnommen, die letzte ist von Theodor Etzel übersetzt.

Die Hornissen und die Bienen

Im Werk stellt sich der Meister dar.
Es fanden herrenlos sich ein'ge Honigwaben,
Die wollten die Hornissen haben,
Doch widersprach die Bienenschar.
Vor eine Wespe ward gebracht die schwier'ge Sache,
Man wußte nicht, wie man dem Streit ein Ende mache.
Die Zeugen sagten aus, daß um den Honig her
Geflügeltes Getier einst viel geschwirret wär',
Lohfarben, lang gebaut, laut summend wie die Bienen.
Doch ach! was half es, da aufs Volk auch der Hornissen
Die Zeichen alle passend schienen?
Die Wespe mochte da sich wahrlich Rat nicht wissen,
Aufs neue forschte sie und ließ als Zeugen einen
Ameisenhaufen gar erscheinen.
Das gibt der Sache noch kein Licht.
»Wozu denn hilft das alles?« spricht
Ein Bienelein mit klugem Sinn.
»Sechs Monde schleppet schon sich diese Sache hin,
Und noch ist's wie am ersten Tag.
Indes verdirbt der Honigschmaus.
Sog unser Richter uns denn nicht genug schon aus?
's ist Zeit, daß er sich eilen mag.
Laßt ohne Widerspruch und ohne Zwischenreden,

Ohn' alles Schwatzen und Befehden
Arbeiten uns und die Hornissen,
Sehn, wer aus süßem Saft da wird zu bauen wissen
So schöne Zellen unverweilt.«
Die Weigrung der Hornissen zeigt,
Daß dies ihr Können übersteigt;
So wird der Honig denn den andern zugeteilt.

Wollt' Gott, daß immer so würd' bei Prozeß verfahren!
Daß darin alle doch nach Art der Türken täten,
Der einfache Verstand den Kodex möcht' vertreten!
Wieviele Kosten könnt' man sparen!
Man frißt uns nicht, man saugt uns aus,
Läßt langes Warten hoch bezahlen;
So daß dem Richter wird zuteil der Austernschmaus,
Doch den Parteien nur die Schalen.

Der Rat der Ratten

Ein Kater namens Nagespeck,
Bracht' bei den Ratten große Niederlagen,
Kaum eine kam aus dem Versteck,
Weil gar zu viele er zu Grabe schon getragen.

Die wen'gen übrigen nun hatten kargen Schmaus,
Denn keine wagte sich aus ihrem Loch heraus;
Und Nagespeck erschien der unglücksel'gen Schar
Als schlimmster Feind, als Teufel gar.
Da zog zu seinem Hochzeitsfeste
Der Kater aus als tapfrer Freier.
Drum in der ganzen Zeit, daß fern ihn hielt die Feier,
Hielt ein Kapitel ab der Ratten Überrest,
Um zu beraten ihre Lage.
Die kluge Älteste meint' gleich am ersten Tage,
Das beste wär' es, wenn es möglichst bald gelänge,
Daß um des Katers Hals man eine Glocke hänge;
Wenn dann er in den Krieg würd' ziehen,
So könnten sie, gewarnt, in ihre Löcher fliehen.
Daß dies das einz'ge Mittel wär,
Meint' mit der Ältesten das ganze Rattenheer.
Heilbringend zeigte das und gut für alle sich,
Nur gar zu schwierig war's, die Glocke umzuhängen.
Die eine sprach: »Ich bin kein Narr, mich hinzudrängen.«
Die andre: »Ich versteh' es nicht.« Man trennte sich
Ohn' Resultat. – So auseinandergehen
Hab' schon gar manch Kapitel ich gesehen,
Wo Mönche und sogar Domherren Stimme hatten,
Nicht nur das kleine Volk der Ratten.
Wenn sich's drum handelt, zu beraten,
Drängt sich herzu der Räte Heer;
Verlangt man aber einmal Taten,
Sieht bald man keinen einz'gen mehr.

Der Löwe und die Mücke

»Fort, jämmerlich Insekt! Auswurf der Erde, flieg!«
So scheltend einst ein Löwe brummte,
Als eine Mücke ihn umsummte,
Doch die erklärt' ihm gleich den Krieg.
»Meinst du,« spricht sie, »daß du den Königstitel hast,
Könnt' mich erschrecken oder rühren?
Den Ochsen, der noch wilder rast,
Kann ich ganz nach Belieben führen.«

Kaum ist das letzte Wort vergellt,
Da bläst sie auch zum Angriff schon,
Sie selbst Trompeter und auch Held.
Nachdem ein Stückchen sie geflohn,
Flog auf den Hals des Löwen sie
Und stach ihn, daß er wütend schrie.
Der Tiere König schäumt, sein Auge sprühet Blitze,
Er brüllt, daß rings umher sich zitternd alles birgt,
Und diese ganze Drangsalshitze
Ist durch die Mücke nur bewirkt.
An hundert Stellen sticht des winz'gen Rüssels Spitze,
Macht bald am Rücken ihm, bald an der Schnauze Pein,
Kriecht in die Nase selbst hinein.
Es stieg aufs höchste schon des Löwen Schmerz und Wut.
Der unsichtbare Feind hohnlacht, indem er sieht,
Wie des Geplagten Zahn und Kralle nimmer ruht,
Bis blutig überströmt ermattet Glied um Glied.
Der unglücksel'ge Leu zerfleischt sich selber gar,
Und peitschend mit dem Schweif die Flanken er sich schlägt,
Bis daß er nicht mehr kann und aller Kräfte bar
Erschöpft und todeswund sich hin zum Sterben legt.
Vom Kampfplatz ruhmgekrönt fort das Insekt nun fliegt,
Wie es zum Angriff blies, bläst's nun, daß es gesiegt,
Verkündet's überall, doch in den Hinterhalt
Fällt einer Spinne es dabei
Und findet dort sein Ende bald.

Ihr fragt, auf welche Art für uns dies lehrreich sei?
Ich sehe zweierlei: zuerst, daß manchesmal
Die kleinsten Feinde uns bereiten größte Qual;
Dann, daß wer furchtbaren Gefahren heil entrann,
Durch das Geringste fallen kann.

Das Kamel und die schwimmenden Stäbe

Es floh der erste Mensch, der ein Kamel erschaute,
Weil ihm vor diesem Wunder graute;
Der zweite nahte sich, der dritte legte gar
Die Halfter an dem Dromedar.

So macht Gewohnheit uns mit allem bald vertraut;
Was erst uns seltsam scheint, so daß uns davor graut,
Wird bald, sehn wir es immer, klein
Und zahm vor unsern Blicken sein.
Daß ich euch dieses nun noch etwas klarer mache:
Es sahen Leute auf der Wache
Ganz ferne auf der Flut herschwimmen eine Sache,
Sie meinten ganz gewiß, es wär'
Ein mächtig Schiff, das käm' daher,
Zum Brander wurde es nach wenigen Minuten,
Zum Boot, zum Ballen auf den Fluten,
Zuletzt ein Bündel nur von Stäben.

Gar viele Dinge gibt's im Leben,
Die gleich den Stäben des Gedichts:
Von fern sind sie etwas, doch nahbesehen nichts.

Der irdene Topf und der eiserne Topf

Eisentopf schlug eine Reise
Einst dem irdnen Topfe vor,
Doch entschuldigt klugerweise
Dieser sich, er sei kein Tor,
Ginge nicht vom Herde weg,
Da genügte schon ein Schreck,
Schon ein Stoß an leichte Dinge,
Daß er gleich in Scherben ginge,
Heim von ihm kehrt' kaum ein Stück.
»Dich,« sprach er, »des Haut zum Glück
Sehr viel fester scheint zu sein,
Hält ja nichts, geh du allein.« –
»O ich bin dir Schutz und Halt,«
Spricht der Eisentopf alsbald.
»Wenn ein harter Gegenstand
Dich bedroht, spring' ich gewandt
Zwischen euch, um dich zu schützen,
Dir als guter Freund zu nützen.«
So beredete und bat
Eisentopf, der Kamerad;

Ihm zur Seite kühn gestellt,
Auf drei Beinen in die Welt
Klipp, klapp, ging es nun davon;
Einer auf den andern fällt
Beim geringsten Stoße schon.

Der arme Irdentopf, er war kaum hundert Schritt
Gegangen, als den Tod er durch den Freund erlitt,
Und konnte sich nicht drum beklagen.
Gesellen wir uns drum zu unsresgleichen bloß,
Sonst müssen wir beständig zagen
Vor dieses einen Topfes Los.

Der Adler und die Eule

Die Eule und der Aar einst hörten auf zu zanken,
 Es kam so weit, daß sie sich in die Arme sanken.
Sein Königswort gab er und sie ihr Eulenwort,
 Daß keins dem andern mehr die Jungen nähme fort.
»Kennst du die meinen?« fragt Minervens Vogel jetzt.
»Nein,« spricht der Aar. »Wie schlimm!« ruft sie mit düstrem Laut,
»Dann fürcht' ich sehr für ihre Haut;
 Nur Zufall läßt sie unverletzt.

Als König fragst du ja nicht nach dem wer und was?
Denn was man Kön'gen auch und Göttern sagen mag,
Sie sehn in allem gleichen Schlag.
Mit meiner Brut ist's aus, kommst du in mein Gelaß.«
»Beschreib sie oder zeig sie mir,« der Adler spricht.
»Ich rühre an ihr Leben nicht.«
Die Eul' erwidert drauf: »So hold sind meine Kleinen,
Daß wohlgebildet sie vor allen sonst erscheinen.
Nach der Beschreibung find'st du sicher sie heraus;
O merke sie dir gut, wie du sie jetzt vernommen,
Daß nicht durch dich mag in mein Haus
Einst die verwünschte Parze kommen.«
Nachkommen wieder hatt' die Eule jung und klein,
Da flog nach Futter einst der Aar im Abendschein
Und fand in einem hohlen Stein
(In einem Astloch konnt's auch sein,
Ich weiß es nicht mehr so genau)
Untierchen, scheußlich, struppig, grau,
Von trauriger Gestalt, mit kreischend rauher Stimme.
»Das sind die Kinder nicht der Freundin,« spricht der Aar.
»Verzehren wir sie.« Und er frißt sie ganz und gar;
Denn nicht mit kargem Mahl begnüget sich der Grimme.
Die Eule kehrt zurück, von ihrer teuren Brut
Sind nur die Füße, ach! nichts andres mehr zu sehen.
Sie klagt; bestraften möcht' des Räubers Frevelmut
Der hohen Götter Zorn, so klingt ihr jammernd Flehen.
Doch jemand sagt zu ihr: »Dich selber klage an,
Die allgemeine Regel dann,
Nach der ein jeder, was ihm gleich,
Schön findet, hold und anmutreich.
Dem Adler gabst dies Bild von deinen Kindern du,
Traf es nur im geringsten zu?«

Die Ratte, die sich von der Welt zurückgezogen hat

Die Levantiner Mär erzählt
Von einer Ratte, die, müd' aller Erdensorgen,
Sich einen ries'gen Käs' erwählt,
Drin vor der Welt sie sich verborgen.

Es sah die Klausnerin darin erfüllt ihr Sehnen.
Sie grub mit Pfoten und mit Zähnen,
So daß in kurzer Frist lag in der Klaus' umher
Nahrung und Lager schon; was brauchte sie noch mehr?
Sie wurde dick und fett. Gott segnet reich mit Gut
Den, der ihm fromm Gelübde tut.
Bei ihr nun, die so heilig sehr,
Erschienen einmal ein'ge Ratten,
Um ein Almosen sie, ein kleines, anzuflehen;
Sie mußten in die Fremde gehen
Und Hilfe suchen, weil blockiert die Katzen hatten
Die Rattenstadt Ratopolis.
Gezwungen waren sie zu reisen ohne Geld,
Weil sich so arm und rings umstellt
Die Rattenrepublik erwies.
Um wenig baten sie und hofften's zu erlangen,
Eh' vier, fünf Tage noch vergangen.
»O Freunde,« sprach die Klausnerin,
»Nichts gehen fürder mich mehr an die ird'schen Dinge;
Was könnt' ich Arme und Geringe
Wohl tun für euch, o sagt worin
Euch beistehn? Ich kann nur den Himmel für euch bitten.
Ich hoff' er hilft euch auch, wenn ihr genug gelitten.«
Wie sie gesprochen diese Worte,
Verschloß die Heil'ge ihre Pforte.

Wen habe mit der Ratte ich
Gemeint? Wohl einen Mönch? O nein.
Ein Derwisch war es sicherlich,
Ich nehme an, ein Mönch muß stets barmherzig sein.

Der Hof des Löwen

Einst kam des Löwen Majestät die Laune an,
Das Volk sich zu beschauen, das ihm untertan,
Und also ließ er schnell nach allen
Gebieten seines Reiches hin
Durch seine treuesten Vasallen
Ein Siegelschreiben bringen, drin

Ein jeder ward zu Hof geladen,
Wo Majestät von Gottes Gnaden
Große Gesellschaft geben wolle
Mit einem Fest voll Lust und Pracht,
Die einen Monat dauern solle.
Es wollte so des Thrones Macht
Der Fürst einmal beweisen seinem Volk und Trosse.
Und alle kamen sie zum Schlosse.
Doch welch ein Schloß! – Ein Schlachthaus war's voll Fleischgestank.
Es wurde manches Tier von dieser Luft fast krank.
Der Bär hielt sich die Nase zu. Was tat er da?!
Der zornige Monarch, der die Grimasse sah,
Der sandte diesen Heiklen gleich zu Pluto hin.
Der Kriecher Affe pries des Herrschers strengen Sinn
Und seine Wut und Kraft, und schmeichelnd rühmte er
Der Mördergrube süße Luft,
Mit der verglichen Ambraduft und Blumenduft
Nur wie Geruch von Knoblauch wär'.
Doch Strafe folgte schnell der blöden Schmeichelei;
Denn unser Löwe war sehr nah
Verwandt mit dem Caligula.
Dann winkte der Tyrann den roten Fuchs herbei.
»Nun,« sprach er, »was riechst du? Sprich! Sag es ohne Scheu.«
Der Fuchs entschuldigt sich, er habe schon seit Tagen
So starken Schnupfen, daß er dies nur könne sagen:
Er rieche nichts! – Der Fürst gab ihn zufrieden frei.

So prägt euch diese Lehre ein:
Es kann euch, möchtet ihr des Herrschers Gunst besitzen,
Nicht fades Schmeicheln und nicht offnes Reden nützen –
Sagt nach Normannenart manchmal nicht ja, nicht nein!

JEAN PIERRE DE FLORIAN,
geb. am 6. März 1755 auf Schloß Florian bei Sauve, wurde 1768 Page des Herzogs de Penthièvre, besuchte dann die Schule in Bapaume und kehrte 1772 zum Herzog de P. zurück, bei dem er blieb und sich ganz der Literatur widmete. 1788 wurde er Mitglied der Akademie. Infolge einer bissigen Satire auf die damaligen politischen Verhältnisse wurde er in die Bastille gefangen gesetzt und erlangte erst kurz vor seinem am 13. Sept. 1794 in Sceaux erfolgten Tode die Freiheit wieder. –

Er schrieb eine große Sammlung Fabeln nach Lafontaineschem Muster (1792).
Unsere Proben sind Übersetzungen von Gisela Etzel.

Rhinozeros und Dromedar

Es sprach ein Nashorn jung und stark
Einstmals zu einem Dromedar:
»Mein lieber Freund, ich finde doch fürwahr
Die Ungerechtigkeit des Schicksals arg.
Der Mensch, das mächtige, geschickte Tier,
Sucht dich mit Eifer auf, er schmeichelt dir,
Er schützt dich vor Gefahr und Not,
Er teilt mit dir sein täglich Brot
Und schätzt sich glücklich, hat von euch
Er eine ganze Herde gleich.
Wohl dient ihr ihm treu und ohne Rasten,
Tragt seine Kinder ihm, sein Weib und seine Lasten,
Seid dankbar, sanft, bescheiden, unermüdlich,
Ich geb' es zu – auch könnt ihr lange fasten.
Doch just so brauchbar und so friedlich
Ist das Rhinozeros, und – ohne euch zu kränken –
Mein' ich sogar, man müßte uns den Vorzug schenken;
Denn unser Panzer, unser Horn

Ist Schild und Waffe in der Schlacht –
Trotzdem hat uns der Mensch nur immer Zorn,
Haß und Verachtung dargebracht.« –
»Freund,« sprach darauf das Dromedar,
»Du brauchst dich wahrlich neidisch nicht zu zeigen;
Daß ihr an Tugenden uns gleicht, ist wahr,
Doch will ich eins dir nicht verschweigen,
Und dieses eine macht den Unterschied dir klar:
Wir wissen unser Knie zu beugen!«

Der weiße Elefant

In Asien gibt es manches Land,
Wo man den weißen Elefant
Wie einen Gott verehrt.
Als Stall ist ihm ein ganzes Schloß beschert,
Er speist aus einer goldnen Schüssel,
Und alles Volk fällt nieder in den Staub,
Schwenkt der Erhabene den Rüssel. –
Einst promeniert' in seines Schlosses Hof
Ein solcher weißer Elefant und Philosoph:
»Was kam denn wohl euch Menschen in den Sinn,
Mir soviel Ehrfurcht zu erweisen,
Da ich doch immerhin ein Tier nur bin?«
Sprach er zum Wärter. – »Herr, wie muß ich preisen
Die göttliche Bescheidenheit, die aus dir spricht.
Wie, wüßtest du denn nicht,
Was doch ganz Indien weiß, daß die geschiednen Seelen
Der größten Helden, die das Vaterland gekannt,
Sich euern Leib zum Aufenthalte wählen?
Darum verehrt man dich, den weißen Elefant.«
So sprach der Knecht.
»Was! Hör' ich recht?
Ihr haltet uns für Helden?« – »Zweifellos!« –
»Und wäre dieses nicht, so lebten wir im Schoß
Der tiefen Wälder, frei und unbewacht?« –
»Ja, Herr!« – »O Freund, was habt ihr da gemacht!
Ich bitt' dich, laß mich eilends frei und fort,
Ganz Indien betrügt dich, auf mein Wort!

Denk nur ein wenig nach, so wirst du es ergründen
Und euren Glauben selbst unsinnig finden.
Wir sind hingebend, sanft und voller Zärtlichkeit,
Trotz höchster Macht und Kraft ziert uns Bescheidenheit,
Wir triumphieren nicht, wenn Schwache unterliegen,
An unsre Treu' kann sich getrost Vertrauen schmiegen,
Und die Vergötterung, die ihr uns dargebracht,
Hat wirklich nicht hochmütig uns gemacht. –
So gib es zu, mein Freund, es muß ein Irrtum sein –
Wir haben mit euch Menschen wahrlich nichts gemein!«

AUS DEM ENGLISCHEN

ALTENGLISCHE VOLKSFABELN
(Aus den »Old English Jest-Books« übersetzt von Gisela Etzel)

Fuchs und Gans

Zur Zeit als die Vögel und alle anderen Tiere noch sprechen konnten und die Winde die abenteuerlichsten Geschichten durch den Wald trugen, kam einst ein junger Fuchs auf einem Streifzug zu einem Bauernhaus, das nahe am Walde lag. Dort erspähte er in einem offenen Stall eine Gans, die auf ihrer jungen Brut saß, und begrüßte sie mit den Worten: »Wie geht es dir, Schwester? Ich habe gehört, du seiest seit einiger Zeit etwas leidend, deshalb komme ich dich zu besuchen, da ich gern alles tun würde, was in meiner Macht liegt, um dir zu helfen.« Die Gans spreitete die Flügel über ihre Kinderchen aus und antwortete: »Es ist wahr, ich bin krank, doch glaube ich, daß es mir und den Meinen weit besser ginge, wenn du uns nicht so oft besuchen würdest. Da du nun aber hier bist, so komme herein und fühle selbst, wie geschwollen mein Rücken ist, damit du mir besser raten kannst, was ich zur Heilung tun muß.« Der Fuchs war sehr froh über dieses unerwartete Entgegenkommen, durch das er leicht zu gewinnen hoffte, was er hier zu holen gedachte. Kaum hatte er jedoch den Kopf durch die offene Stalltür gesteckt, als ein Hund, der nahe versteckt gelegen hatte, ihn bei der Schnauze packte und ihm ein Stück der Lippe abbiß. Der arme Fuchs rettete mit knapper Not sein Leben und jagte in wilder Hast in seinen Bau zurück. Als er sich wieder im Kreis seiner Familie befand, berichtete er mit vielen Seufzern, daß er von einer Gans gebissen worden sei. Da aber die alte Füchsin diese Schmach erfuhr, fiel sie ihren Sohn wütend an und biß ihn aus dem Lager hinaus, indem sie ausrief: »Geh, Feigling, und beiße sie wieder! Du sollst nie mehr meine Höhle betreten! Von einer Gans hat er sich beißen lassen und nicht einmal eine Feder davongetragen!«...

Fuchs und Esel

Der Löwe, der König der Tiere, rief einst ein Parlament zusammen; diesem Befehl folgten fast alle Untertanen und erschienen demütig vor seinem Angesicht. Darauf machte er der Versammlung bekannt, daß von diesem Tage ab kein Tier, das Hörner trage, sein königliches Waldgebiet betreten dürfe, es sei denn, daß er ihm hierzu die besondere Erlaubnis erteilt habe; und wer immer diesem Befehl zuwiderhandle, der solle als Verräter betrachtet und ohne weitere Gerichtsverhandlung hingerichtet werden.

Einge Tage darauf geschah es, daß ein Fuchs bei seiner nächtlichen Jagd mehrere Gänse, Kaninchen und Hühnchen erbeutete. Er schleppte sie in das Dickicht des Waldes und verbarg sie unter einem Busch. Da sah er ein Eselein dahertrotten, das er freundlich begrüßte. Nachdem sie einige höfliche Redensarten gewechselt hatten, berichtete der Fuchs dem Esel von dem neuen Gesetz des Königs. »Ach,« sagte das Eselein, »das kümmert mich wenig, ich habe ja keine Hörner.« – »Nimm dich nur in acht,« meinte darauf der Fuchs, »du hast lange Ohren, und wenn es dem Löwen belieben sollte, deine Ohren als Hörner zu bezeichnen, so ist es genau so schlimm, als wenn sie wirklich Hörner wären. Wenn du mir aber helfen willst, etwas Geflügel zu tragen, das ich hier für den Hof beschafft habe, so will ich dich in meinen Schutz nehmen, und es soll dir nichts widerfahren.« Der arme Esel, dessen breiter Rücken wie geschaffen schien, dem Fuchs die Bürde zu tragen, folgte dem Rat, ließ sich vom Fuchs die Last auflegen und trabte von dannen. Kaum hatte er jedoch den Rand des Waldes erreicht, als ein Wolf ihn erspähte und auf ihn zugejagt kam. Der Esel erschrak nicht wenig, warf die Bürde ab und lief davon. »Möge nie ein Esel einem Fuchs folgen,« rief er laut, »sonst begegnet er sicherlich am Ende seiner Reise dem Wolf!«

JOHN GAY,
geb. 1685 in Frithelstock bei Torrington, erhielt seine Erziehung in der grammatischen Schule von Barnstaple und wurde dann zu einem Seidenweber in London in die Lehre gegeben, gab aber diesen Beruf auf, um sich der Literatur zu widmen; er wurde 1712 Sekretär der Herzogin von Monmouth, 1714 Sekretär des Grafen von Clarendon, später Gesandter am Hof von Hannover, starb am 4. Dezember 1732 in London, wo er in der Westminster-Abtei beigesetzt wurde. – Seine »Fables« erschienen 1726. Unsere Proben sind Übersetzungen von Gisela Etzel.

Der Gärtner und das Ferkel

Ein Gärtner, der ein Tierfreund war,
Erlas aus einer Schweineschar
Ein Ferkel sich zum Kameraden.
Das war nicht zu des Tieres Schaden,
Denn frei lief's nun umher im Haus,

Sucht' sich die schönsten Plätzchen aus
Als Futter- oder Lagerstätte
Und schlief vor seines Herren Bette;
Es ward gekost und gut gepflegt,
Wie ein verwöhntes Kind gehegt,
Folgt' seinem Herrn auf Schritt und Tritt
Und ging auch in den Garten mit.
Einst sprach der Gärtner zu dem Schwein:
»Mein Haus, mein Garten selbst ist dein;
Nimm dir nur stets, was dir beliebt,
Nimm Bohnen und was sonst es gibt,
Du darfst die zarten Rübchen haben
Und auch nach den Kartoffeln graben.
Jedoch die Blumen mußt du schonen,
Damit sie mir die Mühe lohnen,
Denn all mein Stolz und meine Freude
Ist mir der Tulpen Augenweide.« –
Nicht lange drauf war nun das Schwein
Im Garten recht vergnügt allein,
Mit seligem Gegrunz und Schnaufen
Durchwühlte es die Düngerhaufen,

Die um die Blumen aufgeschichtet –
Und wühlte dort so unentwegt,
Bis alle Wurzeln bloßgelegt
Und alle Tulpen ganz vernichtet. –
Da kam der Herr des Wegs daher;
Wie wurde ihm das Herz so schwer,
Als er den Schaden ward gewahr!
»Du böses Tier! Wie undankbar,
Wie schändlich ist doch dein Betragen,«
Begann er kummervoll zu klagen,
Sah traurig seine Blumen an
Und seufzte laut und schwieg sodann.
Doch eilig nahm das Schwein das Wort:
»Was ist dir, Herr? Sieh, hier und dort –
Die Tulpen sind ja unversehrt,
Die Wurzeln nur hab' ich verheert.« –
Das war dem Gärtner doch zuviel:
»Was, treibst du noch mit mir dein Spiel?
Du höhnst mich gar?« – Und auf der Stell'
Verklopfte er dem Freund das Fell.
Doch der – dickfellig wie er war –
Ertrug die Prügel wunderbar
Und biß nur, um gerächt zu sein,
Den Gärtner kräftig in das Bein. –
Nur mühsam schleppt' der Mann sich fort
Und sprach zu sich das weise Wort:
»Wer mit der Rohheit Freudschaft schließt,
Gar bald der Rohheit Frucht genießt.«

Das Truthuhn und die Ameise

Ein Truthuhn war das Futter satt,
Das man im Hof den Hühnern streute.
»Zu leicht gefunden ist die Beute,
Die man nicht selbst gesucht sich hat,«
So sprach's und ging zum nahen Wald;
Die Jungen folgten ihm alsbald.
»Kommt, Kinderchen, kommt!« rief die Mutter,
»Hier liegt ein ganzer Berg voll Futter;

Seht nur, geschäftige Ameisen,
Die sind gar köstlich zum Verspeisen.
Nur unverzagt, fangt tüchtig an zu essen,
Ameisen sind für uns Delikatessen.
Ach, wie gesegnet wäre unser Leben,
Wenn es nur keinen Schlachttag würde geben;
Jedoch der Mensch liebt Putenbraten ungeheuer,
Und gar am Weihnachtsfest sind wir ihm teuer;
Da können wir mit Austern konkurrieren
Und mitten auf der Tafel paradieren,
Bei arm und reich sind wir dann so beliebt,
Daß es in Hütte und Palast nur Putenbraten gibt.
O Kinder, hört, was ich euch jetzt verkünde:
Gefräßigkeit ist eine schwere Sünde!« –
Da rief ein Ameislein herab von einem Blatt:
»Wer so wie du gemordet unsre Scharen
Und so wie du an uns sich satt gefressen hat,
Der sollte wahrlich einsichtsvoll gewahren,
Daß er den Menschen Mörder nicht darf schelten,
Will er nicht selbst als ärgrer Mörder gelten.«

Aus dem Russischen

Iwan Krylov,
geb. am 13. Februar 1768 in Moskau, kam 1782 nach Petersburg und arbeitete als Schreiber in der Finanzkammer, später im Kabinett der Kaiserin, lebte 1797-1801 in Kleinrußland in Diensten des Fürsten Golizyn, mit dem er dann nach Riga zog; von 1803-1805 führte er ein Wanderleben und begann in dieser Zeit Fabeln zu schreiben, 1808 wurde er beim Münzamt angestellt, 1811 Mitglied der russischen Akademie, 1812 Bibliothekargehilfe an der Kaiserl. öffentlichen Bibliothek und starb am 21. November 1843. – 1809 gab Krylov seine erste Sammlung von 23 Fabeln heraus, seine letzte vollständige Sammlung (1843) enthält 197 Fabeln. Unsere Proben sind der Übersetzung von »Krylovs sämtl. Fabeln« (Lpz. 1874) von Ferd. Löwe entnommen.

Die Kornblume

War eine Kornblum' aufgeblüht im Walde,
Dann ward sie matt und welkte hin:
Das Köpfchen neigt' sich auf dem Stengel balde,
Des Todes wartet sie mit bangem Sinn.
Sie raunt dem Zephir zu, der sie umschwebte:
»O bräche doch der Tod bald an!
Die Sonn' ergöss' ihr holdes Licht alsdann,
Vielleicht, daß sie auch mich belebte.« –
»Das ist einfältig, meine Liebe,«
Summt ihr ein Käfer zu, der in der Nähe kreist,
»Als ob der Sonne nur die Sorge bliebe,
Wie du gedeihst.
Glaub mir, sie hat für dich nicht Zeit noch Lust.
Flögst du herum, wie ich, in weiter Welt,
So wäre dir bewußt,
Daß Wiese, Saatenfeld
Sie wohl in ihrer Pflege hält;
Sie nährt durch ihren warmen Hauch
Die Zedern und die Rieseneichen,
Sie schmückt mit reichen Farben auch
Gar manche Blume;
Doch du kannst dich ja nicht vergleichen

Mit solchem Ruhme.
Denn jene Blumen sind so schön,
Daß es selbst Kronos schmerzt, sie abzumähn.
Du aber hast nicht Duft noch Pracht,
Es hat die Sonne dein nicht acht,
Du quälst sie fruchtlos mit Gestöhn,
Dein Los ist schweigen und vergehn.«
Jetzt stieg die Sonn' empor, belebte die Natur,
Goß ihre Strahlen aus auf Wald und Flur
Und spendete dem armen Blümchen auch
Erquickend neuen Lebenshauch.

Ihr, denen das Geschick erhabnen Platz verlieh,
Verschmäht nicht die Allegorie,
Laßt euch die Sonne Vorbild sein.
Seht hin, ihr Strahlenschein,
Wohin er dringe,
Bringt Heil, der Zeder wie dem Halm,
Kein Wesen ist ihr zu geringe.
Darum auch tönt ihr laut des Dankes Psalm
Und lebt ihr Bild in allen Herzen
Hell, wie sich spiegeln im Kristall die Kerzen.

Die Gänse

Mit seinem langen Stabe
Trieb Gänse einst ein Bauer in die Stadt
Und hetzte sie zu raschem Trabe.
Die Tiere waren zwar schon matt,
Allein er will den Markttag nicht verfehlen,
Und wo Gewinn steht auf dem Spiel,
Fragt man nach Gans und auch nach Mensch nicht viel.
Ich werde drum nicht auf den Bauer schmälen,
Allein der Gänse Standpunkt ist ein andrer;
Und da jetzt nahe kommt ein Wandrer,
Erhebt die mißvergnügte Herde
Bei ihm Beschwerde.
»Gibt es ein härteres als unser Los?
Der Bauer da springt mit uns um,

Als wären wir gemeine Gänse bloß;
Er ist zu dumm,
Um einzusehn, daß Achtung uns gebührt,
Da unser Stammbaum sich datiert
Von jenen Gänsen, die einst Rom gerettet,
Wofür man Feste ihnen hat votiert.« –
»Sagt mir, wofür ihr gerne Ehre hättet?«
So fragt der Wanderer. – »Ja, unsre Ahnen – «
»Ich weiß, ich las es, doch ich möcht' erfahren,
Welch ein Verdienst ihr schreibt auf eure Fahnen?« –
»Gerettet haben unsre Ahnen Rom
Vor vielen hundert Jahren,
Als schon der Feind erklomm den Felsendom.« –
»Ganz recht, doch welches sind denn eure Taten?« –
»Wir selber taten nichts.« – »So laßt in Ruh'

Die Ahnen; ihnen kam wohl Ehre zu,
Ihr aber, Freunde, taugt doch nur als Braten.«
Zu dieser Fabel wüßt' ich manche Glossen –
Allein ich will die Gänse nicht erbosen.

Der Adler und der Maulwurf

Wer es auch sei, der einen Rat dir beut –
Ihn ungeprüft verschmähn, wär' nicht gescheut.

Einst kam aus einem fernen Reiche
Ein Aar mit seinem Weib in einen dichten Wald;
Der lockte sie zu festem Aufenthalt.
Sie wählten eine hochbelaubte Eiche,
Im Gipfel sich ihr Nest zu baun;
Im Geiste sahen sie die Jungen flügge schon.
Der Maulwurf hört davon,
Und traun,
Er faßt sich Mut, dem Adler zu erzählen,
Der Eiche Wurzeln seien krank,
Ihr sei der Sturz gewiß, und zwar nicht über lang',
Drum möge seine Hoheit sie nicht wählen. –
Ei, hat ein Aar zu hören auf den Rat,
Den aus so niedrer Grube er empfaht
Von einem Maulwurf gar? Wo bliebe da der Ruhm
Des Adlerblickes, der so scharf,
Daß sich kein andrer ihm vergleichen darf!
Und darf ein Tier, so blöd' und dumm,
Sich mischen in des Vögelfürsten Tun?
Der Adler läßt die Sach' auf sich beruhn
Und geht ans Werk, mit rüst'ger Eile
Den neuen Sitz zu baun, darin das Weibchen weile.
Und alles ging nach Wunsch. Die Aarin hat auch Junge.
Doch was geschah? Als einst im Morgenlicht
Aus Wolkenhöh' der Aar herniederbricht,
Mit würz'ger Frühkost für der Seinen Jungen –
Gewahrt er, daß die Eiche fiel,
Im Sturze ihm begrabend Weib und Kind.
Er kennt des Jammers nun nicht Maß und Ziel.

»Weh' mir,« ruft er, »wie blind
  War ich, wie grausam muß ich's büßen,
  Daß ich mich konnte nicht entschließen,
  Zu hören auf vernünft'gen Rat.
  Wer war des aber auch gewärtig,
  Daß selbst ein Maulwurf Einsicht hat?« –
»Wärst du nicht so hoffärtig,«
  Ruft es von unten her, »so hättest du erwogen,
  Daß es mein Los,
  Zu wühlen in der Erde Schoß,
  Daß ich ja dazu bin erzogen,
  Und daß ich, weilend in der Wurzeln Nähe,
  Ob noch gesund ein Baum, am besten sehe.«

Der Magnat

In grauer Vorzeit ward einst ein Magnat
Von seinen üpp'gen Kissen
In jenes Reich, wo Pluto herrscht, gerissen.
Ihn führt alsbald der düstre Pfad
Hin vor das ernste Richtertribunal.

Man fragt: »Was warst du? Wo kamst du zur Welt?« –
»Ein Perser war ich und aus der Satrapen Zahl,
  Doch war's mit der Gesundheit schlecht bestellt.
  Im Lande hab' ich drum nicht selbst gewaltet,
  Es hat für mich mein Sekretär geschaltet.« –
»Was tatst denn du?« – »Ich aß und trank und schlief
  Und unterzeichnete, wie's nach der Reihe lief.« –
»Nur ins Elysium!« – »Wie? Was? Ist das Justiz?«
  Rief hier Merkur recht grob und spitz.
»Mein Lieber,« sagt ihm Äakus,
»Das macht dir ohne Grund Verdruß.
  Siehst du denn nicht? Der Sel'ge war ein Tropf;
  Wenn der bei seiner Macht
  Gehandelt hätt' aus eignem Kopf,
  Ins Elend hätt' er die Provinz gebracht,
  Und Tränen flössen ungezählet.
  Nein, just darum

Kommt dieser ins Elysium,
Weil mit Geschäften er sich nie gequälet.«

Ich sah 'nen Richter jüngst in Themis' Heiligtum –
Der kommt gewiß dereinst auch ins Elysium.

Der Wolf und die Hirten

Ein Wolf kam einer Hürde einst ganz nah
Und sah durch die Umzäumung zu,
Wie aus der Herde sich den besten Hammel kürten
Die Hirten, auszuweiden ihn in Ruh,
Indes die Hunde sich nicht rührten.
Da sprach er zu sich selbst, indem er murrend ging:
»Welch einen Lärm die Leute wohl verführten,
Wenn ich mich dessen unterfing!«

V. Fabeln afrikanischer und asiatischer Völkerschaften

Es ist eine eigentümliche Erscheinung, daß die primitiven Naturvölker aller Erdteile fabelartige Geschichten zu erzählen wissen, in denen den Tieren Sprache und menschliches Handeln beigelegt werden. Diese Geschichtchen verfolgen im allgemeinen nicht das Ziel, Erfahrungssätze oder Klugheitsregeln aufzustellen, sondern geben nur poetische Erklärungen ab für die verschiedenen Erscheinungen in Natur und Leben, sind also keine richtigen Fabeln, sondern, von unserem Standpunkt aus beurteilt, weiter nichts als phantastische Fabeleien mythenhaften Charakters. Man würde jedoch fehlgehen, wenn man bei den »Wilden« dieselbe Ansicht voraussetzen wollte; sie sind vielmehr unerschütterlich davon überzeugt, daß sich alles einmal genau so zugetragen habe, wie es in den alten, durch viele Generationen vererbten Erzählungen berichtet wird. Um dies begreifen zu können, müssen wir uns die Tatsache vor Augen halten, daß jene Naturvölker nicht in unserem Sinne Mensch und Tier als weit voneinander getrennte Wesen anschauen, sondern, unter Verneinung eines Wesensunterschiedes, in beiden nur verschieden aussehende und verschieden ausgestattete Personen erblicken; nach ihrer Anschauung haben die Tiere so gut ihre eigene Sprache, ihr eigenes zielbewußtes Streben, ja sogar ihre eigene Kultur wie die verschiedenen Menschenvölker. Die Grenze zwischen Mensch und Tier muß man sich also vollständig wegdenken, wenn man verstehen will, mit welchem Ernst und festem Glauben die noch in den Kinderschuhen der Menschheit wandelnden Völker sich durch ihre naiven Tiergeschichtchen über alles, was für sie einer Antwort auf die Fragen Woher oder Warum bedarf, vollgültige Aufklärung verschaffen, sei es nur über den Ursprung des Todes oder über die Bauchspalte der Schildkrötenschale, über die Entstehung der ersten Menschen oder über die Herkunft der Hängematte. Indianer wie Australneger, Eskimos wie Hottentotten, kurz alle wilden Völker, die sich ihre Kinderseele bewahrt haben, besitzen solche Geschichtchen und achten sie ebenso hoch, wie die Kulturvölker die Sagen aus ihrer Vorzeit oder die Legenden von ihren Gottheiten und Heiligen.

Da die Erzählungen der in den verschiedensten Gegenden der Erde lebenden Naturvölker im großen ganzen nahe miteinander verwandt sind, haben wir uns in unserer Sammlung auf einige afrikanische Negervölker beschränkt, deren Erzählungsschatz zugleich einen interessanten Überblick über die Entwicklung der naiven und mythenhaften Fabelei zur ausgebildeten Fabel gewährt. Unsere vier ersten Proben, je zwei aus dem Süden und aus den Äquatorialgegenden, sind unzweifelhaft Stücke einer traditionellen einheimischen Literatur, die von höherem Alter ist als der Zeitpunkt der ersten europäischen Ansiedelungen in jenen Gegenden. Die folgenden (bis »Hasenlist«) enthalten bereits einen alten Erfahrungssatz: daß der Listige dem Dummen, mag dieser auch stärker sein, stets überlegen ist. Unseren verschlagenen Meister Reineke vertritt dort in ebenbürtiger Weise meistens der Schakal. In einigen dieser Fabelgeschichtchen treten schon deutlich europäische Einflüsse zutage. Die drei letzten Proben sind echte Fabeln mit einer sittlichen Moral: Hochmut kommt vor dem Fall.

Die wilden Volksstämme Asiens haben schon weit ausgebildetere Fabeln und Moralgeschichtchen, wie dies unsere Proben aus der nord- und mittelasiatischen Volksliteratur beweisen. Zu ihnen sind längst auch altindische und äsopische Fabelstoffe gekommen und meist recht gut umgearbeitet worden (z. B. »Der Kranich und das Füchschen«). Hervorragend schöne und originelle Fabelgeschichtchen besitzen die ostasiatischen Völker.

Aus der afrikanischen Volksliteratur

Der Elefant und der Hahn
(Aus Äquatoria, mitgeteilt von Casati)

Eines Tages forderten der Elefant und der Hahn einander zum Wettstreit auf, wer von ihnen ein beharrlicherer Fresser wäre. Als sie an dem vereinbarten Orte sich getroffen hatten, machten sie sich sofort ans Werk. Gegen Mittag legte sich der Elefant gesättigt nieder und versank in Schlaf. Nach einigen Stunden wachte er auf und bemerkte zu seinem großen Verwundern den Hahn, wie er immer noch unter dem Grase scharrte und pickte. Auch er begann zu fressen, und, neuerdings gesättigt, zog er sich zurück, indem er mit stets wachsendem Staunen den Hahn Nahrung zu sich nehmen sah. Als sich die Sonne zum Untergang wendete, beeilte sich der Hahn, sich auf den Rücken des Elefanten zu setzen, der sich mittlerweile gelegt hatte. Kurze Zeit verstrich, da fühlte der Elefant Stiche auf seinem Rücken. »Was machst du da?« rief er halb erschreckt. »Nichts; ich nähre mich von

den Insekten, die ich in den Borsten deiner Haut finde.« Entsetzt über eine derartig ausdauernde Gefräßigkeit, erhob sich der Elefant und suchte wie ein Narr das Weite.

Und seit diesem Tage flieht der Elefant stets, wenn er das Krähen des Hahnes hört.

Der tote Mann und der Mond
(Geschichtchen aus Äquatoria, mitgeteilt von Casati)

Ein alter Mann sah einen Toten, auf welchen der Schein des Mondes fiel. Er rief eine große Anzahl Tiere zusammen und redete sie also an: »Wer von euch als tapferen Leuten will es auf sich nehmen, diese Leiche auf das entgegengesetzte Flußufer zu tragen, und wer den toten Mond?« Zwei Arten von Kröten meldeten sich; die eine mit den langen Beinen übernahm den Mond, die andere mit den kurzen Beinen den toten Menschen. Der Trägerin des Mondes gelang ihr Unternehmen; diejenige des Menschen aber ertrank infolge der Kürze ihrer Beine. Und das ist der Grund, weshalb der tote oder untergegangene Mond immer wieder erscheint, der Mensch dagegen, wenn er einmal tot ist, nicht mehr zurückkehrt.

Der Ursprung des Todes
(Hottentotten-Mythus, mitgeteilt von Missionar Priestley)

Einst sandte der Mond den Hasen auf die Erde nieder, um den Menschen zu verkünden, daß wie er (nämlich der Mond) hinstürbe und wieder lebendig würde, so sollte auch ein jedes Menschenkind sterben und wieder lebendig werden.

Anstatt aber nun die Botschaft genau auszurichten, sagte der Hase, sei es nun aus Vergeßlichkeit oder aus Böswilligkeit, den Menschen, daß, wie der Mond erschiene und hinstürbe, so sollten auch die Menschen sterben und nicht wieder lebendig werden.

Als der Hase dann zum Monde zurückgekehrt war, wurde er von demselben befragt, ob er seine Botschaft ausgerichtet habe. Wie nun der Mond erfuhr, was jener getan, ward er so zornig, daß er ein Beil ergriff, um dem Hasen den Kopf zu spalten. Da der Schlag aber zu kurz geführt wurde, so fiel das Beil auf die Oberlippe des Hasen nieder und verletzte dieselbe nicht unbedeutend. Daher stammt nun die sogenannte Hasenscharte, welche noch jetzt zu sehen ist.

Da der Hase nun über eine solche Behandlung höchst empört war, so nahm er seine Nägel zu Hilfe und zerkratzte damit des Mondes Antlitz. Die dunkeln Partien nun, die wir noch jetzt an der Oberfläche des Mondes wahrnehmen, sind die Schrammen, die er bei dieser Gelegenheit erhielt.

Warum hat der Schakal einen langen schwarzen Streifen auf dem Rücken?
(Hottentotten-Geschichtchen, mitgeteilt von Missionar Krönlein)

Die Sonne, so erzählt man, befand sich einst auf der Erde. Die Menschen waren damals gerade im Umzug begriffen und sahen sie wohl am Wege sitzen, gingen aber, ohne sie zu beachten, vorüber.

Der Schakal aber, der hinter ihnen herkam und die Sonne auch dasitzen sah, ging zu ihr heran und sprach: »Solch ein hübsches Kindlein lassen die Menschen zurück?«

Er hob die Sonne dann auf und steckte sie in das Awafell, das er auf dem Rücken trug. Da es ihn aber brannte, so sprach er: »Komm herab!« und schüttelte sich; die Sonne klebte aber auf seinem Rücken fest und brannte von dem Tag an des Schakals Rücken schwarz.

Der Leopard und der Widder
(Hottentotten-Fabel, mitgeteilt von Sir James Alexander)

Als der Leopard einst von der Jagd heimkehrte, kam er zufällig an den Kraal eines Widders. Nun hatte der Leopard nie zuvor einen Widder gesehen und näherte sich ihm demzufolge in sehr unterwürfiger Weise, wobei er sagte: »Guten Tag, mein Freund! Wie magst du wohl heißen?« Der Widder erwiderte mit rauher Stimme, indem er sich mit dem Vorderfuß auf die Brust schlug: »Ich bin ein Widder; und wer bist du?« – »Ein Leopard,« versetzte der andere, mehr tot als lebendig; dann nahm er Abschied und eilte heim, so schnell er laufen konnte. Nun lebte mit dem Leoparden zusammen ein Schakal, und zu dem ging der Leopard hin und sprach: »Freund Schakal! Ich bin ganz außer Atem und halbtot vor Schrecken, denn ich habe soeben einen fürchterlichen Burschen mit großem, dickem Kopfe gesehen, der mir auf die Frage nach seinem Namen ganz grob erwiderte: »Ich bin ein Widder!« –

»Was bist du doch für ein närrischer Kerl von Leoparden,« rief der Schakal, »daß du solch ein schönes Stück Fleisch fahren läßt! Wie kannst du nur das tun? Aber wir wollen uns morgen auf den Weg machen und es in Gemeinschaft verzehren.«

Am folgenden Tage machten sich die beiden nach dem Kraale des Widders auf; als sie nun auf diesen von der Höhe eines Hügels hinabsahen, erblickte sie der

Widder, der ausgegangen war, um frische Luft zu schöpfen, und der eben überlegte, wo er wohl heut' den zartesten Salat sich suchen könnte. Da eilte er denn sofort zu seiner Frau und rief ihr zu: »Ich fürchte, daß unser letztes Stündlein geschlagen hat! Der Schakal und Leopard kommen beide auf uns zu. Was sollen wir anfangen?«

– »Sei nur nicht bange,« meinte sein Weib, »sondern nimm das Kind hier auf den Arm, gehe damit hinaus und kneife es recht tüchtig, so daß es schreit, als sei es hungrig.«

Der Widder gehorchte und ging so den Verbündeten entgegen. Sobald der Leopard den Widder erblickte, bemächtigte Furcht sich abermals seiner, und er wollte wieder umkehren. Der Schakal hatte für diesen Fall schon Vorsorge getroffen, er hatte nämlich den Leoparden mit einem ledernen Riemen an sich festgebunden. So sagte er nun: »So komm doch!« Da kniff der Widder sein Kind recht tüchtig und rief dabei laut: »Das ist recht, Freund Schakal, daß du uns den Leoparden zum Essen bringst; hörst du, wie mein Kind nach Nahrung schreit?«

Als der Leopard diese schrecklichen Worte hörte, stürzte er, trotz der Bitten des Schakals, ihn doch los zu lassen, in der größten Angst davon, indem er zugleich den Schakal über Berg und Tal, über Büsche und über Felsen mit sich fortschleppte und erst dann still hielt und scheu um sich blickte, als er sich selbst und den halbtoten Schakal wieder nach Hause gebracht hatte. So entkam der Widder.

Der Schakal und der Leopard
(Aus Äquatoria, mitgeteilt von Casati)

Der Leopard hatte eine Gazelle gefangen und verzehrt. Das sah der Schakal. »Du bist allerdings gefräßig unter den Tieren,« sagte er zu ihm, »allein es wird dir nicht gelingen, mich an Gefräßigkeit zu übertreffen.« Der Leopard lachte. »Nun zur Probe!« antwortete er.

Der Schakal begab sich in ein weites Feld von weißlichen Kürbissen, und, nachdem er sie von den Blättern gereinigt hatte, ließ er sich in der Mitte nieder, nachdem er sich den Kopf rot gefärbt hatte. Der Leopard kam hinzu und versuchte, sich ihm zu nähern; da er aber die Kürbisse wahrnahm und glaubte, es seien Schädel verzehrter Tiere, schritt er, von Schrecken ergriffen, zurück. »Warum kommst du nicht näher?« rief ihm der Schakal zu. »Ach, ich fürchte mich,« versetzte der Leopard, seinen Weg weiter nehmend, »ich erkenne, daß du wilder und blutdürstiger bist als ich.«

Der kranke Löwe
(Hottentotten-Fabel, mitgeteilt von Missionar Krönlein)

Der Löwe, sagt man, war krank; da gingen sie alle, ihn in seinen Leiden zu besuchen; der Schakal aber ging nicht hin, weil die Spuren der Leute, die hingingen, um ihn zu besuchen, nicht wieder zurückkehrten. Da wurde er von der Hyäne bei dem Löwen verklagt. »Obschon ich gekommen bin, dich zu besuchen, will doch der Schakal nicht kommen, dich in deinen Leiden zu besuchen.« Da schickte der Löwe die Hyäne, um den Schakal zu fangen. Das tat sie und brachte ihn vor den Löwen. Der Löwe fragte den Schakal: »Warum kamst du denn nicht, nach mir zu sehen?«

Der Schakal gab zur Antwort: »Bitte, lieber Onkel; als ich hörte, daß du so schwer krank seiest, ging ich zum Zauberdoktor, um Rat zu holen und ihn zu fragen, was für eine Arznei meinem Onkel von seinen Schmerzen helfen würde. Der Doktor aber sagte so zu mir: ›Geh und sage deinem Onkel, er möge die Hyäne ergreifen, ihr das Fell abziehen, und, wenn es noch warm wäre, es anlegen; dann werde es besser werden.‹ Die Hyäne ist so nichtsnutzig, daß sie sich gar nicht um die Leiden meines Onkels kümmert.«

Der Löwe folgte diesem Rat, ergriff die Hyäne, zog ihr, während sie aus Leibeskräften heulte, das Fell über die Ohren und legte es an.

Das Chamäleon und der Elefant
(Aus Äquatoria, mitgeteilt von Casati)

Eines Tages lud das Chamäleon den Elefanten zum Laufen ein. Der Elefant nahm die Herausforderung an, deren Entscheidung auf den folgenden Morgen verlegt wurde. Während der Nacht verteilte das Chamäleon viele seiner Brüder in kurzer Entfernung den Weg entlang, der zu durchlaufen war. Als der folgende Tag graute, kam der Elefant und fing ohne weiteres zu laufen an. Das Chamäleon stieg hurtig dem Elefanten auf den Schwanz. Bei jeder Begegnung mit einem Chamäleon fragte der Elefant: »Bist du nicht müde?« – »Nein!« antwortete das gefragte Tier, das sich jetzt erst anschickte, den kleinen ihm angewiesenen Teil zu durchlaufen. Zuletzt blieb der Elefant atemlos und müde stehen, indem er sich für besiegt bekannte.

Die Schlange
(Hottentotten-Fabel mitgeteilt von Missionar Krönlein)

Es war einmal ein Weißer, so erzählt man, der traf eine Schlange, auf die ein großer Stein gefallen war, so daß sie sich nicht aufrichten konnte. Da hob der Weiße den Stein von der Schlange auf. Als er ihn aber aufgehoben hatte, wollte die Schlange ihn beißen. Der Weiße sagte jedoch: »Halt! Laß uns beide erst zu klugen Leuten gehen!« So gingen sie denn und kamen zur Hyäne. Die fragte der Weiße: »Ist es auch wohl recht, daß die Schlange mich nun beißen will, obwohl ich ihr half, da sie hilflos unter dem Steine lag?« Die Hyäne erwiderte: »Nun, was wäre das denn Großes, wenn du gebissen würdest?« Da wollte ihn die Schlange beißen, aber der Weiße sprach wieder: »Warte erst und laß uns zu andern klugen Leuten gehen, damit ich höre, ob es auch recht ist!«

Als sie weiter gingen, trafen sie den Schakal. Da redete der Weiße den Schakal an: »Ist's auch wohl recht, daß die Schlange mich beißen will, obschon ich den Stein aufhob, der auf ihr lastete?« Der Schakal erwiderte: »Ich kann es mir gar nicht vorstellen, daß die Schlange so vom Stein bedeckt sein konnte, daß sie nicht imstande war aufzustehen. Nur wenn ich's mit meinen eignen Augen sähe, würde ich's glauben. Kommt, wir wollen uns auf den Weg machen und zusehen, ob's möglich ist.«

So machten sie sich denn alle auf und gingen nach der Stelle, wo es geschehen war. Dort angekommen sprach der Schakal: »Schlange, lege dich nieder und laß dich mit dem Stein bedecken.« Da legte der Weiße den Stein auf sie, und, obschon sie sich sehr anstrengte, konnte sie doch nicht aufstehen. Der weiße Mann wollte den Stein wieder aufheben, aber der Schakal sprach: »Laß sie nur liegen, sie wollte dich ja beißen; sie mag allein aufstehen!«

Und beide gingen davon.

Hase und Affe
(Woloffen-Fabel, aus dem Sudan, mitgeteilt von Baron Roger)

Der Affe warf dem Hasen vor, er sehe sich fortwährend um, der Hase aber entgegnete, der Affe kratze sich fortwährend. Beide kamen überein, einen Tag hindurch vom Sonnenaufgang bis zum Sonnenuntergang beieinander zu sitzen; der Hase versprach, sich nicht umzuschauen, und der Affe gelobte, sich nicht zu kratzen.

Der festgesetzte Tag kam heran; mit Sonnenaufgang fanden sich beide auf dem bestimmten Platze ein; regungslos hielt der Hase seine Augen auf den Erdboden geheftet, ruhig und unbeweglich ruhten des Affen Hände auf seinem Schoß. Es wurde Mittag, da sagte der Affe, der es vor Pein kaum noch auszuhalten vermochte: »Als ich im Kriege war, trafen mich die Kugeln hier – und hier – und dort – und dort!« Wohin er mit dem Finger wies, um die Stellen zu bezeichnen, wo die Kugeln ihn getroffen, kratzte er sich schnell.

Auch der Hase, der es kaum noch vermochte, seine Augen auf dem Fußboden vor ihm ruhen zu lassen, begann eine Erzählung. »Als ich im Kriege war,« sagte er, »verfolgten mich auch die Feinde. Vor Entsetzen sprang ich bald hierhin, bald dorthin, – bald links, bald rechts.« Mit Blitzesschnelle folgten dabei seine Augen, die so lange starr auf den Boden geheftet gewesen waren, den Bewegungen seiner Glieder.

Der Fischdiebstahl
(Hottentotten-Fabel, mitgeteilt von Missionar Krönlein)

Einst sah der Schakal, der an der Grenze der Kolonie lebte, einen Wagen von der Küste kommen, der mit Fischen beladen war. Er machte den Versuch, auf den Wagen von hinten hinaufzusteigen, aber es war ihm nicht möglich; da eilte er demselben voraus und legte sich auf den Weg nieder, als wenn er tot wäre. Als der Wagen ihm nahe kam, rief der Leiter des Gespanns dem Kutscher zu: »Da liegt ein schöner Pelz für deine Frau!« – »Wirf's in den Wagen!« rief der Kutscher. So wurde der Schakal in den Wagen geworfen. Während der Wagen in der mondhellen Nacht dahinfuhr, warf der Schakal die Fische auf die Straße, sprang dann selbst hinunter und brachte ein gut Teil in Sicherheit. Aber eine einfältige alte Hyäne, die hinzukam, verzehrte mehr als ihren Anteil, was der Schakal ihr zu gedenken beschloß. So sagte er denn zu ihr: »Du kannst auch Fische genug bekommen, wenn du dich vor einen Wagen legst und, was auch geschehen mag, dich ganz still verhältst.« – »Jawohl!« brummte die Hyäne; darauf streckte sie sich, sobald wieder ein Wagen von der Küste herkam, auf den Weg hin. »Was für ein garstiges Geschöpf ist das?« rief der Leiter und stieß die Hyäne mit dem Fuß an; dann nahm er einen Stock und schlug sie halbtot. Die Hyäne tat, wie ihr der Schakal gesagt hatte, und lag still, solange sie es aushalten konnte. Dann stand sie auf und humpelte davon, um dem Schakal ihr Leid zu klagen, der sie zum Scheine tröstete.

»Wie schade!« rief die Hyäne, »daß ich kein so hübsches Fell habe wie du!«

Der stolze Schmetterling
(Woloffen-Fabel, mitgeteilt von Missionar Boilat)

Ein wunderschöner Schmetterling umflatterte eine duftende Blume; da bemerkte er eine häßliche Raupe, die im Staube dahinkroch. Verächtlich rief der Schmetterling ihr zu: »Wie darfst du es wagen, dich in meiner Nähe sehen zu lassen? Fort mit dir! Sieh, ich bin schön und strahlend wie die Sonne, und meine Schwingen tragen mich hoch in die Lüfte, während du auf der Erde umherkriechst. Fort, wir haben nichts miteinander zu schaffen!«

»Dein Stolz, du bunter Schmetterling, steht dir schlecht an,« erwiderte die Raupe ruhig. »All deine Farbenpracht gibt dir nicht das Recht, mich zu verachten. Wir sind und bleiben Verwandte, so schmähst du dich also selbst. Bist du nicht früher eine Raupe gewesen? Und werden deine Kinder nicht Raupen sein wie du und ich?!«

Die Erde und der Hase
(Aus Äquatoria, mitgeteilt von Casati)

Eines Tages sagte der Hase zur Erde: »Du rührst dich nicht, du stehst beständig fest; warum das?« – »Du täuschest dich,« erwiderte die Erde; »ich laufe mehr als du.« – »Es soll auf den Beweis ankommen!« rief der Hase und fing zu laufen an. Nachdem er eine lange Strecke durcheilte hatte, hielt er, des Sieges versichert, inne. Aber zu seiner großen Überraschung sah er die Erde noch immer unter seinen Füßen. Öfter noch wiederholte er die Probe, bis er, durch die langen Anstrengungen ermüdet, zu Boden sank und starb.

Das Haselhuhn und die Schildkröte
(Aus Äquatoria, mitgeteilt von Casati)

»Ich bin besser daran als du,« sagte das Haselhuhn zur Schildkröte. »Ich kann rasch gehen und noch mehr – ich kann fliegen.« – »Du Glückliche,« antwortete

die Schildkröte, »ich schleppe mich fort, und, so gut es geht, mache ich meine Geschäfte ab.« Nun traf es sich, daß die Menschen, um zu jagen, das Gras der Wiese anbrannten; das wachsende Feuer engte den Kreis immer mehr ein, die Gefahr für beide Tiere war offenkundig und sicher. Die Schildkröte schleppte sich in eine kleine Grube, die durch den Fußtritt eines Elefanten ausgehöhlt war, und rettete sich so. Das Haselhuhn dagegen versuchte den Flug; aber Rauch und Feuer ließen es herabfallen, und es starb. – Wer sich allzusehr rühmt, bleibt bei der Probe zurück.

Hasenlist
(Woloffen-Fabel, mitgeteilt von Missionar Boilat)

Einst nahte sich der Hase, der das allerboshafteste Geschöpf auf Erden ist, dem Throne des Schöpfers und bat, der Herr möge ihn noch ein wenig geriebener machen. »Geh, geh!« rief der Schöpfer, um sich des zudringlichen Bettlers zu entledigen; »erst fülle deine Kalabasse einmal mit lebendigen Sperlingen.«

Der Hase ging und setzte sich sinnend am Ufer einer Quelle nieder. Der Tag neigte sich seinem Ende zu, die Sonne ging unter; siehe, da kamen alle die Vögel herbei, um sich nach der großen Hitze, die am Tage geherrscht, und während der sie sich verborgen gehalten hatten, zu erfrischen. Die Sperlinge waren hauptsächlich munter, sangen und sprangen und löschten ihren Durst mit dem frischen Quellwasser. Der Hase denkt bei sich: »Nun ist's Zeit!« springt auf und murmelt halblaut vor sich hin: »Ja – nein – nein – und doch – o nein, verzeiht – nie und nimmer – es geht nicht – es ist unmöglich – und doch? – o!«

Verwundert fragen ihn die Sperlinge, was er denn meine? Er gibt zur Antwort, er wolle gar zu gern wissen, ob alle Sperlinge in seiner Kalabasse Platz hätten. »Gewiß,« war die Antwort der Vögel, »wir sind ja so klein!« Damit schlüpfte eins nach dem andern in die Kalabasse des Hasen. Schnell setzt dieser den Deckel auf und eilt mit seiner Beute zum Thron des Schöpfers. Der aber sagte: »Wollte ich deinen Verstand noch vermehren, so würdest du ja die Welt umkehren. Geh!«

AUS DER ASIATISCHEN VOLKSLITERATUR

Der bestrafte böse Zauberer
(Geschichtchen der Aino, eines Naturvolkes auf der nordasiatischen Insel Yezo)

Eines Tages erzählte ein Zauberer einem Mann, den er kannte, daß, wenn jemand den und den Berg besteige und dann auf den darunter liegenden Wolkengürtel herabspringe, er auf den Wolken wie auf einem Pferde würde reiten und die ganze Welt sehen können. Der Mann glaubte ihm, tat, wie der Zauberer ihm gesagt hatte und war in der Tat imstande, auf den Wolken umherzureiten. Er besuchte auf diese Weise die ganze Welt und brachte eine Karte mit, die er gezeichnet hatte, und zwar sowohl von der Welt der Götter, wie von der der Menschen. Als er nach dem Berge in Ainoland zurückkam, trat er von den Wolken wieder auf den Berg, stieg ins Tal hinab und erzählte dem Zauberer, wie erfolgreich und angenehm die Reise gewesen, und dankte ihm für die freundlich gewährte Gelegenheit, so vielerlei bemerkenswerte Dinge zu sehen.

Der Zauberer war sehr erstaunt, denn was er dem Mann gesagt hatte, war eine Lüge gewesen, eine häßliche Lüge, die er nur in der Absicht erfunden hatte, um seinen Tod zu veranlassen, denn er haßte ihn. Da er aber sah, daß das, was er lediglich als eine müßige Fabel angesehen hatte, offenbar eine wirkliche Tatsache war, so entschloß er sich, selbst die Welt auf diese bequeme Art und Weise in Augenschein zu nehmen. Er bestieg daher den Berg, und als er ein wenig unter sich einen Wolkengürtel bemerkte, sprang er hinab, wurde aber beim Sturz ins Tal in Stücke zerschmettert.

In derselben Nacht erschien der Gott des Berges dem guten Mann im Traume und sprach zu ihm: »Der Zauberer hat den Tod gefunden, den sein Betrug und seine Torheit verdienen. Dich habe ich vor Schaden bewahrt, weil du ein guter Mann bist. Als du daher, dem Rate des Zauberers folgend, auf die Wolken hinabsprangst, trug ich dich und zeigte dir die Welt, um dich klüger zu machen. Ein jeder möge sich dies zur Lehre dienen lassen, daß Bosheit die verdiente Strafe findet.«

Das Kamel und Ratte
(Fabel der Völker am oberen Indus)

Ein Kamel, das seinem Herrn entlaufen war, wanderte auf einsamen Pfaden und schleppte die Nasenleine auf der Erde nach. Wie es nun langsam dahinging, hob eine Ratte das Ende der Leine auf, nahm es ins Maul und lief dem riesigen Tiere

407

vorauf, indem sie unaufhörlich dabei dachte: »Was muß ich doch für Kraft besitzen, daß ich ein Kamel führen kann!« Nach kurzer Zeit kamen sie an das Ufer eines Flusses, der den Weg kreuzte, und hier machte die Ratte Halt.

Das Kamel sprach: »Bitte, geh doch weiter!«

»Nein,« sagte seine Begleiterin, »das Wasser ist zu tief für mich.«

»Nun wohl,« erwiderte das Kamel, »laß mich die Tiefe an deiner Stelle versuchen.«

Als das Kamel in der Mitte des Stromes angekommen war, blieb es stehen, drehte sich um und rief: »Siehst du, ich hatte recht, das Wasser ist nur knietief, also komm nur hinein!«

»Ja,« sagte die Ratte, »aber es ist doch ein kleiner Unterschied zwischen deinen Knien und den meinigen, wie du siehst. Bitte, trage mich hinüber!«

»Gestehe deinen Fehler,« erwiderte das Kamel, »sieh ein, daß du hochmütig gewesen bist, und versprich, in Zukunft bescheiden zu sein, dann will ich dich sicher hinüberbringen.«

Die Ratte willigte freudig ein, und so kamen die beiden ans andere Ufer.

Der Kranich und das Füchschen
(Fabel der Altajer und Teleuten in Zentral-Asien)

Ein Kranich und ein Füchschen waren Freunde. Als die beiden Freunde zusammengingen, wurden sie von Jägern verfolgt. Als der Kranich diese kommen sah, sprach er zum Füchschen: »Uns verfolgen Menschen. Wohin sollen wir gehen?« Der Fuchs sprach: »Ich habe zwölf Schlauheiten, ich werde die Rettung schon finden, laß uns alle beide in meine Höhle kriechen.« Der Kranich stimmte seinem Freunde bei und kroch mit dem Fuchs zusammen in die Höhle. Die Menschen waren ihrer Spur gefolgt und gruben ihnen nach. Der Fuchs wußte sich nicht zu helfen und fragte den Kranich: »Wieviel Schlauheiten hast du denn?« – »Nur eine einzige,« sagte der Kranich. Darauf fragte er den Fuchs: »Wieviel Schlauheiten hast du denn, Fuchs?« Der Fuchs sprach: »Sechs sind mir noch geblieben.« Als die Menschen bis zur Hälfte ausgegraben hatten und das Füchschen keine Rettung gefunden hatte, fragte es den Kranich: »Ist dir keine Schlauheit zugekommen?« Der Kranich sprach: »Ich habe immer nur noch eine Schlauheit.« Das Füchschen sprach: »Drei sind mir nur noch geblieben.« Die Menschen gruben, und als sie ganz nahe gekommen waren, und als das Füchschen festsaß, fragte es den Kranich: »Ach Freund, ist dir keine Schlauheit zugekommen?« Der Kranich sprach: »Ich habe immer nur eine Schlauheit.« Nachdem der Kranich so gesprochen, tat er, als ob er tot daläge. Als die Menschen sie erreichten, sagten sie: »Der Fuchs hat einen Kranich gefangen, nehmt ihn und werft ihn beiseite.« Als sie den Kranich fortgeworfen hatten, breitete dieser, der nur eine Schlauheit hatte, die Flügel aus und flog davon; den Fuchs, der zwölf Schlauheiten hatte, töteten sie und zogen ihm das Fell ab.

Anstatt viel zu sein und Kehricht,
Sei nur wenig und sei Kunst.

Die zwei Teufel
(Aus dem Chinesischen)

In alten Zeiten gab es einmal zwei Teufel, die zusammen einen Korb, einen Stab und einen Schuh besaßen, worüber sie sich zankten, da jeder zwei dieser Dinge haben wollte. Den ganzen lieben Tag haderten sie zusammen, ohne zu einer billigen Teilung gelangen zu können. Währenddem besuchte sie ein Mann, der sie fragte: »Welche besondere Eigenschaft hat dieser Korb, dieser Stab und dieser Schuh, daß ihr euch so wütend darüber streitet?« Die zwei Teufel antworteten: »Aus diesem Korbe kann man Kleider, Speisen und Getränke, ein Bett, eine Matratze und Nachtzeug holen; kurz, alle Lebensbedürfnisse kommen daraus hervor. Wer diesen Stab in der Hand hält, unterwirft sich damit alle seine Feinde, so daß sie nicht mit ihm zu kämpfen sich unterstehn. Wenn jemand diesen Schuh trägt, so kann er laufen, als ob er flöge, ohne durch etwas gehindert zu sein.« Als der Mann dies gehört hatte, sagte er zu den beiden Teufeln: »Tretet ein wenig auf die Seite, dann werde ich sie gleichmäßig für euch verteilen.« Als die beiden Teufel solches vernahmen, entfernten sie sich sofort eine Strecke. Der Mann hob sogleich den Korb auf, ergriff den Stab und zog den Schuh an, worauf er wegflog. Die zwei Teufel standen ganz verblüfft da, daß sie am Ende gar nichts bekämen, und der Mann rief den Teufeln zu: »Ich habe dasjenige, worüber ihr euch strittet, weggenommen; nun habt ihr keinen Grund mehr zu zanken.«

Der Habgierige
(Aus dem Japanischen)

In der Hauptstadt Japans wohnte vor Jahren ein Tischler, welcher sehr fleißig und geschickt war, aber den Fehler an sich hatte, sehr geizig und habgierig zu sein. Täglich betete er zu den Göttern, sie möchten ihm doch zwei paar Hände statt des einen, dessen sich die Menschen erfreuen, gnädig bescheren, sie würden sehen, wie treu und fleißig er sie benutzen würde. Und die Götter erfüllten seinen Wunsch und schenkten ihm in der Tat noch ein Paar Hände. Natürlich verdiente er jetzt doppelt soviel, statt aber von dem Gelde, welches er erwarb, auch armen Leuten etwas zugute kommen zu lassen, speicherte er es nur auf und ward zugleich immer habgieriger, so daß er abermals die Götter ohne Unterlaß anflehte, nochmals die Zahl seiner Hände zu verdoppeln. Wiederum fand er Erhörung; er arbeitete nun mit acht Händen, war aber immer noch nicht befriedigt und geizte in hergebrachter Weise mit seinem Gelde.

Da trat eines Tages ein Fremder zu ihm herein, lobte seinen Fleiß und seine Geschicklichkeit und pries das Wunder, das ihn mit acht Händen ausgestattet habe. »Indessen,« fügte er hinzu, »sollte es nicht viel vorteilhafter sein, wenn Ihr Euch, da Ihr ein solcher Wundermensch seid, der mit acht Händen gleich einer Spinne, arbeiten kann, einfach für Geld beim Volke sehen ließet? Dann hättet Ihr noch viel mehr Einkommen als jetzt und brauchtet doch nicht vom Morgen bis zum Abend im Schweiße Eures Angesichtes zu arbeiten, sondern nur dann und wann ein wenig, um Eure Geschicklichkeit den Leuten zu zeigen.« Das leuchtete dem Tischler ein; er sagte zu dem Vorschlage des Mannes ja und ließ sich sogar törichterweise von demselben in einen Käfig sperren, um besser den Schaulustigen vorgeführt werden zu können.

Nun schleppte ihn aber der Fremde rastlos von Stadt zu Stadt; er mußte überall die Menge belustigen und erhielt dafür kaum satt zu essen, während sein Führer auf seine Kosten reich ward. Mit Tränen in den Augen bejammerte er sein hartes Los; wenn aber sein Peiniger ihn klagen hörte, bekam er noch Schläge obendrein. Jetzt erst erkannte er, wie sündhaft seine Habgier gewesen, und bereute dieselbe zu spät. Der Fremde aber, der mit ihm herumzog und ihn im Käfig den Leuten zeigte, war, wie man sagt, niemand anders als ein Abgesandter des greisen Gottes von Inari, des Gehilfen der großen Göttin des Landbaues, der den Armen und Bettlern besonders wohlwill und dem Tischler eine schwere, aber gerechte Strafe für seine Hartherzigkeit und für seine sündhafte Ungenügsamkeit zukommen lassen wollte.

Der übertragbare Tiger
(Aus dem Koreanischen)

Einstmals reiste ein Mann über Land. Vor ihm stieg ein steiler Berg auf, über den die Straße führte, während zu ihrer Rechten und Linken sich ein Grund mit Blumen und Bäumen aller Art breitete und tiefes weiches Gras den Boden deckte. Vögel und allerlei Kriechtier trieben darin ein lustiges Wesen, und von einem luftigen Felsen kam ein Perlenstrom herab, in einem Schauer von zehntausend blitzenden Juwelen. Unten sammelte sich das Wasser in einen weiten Teich, an dessen Ufer bedächtig ein alter Fischer saß. Er hatte sein schmutziges Netzwerk beiseite gelegt und sang ein Lied, während auf der anderen Seite des Teiches ein Holzfäller zu seiner Arbeit pfiff. Vom Gesange erfreut und in Betrachtung der Landschaft vergaß der Wanderer die Mühsal seiner Reise und schlenderte so seinen Weg, bald rastend, bald gemächlich vor sich hingehend, als er auf der linken Seite der Landstraße einen tiefen Hohlweg wahrnahm. Wo der wohl hinführe, verwunderte er sich und ließ sich zur Rast auf einen Felsblock nieder, als er, zwischen die Bäume durchblickend, einen Tiger und einen Menschen sah, die sich einander gegenüber standen. Erstaunt über das Fremdartige der Erscheinung trat er näher und sah nun einen Burschen von zwanzig oder so, der mit einer Hand einen Tiger bei der Kehle hielt, während er mit der anderen den Ast eines nahestehenden Baumes umfaßt hatte. Während der Wanderer so schaute, konnte er wahrnehmen, daß der Tiger ganz erschöpft war. Er berührte nur noch mit einem Hinterbein den Boden. Aber auch der Bursche war ganz von Kräften, und die beiden standen so und schauten einander an. Die Sachlage war die, daß wenn einer von den beiden wieder zu Kräften kam, dies für den andern sicheren Tod bedeutete. Nun war der Wanderer von Natur ein starker und tapferer Mann, der, als er das sah, dem Jungen helfen wollte, und er trat darum näher. Wie ihn der Bursche erblickte, rief er: »Ich weiß nicht, woher du bist, aber während ich Holz fällte, geriet ich mit diesem Tiger zusammen. Ich bin nun ganz erschöpft und bin unfähig, die Bestie auch nur mehr ganz kurze Zeit zu halten. Wenn Ihr nun so gut sein wolltet, ihn nur ein Weilchen statt meiner zu packen, so will ich ihn totschlagen. Was meint Ihr dazu?« Der Wanderer sagte: »Ja, ich will.« Und nahm sogleich des Burschen Platz ein und griff den Tiger kräftig bei der Gurgel, so daß sich der nicht rühren konnte. Da sagte er zu dem Jungen: »Ich habe Eile weiterzukommen, darum schlage das Vieh schnell tot.« Der antwortete: »Ich habe gar keine Kraft mehr in meinen Armen, wart ein Weilchen, ich will gehen, eine Waffe zu holen, mit der das Vieh zu erschlagen ist.« Während er so sprach, ging er fort; zwei, drei Stunden vergingen, aber er kam nicht wieder. Des Wanderers Kraft ließ bald gleichfalls nach, und da er gar kein Mittel sah, den Tiger zu töten oder ihn laufen zu lassen ohne Gefahr, dachte er bei sich: »Es wäre besser für mich gewesen, weiterzugehen. Den Jungen wollte ich retten, und das ist geglückt, aber mich selbst brachte ich in Gefahr. Hat man so etwas je gehört?« Und er erhob seine Stimme und rief den Burschen, aber es kam keine Antwort. Und jetzt bekam der Tiger seine Kraft wieder, regte sich und rührte sich, ließ seine gelben Augen funkeln und brüllte laut wie Donner. Gerade da kam ein schmutziger Priester den Weg, und da die Bäume dicht standen und er nichts sehen konnte, sagte er bei sich: »Da brüllte irgendwo ein Tiger, aber wenn ich nach ihm schaue, seh' ich ihn nicht, und er brüllt auch nicht wieder. Wie sonderbar.« Er blieb stehn zu horchen, guckte dahin und dorthin, als der Reisende ihn zum großen Glück anschaute und rief: »Rettet ein Menschenleben, Hochwürden!« Der Priester ging erstaunt woher das Rufen kam, und fand den Wanderer in größter Gefahr. Er war ein kräftiger Kerl, aber ohne Waffen, so dachte er bei sich: »Nach Priesterregel ist es mir nicht erlaubt, irgend etwas zu beleidigen oder zu töten.« Aber während er dies dachte, war der Mann mit dem Tiger so schwach geworden, daß er daran war, die Bestie laufen zu lassen; wie das der Priester sah, kam er schnell herbei, packte an Stelle des Wanderers den Tiger und sagte: »Sieh hier und höre mein Wort. Nach unserer Priesterregel dürfen wir niemanden ein Leid tun, darum kann ich ihn nicht töten, aber ich will ihn für dich halten. Wenn du dich ein bißchen erholt hast, geh und hol eine Waffe und schlag das Vieh tot.« – Der Wanderer ließ los, lief ein Stückchen vom Orte weg und sagte: »Habt Ihr bloß die buddhistischen Bücher studiert und nicht die Schriften des Manucius gelesen? Darin ist eine Stelle, die besagt: – ›wenn einer einen andern mit dem Schwerte erschlagen hat und sagt ›nicht ich, sondern das Schwert erschlug ihn‹, so wird die Schuld die des Schwertes und nicht die des Mannes sein.‹ Euer Fall ist ähnlich. Wenn ich auf Eure Worte hörte und den Tiger tötete, so wäre die Schuld nicht meine, sondern Eure, da Ihr mich veranlasset, den Tiger zu erschlagen. Wie könntet Ihr dann sagen, daß Ihr nicht gegen Eure Priesterregel gesündigt hättet? Aber es ist nicht nur um Euretwillen, daß ich diesen Tiger nicht erschlage. Dieser Tiger ist einer, mit denen es Brauch ist, daß sie übertragen werden. Dies bedenke und halt dich an ihm, bis du einen anderen Menschen findest, der ihn von dir nehmen will. Dann tue, wie ich getan, und übertrag den Tiger auf ihn.« Als der Wanderer so gesprochen, lief er davon. Und der Tiger war seither bekannt als der »Übertragbare Tiger«.

So gibt es Leute in der Welt, die Wohltaten empfangen haben und dem, der sie ihnen erwiesen, mit Undank lohnen. Man darf sie für Schüler des Mannes halten, der den Tiger übertragen hat.

INHALT

I. DIE ORIENTALISCHE FABEL

EINFÜHRUNG 5
Aus dem buddhistischen Jâtaka-Buch
Der Kranich, die Fische und der Krebs 7
Aus dem altindischen Pantschatantra
Der blaue Schakal 9
Die allzu klugen Fische 10
Die Affen und der Vogel
Sutschîmukha 12
Der zerbrochene Topf 12
Der rettende Krebs 13
Aus dem altindischen Hitopadesa
Vom leichtsinnigen Affen 15
Vom Löwen, der Maus
und der Katze 15
Vom Ungeheuer mit der Glocke 16
Vom Löwen und dem Hasen 16
Aus dem arabischen Kalilah und Dimna
Die Schildkröte und die zwei Enten 18
Die Schlange und der Froschkönig 18
Die beiden Tauben 20
Der Rabe, der einen andern
Gang lernen wollte 21
Aus dem Buch der Beispiele der alten Weisen
Die Fabeln Bidpais
Die Taube, der Fuchs
und der Sperling 22
Lokmân
Die Hasen bitten die Füchse
um Hilfe wider die Adler 23
Ein Mohr reibt sich mit Schnee 23
Sonne und Wind streiten
wegen ihrer Stärke 24
Eine Spinne will gern Honig machen 24
Ein Knabe, der bald ertrunken wäre 25
Eine durstige Taube
fliegt nach Wasser 25

Saadi
Ein unschuldig zum Tode
Verdammter wird errettet 26
Nuschirwan will, daß seinen Untertanen
auch das Salz bezahlt werden soll 26
Von einem klugen Ringer 27
Von irdischen Schätzen 28
Von einem reichen Geizhals 28

II. DIE ÄSOPISCHE FABEL

EINFÜHRUNG 31
Äsop
Der Greis und der Tod 34
Der Vogelsteller und die Schlange 34
Der Hirt und der Wolf 34
Die Krähe und die Vögel 35
Der Hund und das Schaf 36
Der Fuchs und der Holzhacker 36
Die Schlange und der Landmann 37
Das Schilfrohr und der Ölbaum 37
Die beiden Hähne 37
Die Maus und der Frosch 38
Die Stiere und der Löwe 38
Jupiter und die Schlange 38
Der Ochsentreiber und Herkules 40
Zeus und das Kamel 40
Die Löwin und die Füchsin 40
Der Löwe und der Esel 40
Babrios
Der Bogenschütze und der Löwe 41
Der Hirt und die Ziege 41
Der Stier und die Mücke 42
Das verwandelte Wiesel 42
Der Wolf und der Reiher 42
Der Landmann und der Fuchs 44
Der Löwe und der Fuchs 44
Die alte und die junge Liebhaberin 45

Die Stäbe	46	b) Mitte 18. bis Mitte 19. Jahrhundert	65
Der Fischer	46	c) Die moderne Fabel	68
Der Löwe und der wilde Esel	47	*Der Stricker*	
Der Löwe und die Maus	47	Von einem Mann und den Bäumen	70
Der Fuchs und die Trauben	48	*Ulrich Boner*	
Phädrus		Von einem Hahn	
Der Wolf und das Lamm	48	und einem Edelstein	70
Der Fuchs und der Storch	49	Von einer Fliege und einem Kahlkopf	72
Der Hirsch an der Quelle	50	Von einer Maus und ihren Kindern	73
Die Bäume unter dem		Von einem Löwen und einem Hirten	76
Schutz der Götter	50	Von dem Magen,	
Der Adler, die Katze		den Händen und Füßen	80
und das Wildschwein	52	*Johannes Pauli*	
Der Kampf der Mäuse und Wiesel	52	Vom Aberglauben	81
Der Kürbis, die Eichel und der Bauer	54	Von einem Wolf	83
Die Frösche, die einen		Von der väterlichen Lehre	83
König verlangten	55	*Burkhard Waldis*	
Der Hund, der ein Stück Fleisch		Von der Ameise	84
durch den Fluß trägt	56	Von einem Bauern	85
Der Esel und die Galluspriester	56	Von der Ente	85
Der Fuchs und der Rabe	57	*Martin Luther*	
Der alte Löwe, der Eber,		Vom Hunde und Schaf	87
der Stier und der Esel	57	Von dem Löwen, Fuchs und Esel	88
Der zerplatzte Frosch und der Ochs	58	Von der Stadtmaus und der Feldmaus	88
Avianus		*Hans Sachs*	
Der Reiter	58	Der faule Bauer mit seinen Hunden	89
Die Äffin und Jupiter	58	*Erasmus Alberus*	
Die Affenmutter und ihre Jungen	59	Von einem Jagdhund	92
Der Wolf und der Bock	59	Von der Nachtigall und dem Pfau	94
Romulus		Von einer Wildsau und einer Wölfin	97
Der Esel, der seinem		*Johann Fischart*	
Herrn schmeichelt	60	Von der Stadtmaus und der Feldmaus	98
Der Kranich, die Krähe		*Daniel Wilhelm Triller*	
und der Landmann	61	Der Tauber und seine Taube	101
Die Schafe und die Wölfe	62	Der Fuchs ein verwerflicher	
		Kinderlehrer	102
III. DIE DEUTSCHE FABEL		*Daniel Stoppe*	
		Das Echo und der Knabe	104
EINFÜHRUNG:		Die Saiten auf der Geige	105
a) 13. bis 16. Jahrhundert	63	Die Gelegenheit	106

Joh. Ludwig Meyer von Knonau
Der ruhmsüchtige Bär 107
Der Sperber und der Krebs 109
Friedrich von Hagedorn
Der Wolf und das Pferd 110
Der Fuchs ohne Schwanz 113
Die Bärenhaut 113
Jupiter, die Tiere und der Mensch 115
Die Ameise und die Grille 116
Der Hahn und der Fuchs 118
Der Zeisig 118
Die Gans und der Wolf 119
Die beiden Wölfe 119
Albrecht von Haller
Der beste König 120
Christian Fürchtegott Gellert
Der Zeisig 121
Der Tanzbär 122
Die Geschichte von dem Hute 123
Der Kuckuck 126
Der Blinde und der Lahme 126
Der Hund 127
Das Pferd und die Bremse 130
Die Biene und die Henne 130
Der Reisende 132
Die beiden Hunde 134
Der Schatz 135
Der grüne Esel 137
Der Maler 138
Das Kutschpferd 139
Der Affe 139
Die schlauen Mädchen 141
Das Pferd und der Esel 142
Die Nachtigall und der Kuckuck 142
Die Bienen 144
Die Elster und der Sperling 145
Magnus Gottfried Lichtwer
Die beraubte Fabel 146
Der Fuchs 147
Der Löwe und der Wolf 149

Die Flinte und der Hase 150
Die blinde Kuh 150
Der Vogel Platea und der Reiher 151
Der Riese und der Zwerg 152
Die Wespe und der Knabe 154
Der Esel und die Dohle 155
Der Fuchs und der Adler 155
Die Rehe 157
Die Mäuse 158
Johann Wilhelm Ludwig Gleim
Der Löwe und der Fuchs 160
Des Äsopus Katze 160
Der Hirsch, der Hase und der Esel 161
Die Gärtnerin und die Biene 161
Der Esel und das Pferd 162
Die Beratschlagung der Pferde 162
Der Sperling und die Nachtigall 164
Die Sperlinge 165
Der Schmetterling und die Biene 166
Der Hamster und der Dachs 166
Das Veilchen und der Grashalm 167
Der Wiedehopf und die Mücke 168
Der Esel und der Müller 168
Die Donau und der Leuta-Bach 168
Johann Adolf Schlegel
Der Hund und der Ochse 170
Die eitle Nachtigall 171
Der Pfau und der Storch 172
Kaiser Sigismund 175
Der Dieb und der Hund 176
Die Krähe und die Nachtigall 177
Der Reiher 179
Zwei Maultiere 180
Friedrich Karl Frhr. von Moser
Die Mäßigung des Wolfes 182
Leben und Taten eines Wolfes 183
Das Testament des Wolfes 183
Just Friedrich Wilhelm Zachariä
Der Fuchs, der Wolf und die Affen 184
Die Spinne und das Podagra 187

Der Jäger und die Wachtel	192
Die Republik der Spinnen	192
Der Esel und der Stier	193
Der gefangene Trompeter	194
Der Löwe und der Stier	194
Die Hunde mit der Löwenhaut	195
Gotthold Ephraim Lessing	
Der Tanzbär	196
Der Hirsch und der Fuchs	197
Das Roß und der Stier	198
Der Fuchs und der Storch	198
Merops	199
Der Pelikan	199
Herkules	199
Der Knabe und die Schlange	200
Der Wolf und der Schäfer	200
Der Löwe und der Hase	201
Die Pfauen und die Krähe	201
Der Hamster und die Ameise	202
Der Stier und der Hirsch	202
Zeus und das Pferd	202
Der Wolf auf dem Totenbette	204
Die Esel	204
Der Esel mit dem Löwen	204
Das beschützte Lamm	205
Die Furien	205
Zeus und das Schaf	206
Der Fuchs	207
Das Schaf	207
Der Dornstrauch	207
Der Rabe und der Fuchs	207
Der Rangstreit der Tiere	208
Die Geschichte des alten Wolfs	209
Die drei Ringe	213
Joh. Friedr. August Kazner	
Die Bienen und der Bär	216
Die Wachtel und der Handwerksmann	216
Der kranke Bauer und sein Vetter	217
Johann Gottlieb Willamov	
Der Schwan und die Lerche	217
Der Vater und der Freier	218
Gottlieb Konrad Pfeffel	
Die Harmonie der Sphären	219
Die Klugheit	220
Das Bild des Menschen	220
Die Raupe	222
Das Kind und der Spiegel	223
Der Pfirsichbaum und der Apfelbaum	224
Der Ochs und der Esel	225
Der Krebs	226
Der Schmetterling und die Biene	226
Der Komet und der Fixstern	226
Der junge Hase	227
Die Schwalbe und der Storch	227
Die Toleranz	228
Der Esel	229
Der Hund und der Esel	231
Das Glück des Esels	231
Der Truthahn und der Affe	232
Ludwig Heinrich Frhr. von Nicolay	
Äsop und die zwei Bildhauer	233
Der Edelmann und der Bauer	234
Der Hirtenjunge	235
Äsop und der Dichter	236
Der einäugige Hirsch	236
Die Mücke	237
Christian Schubart	
Der Wolf und der Hund	238
Der gnädige Löwe	239
Johann Gottfried von Herder	
Der Löwe und die Stiere	240
Der Sklave	240
Die Raupe und der Schmetterling	241
Johann Benjamin Michaelis	
Die Biene und die Taube	242
Der welsche Hahn und der Pfau	243
Gottfried August Bürger	
Die Schatzgräber	244

Der Maulwurf und der Gärtner	246
Der Hund aus der Pfennigschenke	246
Johann Wolfgang von Goethe	
Adler und Taube	247
Dilettant und Kritiker	249
Fuchs und Kranich	250
August Gottlieb Meißner	
Die Maus und die Schnecke	251
Der Kiesel und das Samenkorn	252
Der Esel, der zu Markte geführt wird	252
Die Ähren	254
Der Lockvogel	255
Das Krokodil, der Tiger und der Wandersmann	256
Johann Ferdinand Schlez	
Der Fuchs und der Parder	256
Der Hirsch und der Jagdhund	258
Friedrich Adolf Krummacher	
Das Krokodil	259
Assaph	260
Der Holunderstab	262
Der unsichtbare Fürst	262
Die Flöte	264
Der Knabe und die Quelle	265
Der himmlische und der irdische Adler	266
Die Brüder Jak. u. W. Grimm	
Der Nagel	267
Der alte Großvater und der Enkel	268
Der Hase und der Igel	268
Friedrich Rückert	
Parabel	272
Wilhelm Hey	
Der Knabe und der Esel	274
Der Hund und der Igel	275
Knabe und Hündchen	276
Das Kind und der Ochse	277
Agnes Franz	
Die Schwingen des Lebens	277
Abraham Emanuel Fröhlich	
Die Nützlichen	279
Nachbeter	280
Von der einen Herde	280
Schusterkritik	281
Heinrich Heine	
Der tugendhafte Hund	281
Pferd und Esel	283
Gustav Pfarrius	
Reineke und seine Kinder	286
Robert Reinick	
Bestrafter Hochmut	289
Der Hund und die Sau	290
Der Hahn	290
Georg Daniel Hirtz	
D' Fleddermuus un d' zwei Wissele	292
Marie von Ebner-Eschenbach	
Die Anhänger	293
Der gute Feind	294
Ein Vergleich	294
Gänsezug	294
Heinrich Seidel	
Das Huhn und der Karpfen	295
Der Gimpel	297
Victor Blüthgen	
Der Hirsch und der Graben	297
Der Herr Papagei	299
Otto von Leixner	
Die Emanzipierte	301
Die Farren und die Eiche	301
Krähe und Adler	301
Zeisig und Nachtigall	302
Hyäne und Königstiger	302
Der unzufriedene Sperling	303
Otto Weddigen	
Der Affe und das Pferd	303
Der Hund und der Kater	304
Friedrich Adler	
Chosru	305
Ali	306

Frida Soyaux-Schanz
Das blinde Hähnchen　306
Ludwig Fulda
Parabeln I – IV　310
Otto Ernst
Der Sieger　312
Wahlgeschichten
1. Der Regierungskandidat　313
2. Die freie Wahl　314
3. Die moralische Konsequenz　315
Otto Julius Bierbaum
Der weiße Maulwurf　315
Hanns Heinz Ewers
Der Bandwurm　320
Der Igel und die Stachelschweine　321
Jesus und der tote Hund　323
Der Pächter und sein Lamm　323
Theodor Etzel
Die drei Hunde　325
Bär und Luchs　327
Auf dem Weg des Verbrechens　328
Der Ochse auf der
Löwenhochzeit　328
Der glückliche König　329
Der Büffel　330
Der Reichstag der Vögel　330
Friedrich Werner van Oestéren
Wohltätigkeit　332
Meer-Pflicht　335
Die Beamten　337

IV: DIE FABELN IN SPANIEN, ITALIEN,
FRANKREICH, ENGLAND UND RUßLAND

EINFÜHRUNG　339

AUS DEM SPANISCHEN
Don Juan Manuel
Von der Schwalbe und den
andern Vögeln　343

Was sich mit zwei sehr reichen
Leuten zugetragen　344
Felix Maria de Samaniego
Die Löwin und der Bär　345
Die kranken Tiere　346
Die Seefahrer　347
Der Hund und das Krokodil　348
Don Tomás de Iriarte
Die Ameise und der Floh　348
Die zwei Kaninchen　350
Die Eier　351
Der Affe　352
Die Ente und die Schlange　355
Der Esel und sein Herr　355
Der Streit der Trinker　356
Die Warze, die Beule
und der Buckel　357
Don Ramón de Campoamor
Der Hahn und der Hase　358

AUS DEM ITALIENISCHEN
Leonardo da Vinci
Das Rasiermesser　359
Der Stein　360
Giovanni Carlo Passeroni
Ceres und der Bauer　361
Giambattista Roberti
Die Katze und der Käse　362
Lorenzo Pignotti
Die Fliege und die Mücke　363
Clemente Bondi
Die Schildkröte　364
Aurelio de' Giorgi Bertola
Der Bach und die Viehherde　365
Die Kutsche　366
Der Putztisch und das Buch　366
Gherardo de' Rossi
Die Affen　367
Das Pferd und der Fuchs　369

Aus dem Französischen
Jean de Lafontaine
Die Hornissen und die Bienen ... 371
Der Rat der Ratten ... 372
Der Löwe und die Mücke ... 373
Das Kamel und die schwimmenden Stäbe ... 374
Der irdene Topf und der eiserne Topf ... 375
Der Adler und die Eule ... 376
Die Ratte, die sich von der Welt zurückgezogen hat ... 377
Der Hof des Löwen ... 378
Jean Pierre de Florian
Rhinozeros und Dromedar ... 380
Der weiße Elefant ... 381

Aus dem Englischen
Altenglische Volksfabeln
Fuchs und Gans ... 383
Fuchs und Esel ... 383
John Gay
Der Gärtner und das Ferkel ... 384
Das Truthuhn und die Ameise ... 386

Aus dem Russischen
Iwan Krylov
Die Kornblume ... 388
Die Gänse ... 389
Der Adler und der Maulwurf ... 391
Der Magnat ... 392
Der Wolf und die Hirten ... 393

V. Fabeln afrikanischer und asiatischer Völkerschaften
Einführung ... 395
Aus der afrikanischen Volksliteratur
Der Elefant und der Hahn ... 397
Der tote Mann und der Mond ... 398
Der Ursprung des Todes ... 398
Warum hat der Schakal einen langen schwarzen Streifen auf dem Rücken? ... 399
Der Leopard und der Widder ... 399
Der Schakal und der Leopard ... 400
Der kranke Löwe ... 401
Das Chamäleon und der Elefant ... 401
Die Schlange ... 402
Hase und Affe ... 402
Der Fischdiebstahl ... 404
Der stolze Schmetterling ... 404
Die Erde und der Hase ... 405
Das Haselhuhn und die Schildkröte ... 405
Hasenlist ... 406
Aus der asiatischen Volksliteratur
Der bestrafte böse Zauberer ... 407
Das Kamel und die Ratte ... 407
Der Kranich und das Füchschen ... 409
Die zwei Teufel ... 410
Der Habgierige ... 411
Der übertragbare Tiger ... 412